面向“十二五”高等院校应用型人才培养规划教材

信息系统分析与设计

Information Systems Analysis and Design

精品课程教学团队 王兴鹏 主 编
潘 晓 吴 雷 井向阳 副主编
秦一方 王学辉 桂 莉 参 编

中国铁道出版社
CHINA RAILWAY PUBLISHING HOUSE

图书在版编目（CIP）数据

信息系统分析与设计 / 王兴鹏主编．—北京：中国铁道出版社，2012.1

面向“十二五”高等院校应用型人才培养规划教材

ISBN 978-7-113-13926-1

Ⅰ.①信… Ⅱ.①王… Ⅲ.①信息系统—系统分析—高等学校—教材②信息系统—系统设计—高等学校—教材

Ⅳ.①G202

中国版本图书馆 CIP 数据核字（2011）第 238252 号

书　名： 面向“十二五”高等院校应用型人才培养规划教材

信息系统分析与设计

作　者： 王兴鹏　主编

策　划： 曾亚非　　**读者热线：** 400-668-0820

责任编辑： 夏　伟　贾淑媛

封面设计： 刘　颖

封面制作： 白　雪

责任校对： 张玉华

责任印制： 李　佳

出版发行： 中国铁道出版社（100054，北京市宣武区右安门西街 8 号）

网　址： http://www.edusources.net

印　刷： 北京市昌平开拓印刷厂

版　次： 2012 年 1 月第 1 版　　2012 年 1 月第 1 次印刷

开　本： 787 mm×1 092 mm　1/16　印张：16　字数：390 千

印　数： 1～4 000 册

书　号： ISBN 978-7-113-13926-1

定　价： 32.00 元

前言

信息系统分析与设计

Information System Analysis & Design

Preface

信息系统已成为企业在激烈的市场竞争中迎接挑战、实现管理变革、获取竞争优势的强有力的工具和战略手段。以 Internet 为代表的先进信息技术的不断涌现促进了跨平台、跨组织、分布式应用的迅速发展，信息系统的规模和复杂程度与日俱增，这对信息系统的开发提出了更高要求。

今天，虽然信息系统的开发方法和技术已有了长足发展，出现了很多比较有效的开发方法和技术，形成了比较规范的开发过程管理，但仍存在诸多问题，“软件危机”还没有彻底消除，离人们追求的高效自动化开发还有相当大差距。

以上这些因素都对系统开发人员的能力提出了更高要求：既要懂得开发技术、掌握开发工具、具有很强的开发能力，又要有一定的管理知识和人际关系技能，更重要的是要不断地学习新的技术和更有效的开发方法论。然而，不管采用什么方法和技术，系统开发人员都必须掌握一系列系统开发的基本理念和核心技能。

本书从系统思想和信息系统的基本概念出发，结合信息系统开发的最新发展趋势，全面系统地介绍了信息系统分析与设计的基本理论、方法和技术，突出了系统开发人员应该具备的核心技能。

根据“把握基本，突出先进，强化实践，注重实用”的指导思想，本书全面介绍了系统开发人员必须要掌握的一系列系统开发的基本理念、方法和技术；跟踪该领域的新观点、新技术、新发展、新动态，重点介绍了面向对象方法和 UML 建模技术，增加了一些较新、较成熟的开发模型的介绍；实践性是这门课的重要特点，除了每章后都有思考题外，对重点章节还精心安排了大量可供实践的练习题，附录中还给出了教学大纲、课程设计任务书。从提高开发人员的开发技能入手，每章都提供了较多案例，专门安排两章内容分别介绍了结构化方法和面向对象方法的两个完整开发案例，便于学生学习。

全书分四篇，共 12 章。概述篇包括系统思想与信息系统、信息系统开发概述两章，主要对系统思想、信息系统的相关概念、信息系统开发的方法、开发的全过程等进行了较为详尽的描述；开发篇包括系统规划、结构化系统分析、结构化系统设计、面向对象方法与 UML 基础、面向对象分析与设计、系统实施、信息系统维护与管理等 7 章，其中，在系统规划和系统分析阶段强调了业务流程再造的重要性，在系统分析和系统设计阶段突出了基于 UML 的面向对象开发方法的介绍；项目管理篇包括信息系统项目管理一章；案例篇包括结构化分析与设计案例、面向对象分析与设计案例两章，分别介绍了结构化方法和面向对象方法两个较为完整的案例，使读者能够更加直观地理解书中介绍的信息系统的开发方法，作为入门读者在项目开发时的参考；附录内容包括课程设计指导书等资料。

本书由王兴鹏担任主编，潘晓、吴雷、井向阳担任副主编，秦一方、王学辉、桂莉也参与了编写工作。其中第 1、4 章由潘晓编写，第 2、3、6、7、11、12 章由王兴鹏编写，第 5、8 章由吴雷、王学辉编写，第 9、10 章由井向阳、秦一方编写，附录 A 由王兴鹏、桂莉编写。最后由王兴鹏统稿、审稿和定稿。

本书可作为高等院校信息管理与信息系统专业、电子商务专业和计算机相关专业本科生和研究生的教材，也可作为从事信息系统建设和管理的技术人员、管理人员的参考书。

在本书编写过程中，得到了很多专家、学者和同仁的热心帮助和支持，特别是河北工业大学管理学院博士生导师曾珍香教授在百忙中给予了很多建议和指导，梁书生、寇美红两位同学帮助绘制了部分图表，在此一并表示衷心的感谢。在本书的出版过程中，得到了中国铁道出版社工作人员的热心帮助，特别是夏伟主任，正是他的信任和督促，才使本书得以顺利出版，在此也向他们表示诚挚的谢意。

由于信息系统开发方法和技术涉及面广、发展变化快，加之作者水平有限，难免会出现一些疏漏和不妥之处，敬请读者不吝批评、赐教。

编　者

目录 Contents

信息系统分析与设计
Information System Analysis & Design

第三篇 项目管理

第四篇 案 例

第一篇 概 述

本篇主要对信息系统的相关概念和信息系统开发的相关问题进行介绍和讨论。

本篇包括第 1 章和第 2 章。

第 1 章首先介绍了系统的概念、特征，进而引出对系统思想和系统方法的讨论。系统思想是人们认识世界的重要思维方法，系统方法则是人们解决问题的重要方法论，这和信息系统概念及信息系统的开发都密切相关。随后重点介绍了信息系统的概念、功能、类型，并对信息系统的应用和发展趋势进行了讨论。

第 2 章首先分析了信息系统建设的复杂性，介绍了软件危机的概念及解决软件危机的方法——软件工程，并对建模技术作了简要介绍，还重点介绍了信息系统生命周期及其衍生模型，本章着重讨论了 3 种经典的开发方法：结构化方法、原型法、面向对象方法，并分析了各自的优缺点，还介绍了著名的描述信息系统发展的阶段理论——诺兰模型、信息系统开发人员及分工，信息系统的开发方式等。

第1章　系统思想与信息系统

学习目标

- 理解系统的概念、内涵和特点；理解信息系统特别是管理信息系统的定义
- 理解系统方法、系统工程及系统分析的相关概念
- 掌握信息系统的结构，特别是功能结构和物理结构
- 了解不同类型的信息系统及信息系统的发展历程和趋势
- 理解信息系统的重要性和地位，特别是在企业管理中的作用和地位，结合案例进行讲解与分析

本章重点

系统与信息系统的概念，信息系统的功能结构和物理结构。

1.1　系　　统

1.1.1　系统的定义

系统的概念，人们并不陌生。人们经常说到各种系统，诸如自然界的生物系统，农业的灌溉系统，人体的消化系统、呼吸系统、神经系统，计算机的操作系统、数据库管理系统，人类社会的行政系统、教育系统，等等。

尽管系统一词频繁出现在社会生活和学术领域中，但不同的人在不同的场合往往赋予它不同的含义。长期以来，系统概念的定义和其特征的描述尚无统一规范的定论。一般采用如下的定义：系统是由一些相互联系、相互制约的若干组成部分结合而成的、具有特定功能的一个有机整体（集合）。

这个定义可以从3个方面理解：

（1）系统是由若干要素（部分）组成的。这些要素可能是一些个体、元件、零件，也可能其本身就是一个系统（或称之为子系统）。如运算器、控制器、存储器、输入/输出设备组成了计算机的硬件系统，而硬件系统又是计算机系统的一个子系统。

(2)系统有一定的结构。一个系统是其构成要素的集合,这些要素相互联系、相互制约。系统内部各要素之间相对稳定的联系方式、组织秩序及时空关系的内在表现形式,就是系统的结构。例如钟表是由齿轮、发条、指针等零部件按一定的方式装配而成的,但一堆齿轮、发条、指针随意放在一起却不能构成钟表;人体由各个器官组成,单个各器官简单拼凑在一起不能称其为一个有行为能力的人。

(3)系统有一定的功能,特别是人造系统要有一定的目的性。功能是指系统与外部环境相互联系和相互作用中表现出来的性质、能力和功能。例如:呼吸系统的功能是进行体内外的气体交换;信息系统的功能是进行信息的收集、传递、储存、加工、维护和使用,辅助决策者进行决策,帮助企业实现目标。

系统由若干部分所组成,同时又从属于更大的系统,大系统的其他部分就是该系统的环境。广义地讲,一切不属于系统的部分统称为环境。系统处于环境之中,系统与环境间必然要相互交流、相互影响,产生物质的、能量的、信息的交换,以保持适应状态。从环境中得到某些信息或物质、能量,称为系统的输入;向环境中输送信息、物质或能量,称为系统的输出。系统的基本功能就是把环境的输入进行加工处理转换为输出。系统与环境的关系如图1.1所示。

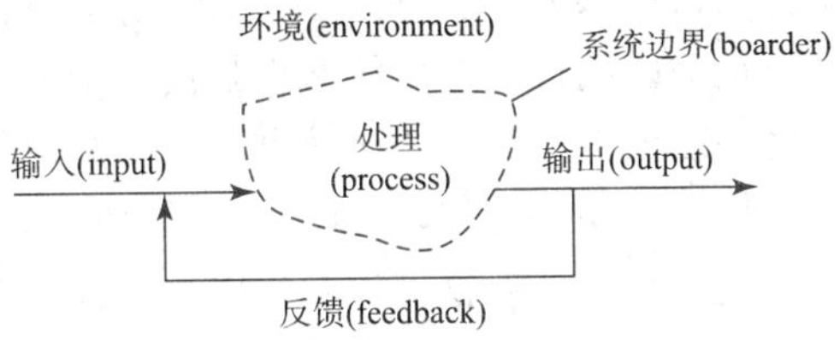

图1.1　系统与环境

1.1.2　系统的特性

1. 系统的整体性

整体性是系统最重要的特性,是系统论的基本原理。系统之所以成为系统,首先是系统具备整体性。

系统的整体性是指系统是由若干要素组成的具有一定功能的有机整体,各个要素一旦组成系统整体,就表现出独立要素所不具备的性质和功能,形成新系统的质的规定性,从而表现出整体的性质和功能不等于各个要素的性质和功能的简单相加。

整体与部分的关系可以有两种情况:一种是各个部分简单组合在一起;另一种是各个部分有机地结合在一起,即有一定的结构,各个部分相互联系、相互制约,构成有机整体——系统。在后一种情况下,"部分"只有在"整体"中才能体现它的意义。其次,构成系统的要素所具备的内在根据,只有在运动中才得以体现。整体的有机性,不仅是内部要素的联系,也表现为它与外部环境的联系。从"质"的方面讲,整体具有其构成要素所没有的性质。从"量"的方面讲,整体可以大于、等于或小于其部分之和。当系统要素协调配合时,将发挥出好的作用和效益,这就是整体大于部分之和。但并不是所有的整体都会大于其部分之和,若各部分的配合不协调,组合不合理,则会造成整体小于部分之和。

系统的整体性是由系统的有机关联性作为保证的。一方面,系统内部各要素相互关联、相互作用。系统的部分是构成整体的内部依据,但是部分之间的联系方式也是决定系统整体特性的重要方面。同一组元素处于两种不同的关系中就会表现出不同的特点。例如,石墨和金刚石的成分都是碳,但分子排列方式不同,二者的硬度就有很大的差别。另一方面,系统与外部环境有物质、能量、信息的交换,有相应的输入、输出。这是系统与环境的有机关联,即系统的开放性。系统向环境的开放,是系统向上发展的前提,也是系统稳定存在的条件。因此,为了增强系统的整体效应，一方面要提高系统构成部分的要素的质量，另一方面要分析各要素的组合情况，使之保持合理状态，还要分析整体与环境的关联情况。

整体性观念是我国传统学术思想的一大特点。阴阳五行观念对中国古代科学和艺术的发展，产生过深远的影响。中医的基础理论、诊断方法、治疗方法处处注意全局。中国传统医学认为，人类患疾病实质上是人失去了与自然的和谐关系和平衡关系，可以是与天地万物不协调、不平衡了，也可以是一个人自身的器官或功能不协调、不平衡了。中医从总体出发，发现并解决局部问题，取用自然的其他部分（植物、矿物、动物），达到与自然平衡协调的目的。

但是，古代朴素的整体观，缺乏对各部分的分析，是一种致命的缺陷。没有分析的整体论，往往成为伪科学或非科学的避难所。

分析是把整体分解为部分来加以认识。客观世界本来是处于相互联系之中的，但人们为了深入认识部分，从而更好地认识整体，不得不把特定系统从普遍联系中暂时划分出来，孤立静止地加以剖析。近代科学正是借助于分析方法取得了辉煌成就。也正是由于这个原因，分析曾一度被当作唯一的科学方法。片面地强调分析，认为只要理解了部分，也就理解了整体，即整体等于部分之和，这是一种只见树木而不见森林的片面观点。

现代系统论吸收了朴素整体论从整体上看问题的长处，以及近代科学分析方法的长处，注意克服它们各自的片面之处，将二者结合起来，形成部分和整体、分析和综合相结合的系统方法论。这是人们认识世界的有效方法，也是指导信息系统建设的有效方法。

2. 系统的层次性

层次性是系统的一种基本特征。系统的层次性指的是由于组成系统的诸要素的种种差异，使系统组织在地位、作用、结构和功能上表现出等级秩序性，形成具有质的差异的系统等级。

如前所述，系统是由要素组成的，可以从两个方面理解。一方面，一个系统是它上一级系统的子系统或要素，而上一级系统有可能是更上一级系统的要素；另一方面，这一系统的要素却是由下一层的要素组成的，低一层的要素又是由更低一层的要素组成的，最下层的子系统由组成系统的基本单位的各个部分构成。这样，由好几个层次组成金字塔结构。可见，系统的层次是相对的。系统的整体性，是指一定层次中形成一定结构基础上的整体性。系统的功能则是指系统与外部环境相互联系和相互作用的秩序与能力。伴随着结构的层次化，系统功能对于上层的系统来说，一层一层地具体化。

在作系统分析的时候，必须注意系统的层次性。把握了这一点，可以避免认识事物的简单化和绝对化。既要注意把一个子系统看作上层系统中的一个要素，求得统一的步调，又要注意到它本身又包含着复杂的结构。一般说来，高一层结构对低层结构有更大的制约性。低一层的结构是高一层结构的基础，反作用于高一级结构。从层次的观点出发，“黑箱”方法是正确认识复杂事物和处理问题的有效方法。“黑箱”方法的原理是：在认识的某一个阶段，把某种认识对象看作一个封闭的箱子，我们只了解它的输入、输出，而暂时不打开这个箱子深入其内部了解其具体结构。这种方法引导人们自觉、主动地控制讨论问题的层次和范围，在每个具体时刻，都集中力量于应当注意的层次，暂不顾下一层的细节，以免分散精力。当这一层次的问题弄清楚之后，再根据需要深入到下一层次的某些细节中去。这样，“黑箱”逐步变为“灰箱”，最后变为“白箱”。

3. 系统的目的性

系统的目的性是系统发展变化中表现出来的特点。系统在与环境的相互作用中，在一定的范围内，其发展变化表现出坚持趋向某种预先确定的状态。

“目的”本来限于表达与人的意识活动相联系的范畴。系统科学的兴起，赋予目的性以全新的科学解释。维纳等控制论的创立者从系统的行为角度分析了系统的复杂行为，把行为、目的等概念变成科学概念。按照控制论的观点，目的性行为即是受到反馈控制的行为，系统的目的可以通过系统的活动来实现。目的，即预先确定的目标，引导着系统的行为。人工控制系统总是为了实现一定的预期目的，因此，必须根据反馈信息不断调节系统行为，才能实现预期目的。当系统处于所需要的状态时，力图保持系统状态的稳定，而当系统不是处于所需状态时，引导系统由现有状态稳定地变成预期状态。人工系统的目标，实际上是事先确定的人工目标，这种目标常常并不以对象实体来定义，而是以关于对象的条件来定义的。例如，所谓导弹可以自动寻找目标，不是导弹可以认识对象实体，而是它可以根据对象所发出的不同于其背景的某些特定的状态信息，运用人为设计好的并安装于其中的自动反馈机制来调整本身的行为，实现跟踪目标对象的目的。

系统的目的性的原理，具有实践上的指导意义。一个系统的状态不仅可以用其现实状态来表示，还可以用发展状态来表示，或用现实状态与发展状态的差距来表示。因此，人们不仅可以从原因来研究结果，以一定的原因来实现一定的结果，而且可以从结果来研究原因，按照设定的目的来要求一定的原因。系统工程方法的基本思想是：要解决的问题有一个明确的目标，我们要选取达到它的几种途径，并从其中找出一种最好的途径，实施并加以监控、修正，最后达到目标。

4. 相关性

相关性是指系统内的各部分相互制约、相互影响、相互依存的关系。构成系统的各个部分虽然是相互区别、相互独立的，但它们并不是孤立地存在于系统之中的，而是在运动过程中相互联系、相互依存的。这里所说的联系包括结构联系、功能联系、因果联系等。整个系统的目标正是通过各部分的功能及它们之间合理、正确地协调而达到的。例如，一个制造型企业，计划部门依据企业的生产能力、市场需求等因素制订出生产计划；供销部门按照生产计划、生产状况及原材料、零部件、产品等的库存情况提供供应服务和销售管理；而生产部门则要根据生产计划及库存资源情况安排生产，其生产能力又是计划部门制订计划的依据。由此可见企业的计划子系统、供销子系统、生产子系统和库存管理子系统按一定的分工完成其特定的功能，但彼此是相互联系、相互制约的。

分析系统的相关性是构筑一个系统的基础，在实现一个系统的过程中不单单要考虑如何将系统分解成若干子系统，而且要考虑这些子系统之间的制约关系。

5. 环境适应性

任何系统都是由若干部分所组成，同时又从属于更大的系统，大系统的其他部分就是该系统的环境。

任何一个系统的存在和运行都受到环境的约束和限制，同时系统又通过对环境的输出而对环境施加影响。系统与环境的影响是交互的，适应性应该是双向的。比如，企业要根据市场需求的变化来调整生产经营的方向和内容；反过来，企业技术水平的提高，具有新功能的产品开发，再加上必要的营销宣传，也会对消费倾向的变化产生某种引导作用。

系统的边界是指系统与环境的分界线。它把系统与环境分开，其实系统与环境间并无明显的分界线。确定边界，只是为了研究的方便，对系统的范围、规模及所要解决的问题加以限制。如在企业管理系统中，也必须建立各子系统的边界，销售经理职责是负责管理、监督并考核企业销售活动，这种职责范围就是销售管理系统的边界。

1.2 系统思想与系统方法

1.2.1 系统思想

现代系统理论诞生于20世纪40年代，它的产生和发展，彻底改变了世界的科学图景和当代科学家的思维方式，是继相对论之后的又一次伟大的科学革命。它既是现代科学高度发展的产物，又是人们原始思维的延续。今天的系统理论中的许多观点，可以一直追溯到有文字记载的最早期。也许在文字发明之前，人类就已经自觉或不自觉地用原始的系统方法看待周围的自然界了。回顾系统的渊源，有助于深入理解系统理论的内涵，掌握其实质。

1. 古代朴素的系统思想

在人们自觉认识系统思想以前，就进行着系统思维。例如古希腊哲学家亚里士多德关于"整体大于部分之和"的论述，就是系统论最基本的思想。

系统思想是我国传统思想的一个突出特点，这种思维是中国古代文明位于世界前列的一个重要因素。在那些组织系统性很强的领域，如天文学、管理学、军事、农学和医学领域，创造了灿烂的文化。

2. 系统思想的淹没

尽管古人曾成功地运用系统思想创造了一个个巨大的历史奇迹，但由于知识贫乏，手段落后，缺乏对整体各个细节的认识能力，因此只能用理想、幻觉的联系来代替未知的事物之间的关系，用臆想补充缺乏的事实。人们在同大自然的抗争中逐渐感到系统思维还不是寻找生存、改造自然的最有效的武器。面对具体的现实世界，人们只能将一时难以弄懂的事物采取各个击破的方式，一部分一部分的研究，系统思想和方法便逐渐退到次要的位置。

欧洲文艺复兴以后，随着科学思想的觉醒，近代科学开始迅猛发展。望远镜、显微镜、气压计、温度计、摆钟等相继被发明和制造出来，为人们认识客观世界的各个局部提供了十分有效的手段。力学、天文学、物理学、化学、生物学等逐渐发展成独立的学科。尤其是伽利略、牛顿对天体运动和可见物体运动等宏观领域的开创性研究，使人们更加确信世界是由许多作机械运动的部分相加而成的。

机械论虽然也把世界看作一个整体，但这种整体观并不符合系统的思想。机械论立足于一个重要原理：分析还原原理，认为人们只要有了分析的工具和手段，把研究对象分解开来，对各部分孤立的研究，再把对各部分的认识综合起来，就可得到对整体的认识。这种偏重于分析的认识方法只能孤立地掌握客观世界的部分属性，不能掌握世界的整体性质。在科学深入到更复杂的领域之前，它确实卓有成效地开垦了科学领域的处女地，给人类文明带来了一个飞跃。在这种背景下，系统思想被搁置起来了。

3. 现代系统思想的兴起

19世纪下半叶以来，科学技术进入全面发展的新时期。自然科学由收集经验材料、分门别类的研究阶段，进入到整理经验材料、走向理论综合的发展新阶段，从而不断从新的水平上揭示了自然界的普遍规律。一系列重大的科学发现，科学技术与社会科学的结合，对近代科学方法提出了挑战，为现代系统思想的诞生奠定了基础。

在生物学中长期以来一直存在着机械论和活力论的两种对立的观点，活力论认为生命物质与非生命物质之间存在着一条不可逾越的鸿沟，生命现象不能还原为基本的物理、化学过程，机械论不能解释生物学的很多现象。“活力”是超物质的，是赋予生物体以目的和生命力的一种力量，但后来的人工合成尿素和细胞胚胎试验的成功使活力论和机械论均受到了沉重的打击。与此同时，有些生物学家和哲学家认为只有将生命看作一个有机整体，才能解释上述试验，他们主张用机体论代替机械论和活力论。贝塔郎菲发表了很多论文表达了机体论思想，强调把有机体当作一个整体来看待，认为科学的主要目标在于发现不同层次上的组织原理。他批判地继承前人的机体论思想，把协调、秩序、目的性等概念用于研究有机体，形成了自己关于系统的基本思想。1937 年，贝塔郎菲第一次提出了一般系统论概念。到了 20 世纪 60—70 年代，一般系统论受到人们的普遍重视。

管理领域的进展，是 20 世纪系统思想兴起的一个重要侧面。19 世纪末，随着西方自由资本主义开始向垄断资本主义过渡，生产规模不断扩大，只凭经验安排生产的管理方式已经不能适应日益扩大的生产规模和经济发展的需要了。在这种背景下，泰罗、法约尔、韦伯等人奠定了科学管理理论，引导人们开始注意把工厂、企业作为一个有机的组织来加以管理。20 世纪 30 年代，巴纳德提出组织就是“两个或两个以上的人有意识协调而成的活动或力量系统”，社会中的各组织都是这样的协作系统。在他的组织定义中包含系统及系统等级概念，系统要素的协同、人有意识、有目的的活动以及时间连续性等概念。由此可见，系统思想已经日益深入到管理理论之中，变成自觉的管理理论的基点之一。

系统工程的兴起与管理问题密切相关。所谓系统工程，就是以系统的观点和方法为基础，综合地利用各种方法和技术，分析解决各种复杂而困难的问题的工程方法。20 世纪 30 年代，美国贝尔电话公司在设计巨大工程时，感到传统的方法已经不能满足要求，提出和使用了系统思想、系统方法等术语。1940 年，他们在实施微波通信时首创了系统工程学，按时间顺序把工作划分为规划、研究、开发期研究、通用工程等 5 个阶段，取得了良好的效果。二战期间，系统工程在工程管理、军事国防等方面得到了极大的重视和运用，并由于战争的推动，系统工程和运筹学紧密地结合在一起。

20 世纪 50 年代在系统工程发展的同时，出现了系统分析的方法和思想。这种方法的基本要点是：

(1)一个或一组希望达到的目标；

(2)可供选择的技术或手段(或“系统”)；

(3)每个系统所需的“成本”资源；

(4)一个或一组模型；

(5)选择最佳方案的标准。

可以看出，系统分析、系统工程及运筹学有许多相似之处，它们的相似性来源于对某种系统性方法的信奉。当存在着一个目标状态 S1 和一个当前状态 S0，并且有多种方法从 S0 到达 S1 时，按照这种观点，“问题求解”的步骤是：定义和选择最好的方法缩短二者的差距。这样，在系统工程中，(S1－S0)定义了“需求”，或要达到的目标，系统分析则提供一种能满足该需求的各种系统中做出选择的规范化方法。正是基于这种信念，20 世纪 50 年代以来，系统方法论一直强调必须从定义需求出发,明确要达到的目标,设计出能满足需求的系统。其基本思想就是:在研究之初,必须知道并陈述我们的目的,我们要去的地方;在给出这种定义之后,才能用系统思想指导我们选择一种有效的方法来达到目的。

系统工程和系统分析无疑把系统的合理性引入了人类决策的一个重要领域,并取得了辉煌的成就。这种成功使得人们把这种方法运用于解决不同种类的问题。

1.2.2 系统方法

1. 系统方法

宋代科学家沈括在《梦溪笔谈》中记载了丁渭修复皇宫的故事:北宋真宗年间,皇城失火,宫殿烧毁,大臣丁渭主持了皇宫修复工程。他采用了这样一套施工方案:先在需要重建的通衢大道上就近取土烧砖,在取土后的深沟中引入汴水,形成人工河,再由此水路运输建筑材料,从而加快了工程进度,在皇宫修复后,又将碎砖废土添入沟中,重修通衢大道。在该故事中,丁渭高明之处,就在于他并不是去分头解决挖土烧砖制瓦、运输建筑材料和清除瓦砾灰壤,而是把三者看成是一个相关的整体而加以协调处理,从而找到一个获得最佳效果的方案。这种把所研究处理的事务看作一个整体,看到其中要素之间的联系,并从整体的角度来协调处理各要素之间关系的思考方法,就是一种符合系统思路的朴素的系统思想和方法。

其实,每个人在日常生活中都有运用系统思路的经验和体会。假若你是一个企业领导者,对内一定会考虑如何协调处理本企业的设备、资金、人力、工艺以及各个生产环节的关系,对外一定会根据国家的计划、市场的需要和同行业竞争的情况来安排和调整本企业的生产计划。假若你是一个医生,一定会根据患者的体质、病源史、病因以及各种药物的效用,经过综合分析,选择最适合患者的药物和方法进行治疗。假若你是一个科学家,不仅确定选题会考虑需要和可能,而且也会考虑应从哪里突破,如何设计实验和处理数据,以及取得成果后如何推广应用等。这样一些分析和处理问题的思考方法,都可以说是系统思路在起作用。

总之,人们在做任何一件事情,解决任何一个问题,完成任何一项任务,达到任何一个目标,一般总有几种不同的方法和途径。而从全局出发,对事物内外的各种联系和规律性加以综合分析,找出一种最好的或比较好的方法来实施,就是系统思路最基本的思想。

随着现代科学技术的发展,人们在长期逐渐形成的运用系统思路分析和解决问题的基础上,加以科学的抽象概括,从而形成了一种崭新的科学方法——系统方法。所谓系统方法,就是按事物本身的系统性把研究对象作为一个具有一定组织、结构和功能的整体来加以考查的一种方法,具体地说,即从系统与要素之间、要素与要素之间、系统与外部环境之间的相互联系、相互制约、相互作用的关系中综合地研究对象的一种方法。系统方法是系统科学基本原理和基本观念在认识和解决实际问题中的应用。系统方法的着眼点在于:第一,把对象看作是多因素、多变量的整体,从分析和研究对象的诸要素(诸子系统)之间的复杂关系中,去认识对象特有的机制;第二,研究各构成要素(子系统)的性质、构造和系统整体性质的内在关系,从而去认识和评价各要素或子系统对整体的作用程度;第三,依据各要素和子系统对整体的作用程度,结合外部环境对系统的作用,选择最佳方案去安排系统的各个组成要素和子系统。

在具体使用系统方法的过程中,系统方法包括了5个基本步骤。

(1)确定问题。系统地阐述所要解决的问题的目标、背景、约束条件和外设,其目标是系统要求实现的功能。

(2)提出可选方案。通过调研、收集与问题有关的事实、资料和数据,分析各种可能性,提出各种可供选择的方案。

(3)选择合适策略。这一步骤在系统方法中是关于"怎样去做"的一个步骤。在这一步骤里,要选择完成目标的工具和方法,并对这些方案作出分析,权衡利弊,选出最优方案。

(4)实施。对产生出的计划和选择的解决问题的方法与策略要具体地加以实施。

(5)评价实施效果。进行系统的研制、试验和评价,分析是否达到预期结果,发现不足之处及时纠正,直到实现或接近理想设计为止。

系统方法用框图描述,如图1.2所示。

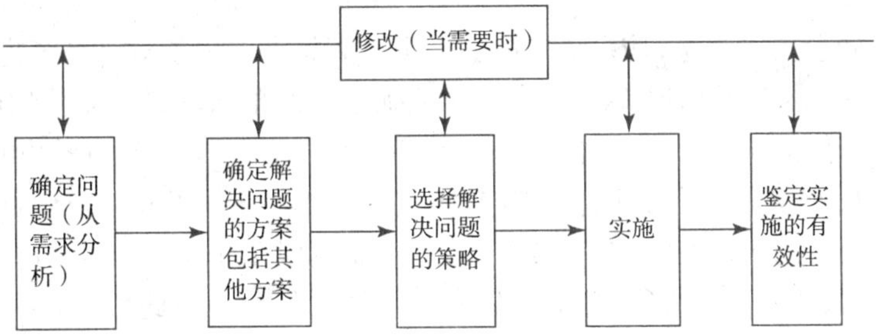

图1.2　用系统方法解决问题的一般过程

2. 系统方法的原则

(1)整体性原则。系统的整体性原则是系统论的最基本的原则,也是系统理论的核心。它为人们研究、设计和有效解决各种系统对象,提供了重要的方法准则。第一,它要求人们考查任何对象都要以系统的整体性作为基本出发点,即始终坚持从整体出发,去认识、研究和处理一切系统客体。第二,整体性原则要求人们从整体出发去研究事物,并非意味着不需要对研究对象进行分析,恰恰相反,它既要求我们要从整体着眼,又要求人们从部分下手。第三,整体性原则要求人们考查任何对象还要注意系统和环境的关系,即考虑关系对环境的适应性。第四,整体性原则不仅要求注意分析系统在空间上的纵横交错的联系和关系,而且还要求注意研究系统在事件上发展变化的趋势和规律。第五,整体性原则要求在系统的要素、结构、功能、相互联系方式、历史发展等方面的具体分析的基础上,认真搞好综合。总之,整体性原则的基本要求,就是从整体着眼,部分着手,协调各方,综合考虑,以达到整体的优化。

(2)优化原则。人们从事任何社会实践活动,为了达到最理想的目标,总有个优化抉择问题。从系统的多种可能中,选择最佳的系统方案,使系统处于最佳状态并取得最佳效果,就是系统方法的优化原则。优化原则是系统方法的基本目的,也是系统发展的一种趋势。

优化问题在系统方法中占有极其重要的地位。它是系统方法的基本目的,因此它要求人们研究任何系统都要着眼于系统的最佳功能。换句话说,就是着眼于系统的目标函数在约束的条件下能够达到最大或最小,这样的问题,就是系统优化的问题。解决这种问题的理论,就叫优化理论。常用的优化理论和方法有线性规划、非线性规划、动态规划、对策论(或博弈论)和排队论等。

系统优化的理论和方法是多种多样的,而且随着社会实践的发展,一些新的优化理论和方法还会出现。但是,无论采取哪种理论和方法对系统进行优化,都必须遵守一些基本原则,如局部效应服从整体效应的原则、坚持系统多极优化的原则、坚持优化的绝对性和相对性结合的原则。

(3)模型化原则。对任何比较复杂的系统进行研究和设计,单凭以往的经验是不行的,必须事先通过模型进行反复试验,以验证目标的可靠程度。这种预先设计一个与真实系统相似的模型,通过对模型的研究来揭示和掌握真实系统的特征和规律,就叫系统的模型化。

模型化在系统方法中具有极其重要的作用。首先,模型化有助于人们深入地研究和深刻地掌握系统发展的本质和规律。现实系统大多是多因素、多变量的复杂系统,其本质特征和运动规律往往难于直接进行试验,而用系统模型代替真实系统进行分析和实验,较易于人们加深对系统客体的本质和规律性的认识。其次,模型化有助于系统方法进行定量研究。坚持进行计量和使用数量概念描述对象,是系统方法的一个显著特点。为了对该系统进行定量描述,必须根据研究的目的,设计出相应的系统模型,才能确定系统的边界范围,才能定量地计算系统的要素及其相互作用的状况。另外,模型化又是同研究已有的或拟建的系统的最佳性能直接相关的。拟建的系统,需要使用判断标准比较拟议中的不同系统的功能,运行中的系统也需要分析它的性能以便控制和改造。它们都需要通过建立模型在计算机上对其进行仿真控制和运算,并不断地检验和修正系统方案,才能实现真实系统的优化。由此可见,模型化乃是系统方法实现优化的必经途径,是系统方法不可缺少的另一基本原则。离开了模型化,系统方法也就不能成为一种现代化的科学方法。

3. 系统工程方法的基本框架

系统工程研究的对象是复杂的大系统。所谓复杂是指系统的结构复杂、层次较多,单元要素种类很多且相互关系复杂。一般情况下,系统包含“硬件”单元,也包含“软件”要素,尤其是人的行为,使系统更具有复杂性和不确定性。另外,复杂大系统必然是多目标多方案的。因此,要有独特的思考问题和处理问题的方法,要用多种技术方案进行求解。这就是本节要讲的系统工程方法。系统工程方法论除一般的数学描述方法和逻辑推理方法外,还有工程技术的规范和社会科学的艺术等。描述性、逻辑性、规范性、艺术性这些特点交织在一起,构成了系统工程独特的思想方法、理论基础、基本程序和方法步骤。系统工程方法论的基本特点是:研究方法强调整体性,技术应用强调综合性,管理决策强调科学性。在系统工程的研究与应用中,人们逐渐地探索、积累总结出多种科学的工作方法和程序。20 世纪 60 至 70 年代具有一定代表性的理论主要有美国霍尔的“三维结构”模式、英国的切克德兰的“调查学习”模式,本节将重点介绍前者。

霍尔的“三维结构”又称霍尔的系统工程,与软系统方法论对比,称为硬系统方法论(hard system methodology,HSM),是美国系统工程专家霍尔(A. D. Hall)于 1969 年提出的一种系统工程方法论。霍尔三维结构(见图 1.3)集中体现了系统工程方法的总体化、综合化、最优化、程序化和标准化的特点,是系统工程方法论的基础。它将系统的整个管理过程分为前后紧密相连的 7 个阶段和 7 个步骤,并同时考虑到为完成这些阶段和步骤的工作所需的各种专业管理技术知识。三维结构由时间维、逻辑维和知识维组成。

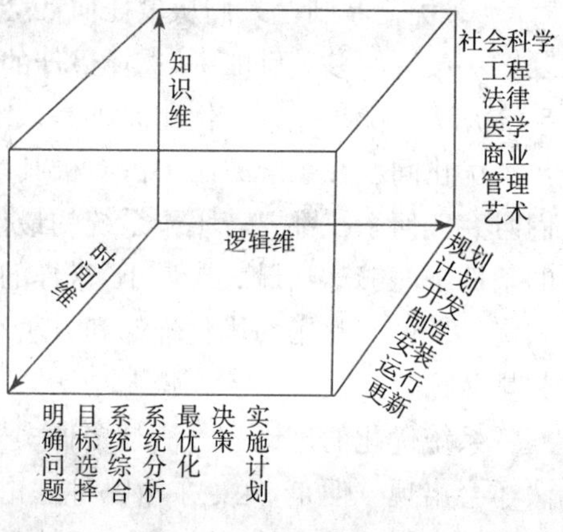

图 1.3　霍尔三维结构

(1)时间维。三维结构中,时间维表示从规划到更新,按时间顺序排序的系统工程全过程,分为7个阶段。

①规划阶段:根据总体方针和发展战略制订规划。

②计划阶段:根据规划提出具体的计划方案。

③系统开发:实现系统的研制方案,并作出较为详细而具体的生产计划。

④制造阶段:生产系统所需要的全部零部件,并提出详细而具体的安装计划。

⑤安装阶段:把系统安装好,作出具体的运行计划。

⑥运行阶段:系统投入运行,为预期用途服务。

⑦更新阶段:改进或取消旧系统,建立新系统。

(2)逻辑维。三维结构中,逻辑维是指每个阶段所要进行的工作步骤,这是运用系统工程方法进行思考、分析和解决问题时应遵循的一般程序。系统工程在每一个阶段要经历7个工作步骤。

①明确问题:同提出任务的单位对话,明确所要解决的问题及其确切要求,全面收集和了解有关问题的历史、现状和发展趋势。

②设计评价指标体系:确定任务所要达到的目标或各目标分量,拟定评价标准,用多目标决策方法设计评价算法,组成评价指标体系。

③系统综合:拟定能完成预定任务的系统结构,建立模型,拟定政策、活动、控制方案和整个系统的多种方案。

④系统分析:分析系统各种方案的性能、特点、对预定任务能实现的程度以及在评价目标体系上的优劣次序。

⑤最优化:在评价目标体系的基础上生成并选择各项政策、活动、控制方案和整个系统方案,尽可能达到最优、次优或合理,至少能令人满意。

⑥决策:在分析、评价和优化的基础上作出裁决,选定行动方案。

⑦实施计划:不断地修改、完善以上6个步骤,制订出实施计划。

(3)知识维。三维结构中的知识维是为完成各阶段各步骤所需要的知识和各种专业技术。通常可理解为工程、医药、建筑、商业、法律、管理、社会科学及艺术等各种专业知识和技术。霍尔提出的知识维仅仅是一种概念上的,他没有就如何组织相关知识作出进一步说明。

我们认为,从知识这个维度来考虑,就是要用系统的方法有效地获取上述各个阶段、各个逻辑步骤所必需的知识,并对其进行开发、利用、规划和控制,从而更好地实现系统工程目标。

自从1986年美国管理咨询专家创造了知识管理这个词,特别是随着20世纪90年代知识经济概念的提出,知识管理已经引起了各国管理学家的密切关注,如何用系统的方法去发现、理解和使用知识也成为系统工程项目能否有效开展的决定性因素。在系统的开发和运用中,知识管理意味着把正确的知识在正确的时间交给正确的人,使之能做出最满意的决策。

系统工程中知识管理的过程一般划分为以下7个阶段。

①知识辨识阶段:根据系统工程的总体目标要求,制订知识来源战略,划定知识管理范畴,辨识知识。

②获取知识阶段:将现存知识(信息库、文件或人脑中)正式化。

③知识选择阶段:评估知识及其价值,去除相互冲突的知识。

④存储知识阶段:通过适当、有效的方式存储所选择的知识。

⑤知识共享阶段:将正确的知识传输给每一个阶段的使用者。

⑥知识使用阶段:在各个阶段的工作中使用知识。

⑦知识创新阶段:通过科研、实验和创造性思维发现新知识。

霍尔的三维结构理论为解决大规模复杂系统提供了一个统一的思想方法。

1.3 信息系统

1.3.1 信息系统的定义

简单地说,信息系统就是输入数据,通过加工处理,产生信息的系统。

从原理上讲,可以撇开计算机,从概念上讨论信息系统。计算机并不是信息系统的必要条件。事实上,在任何一个地方,只要有管理,就离不开信息,离不开信息系统。古代的驿站,担负着军事和政治情报的传递任务,形成全国性的信息网络,可看作是人类早期的信息系统。但是,计算机的强大能力使信息系统更为有效。随着生产技术的进步和社会活动的复杂化,信息处理成为当今社会的一项重要活动。现代社会的特点之一是管理信息量的激增。据统计,1935 年美国生产 1 美元的产品要 15 美分支持其信息处理,而 1953 年要 25 美分,1975 年要 36 美分。某些产品需要进行频繁的市场调查,其批发和零售的总信息处理成本高达 49.9%。面对这种情况,采用以计算机为基础的信息系统是惟一出路。所以现在的问题不是用不用计算机,而是各种处理工作究竟计算机化到什么程度。采用以计算机为基础的信息系统并不意味着一切都自动化。人机系统的概念说明有些任务最好由人完成,而其余任务由机器代替。这就要求系统的设计者不仅要懂得计算机,而且要懂得人,懂得哪些工作交给人做比较合适,哪些交给计算机做比较合适,以充分发挥人和机器的特长,组成一个和谐的、有效的系统。

以计算机为基础的信息系统可以定义为:信息系统是人们利用现代信息技术构建的、用以对组织中的各方面业务活动和管理决策提供支持或进行控制的系统。

管理模型、信息处理模型、系统实现的基础条件三者的结合产生信息系统,如图 1.4 所示。

管理模型指系统服务对象领域的专门知识,以及分析和处理该领域问题的模型,也称为对象的处理模型。

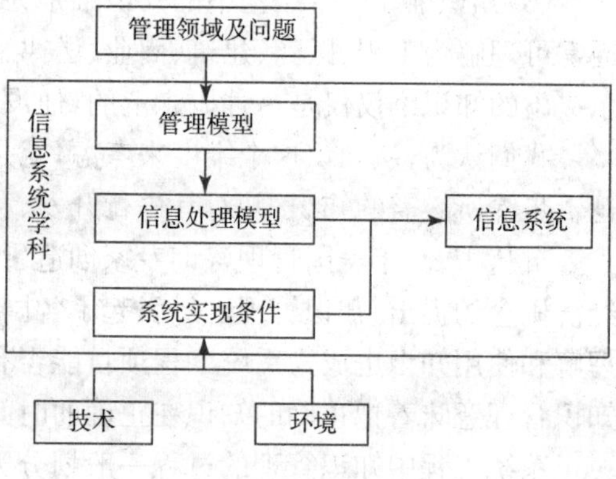

图 1.4　信息系统

信息处理模型指系统处理信息的结构与方法。管理模型中的理论和分析方法,在信息处理模型中转化为信息获取、存取、传输、加工、使用的规则。

系统实现的基础条件指可供应用的计算机技术和通信技术,从事对象领域工作的人员,以及对这些资源的控制与融合。

面向管理是信息系统的显著特点。信息系统要解决管理领域的问题,为管理决策提供支持。同时,信息系统与环境密切相关。企业的内外环境、管理方式、各级管理人员的信息意识,对信息系统建设起着关键作用。人是信息系统不可或缺的重要因素。信息系统的应用发展与组织结构、管理模型、业务流程、运作与竞争方式、协调机制等方面的联系越来越密切。

信息系统学科研究关于信息系统建设、信息资源开发利用的管理理论与方法。它是管理理论、系统科学方法论和信息技术交叉形成的综合性应用科学，是现代管理理论与方法的重要支柱之一。一般认为，信息系统学科注重研究管理与信息技术的结合，而不深入地探讨具体的管理问题，也不致力于计算机或通信技术方面的研究。

从事信息系统的专业人员必须具备广阔的商务知识，懂得利用信息技术增强组织性能，有较强的分析和批判思维能力，具备良好的沟通能力、团队精神和正确的伦理价值观，信息专业人员的 4 个基本能力如图 1.5 所示。

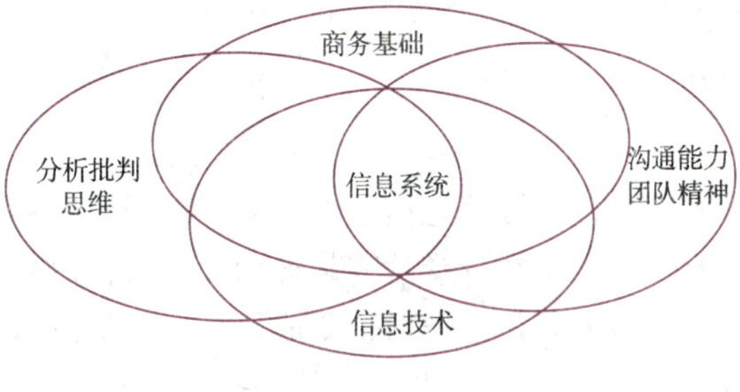

图 1.5 信息专业人员的 4 个基本能力

1.3.2 信息系统的功能

企业信息系统是企业的子系统，它收集数据，并向管理人员提供信息，与管理人员一起在整个企业中起着反馈控制的作用。由于企业采取了划分成许多子系统的组织结构，各个子系统往往注意追求本子系统利益的最优化，而把局部目标置于整体目标之上，引起各子系统行动上的不协调，使企业整体利益受到损害。因此，协调企业内部各子系统的行动，优化整体利益是企业取得成功的关键。信息系统作为企业的一个特殊的子系统，正是在这一点上起着十分重要的作用。信息系统具有数据的输入、传输、存储、处理、输出等基本功能。有关概念和要求分述如下。

1. 数据的采集和输入

信息处理界有句口头禅："输入的是垃圾，输出的必然是垃圾"。它说明了系统输入的极端重要性。要把分布在企业各部门的数据收集起来，碰到的第一个问题是识别信息。由于信息的不完全性，想得到反映客观世界的全部数据是不可能的，也是不必要的。确定信息需求要从调查客观情况出发，根据系统目标，确定数据收集范围。

识别信息有 3 种方法。

(1)由决策者识别。决策者最清楚系统的目标，也最清楚信息的需求。可以用发调查表或交谈的方法向决策者进行调查。

(2)系统分析员亲自观察识别。有时决策者对他们的决策过程不很清楚，因而不能准确地说明其信息需求，这时系统分析员可以从了解其工作过程入手，从旁观者的角度分析信息的需求。

(3)先由系统分析员观察得到基本信息，再向决策人员调查，加以修正、补充。

采集数据的方法大体上有 3 种。

(1)自下而上地广幅收集，如收集各种月报、季报、年报，这种收集有固定的时间周期。

(2)有目的地进行专项调查，如进行人口调查，可全面进行，也可随机抽样。

(3)采用随机积累法，只要是"新鲜"的数据就积累，以备后用。

将收集的数据，按系统要求的格式加以整理，录入并存储在一定的介质上(如光盘等)，并经过一定的校验后，即可输入系统进行处理。

2. 数据的传输

数据传输包括计算机系统内和系统外的传输，实质是数据通信。其一般模式如图 1.6 所示。

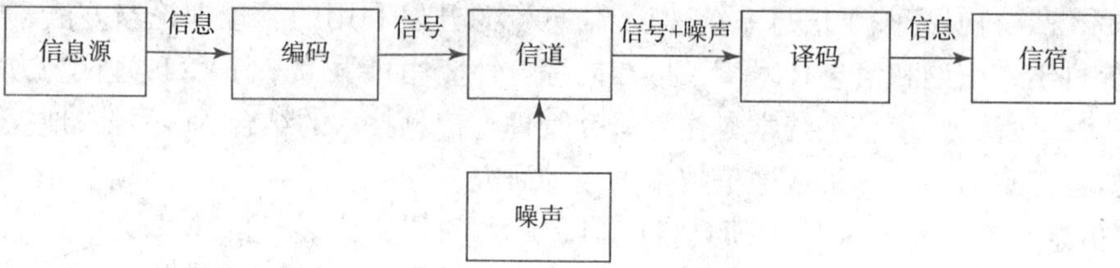

图 1.6　数据传输

(1)信息源即是信息的来源,可以是人、机器、自然界的物体等。信源发出信息时一般以某种符号(文字、图像等)或某种信号(语言、电磁波等)表现出来。

(2)编码是指把信息变成信号。所谓码,是指按照一定规则排列起来的,适合在信道中传输的符号序列。这些符号的编排过程就是编码过程。信号有多种多样,如声音信号、电信号、光信号等。

(3)信道就是信息传递的通道,是传输信息的媒质,分明线、电缆、无线、微波、人工传送等。信道的关键问题是信道的容量,信道也担负着信息的存储任务。

(4)噪声。无论信道质量多么好,都可能有杂音或干扰,这就是噪声。它或由自然界雷电形成,或由同一信道中其他信息引起。在人工信道内的干扰中,还包括各个环节人的主观歪曲。

(5)译码。信号序列通过输出端输出后,需要翻译成文字、图像等,成为接收者需要了解的信息。译码是编码的反变换,其过程与编码相反。

(6)信宿即信息的接收者,可以是人、机器或另一个信息系统。

3. 信息的存储

数据存储的设备目前主要有 3 种:纸、胶卷和计算机存储器。这 3 种设备各有优点。

纸已有几千年的历史,至今仍是储存数据的主要材料。其主要优点是存量大,体积小,便宜,永久保存性好,不易涂改。此外,存储数字、文字和图像一样容易。缺点是传送信息慢,检索不方便。

胶卷的主要优点是存储密度大,其缺点是阅读时必须通过接口设备,使用不方便,且价格昂贵。

计算机存储器是存放变化快的控制信息和业务信息的主要形式。随着技术的进步,成本不断下降。计算机存储器按功能分为内存和外存。内存存取速度快,可随机存取存储器中任何地方的数据。外存的存储量大,但必须由存取外存的指令整批存入内存后,才能为运算器使用。

对数据存储设备的一般要求是:存储数据量大,价格便宜,在某些情况下还有特殊要求,如易改性和不易改性。

信息存储的概念比数据存储的概念广。主要问题是确定存储哪些信息,存多长时间,以什么方式存储,经济上是否合算。这些问题都要根据系统的目标和要求确定。

4. 信息的加工

信息加工的范围很大,从简单的查询、排序、归并到复杂的模型调试及预测。这种功能的强弱显然是信息系统能力的一个重要方面。现代信息系统在这方面的能力越来越强(特别是面向高层管理的信息系统)，在加工中使用了许多数学及运筹学的工具，涉及许多专门领域的知识。许多大型的系统不但有数据库，还有方法库和模型库。技术的发展给数据处理能力的提高提供了广阔的前景。

5. 信息的维护

保持信息处于可用状态叫信息维护。这是信息资源管理的重要一环。狭义上讲，它包括经常更新存储器中的数据，使数据保持可用状态。广义上讲，它包括系统建成后的全部数据管理工作。

信息维护的主要目的在于保证信息的准确、及时、安全和保密。保证信息的准确性，首先要保证数据是最新状态的，其次是使数据在合理的误差范围内。

信息的及时性要求能及时提供信息。为此，要合理地组织、存放信息，信息目录要清楚，常用的信息要放在易取的地方，各种设备状态要完好，操作规程要健全，操作人员技术要熟练。

信息的安全性，要求采取措施防止信息受到意外情况和人为的破坏。一旦破坏后，能不太麻烦地恢复。

信息的保密越来越引起人们的重视。为了保证信息的保密性，需要采取一定的技术措施，如采用密码、口令字，行政上建立严格的管理制度，不让闲人接触终端和信息库。最根本的措施是加强人员的保密教育，慎重选择机要人员。

6. 信息的使用

从技术上讲，信息的使用主要是高速度和高质量地为用户提供信息。系统的输出结果应易读易懂，直观醒目。输出格式应尽量符合使用者的习惯。

信息的使用，更深一层的意思是实现信息价值的转化，提高工作效率，利用信息进行管理控制，辅助管理决策。支持管理决策，是管理系统的重要功能，也是最困难的任务。

1.3.3　信息系统的结构

信息系统作为一个系统，必然有一定的结构，这种结构反映各个部分之间的关系、各个部分的特点、面临的主要问题以及人们的认识水平和技术水平。

1. 概念结构

一般说来，由信息源、信息处理器、信息用户和信息管理者组成管理信息系统的概念结构，如图1.7所示。信息源是信息的产生地，信息处理器负责信息的传输、加工、存储，信息用户是系统的用户，信息管理者负责系统设计、实现、运行和维护。

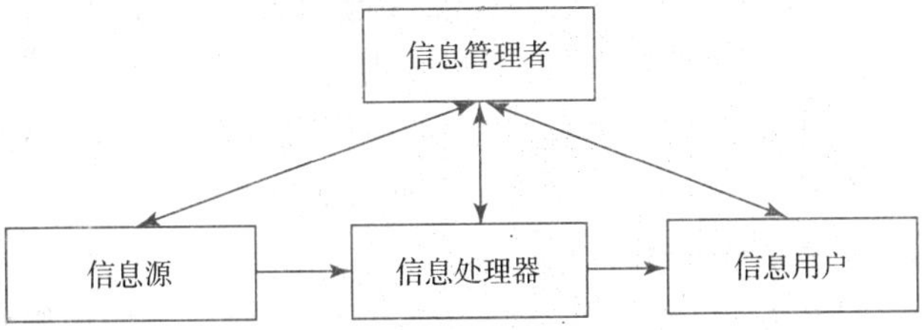

图1.7　概念结构

2. 功能结构

基于管理职能的系统结构是从横向来讨论信息系统的结构。组织的职能分工没有统一的模式。例如对于制造业，一套典型的职能包括供应、生产、销售、人事、财务，还有涉及各个功能的信息管理。高层管理也可以认为是一种独立的功能。

一个信息系统支持着组织的各种功能子系统，使用每个功能子系统可以完成事务处理、作业控制、管理控制、战略规划，基于管理职能的系统结构如图 1.8 所示。下面分别介绍这些子系统的功能。

(1)市场销售子系统。市场销售子系统一般包括产品销售和服务。销售的事务处理主要是销售订货、广告推销等。作业控制包括销售人员的雇用和培训，销售的日常调度，销售数量按地区、按产品的定期统计分析。管理控制的主要活动是将销售情况与计划比较，分析偏差原因，采取措施保证计划的完成。这项活动要用到顾客、竞争者、产品、销售人员的有关数据。战略规划方面的活动是研究市场战略和开发新市场，有些要用到客户分析、竞争者分析、客户调查等信息，以及收入预测、产品预测、技术预测等信息。

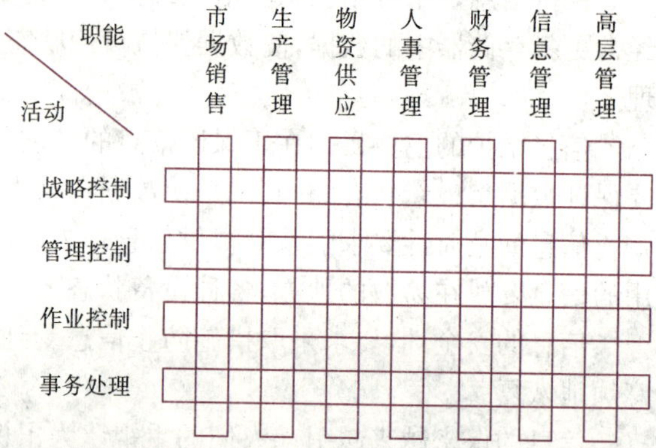

图 1.8 基于管理职能的系统结构

(2)生产管理子系统。生产管理的职能包括产品设计、生产设备计划、作业计划、生产人员的雇用与培训、质量控制等。典型的事务处理有根据成品订单分解为零部件需求及成品单、废品单和工时单的统计。作业控制要求将实际情况与计划相比较，找出薄弱环节，分析影响进度的难点。管理控制要求进行总进度、单位成本、单位工时消耗的计划比较。生产战略规划包括选用的一些制造方法、自动化方法。

(3)物资供应子系统。物资供应的职能包括原材料的采购、收货、库存管理和分发。事务处理的对象包括进货要求、购货订单、加工订单、验收报告、存货卡片、运输要求、提货单据等。作业控制的内容包括给出过期购货报告、过期发货报告、库存缺货报告、库存积压报告、存货周转率报告，进行供货商信誉分析、运输单位信誉分析、发货分析，等等。管理控制包括对实际库存水平与计划库存水平的比较，外购物品的价格分析，库存缺货、存货周转率分析。战略规划涉及对新分配策略、对供货商的新政策以及加工外购、"以销定产"的策略的分析等。

(4)人事管理子系统。人事管理子系统，包括人员的录用、培训、考核，人事记录的保存，工资及解雇情况。事务处理要产生一些文件，说明雇用需求、工作岗位责任、人员培训计划、职工基本情况、工资变化和离职情况。作业控制要求一些决策规程说明以下行动：雇用、培训、期满通知、工资调整、发放津贴等。人事管理控制由一些偏差报告和分析结果支持，说明雇用职工数量、招聘费用、技术构成、培训费用、应付工资、劳动生产率等项目的实际与计划的偏差。人事战略规划涉及招聘、工资、培训、福利等各种策略方案的评价，以便使组织为达到目标而获得足够的人员。战略规划所涉及的信息包括职工培训方式、国家教育状况和工资水平分析。

(5)财务管理子系统。财务与会计有区别，但二者是相关的。财务的职责是有效地使用流动资金和固定资产，以最有效的方式使企业有适当的资金筹措。会计则是把财务数据分类，编制财务报表，制订预算，核算和分析成本。

与财会有关的事务处理包括处理赊账申请、销售单、收账文件、收款凭证、支票、流水账和分类账等。财会的作业控制需要每日差错报告和例外报告,处理延迟记录及未处理的业务报告等。财会的管理控制包括预算和成本数据的比较分析。财会的战略规划活动包括制订长远的财务计划,减少税收影响的长期税务会计政策等。

(6)信息管理子系统。信息管理子系统的职责是保证其他功能有必要的信息服务和资源。其事务处理包括对数据和程序进行较正或变更,处理硬件、程序运行报告及项目建议。作业控制的内容包括日常任务调度、统计差错率、排除设备故障。信息管理的管理控制则包括给出计划需要使用的数据、设备价格、程序员的情况,比较各项目的实际进度与计划进度,等等。信息管理的战略规划包括整个信息系统计划、战略应用的选择、硬件和软件环境的一般结构设计等。

(7)高层管理子系统。高层管理部门由总经理及高级管理人员组成。高层管理的事务处理主要是信息查询和决策咨询,其业务文本多半是信件和备忘录等,既要用到数据库和决策模型,还要把这些问题传送到组织的其他部分。高层管理作业控制用到的信息包括:会议计划表、通信控制文件、联系记录。管理控制是利用其他职能部门提供的综合信息来评价这些部门是否按计划进行工作。它的战略规划涉及企业的方向以及资源规划之类的活动,为其他部门的战略规划确定总框架,并消除它们之间不一致的地方。高层管理的战略规划需要范围很广的各种内部和外部的统计数据。信息系统可以提供特定的数据检索、特定分析和决策支持。

3. 软件结构

组织中的各项管理活动都是有内在联系的,因此有必要,也有可能对信息系统进行综合。综合的原则如下。

(1)横向综合。横向综合是把同一管理级别上的几个职能综合在一起。横向综合使相关业务处理一体化,减少了数据输入的重复性和不一致性。横向综合一般是在建立了职能信息系统之后才逐步实现的。横向综合一般向两个方面发展:一方面综合有关人事方面的所有职能,如工资、技术职称;另一方面综合有关物资方面的所有职能,如采购、库存、库存控制、利润计算等。

(2)纵向综合。纵向综合是指把属于不同管理级别的数据进行综合。例如,一个公司有下属几个工厂,这个系统可以综合从工厂一级到公司一级的有关销售、生产、财务、物资等方面的数据分析,使从事处理生产数据的信息系统与从事处理策略计划的控制系统结合起来。这种结构对于多级组织及范围较广的公司特别有意义,它可使各级之间的信息畅通。

(3)总的综合。总的综合是指把组织中的数据按横向和纵向加以综合。一个组织中的决策和活动都是有内在联系的,因此有进行总的综合的必要。但由于其逻辑复杂性和对设备的过高要求,目前还难以实现。

通常采用纵向与横向综合相结合的办法,综合成企业信息系统的概念性框架,如图 1.9 所示。

信息系统的逻辑结构定义为各种功能子系统的综合体,其中每个子系统又可划分为专用文件处理、作业计划、管理控制和战略规划 4 种信息处理部分。每个子系统有自己的专用文件,同时可以共用数据库中的数据。通过接口文件实现子系统之间的联系。每个子系统有自己的专用程序,也可以调用服务于各种功能的公共程序。还有很多分析模型和决策模型,这些模型构成系统的模型库。

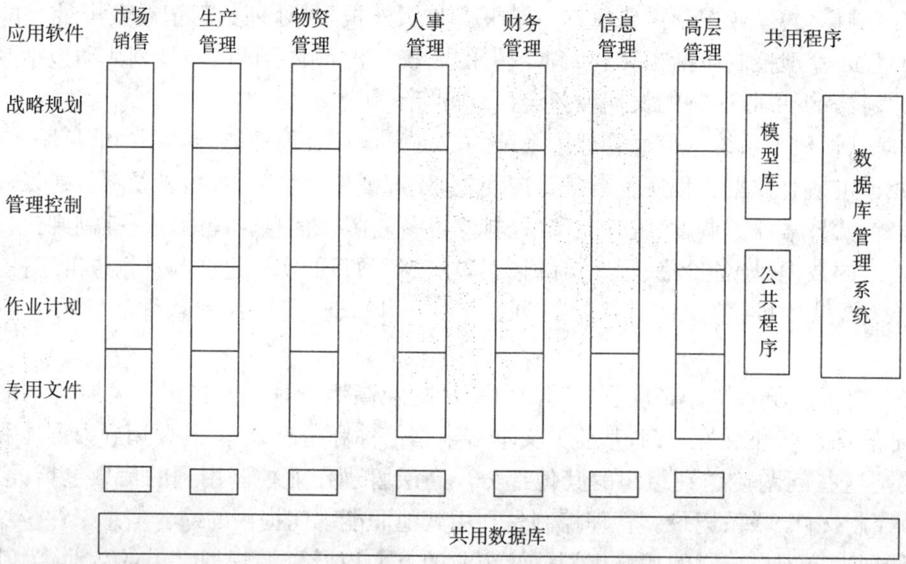

图 1.9　企业信息系统的概念性框架

4. 层次结构

从工作量来讲，事务处理的工作量最大，越往上工作量越小，到战略规划工作量最小。为反映这种工作量的变化，可把管理信息系统的结构表示成金字塔式，如图 1.10 所示。

图 1.10 描述了一个完整的管理信息系统的概念框架。但是在实际工作中，由于时间、人力、技术、经费等方面的限制，一个组织很难开发这样一个完整的系统。另外，这样的系统维护也很困难。实际工作中开发的信息系统可能涉及某几个子系统，即管理活动的某些层次，而其他则成为该系统的环境和界面。有了这样一个框架，对于所开发的系统的地位、作用和结构可以有一个清楚的认识。

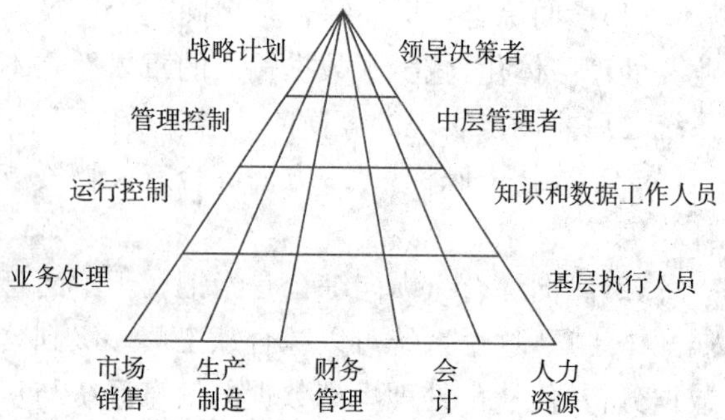

图 1.10　信息系统的塔形结构

5. 物理结构

信息系统的物理结构，是指系统的硬件、软件、数据等资源在空间的分布情况。物理结构可分为集中式和分布式两大类。

(1)集中式。集中式系统是资源在空间上集中配置的系统。单机系统是典型的集中式系统，将软件、数据和主要外部设备集中在一套计算机系统之中。由分布在不同地点的多个用户通过终端共享资源的多用户系统，也归类于集中式系统，如 1.11 所示。

集中式系统由于资源集中，便于管理，资源利用率高，专业人员也相对集中，有利于他们发挥作用及培训提高。集中式系统的主要优点是：信息资源集中，管理方便，规范统一；信息资源利用率高；系统安全措施实施方便。但其也有明显不足：随着系统规模的扩大和功能的提高，集中式系统的复杂性迅速增长，给管理、维护带来困难；对组织变革和技术发展的适应性差，应

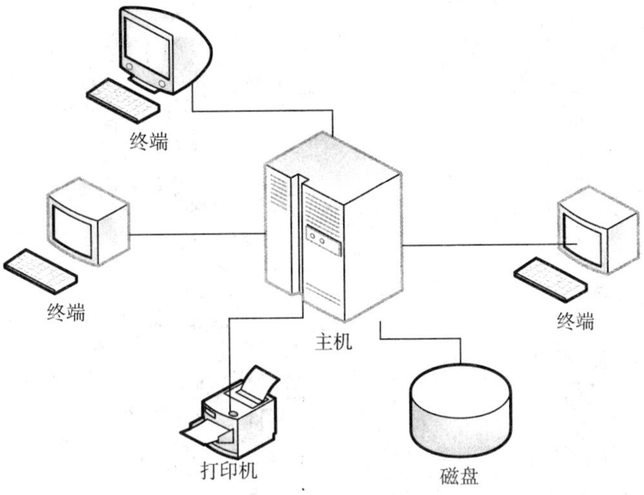

图 1.11 多用户系统

变能力弱；系统比较脆弱，主机出现故障时可能使整个系统停止工作。

(2)分布式。分布式系统通过计算机网络把不同地点的计算机硬件、软件、数据等资源联系在一起，服务于一个共同的目标。实现不同地点的资源共享，是这种系统的一个主要特征。各地的计算机系统既可以在网络系统的统一管理下工作，又可以脱离网络环境利用本地资源独立工作。

分布式系统具有的优点包括：可以根据应用需要和存取方便来配置信息资源；提高了系统对用户需求变更的适应性和对环境的应变能力；系统扩展方便，增加一个网络结点一般不会影响其他结点的工作；系统的健壮性好，网络上一个结点出现故障一般不会导致全系统瘫痪。分布式系统的不足之处有：由于信息资源分散，系统开发、维护和管理的标准、规范不易统一；管理上协调有一定难度；不利于安全保密措施的统一实施。

分布式系统又可分为客户机/服务器(Client/Server)模式(见图 1.12)和浏览器/服务器(Browser/Server)模式(见图 1.13)。一般分布式系统中的服务器只提供软件和数据的文件服务，各计算机系统可以根据规定服务的权限存取服务器上数据文件和程序文件。

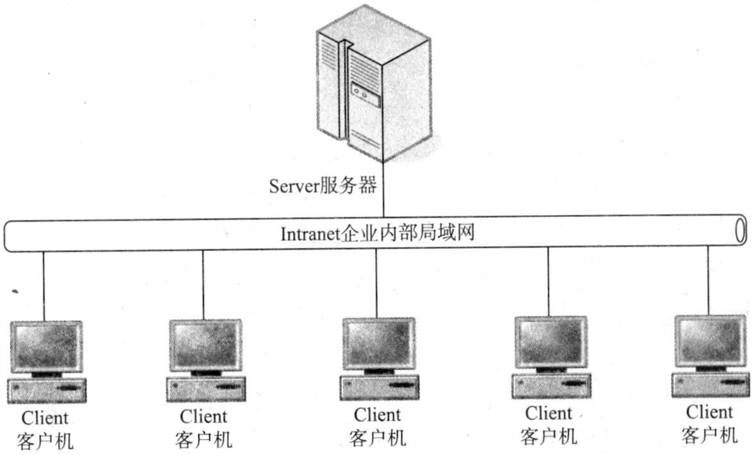

图 1.12 客户机/服务器模式

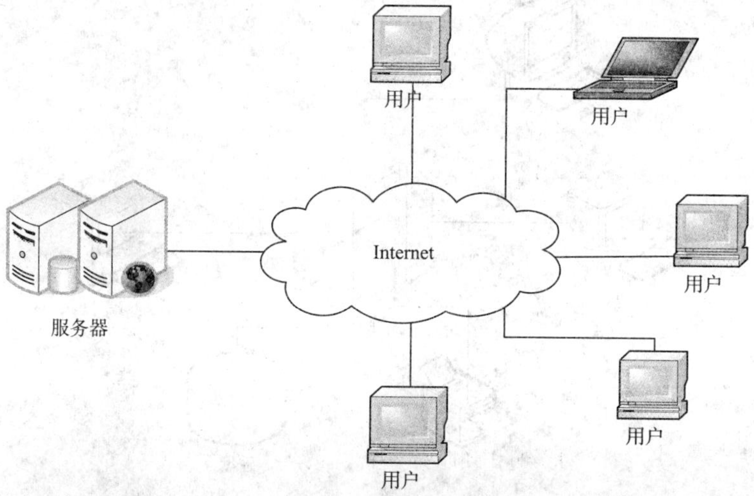

图 1.13　浏览器/服务器模式

客户端/服务器模式，即 C/S 软件系统体系结构，通过它可以充分利用两端软件环境的优势，将任务合理分配到客户端 Client 和服务器端 Server 来实现，降低系统的通信开销。

• C/S 架构的优点。

①C/S 架构能充分发挥客户端的处理能力，很多工作可以在客户端处理后再提交给服务器，客户端响应速度快。

②操作界面漂亮、形式多样，可以充分满足客户自身的个性化要求。

③C/S 结构的信息系统具有较强的事务处理能力，能实现复杂的业务流程。

• C/S 架构的缺点。

①随着互联网的飞速发展，移动办公和分布式办公越来越普及，这需要应用系统具有扩展性，但 C/S 架构扩展性不足。

②客户端需要安装专用的客户端软件。任何一台计算机出问题，如病毒、硬件损坏，都需要进行安装或维护；系统软件升级时，每一台客户机均需要重新安装，其维护和升级的成本非常高。

③C/S 架构对客户端的操作系统一般也会有限制。需要针对不同的操作系统开发不同版本的软件。

浏览器/服务器模式即 B/S 软件系统结构，它随着 Internet 技术的兴起，在 20 世纪 90 年代末期开始盛行，目前成为流行的网络软件系统结构。事实上，B/S 结构是对 C/S 结构的一种改进。客户端的用户工作界面，采用了 WWW 浏览器的界面，主要事务逻辑在服务器端完成。大大简化了客户端载荷，减轻了系统维护与升级的成本和工作量，降低了用户的总体成本。以目前的技术看，局域网建立 B/S 结构的网络应用，并通过 Internet/Intranet 模式来实现数据库应用，相对易于把握、成本也是比较低的。它是一次性到位的开发，能实现不同的人员，从不同的地点，以不同的接入方式访问和操作共同的数据库，能有效地保护数据平台和管理访问权限，相对来说，服务器数据库安全性也得到了提高。

• B/S 架构的优点。

①具有分布性特点，可以随时随地进行查询、浏览等业务处理。

②业务扩展简单方便，通过增加网页即可增加服务功能。

③维护简单方便，只需改变网页，即可实现所有用户的同步更新。

④开发简单，共享性强。

• B/S结构的缺点。

①个性化特点明显降低，无法实现具有个性化的功能要求。

②页面动态刷新，响应速度明显降低。

③实时控制功能弱化，难以实现传统模式下的特殊功能要求。

现在的企业组织结构朝着扁平化、网络化方向发展。信息系统必须适应这种发展趋势。随着计算机网络和通信技术的迅速发展，分布式系统已成为信息系统结构的主流模式。根据需要，可以把分布式和集中式两种结构结合起来，即网络上的部分结点采用集中式(分时终端)结构，其余的按分布式配置。这种结构又称为分布集中式结构。

1.3.4 信息系统的类型

信息系统的发展与计算机技术、通信技术和管理科学等的发展紧密相关。近半个多世纪以来，信息系统的发展经历了从单机到网络，从电子数据处理系统到管理信息系统、再到决策支持系统等，从数据处理到智能处理的各个阶段。且仍在不断发展着，而且是相互交叉的关系。

1. 电子数据处理系统(electronic data processing system，EDPS)

在电子数据处理系统阶段，计算机主要用于对具体业务的简单处理，如产量统计、成本计算、库存记录等。目标是能迅速、及时、正确地处理大量数据，提高数据处理的效率，实现手工作业的自动化，将人们从繁重的手工数据处理工作中解放出来，从而提高工作效率。具体又分为单项业务数据处理阶段和综合业务数据处理阶段。

2. 管理信息系统(management information system，MIS)

20世纪70年代初，随着数据库技术、网络技术和科学管理方法的发展，计算机在管理中的应用日益广泛，管理信息系统逐渐成熟起来。

管理信息系统是在电子数据处理系统的基础上发展起来的。一方面支持日常业务的数据处理工作，这一层次上的管理信息系统又称业务信息系统或事务处理系统；另一方面又能将组织中的数据和信息集中起来，进行综合处理，统一使用。为管理者执行计划，实现组织、指挥和控制职能提供所需信息。运用一些确定的决策模型进行自动求解，为中层管理者做决策提供支持。

MIS的主要特征是：信息集中统一，具备辅助事务管理、辅助决策的功能，有一个中心数据库及网络系统。

3. 决策支持系统(decision support systems，DSS)

决策支持系统是MIS的更高一层。在管理信息系统的使用中发现它对管理者的决策支持不够，因此提出了决策支持系统。决策支持系统运用了数据库、模型库、知识库、方法库等更新的技术，为高层领导提供决策支持。DSS需要从管理信息系统中抽取一些决策支持所需的数据。

决策支持系统的特点在于以交互方式支持决策者，是对管理人员决策的支持而不是代替，系统本身要求具有灵活性，采用联机对话方式，以便利用人的经验和系统提供的可供分析的信息来解决问题。

4. 办公自动化系统（Office Automation System，OAS）

这类信息系统主要是为了有效地应用信息技术，提高办公人员的工作效率。目前办公自动化系统的主要内容包括文字处理、电子邮件、电视会议、档案储存等。

5. 群体决策支持系统（group decision support system，GDSS）

它是一个会话型的计算机系统，它将计算机软、硬件设备和群体成员融为一体，支持群体对非结构化问题进行共同决策。具体地说，就是以计算机网络通信技术为基础的人机系统。它利用人工智能、心理学、行为科学、决策科学、网络技术、数据库等技术为群体决策者或决策分析人员提供一个决策分析和决策形成的环境。

6. 专家系统（expert system，ES）

专家系统是依据知识法则，运用推理规则来解决某类问题的信息系统。其特点是：能对复杂情况做出诊断，能处理不确定情况，并能对方案做出解释。

7. 智能决策支持系统（intelligent decision support system，IDSS）

它是在决策支持系统与专家系统的基础上形成的系统，通过以定性分析为主辅助决策的专家系统与以定量分析为主辅助决策的决策支持系统的结合，进一步提高了辅助决策能力，智能决策支持系统是决策支持系统发展的一个新阶段。开发一个 IDSS 需要解决以下关键技术：模型库系统的设计和实现；部件接口；系统综合集成。

8. 总裁信息系统（executive information systems，EIS ）

总裁信息系统 又称经理信息处理系统或高层管理信息系统，EIS 是 20 世纪 80 年代中期出现的面向组织高层领导，能支持领导管理工作，帮助他们提高效率和改善有效性的信息系统。EIS 的主要目标是帮助企业高层领导规划、控制企业的运作，获得整个企业内部和外部信息，以辅助他们进行决策。EIS 与其他信息系统相比有重叠，也有区别，从 EIS 的形式、内涵与功能来看，EIS 有以下特点

（1）人机界面友善且富有个性化。

（2）提供的信息是关系到组织生存与发展的关键信息。

（3）决策功能面对非结构化问题。

（4）具有丰富的办公功能，如电子邮件、传真、电子会议、安排与公文处理等。

开发 EIS 难度大，费用高，目前国内基本上还停留在研究与探索阶段。

9. 战略信息系统（strategic information systems，SIS）

战略信息系统是一种支持企业赢得或保持竞争优势，制定企业中长期发展战略规划的信息系统。SIS 利用反映竞争对手等状况的企业外部信息及企业内部关键因素信息，借助市场分析预测与战略决策等模型，以人机对话的方式在计算机上作出供高层管理者决断的企业中长期战略发展方案。SIS 是一个较新的概念，涉及许多非结构化的问题，有关 SIS 的结构、人机交互方法等尚不很成熟。此外，SIS 的实现还必须以传统的管理信息系统为基础。

10. 计算机集成制造系统（computer integrated manufacturing system，CIMS）

它是融合现代信息技术、自动控制、机器人和管理科学于一体的综合性很强的技术。该系统包括计算机辅助设计（CAD）、计算机辅助制造（CAM）、管理信息系统（MIS）和制造资源计划（MRPⅡ）、决策支持系统（DSS）等，以最终达到一体化生产，使企业走向高度集成化、自动化、智能化的生产技术与组织方式。

随着信息技术的发展应用，信息系统是一个不断发展的概念，EDPS 是面向业务的信息系统，MIS 是面向管理的信息系统，DSS 则是面向决策的信息系统(也被看作 MIS 的一个高层子系统)。在此基础上，MIS、DSS 与人工智能、网络技术等结合形成了 GDSS 和 IDSS、EIS、SIS；MIS、DSS 与 CAD、CAM 等技术结合形成了 CMIS。随着各种新技术的涌现，信息系统将趋向更高阶段。

1.4 信息系统的应用与发展

1.4.1 信息系统的应用环境

人类进入 20 世纪 60 年代以来，信息科学与信息技术呈现飞速发展的趋势。信息科学是研究信息运动规律和应用方法的一类学科的总称。信息科学的研究对象是信息，其研究的主要范围是：信息的本质、信息的度量、信息的运动规律、利用信息进行控制和优化的原理。其主要支柱是系统论、控制论与信息论。信息技术是关于信息的产生、发送、传输、接收、变换、识别、控制等应用技术的总称，是在信息科学的基本原则和方法指导下扩展人类信息处理能力的技术。信息技术的广泛应用，促进了社会生产力的飞速发展，引起了社会生活的深刻变化，使人类进入信息社会。

在信息社会中，信息在人们社会生活中的地位不断提高，人类所生产、接收和处理的信息量呈急剧增长的趋势。信息的收集、传输、加工与利用活动日益成为人们社会活动的重要组成部分。人类的这些活动被称作信息活动。信息活动的过程，也就是信息资源的开发、利用和管理的过程。信息化是指人们的信息活动的规模不断增长，以至在国民经济中占主导地位的过程。这是继工业化之后生产力发展的新阶段，将对社会经济发展以至整个人类文明产生巨大深远的影响。信息化为人类提供了最有效的利用资源的手段，因而信息化是当代社会最先进和最强大的生产力。

信息化是以物质活动的成熟为前提的。随着物质生产活动中专业化程度和生产技术的提高，社会劳动生产率空前增长，要维持和发展这种高效率、高效益的生产活动，使之用于不断发展与变化的社会需求，就需要有更大规模的现代化的信息活动和其他非物质生产活动的支持。同时，更高程度的信息化又促使生产率和企业竞争能力的进一步提高。据西方经济学家测算，对于现代化社会，物质生产部门每增加一人就业，非物质生产部门就要增加 3～4 人。这个比例在 20 世纪 70 年代的美国是 1∶6，在 80 年代的美国是 1∶8。美国 1993 年政府报告《国家信息基础设施：行动计划》指出："2/3 的美国劳动者从事与信息有关的工作，其余 1/3 劳动者的工作高度依赖于信息产业部门。"西方国家的信息化是在工业化完成之后的基础上进行的。工业化为信息化准备了必要的社会、经济与技术条件，信息化又把工业化达到的社会生产力推向更高的阶段。

信息技术是信息化的基础，以计算机和通信技术为代表的现代信息技术是信息化生产力的重要组成部分，推广应用现代信息技术是推动信息化工作的主要内容之一。但技术不是信息化的唯一条件和决定因素。人才是信息化的社会生产力中最积极、最活跃的因素。信息化是生产力的重大变化，但信息化不等于计算机化、不等于通信网络化。信息资源的开发、管理与利用需要多方面的工作相配合，计算机化、通信网络化只是其中的部分内容。而且，信息活动的主体是人而不是机器。在社会经济活动中，信息活动是有组织地进行的。人的素质和管理者的水平对信息活动的效率和有效性起着决定性的作用。事实表明，即使是在当今信息化程度最高的国家，社会活动中的大部分信息仍是由人直接处理。技术、组织管理和人是信息化生产力的3个重要因素，也是推进信息化的3项关键资源。在一个组织内，先进技术的应用必须有相应的组织变革和人的发展相匹配，否则，先进技术就不可能发挥其应有的效能。技术进步的幅度越大，组织变革就应更深刻，对人的素质的要求更高。这是现代社会生产力发展的客观规律。

1.4.2 信息系统的典型应用

1. 企业资源计划

20世纪90年代初，美国著名的IT分析公司Gartner Group Inc根据当时计算机信息处理技术的发展和企业对供应链管理的需求，对信息时代以后制造业管理信息系统的发展趋势和即将发生的变革作出预测，提出了企业资源计划(enterprise resource planning, ERP)这个概念。ERP是指建立在信息基础之上，以系统化的管理系统，为企业决策层及员工提供决策运行手段的管理平台。反映信息时代对企业合理调配资源，最大化的创造社会财富的要求，成为企业在信息时代发展的基石，其实质是在MRPII的基础上进一步发展而成的面向供应链的管理思想。

ERP是在先进的企业管理思想的基础上，应用信息技术实现对整个企业资源的一体化管理。ERP是一种可以提供跨地区、跨部门、甚至跨公司整合实时信息的企业管理信息系统。它在企业资源最优化配置的前提下，整合企业内部主要或所有的经营活动，包括财务会计、管理会计、生产计划及管理、物料管理、销售与分销等主要功能模块，以达到效率化经营的目标。

可以从管理思想、软件产品、管理系统3个层次给出ERP的定义。

(1)从管理思想角度。由美国著名的计算机技术咨询和评估集团Garter Group Inc. 提出的一整套企业管理系统体系标准，其实质是在制造资源计划(manufacturing resources planning, MRP II) 基础上进一步发展而成的面向供应链(supply chain)的管理思想。

(2)从软件产品的角度。从软件结构而言，现在的ERP必须能够适应互联网，支持跨平台、多组织的应用、电子商务的应用，具有广泛的数据、业务逻辑接口，并综合应用了客户机/服务器体系结构、关系数据库结构、面向对象技术、图形用户界面、第四代语言(4GL)、网络通信等信息产业成果，以ERP管理思想为灵魂。

(3)从管理系统的角度。ERP是整合了企业管理理念、业务流程、基础数据、人力物力、计算机软硬件于一体的企业资源管理系统。

2. 客户关系管理

客户关系管理(customer relationship management, CRM)是一个不断加强与顾客交流，不断了解顾客需求，并不断对产品及服务进行改进和提高以满足顾客的需求的连续的过程。其内含是企业利用信息技术和互联网技术实现对客户的整合营销，是以客户为核心的企业营销的技术实现和管理实现。客户关系管理注重的是与客户的交流，企业的经营是以客户为中心，而不是传统的以产品或以市场为中心。为方便与客户的沟通，客户关系管理可以为客户提供多种交流的渠道。

对客户关系管理应用的重视来源于企业对客户长期管理的观念，这种观念认为客户是企业最重要的资产，并且企业的信息支持系统必须在给客户以信息自主权的要求下发展。成功的客户自主权将产生竞争优势并提高客户忠诚度，最终提高公司的利润率。客户关系管理的方法在注重4P关键要素的同时，反映出在营销体系中各种交叉功能的组合，其重点在于赢得客户。这样，营销重点从客户需求进一步转移到客户保持上。

西方工业界不断用各种工具和方法进行产业升级：流程、财务、IT和人力资源，目前进展到最核心的堡垒——营销，而CRM就是工业发达国家对以客户为中心的营销的整体解决方案。同时，CRM在近年的迅速流行应归功于IT技术的进步，特别是互联网技术的进步，如果没有以互联网为核心的技术进步的推动，CRM的实施会遇到特别大的阻力，可以说，互联网是CRM的加速器，具体的应用包括：数据挖掘、数据仓库、呼叫中心、基于浏览器的个性化服务系统等，这些技术随着CRM的应用而飞速发展。

CRM概念引入中国已有数年，其字面意思是客户关系管理，但其深层的内涵却有许多的解释。以下摘录国外研究CRM的几位专家对CRM的不同定义，通过这些定义让我们对CRM有一个初步的认识。

(1)CRM就是客户关系管理。从字义上看，是指企业用CRM来管理与客户之间的关系。CRM是选择和管理有价值客户及其关系的一种商业策略，CRM要求以客户为中心的商业哲学和企业文化来支持有效的市场营销、销售与服务流程。如果企业拥有正确的领导、策略和企业文化，CRM应用将为企业实现有效的客户关系管理。

(2)CRM是一个获取、保持和增加可获利客户的方法和过程。CRM既是一种崭新的、国际领先的、以客户为中心的企业管理理论、商业理念和商业运作模式，也是一种以信息技术为手段、有效提高企业收益、客户满意度、雇员生产力的具体软件和实现方法。

(3)CRM的实施目标就是通过对企业业务流程的全面管理来降低企业成本，通过提供更快速和周到的优质服务来吸引和保持更多的客户。作为一种新型管理机制，CRM极大地改善了企业与客户之间的关系，实施于企业的市场营销、销售、服务与技术支持等与客户相关的领域。

CRM核心思想是：客户是企业的一项重要资产，客户关怀是CRM的中心，客户关怀的目的是与所选客户建立长期和有效的业务关系，在与客户的每一个"接触点"上都更加接近客户、了解客户，最大限度地增加利润和利润占有率。CRM的核心是客户价值管理，它将客户价值分为既成价值、潜在价值和模型价值，通过一对一营销原则，满足不同价值客户的个性化需求，提高客户忠诚度和保有率，实现客户价值持续贡献，从而全面提升企业盈利能力。

3. 供应链管理

供应链管理(supply chain management，SCM)是指在满足一定的客户服务水平的条件下，为了使整个供应链系统成本达到最小而把供应商、制造商、仓库、配送中心和渠道商等有效地组织在一起来进行的产品制造、转运、分销及销售的管理方法。

现代商业环境给企业带来了巨大的压力，不仅仅要销售产品，还要为客户提供满意的服务，从而提高客户的满意度。科特勒表示："顾客就是上帝，没有他们，企业就不能生存。一切计划都必须围绕挽留顾客、满足顾客进行。"要在国内和国际市场上赢得客户，必然要求供应链企业能快速、敏捷、灵活和协作地响应客户的需求。面对多变的供应链环境，构建幸福供应链成为现代企业的发展趋势。

供应链管理系统是为了实现供应链软硬件各企业的共同目标，对整个供应链的物流与信息进行集成管理和统一协调的计算机软硬件系统、网络与通信系统、有关数据、规章制度和人员的统一体。SCM系统是现代信息技术如计算机硬软件技术、数据通信与计算机网络技术，特别是 Internet 技术、人工智能技术、优化与仿真技术、并行工程技术以及 MRPII、ERP、准时生产制 JIT、全面质量管理 TQM、企业流程再造 BPR、虚拟企业等现代管理方法综合应用的成功。动态的供应链是虚拟企业或者广义企业的核心流程，SCM 是虚拟企业管理的基础。SCM 的发展，适应了企业在知识经济时代、市场竞争激烈环境中生存与发展的需求，给有关企业带来显著的利益；SCM 从整个市场竞争与社会需求出发，实现了社会资源的重组与业务的重组，显著改善了社会经济活动中物流与信息流运转的效率和有效性，消除了不少中间环节，减少了延误与浪费，使生产者与最终用户更加贴近，大大提高了经济活动的质量，促进了社会经济持续稳定发展。

4. 电子商务与电子政务系统

电子商务系统是保证以电子商务为基础的网上交易实现的体系。

市场交易是由参与交易双方在平等、自由、互利的基础上进行的基于价值的交换。网上交易同样遵循上述原则。作为交易中两个有机组成部分，一是交易双方要进行信息沟通，二是双方要进行等价交换。在网上交易，其信息沟通是通过数字化的信息沟通渠道而实现的，一个首要条件是交易双方必须拥有相应信息技术工具，才有可能利用基于信息技术的沟通渠道进行沟通。同时要保证能通过 Internet 进行交易，必须要求企业、组织和消费者连接到 Internet。在网上进行交易，交易双方在空间上是分离的，为保证交易双方进行交换，必须提供相应货物配送手段和支付结算手段。货物配送仍然依赖传统物流渠道，对于支付结算既可以利用传统手段，也可以利用先进的网上支付手段。此外，为保证企业、组织和消费者能够利用数字化沟通渠道，保证交易顺利进行，需要由专门提供这方面服务的中间商参与，即电子商务服务商。

图 1.14 中显示的是一个完整的基础电子商务系统，它在 Internet 信息系统的基础上，由参与交易主体的信息化企业、信息化组织和使用 Internet 的消费者主体，提供实物配送服务和支付服务的机构，以及提供网上商务服务的电子商务服务商组成。由上述几部分组成的基础电子商务系统，将受到一些市场环境的影响，这些市场环境包括经济环境、政策环境、法律环境和技术环境等几个方面。

一般而言，政府的主要职能在于经济管理、市场监管、社会管理和公共服务。而电子政务就是要将这 4 大职能电子化、网络化，利用现代信息技术对政府进行信息化改造，以提高政府部门依法行政的水平。电子政务的 4 个突出的特点：第一，电子政务使政务工作更有效、更精简；第二，电子政务使政府工作更公开、更透明；第三，电子政务将为企业和居民提供更好地服务；第四，电子政务将重新构造政府、企业、居民之间的关系，使之比以前更加协调，使企业和居民能够更好地参与政府的管理。

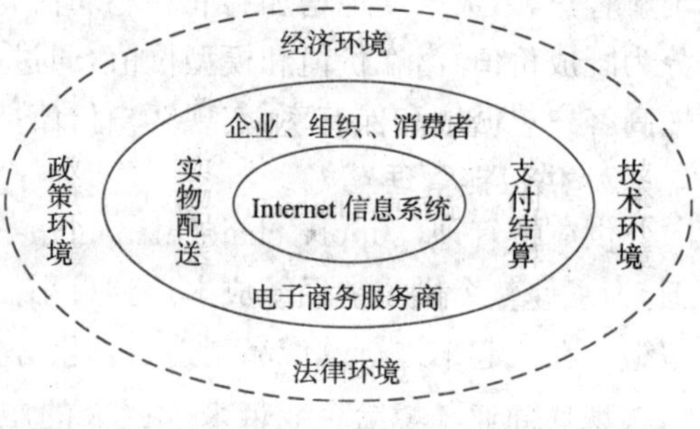

图 1.14　电子商务系统

现在的政府面对的信息资源及应用多种多样，来自不同的操作系统、不同的开发平台和不同的应用数据库。基于 Portal 平台的政府信息集成框架，试图以最小的代价在企业应用系统的构架层次上，为政府提供了一个跨越多种分散的、内部和外部的信息处理过程的集成纽带，把这些信息整合到一起。它是基于 J2EE 的三层 B/S 结构，包括门户、信息集成接入层、展示层。电子政务系统的整体框架如下。

(1)应用层是指政府已经存在的所有信息资源,包括政府内部或外部的各种应用系统,还包括来自不同系统的结构化或非结构化数据,它们都是政府信息集成平台需要整合的对象。

(2)信息集成接入层为政府信息集成平台实现资源整合提供底层构件库,包括本地和远程应用集成构件,为实现不同类型的信息集成提供底层支持。同时提供对所有信息资源的统一管理、统一授权,实现对信息的统一访问。

(3)展示层是信息集成平台中把经过整合的信息资源展现给用户的最外层,它只关注如何展现信息,统一的视图管理使用户可以设定各自的个性化输出,用户只需登录到政府门户就可以得到所关注的信息。

5. 地理信息系统

地理信息系统(geographical information system,GIS)是一种决策支持系统,它具有信息系统的各种特点。GIS与其他系统的主要区别在于其存储和处理的信息是经过地理编码的,地理位置及其位置有关的地物属性信息成为信息检索的重要部分。它不仅包含反映地理属性的一般数字、文字数据信息,还包含反映地理分布特征及其之间拓扑关系的空间位置信息。

GIS的定义是由两个部分组成的。一方面,GIS是一门学科,是由计算机科学、测量学、地理学、地图学、管理科学等多门学科综合而来的一门新兴交叉学科;另一方面,GIS是一个信息系统,是由计算机软、硬件和不同方法组成的,具有支持空间数据的获取、管理、分析、建模和显示功能,并可解决复杂的规划和管理问题的信息系统。

一般来讲,GIS按其内容可以分为以下3大类:

(1)专题信息系统(thematic information system):是具有限定目标和专业特点的GIS,为特定的、专门的目的服务,如矿产资源管理信息系统、农作物估产信息系统、灾害监测信息系统、城市管理信息系统等。

(2)区域信息系统(regional information system):又称综合信息系统,主要以区域综合研究和全面的信息服务为目标。区域信息系统可以有不同的规模,如国家级、地区或省级、市级和县级等各个不同级别行政区区域信息系统;也可以是按自然分区或流域为单位的区域信息系统,如黄河流域信息系统,区域资源与环境信息系统等。

(3)地理信息系统工具(GIS tools):又称地理信息系统开发平台。是具有GIS基本功能的软件包或基础软件,供其他系统调用或进行二次开发。在国外比较著名的有美国环境系统研究所(ESRI)的ArcGIS,美国MapInfo公司的MapInfo系统等;在国内比较著名的有北京超图公司的SuperMap,中国地质大学开发的MapGIS等。将通用GIS工具与数据库系统结合,不仅可以便捷地开发区域或专题信息系统,而且可以开发出相应的DSS、ES等。

GIS不仅被广泛应用在与空间位置有关的现代测绘、土地、环境和资源管理等自然科学领域,而且被广泛应用在社会科学领域,在管理和决策中起重要作用。如GIS可为政府和企业提供极为有力的管理、规划和决策工具,它可用于企业生产经营管理、税收、宏观规划、开发评价管理、交通工具管理、公共设施使用、道路维护、公共卫生管理、经济发展和赈灾服务等。

6. 知识管理系统

知识管理(knowledge management,KM)是网络经济时代的新兴管理思潮与方法,管理学者彼得·德鲁克早在1965年即预言:"知识将取代土地、劳动、资本与机器设备,成为最重要的生产因素"。进入20世纪90年代,随着信息化蓬勃发展,知识管理的思想结合互联网、数据库以及计算机软件系统等信息技术的应用，成为组织累积知识财富，创造更大竞争力的新利器。

所谓知识管理，即在组织中建构一个量化与质化的知识系统，让组织中的资讯与知识，通过沉淀、共享、学习、应用及创新等过程，不断地回馈到知识系统内，永不间断地累积个人与组织的知识，成为组织智慧(技术、文化和管理)的循环，在企业组织中成为管理与应用的智慧资本，有助于企业做出正确的决策，以适应市场的变迁。

知识管理系统(knowledge management system，KMS)是企业实现知识管理的平台，它是一个以人的智能为主导，以信息技术为手段的人机结合的管理系统。其总体目标是通过将企业中的各种知识资源，包括显性知识和隐性知识，整合为动态的知识体系，以促进知识创新，通过知识创新能力的不断提高带动劳动生产率的提高，从而最终提高企业的核心竞争力。

知识管理系统的3个构成要素：知识库、知识地图、实践社区。

(1)知识库是知识工程中结构化、易操作、易利用、全面有组织的知识集群，是针对某一(或某些)领域问题求解的需要，采用某种(或若干)知识表示方式在计算机存储器中存储、组织、管理和使用的互相联系的知识片集合。这些知识片包括与领域相关的理论知识、事实数据，由专家经验得到的启发式知识，如某领域内有关的定义、定理和运算法则及常识性知识等。

(2)知识地图用来表达知识的位置、范围，其所连接的内容为人、知识库、数据库等，其目的在于清晰地表达和方便地查找利用。

(3)实践社区是对某一问题、机遇和可能的解决方法有着共同学习兴趣的人组成的群体。这些群体可以通过协同工作来帮助成员加快商业成果研发的速度，增加价值。每个人都离不开向别人学习，向外部环境学习。把成员吸引在一起的力量既有职业的，也有社交的。这两方面都至关重要。通过实践社区可以有效促进显性知识的传播、隐性知识显性化。

1.4.3 信息系统的发展趋势

1. 信息系统跨越组织与地域

战略联盟是20世纪90年代兴起的一种十分重要的产业组织形式。通过战略联盟，企业可以提高自身的竞争优势。但是，信息不对称以及"囚徒困境"使企业间的战略联盟十分不稳定。近来，人们考虑通过建立战略联盟间的跨组织信息系统(Inter-Organization System，IOS)来加强联盟的稳定性。战略联盟间的IOS能提供有效的信息共享，有助于克服战略联盟的不稳定性，这在供应链联盟中得到了证实。但IOS的这种功能并不是内生的，它需要一些外在因素的保障和支持。IOS共享信息的不对称会降低双方伙伴关系，合作伙伴期望和感知的不一致和不协调会导致IOS参与方之间关系的衰退。从这个角度讲，有效的组织传播是建立成功的战略联盟间IOS的重要保障。组织传播是促成组织间信任的重要因素，人们可以通过了解信任在建立成功IOS过程中的重要作用，来明确组织传播在其间的重要性。

2. 基于Web的系统成为信息系统的主流

随着Internet和Web技术的不断发展和更新，信息资源的数量越来越多，而且结构和内容越来越复杂，这时的管理、查询和使用这些数据信息资源变得越来越困难，人们迫切的需要新的手段和方法，以更好地组织、管理、利用这些资源。传统的C/S模式向B/S模式转变，宣布了一个新的系统开发时代的来临，信息系统的开发方法变得层出不穷，基于Web的信息系统开发方法在这其中起到了主导型作用。如今的Web技术手段越来越成熟、完善，基于B/S模式开发的信息系统方法越来越普及，这也将成为现今乃至未来很长一段时间的主流。

3. 信息系统智能化和集成化

影响信息系统发展的一个方面是信息技术本身的发展，另一方面则是由于信息技术与管理融合带来的需求。今后信息系统仍然会在这两方面的推动下发展。具体来说，集成化和智能化是当今信息系统发展的两大趋势。在集成化方面，从传统的物料管理计划系统 MRP、制造资源计划系统 MRPII 中发展出了企业资源计划系统 ERP，形成了整个组织范围内的集成化信息系统，同时电子商务及电子数据交换技术的发展也不断推动着企业间信息系统的集成。在智能化方面，决策支持系统与人工智能、网络技术、数据库、数据仓库技术等结合形成了智能决策支持系统和群体决策支持系统，提供了具有更加智能分析能力的信息技术。

本章小结

系统是由一些相互联系、相互制约的若干组成部分结合而成的、具有特定功能的一个有机整体(集合)。系统具有整体性、层次性、目的性、相关性和适应性的特点。

系统方法，就是把对象放在系统的形式中，从系统观点出发，从系统和要素、要素和要素、系统和环境之间的相互联系和相互作用的关系中综合地、精确地考查对象，以达到最佳的处理问题的一种方法。

信息系统就是输入数据，通过加工处理，产生信息的系统，具有数据的输入、传输、存储、处理、输出等基本功能。本章从概念结构、功能结构、软件结构、层次结构、物理结构 5 个方面分析了信息系统各部分之间的关系和特点。

信息系统的发展与计算机技术、通信技术和管理科学等的发展紧密相关。近半个多世纪以来，信息系统的发展经历了从单机到网络，从电子数据处理系统到管理信息系统、再到决策支持系统，从数据处理到智能处理的各个阶段。信息系统仍是一个不断发展的概念，目前正在依托互联网朝着智能化和集成化发展。

思考题

1. 什么是系统？有哪些主要特征？
2. 举例说明：一个组织是一个系统。
3. 系统方法的原则有哪些？
4. 什么是系统工程？系统分析的要点有哪些？
5. 什么是霍尔三维结构？
6. 简述信息系统的层次结构和特点。
7. 请阐述信息系统的发展情况和发展趋势。

实作题

上网搜集企业信息化和信息系统建设与应用资料，重点分析信息系统的重要性和战略意义。

第 2 章　信息系统开发概述

学习目标

- 理解信息系统建设的复杂性
- 了解软件危机的表现和产生原因，理解软件工程的基本原理和基本目标，理解建模对软件开发的意义
- 了解信息系统开发生命周期的基本概念，熟悉并掌握信息系统开发生命周期各阶段的任务
- 掌握结构化方法的基本思想，理解 3 种典型的方法学（结构化方法、原型法、面向对象方法）的区别
- 了解 CASE 的概念，熟悉信息系统开发的环境和工具
- 理解信息系统发展的诺兰模型及其作用，了解系统开发涉及的相关人员及职责，了解信息系统不同开发方式

本章重点

信息系统生命周期阶段划分和主要任务、3 种开发方法的基本思想和主要优缺点。

2.1　软件危机与软件工程

2.1.1　信息系统建设的复杂性

随着信息化浪潮的迅猛发展，信息系统的应用已深入到社会生活的各个领域，对社会和经济的影响举足轻重。可是信息系统建设的道路却历尽坎坷。许多系统的效益远不如当初的承诺，甚至半途而废，使建设单位背上沉重包袱的情况时有发生。因此信息系统建设者必须深刻理解信息系统建设工作的复杂性，正确认识其特点和规律，并运用科学的建设方法，这对于成功的建设信息系统至关重要。

信息系统建设工作的复杂性，主要体现在以下 6 方面。

1. 建设环境的复杂性

信息系统要成为企业竞争的有力武器，必须适应企业的竞争环境。这就要求信息系统

的建设者必须十分重视、深刻理解企业面临的内外环境及其发展趋势，考虑到管理体制、管理思想、管理方法和管理手段，考虑到人的习惯、心理状态以及现行的制度、惯例和社会、政治等诸多因素。系统目标、功能和实施步骤既要适应企业当前的发展水平和能力，又要有足够的适应性，可以在一定范围内适应规章制度的变化，促进管理水平的提高，实现管理目标。

2. 用户需求的多样性

信息系统的用户是各级各类管理人员与业务人员。满足这些用户的需求，支持他们的管理决策和业务活动，是系统建设的直接目标。然而，一个组织内的各类机构和人员的需求不尽相同，有些需求还可能相互冲突、协调困难，另一些往往十分含混，用户自己都描述不清，同时需求在建设过程中也会发生变化。信息系统建设者面对如此复杂的目标集，必须寻求使各方都比较满意的方案。

3. 建设内容的复杂性

面向管理是信息系统最重要的特征。管理系统需要的信息量大面广、形式多样、来源复杂，信息内容和处理要求又涉及广泛的学科和业务领域。一个综合性的信息系统要支持各级多部门的管理和业务活动，必须是一个规模庞大、结构复杂、具备多种功能、实现多个目标的大系统，其信息处理内容的广泛性、综合性和系统结构的复杂性，是一般工程技术系统所难以比拟的。

4. 技术手段的复杂性

信息系统是信息技术与现代管理理论结合的产物，它试图用先进的技术手段解决社会经济问题。当代先进技术成果，如计算机软硬件技术、数据通信与网络技术、人工智能技术、各类控制与决策方法、建模与仿真技术等，是信息系统借以实现各种功能的技术手段。而且这些技术方法发展日新月异。掌握这些先进的、复杂的技术手段，如何合理地应用以达到预期效果，是信息系统建设面临的主要任务之一。

5. 建设需用资源的密集性

管理信息系统的建设，需要巨额投资，是一种资金密集型的建设项目；由于规模大，建设内容复杂，主要工作特别是软件开发需要大量人工，因而也是劳动密集型项目；由于建设环境、建设内容、所用技术手段的复杂性，系统建设的各项工作都需要大量的智力劳动，简单体力劳动所占比例极小。管理信息系统建设项目又是智力密集型或知识密集型的。由此可见，管理信息建设所付出的代价十分昂贵，如何获取和合理使用这些资源，使之产生最大的经济与社会效益，是管理信息系统建设成功的一个关键。

6. 建设风险高、效益估算困难

对一般技术工程，往往可以通过具体模型或样品试验解决设计中的问题并完善设计，而信息系统的样品就是产品，在实际运行前无法进行现场试验，系统开发中的问题只有投入运行后才能充分暴露。加之系统开发周期长，容易造成人力、物力和时间的浪费，具有很高的风险。另一方面，信息系统给企业带来的效益主要是无形的间接效益，不像一般技术工程取得的效益那样直接和容易计算。

2.1.2 软件危机与软件工程

随着计算机系统的迅速发展和应用范围的日益广泛，计算机软件的规模越来越大，其复杂程度也不断增加。进入 20 世纪 60 年代以来，人们开始逐渐认识到了确实存在着“软件危机”

这样一个事实，其表现如下。

(1)软件生产不能满足日益增长的需求。

(2)软件开发成本和开发进度的估计往往不准确。实际成本有时高出预计成本好几倍，预计完工的时间往往推迟几个月甚至更长时间。

(3)软件开发人员和用户之间信息交流不充分，用户对完成的软件满意度很低。

(4)软件价格昂贵，软件成本在整个计算机系统中所占的比例急剧上升，软件已成为许多计算机系统中花钱最多的项目。

(5)软件质量难以保证，软件质量保证技术还没有真正应用到软件开发的全过程。

(6)软件可维护性差，程序中的错误很难改正，当硬件环境发生变化时，想要进行适应性或完善性维护极其困难。

导致这一系列问题的一个重要原因，就是由于信息系统的研制和维护工作本身是工程性的任务，但信息系统建设人员所采取的方式却未能工程化。为了克服软件危机，促使人们开始考虑采用工程化方法和工程途径来研制和维护信息系统。20 世纪 60 年代末至 70 年代初开始，逐渐发展起一组总称为“软件工程”的技术。这些技术把软件作为一个工程产品来处理：它需要计划、分析、设计、实现、测试以及维护。软件工程学主要研究软件结构、软件设计方法论、软件工具、软件工程标准和规范，以及与软件工程有关的理论等。软件产业的逐步建立，也带动了软件工程这门学科的发展。同时，软件生产的系列化、产品化、工程化和标准化形成了软件产业的标志。

“软件工程”这一术语是 1968 年在联邦德国召开的计算机专家国际会议上提出来的。软件工程专家 B. W. Boehm 在 1983 年的一篇论文中提出了软件工程的 7 条基本原理。这 7 条基本原理如下所述。

(1)用分阶段的生命周期计划严格管理。

(2)坚持进行阶段评审。

(3)实行严格的产品控制。

(4)采用结构化程序设计技术。

(5)应能清楚地审查结果。

(6)组成开发人员少而精的小组。

(7)承认不断改进软件工程实践的必要性。

软件工程方法学包含 3 个要素：方法、工具和过程。方法是指完成软件开发的各项任务的技术方法；工具是指为运用方法而提供的软件工程支撑环境；过程是指为获得高质量的软件所需要完成的一系列任务的框架。

一般地讲，成功的软件工程项目希望达到以下目标。

(1)实现要求的功能。

(2)取得较好的软件性能：安全可靠、容易维护和运行效率高。

(3)付出较低的开发费用。

(4)按时完成开发工作，及时交付使用。

在一个具体的开发项目中，想要几个目标都达到理想程度是很困难的。而且目标之间很可能是相互冲突的，例如，既要性能好，又要费用低，就不容易做到。软件性能指标之间往往也有冲突。在实际工作中应根据项目的具体情况有所侧重。

信息系统开发是一个复杂的工程，必须按照工程化的原则去组织和管理软件的开发，这是任何一个计算机信息系统开发能否成功的关键因素之一。将信息系统建设与一般技术工程相比较，我们看到，信息系统建设的困难不仅来自技术方面，还来自企业内外环境。影响信息系统成败的有管理体制、组织文化、政策法规、思维观念、技术、环境等多种因素。技术不是唯一因素，甚至不是主要因素。非技术因素与系统建设息息相关。信息系统是一个人机合一的系统，先进的技术条件并不能抵消非技术性因素的影响，相反，随着技术的不断升级，非技术因素的影响力显得愈发重要。只有从更深层次探讨，重视非技术因素，才有可能解决长期困扰人们的“软件危机”。

2.1.3 建模技术

建模是一项经过检验并被广为接受的工程技术。人们建立的房屋和大厦的建筑模型能帮助用户得到实际建筑物的印象。为了分析大风或地震对建筑物造成的影响，人们甚至可以建立数学模型。如果不首先构造模型（从计算机模型到物理风洞模型以及与实物大小一样的原型），就装配新型的飞机或汽车，那简直是难以想象的。为了更好地了解系统并与他人交流思想，开发新型的电气设备（从微处理器到电话交换系统）都需要一定程度的建模。在电影业里，剧本是产品的核心，这也是建模的一种形式。在社会学、经济学和商业管理领域中，为了证实理论或用最小限度的风险和代价实验新的理论，我们也要建模。

建模是开发优秀软件的所有活动中的核心部分，其目的是把所要设计的结构和系统的行为沟通起来，并对系统的体系结构进行可视化和控制。建模是为了更好地理解正在构造的系统，同时还可以管理风险。

1. 建模的好处

那么，模型是什么？简单地说，模型是对现实的简化。模型提供了系统的蓝图。模型既可以包括详细的计划，也可以包括从很高的层次考虑系统的总体计划。一个好的模型包括那些有广泛影响的主要元素，而忽略那些与给定的抽象水平不相关的次要元素。每个系统都可以从不同的方面用不同的模型来描述，因而每个模型都是一个在语义上闭合的系统抽象。模型可以是结构性的，强调系统的组织；它也可以是行为性的，强调系统的动态方面。

我们为什么要建模？一个基本理由是：我们建模是为了能够更好地理解我们正在开发的系统。通过建模，要达到以下目的。

（1）模型帮助人们按照实际情况或按照人们所需要的样式对系统进行可视化。

（2）模型允许人们详细说明系统的结构或行为。

（3）模型给出了一个指导人们构造系统的模板。

（4）模型对人们作出的决策进行文档化。

建模并不只是针对大的系统，甚至像搭建狗窝那样的工作也能从一些建模中受益。然而，可以明确地讲，系统越大、越复杂，建模就越重要，一个很简单的原因是：我们不能完整地理解一个复杂的系统，所以我们要对它建模。

2. 建模原理

各种工程学科都有其丰富的建模使用历史。这些经验形成了建模的4项基本原理，分别叙述如下。

（1）选择要创建什么模型对如何动手解决问题和如何形成解决方案有着意义深远的影响。换句话说，就是要好好地选择模型。正确的模型将清楚地阐明难以对付的开发问题，提供不能轻易地从别处获得的洞察力;错误的模型将误导开发人员,使开发人员把精力花在不相关的问题上。

(2)每一种模型可以在不同的精度级别上表示。如果正在建造一座大厦,有时需要从宏观上让投资者看到大厦的样子,感觉到大厦的总体效果。而有时又需要认真考虑细节问题,例如,对复杂棘手的管道的铺设,或对少见的结构件的安置等。对于软件模型也是如此。在任何情况下,最好的模型应该是这样的:它可以让分析人员或开发人员根据观察的角色以及观察的原因选择它的详细程度。分析人员或最终用户主要考虑"做什么"的问题;开发人员主要考虑"怎样做"的问题。这两类人员都要在不同的时间以不同的详细程度对系统进行可视化。

(3)最好的模型是与现实相联系的。所有的模型都对现实进行了简化,但有一点要记住,不能简化掉任何重要的细节。

(4)单个模型是不充分的。对每个重要的系统最好用一组几乎独立的模型去处理。为了理解系统(除非非常微小的系统)中的各种事物,经常需要多个相互联系的模型。

2.2 信息系统的生命周期模型

2.2.1 信息系统的生命周期

任何事物都有产生、发展、成熟、消亡(更新)的过程,信息系统也不例外。信息系统在使用过程中随着其生存环境的变化,要不断维护、修改,当它不再适应的时候就要被淘汰,由新系统代替老系统,这种周期循环称为信息系统的生命周期。

信息系统生命周期是用于规划、执行和控制信息系统开发项目的一种项目组织和管理方法,是工程学的原理在信息系统开发中的具体应用。它为信息系统的开发过程的管理和控制提供了一种基本方法和框架。它强调项目的组织、管理和控制。

信息系统的生命周期可分为5阶段:系统规划、系统分析、系统设计、系统实施、系统运行和维护,如图2.1所示。

1. 系统规划

系统规划阶段的任务是:

(1)对企业的环境、目标及现行系统的状况进行初步调查。

(2)根据企业目标和发展战略,确定信息系统的发展战略。

(3)对建设新系统的需求做出分析和预测,同时考虑建设新系统所受的各种约束,研究建设新系统的必要性和可能性。根据需要与可能,给出拟建系统的备选方案。

(4)对这些方案进行可行性分析,写出可行性分析报告。

(5)可行性分析报告审议通过后,确定新系统建设方案及实施计划。

2. 系统分析

系统分析是系统开发过程中最关键、最困难的阶段。系统分析阶段的任务是:

(1)根据系统规划确定的方案、范围和计划,对现行系统进行详细调查。

(2)描述现行系统的业务流程,指出现行系统的局限性和不足之处,确定新系统的基本目标和逻辑功能要求,即提出新系统的逻辑模型,解决新系统应"做什么",这个阶段又称为逻辑设计阶段。

(3)系统分析阶段的工作成果体现在系统说明书中,这是系统建设的必备文件,它既是给

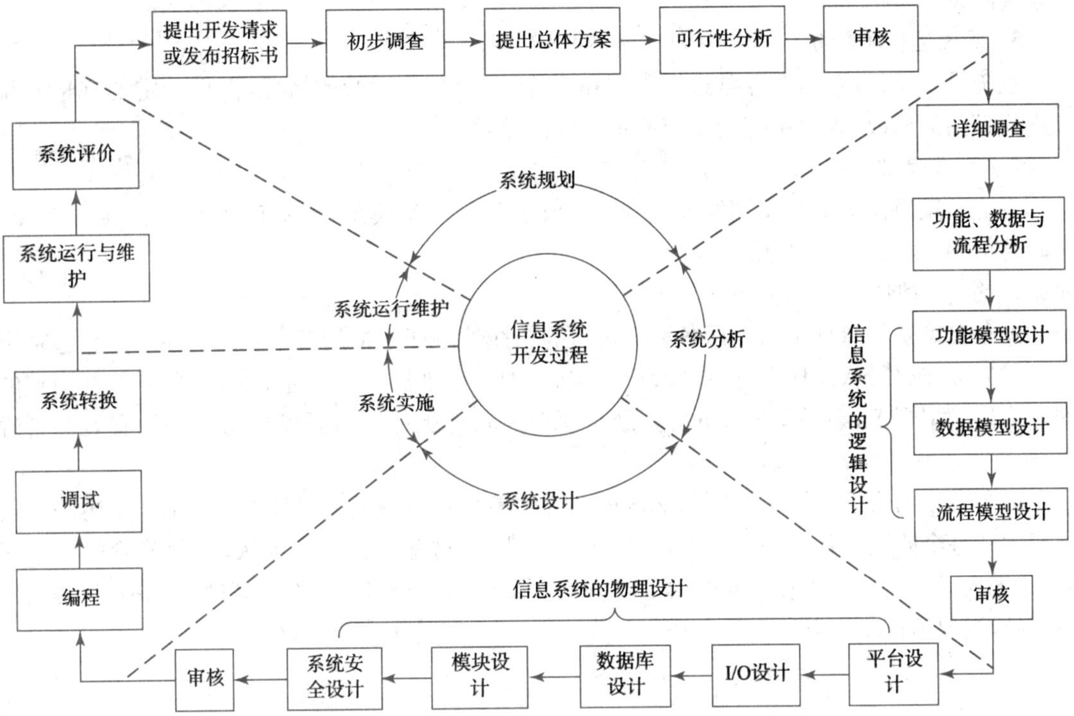

图 2.1　信息系统生命周期

用户看的，也是下一阶段的工作依据，因此，系统说明书既要通俗，又要准确，用户通过系统说明书可以了解未来系统的功能，判断是不是其所要求的系统。

(4)系统说明书一旦讨论通过，就是系统设计的依据，也是将来验收系统的依据。

3. 系统设计

简单地讲，系统分析阶段的任务是回答系统“做什么”的问题，而系统设计阶段要回答的问题是“怎么做”。

系统设计阶段的任务是：

(1)根据系统说明书中规定的功能要求，考虑实际条件，具体设计实现逻辑模型的技术方案，也即设计新系统的物理模型。这个阶段又称为物理设计阶段。

(2)这个阶段的技术文档是“系统设计说明书”。

4. 系统实施

系统实施阶段是将设计的系统付诸实施的阶段。系统实施阶段的任务包括：

(1)计算机等设备的购置、安装和调试。

(2)程序的编写和调试。

(3)人员培训。

(4)数据文件转换。

(5)系统调试与转换等。

这个阶段的特点是几个互相联系、互相制约的任务同时展开，必须精心安排、合理组织。系统实施是按实施计划分阶段完成的，每个阶段应写出实施进度报告。系统测试之后写出系统测试分析报告。

5. 系统运行和维护

系统投入运行后，需要经常进行维护和评价，记录系统运行的情况，根据一定的规格对系统进行必要的修改，评价系统的工作质量和经济效益。

2.2.2 开发模型

系统开发生命周期在应用发展过程中形成了多种开发模型，主要有瀑布模型、演化模型、螺旋模型、喷泉模型、RUP模型等。

1. 瀑布模型(waterfall model)

瀑布模型是将软件生命周期各活动规定为依线性顺序连接的若干阶段的模型。它包括可行性研究、需求分析、总体设计、详细设计、编码、测试和维护。它规定了由前至后、相互衔接的固定次序，如同瀑布流水，逐级下落。瀑布模型为软件工程项目开发提供了一种有效的管理模型。

瀑布模型的表示如图 2.2 所示。该模型说明整个软件开发过程基本是按图 2.1 中的阶段进行的。每个阶段的任务完成之后，产生相应的文档，这些文档经过确认，表明该阶段工作完成，并进入下一阶段的工作。每个阶段均依上一阶段的文档作为开发的基础，如果某一文档出现问题，则要返回上一阶段去重新进行工作。

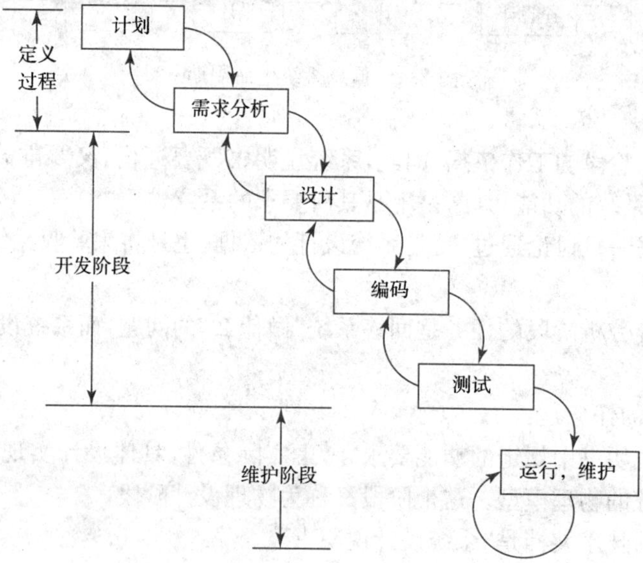

图 2.2　瀑布模型

瀑布模型是基于文档驱动(又称里程碑驱动、基线驱动)的，每个阶段的结束称为里程碑或基线。它具有简单、便于分工协作、开发难度低、能保证质量等优点。但该模型的缺点也是显而易见的。

(1)开发过程一般不能逆转，否则代价太大。

(2)实际的项目开发很难严格按该模型进行。

(3)客户往往很难清楚地给出所有的需求，而该模型却要求如此。

(4)软件的实际情况必须到项目开发的后期客户才能看到，这要求客户有足够的耐心。

尽管瀑布模型存在着许多缺点，但该模型在软件工程的实践中仍然占有重要的位置，它仍然是使用最为广泛的过程模型。尤其是早期的面向过程的结构化分析、结构化设计与编程、结构化测试和结构化维护是非常适合采用这种模型的。换句话说，瀑布模型是面向过程的软件开发方法。严格意义上说，只有满足如下条件才能采用这种模型。

(1)用户的需求非常清楚全面，且在开发过程中没有或很少变化。

(2)开发人员对软件的应用领域很熟悉。

(3)用户的使用环境非常稳定。

(4)用户很少参与开发工作。

大部分的系统软件就有这些特征，例如，编译系统、数据库管理系统和操作系统等，在软件开发前均可完整、准确、一致和无二义性地定义软件系统的目标、功能和性能等。

尽管瀑布模型的适用范围有很大的局限性，但其思想精髓“线性化”是多种软件生命周期模型(如演化模型、螺旋模型、喷泉模型等)的基本细粒度元素，对此应深刻领会并灵活运用。

2. 演化模型(incremental model)

主要针对事先不能完整定义需求的软件开发。用户可以给出待开发系统的核心需求，并且当看到核心需求实现后，能够有效地提出反馈，以支持系统的最终设计和实现。软件开发人员根据用户的需求，首先开发核心系统，即原型，因此演化模型又称原型模型。当原型系统投入运行后，用户试用，完成他们的工作，并提出精化系统、增强系统能力的需求。软件开发人员根据用户的反馈，实施开发的迭代过程。第一迭代过程均由需求、设计、编码、测试、集成等阶段组成，为整个系统增加一个可定义的、可管理的子集。

演化模型在开发模式上采取分批循环开发的办法，每循环开发一部分的功能，它们成为这个产品的原型的新增功能。于是，设计就不断地演化出新的系统。实际上，这个模型可看作是重复执行的多个“瀑布模型”。演化模型的表意如图2.3所示。

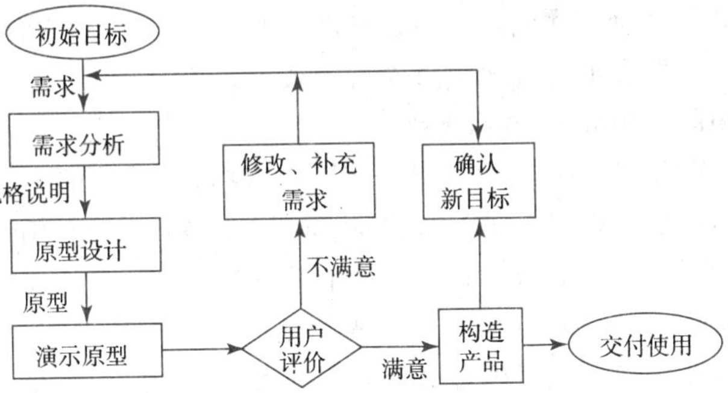

图2.3　演化模型

3. 螺旋模型(spiral model)

对于复杂的大型软件，开发一个原型往往达不到要求。螺旋模型将瀑布模型与增量模型结合起来，加入了两种模型均忽略的风险分析，弥补了这两种模型的不足。

螺旋模型是一种风险驱动的模型。在软件开发中，有各种各样的风险。对于不同的软件工程项目，其开发风险有大有小。实践表明，软件工程项目越复杂，软件设计方案、开发所需资源、成本和开发进度等因素的不确定性就越大，项目开发的风险也越大。因此，应及时对软件开发风险进行识别、分析和采取对策,从而消除或减少该风险带来的危害。螺旋模型将软件开发过程分为几个螺旋周期,每个螺旋周期大致和瀑布模型相符合。螺旋模型的表示如图 2.4 所示。

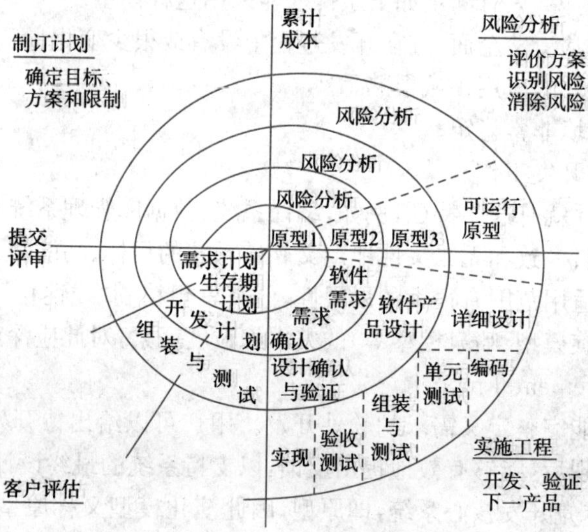

图 2.4　螺旋模型

4. 喷泉模型(fountain model)

瀑布模型的不足之处在于,它对软件重用和生存期中多项软件开发活动的集成并未提供支持,因而难于支持面向对象的软件开发方法。“喷泉”一词体现了迭代和无间隙特性。软件系统某个部分常常重复工作多次,相关功能在每次迭代中随之加入演进的软件系统。无间隙是指在软件开发活动中,即软件分析、设计和编码之间不存在明显的边界。喷泉模型的表示如图 2.5 所示。

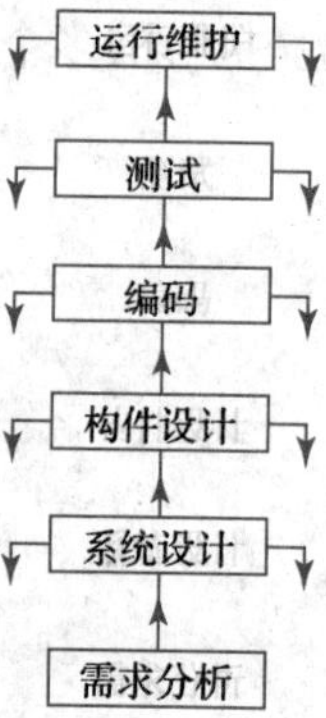

图 2.5　喷泉模型

5. RUP 模型(rational unified process)

RUP(统一开发过程)模型中的软件生命周期在时间上被分解为 4 个顺序的阶段,分别是:初始阶段(Inception)、细化阶段(Elaboration)、构造阶段(Construction)和交付阶段(Transition)。每个阶段结束于一个主要的里程碑(Major Milestones);每个阶段本质上是两个里程碑之间的时间跨度。在每个阶段的结尾执行一次评估以确定这个阶段的目标是否已经满足。如果评估结果令人满意的话,可以允许项目进入下一个阶段。

RUP 中有 9 个核心工作流,分为 6 个核心过程工作流(包括:商业建模、需求分析、分析与设计、实现、测试、配置)和 3 个核心支持工作流(包括:配置和变更管理、项目管理、环境)。尽管 6 个核心过程工作流可能使人想起传统瀑布模型中的几个阶段,但应注意迭代过程中的阶段是完全不同的,这些工作流在整个生命周期中一次又一次被访问。9 个核心工作流在项目中轮流被使用,在每一次迭代中以不同的重点和强度重复。RUP 统一过程模型如图 2.6 所示。

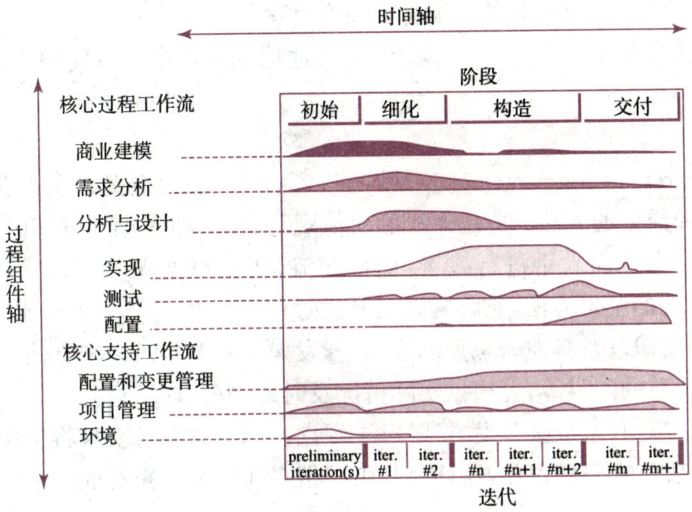

图 2.6 RUP 统一过程模型

2.2.3 开发模型的最新发展

系统开发生命周期模型(SDLC)可能不适用于以下几种情形：

(1)缺少详细需求说明，没有明确解释所调查的问题。

(2)不能完全确定输入输出过程。

(3)所处理的问题是一次性的特殊问题。

(4)用户需求不断的变化。

在这些情形下，SDLC 模型只能够在短时间内执行，而不适宜长期应用。针对这些情况，业界专家提出了一些更适用的方法。

1. 快速应用开发

快速应用开发(rapid application development，RAD)不仅是一种需求抽取方法，它还是使软件开发与发布成为一体的方法。快速应用开发目的是快速发布系统方案，而技术上的优美相对发布的速度来说是次要的。

RAD 是一种面向对象的系统开发方法，它包括开发方法和软件工具。RAD 和原型法在概念上很接近，两者的目标都是要缩短传统的 SDLC 方法中信息系统的设计与实现之间漫长的时间间隔，它们都尽量更好地满足迅速变化的商业需求。可以将 RAD 视为原型法的一种特殊实现。一些开发者认为 RAD 是新兴的电子商务及基于 Web 环境中的一种有用的方法，因为在这样的环境中，所谓的商业先行者的身份或许是最重要的。一般而言，使用 RAD 进行评估、设计、实现时有 3 个显著的阶段：需求规划阶段、RAD 设计研讨会、实现阶段。

按照 Wood and Silver (1995) 的观点，RAD 组合了 5 个方面的技术：进化原型；CASE 工具(可进行正向工程和反向工程)；拥有能使用先进工具的专门人员(一个 RAD 开发小组)；交互式 JAD；时间表 。

常用的 RAD 工具有：Visual Studio .NET、Delphi、Visual Basic、Power Builder 等。

使用 RAD 需具备的条件：团队中有用过 RAD 的程序员和分析员；由于商业压力，要求加快程序中的某部分的开发；从事一项全新的电子商务应用程序，希望成为一个创新者以取得竞争优势；用户富有经验，并对公司的组织目标高度负责。

RAD 存在的问题：不一致的 GUI 设计；不是通用的解决方案；文档不足；难以维护和扩展软件。

2. 极限编程

极限编程（extreme programming，XP）是一个轻量级的、灵巧的软件开发方法；同时它也是一个非常严谨和周密的方法。它的基础和价值观是交流、朴素、反馈和勇气，即，任何一个软件项目都可以从四个方面入手进行改善：加强交流、从简单做起、寻求反馈、勇于实事求是。XP 是一种近螺旋式的开发方法，它将复杂的开发过程分解为一个个相对比较简单的小周期；通过积极的交流、反馈以及其他一系列的方法，开发人员和客户可以非常清楚开发进度、变化、待解决的问题和潜在的困难等，并根据实际情况及时地调整开发过程。

传统的 SDLC 模型（重量级开发方法）过于烦琐，因此一些人提出，将重量级开发方法中的规则和流程进行删减、重整和优化，这样就产生了很多适应不同需要的轻量级流程。在这些流程中，合乎实际需要的规则被保留下来，不必要的复杂化开发的规则被抛弃。而且，和传统的开发方法相比，轻量级流程不再像生产流水线，而是更加灵活。

XP 就是这样一种灵巧的轻量级软件开发方法。"extreme"（极限）是指，对比传统的项目开发方式，XP 强调把它列出的每个方法和思想做到极限、做到最好；其他 XP 所不提倡的，则一概忽略（如开发前期的整体设计等）。一个严格实施 XP 的项目，其开发过程应该是平稳、高效和快速的，能够做到一周 40 小时工作制而不拖延项目进度。

XP 的一个成功因素是重视客户的反馈——开发的目的就是为了满足客户的需要。XP 方法使开发人员始终都能自信地面对客户需求的变化。XP 强调团队合作，经理、客户和开发人员都是开发团队中的一员。团队通过相互之间的充分交流和合作，使用 XP 这种简单但有效的方式，努力开发出高质量的软件。XP 的设计简单而高效，程序员们通过测试获得客户反馈，并根据变化修改代码和设计，他们总是争取尽可能早地将软件交付给客户。XP 程序员能够勇于面对需求和技术上的变化。XP 很像一个由很多小块拼起来的智力拼图，单独看每一小块都没有什么意义，但拼装好后，一幅美丽的图画就会呈现在你面前。

3. 敏捷开发

敏捷开发（agile development，AD）是一种以人为核心、迭代、循序渐进的开发方法。在敏捷开发中，软件项目的构建被切分成多个子项目，各个子项目的成果都经过测试，具备集成和可运行的特征。简言之，就是把一个大项目分为多个相互联系，但也可独立运行的小项目，并分别完成，在此过程中软件一直处于可使用状态。

敏捷开发其实借鉴了大量软件工程中的方法。迭代与增量开发，这两种在任何一本软件工程教材中都会被提到的方法，在敏捷开发模式中扮演了很重要的角色。再向前追溯，还也可见到瀑布式与快速原型法的影子，也许还有更多。

（1）敏捷开发的核心价值。

①个体及交互比流程与工具更具价值；

②可用的软件比冗长的文档更有价值；

③与客户的协作比合同谈判更有价值；

④对变化的响应比遵循计划更有价值。

由此可见敏捷开发更注重人的作用，更注重人交流，团队协作。

(2)敏捷开发的原则。

①最高目标是通过快速的和经常的发布软件满足客户的需要；

②提交软件的周期为几个星期到几个月；

③产生正确的软件是衡量进度的首要标准；

④主动接受需求的改变而不是拒绝；

⑤商务人员和开发人员工作在一起；

⑥个人必须有动力，要创造环境支持他们的要求，信任他们；

⑦最有效的交流方法是面对面的交流；

⑧最好的组织结构，需求和设计来自于自组织的团队(self-organizing team)，允许任何人提出想法和建议；

⑨持续改进设计和编码；

⑩鼓励正常工作，减少长时间加班；

⑪保持简单，减少不必要的部分，认识到简单的设计比复杂的设计更难(simple design is harder to produce)；

⑫定期调整过程，获得更高效率。

2.3 信息系统开发方法

在信息系统分析开发实践中，人们使用了多种系统分析设计方法。这些方法反映了人们对系统分析设计中的有关问题研究的深入，同时，也从不同方面反映了分析设计问题的特征。虽然这些方法产生于不同的时期，但它们都有其重要的研究和应用意义。本节主要介绍结构化方法、原型法和面向对象方法的基本思想。

2.3.1 结构化方法

1. 基本思想

结构化方法是由结构化系统分析和设计组成的一种信息系统开发方法。结构化思想源于结构化程序设计，即“层次化、模块化、自顶向下、逐步求精”。所谓“结构化”就是有组织、有计划、有规律的意思。结构化方法是目前最成熟、应用最广泛的信息系统开发方法之一。在本书的后续几个章节中，较详细地介绍了该方法，因此，这里只做简单的介绍。

结构化方法假定被开发的系统是一个结构化的系统，其基本思想是将系统的生命周期划分为系统规划、系统分析、系统设计、系统实施、系统维护等阶段。这种方法遵循系统工程原理，按照事先设计好的程序和步骤，使用一定的开发工具，完成规定的文档，在结构化和模块化的基础上进行信息系统的开发工作。结构化方法的开发过程一般是先把系统功能视为一个大的模块，再根据系统分析设计的要求对其进行进一步的模块分解或组合。其基本思想如图 2.7 所示。

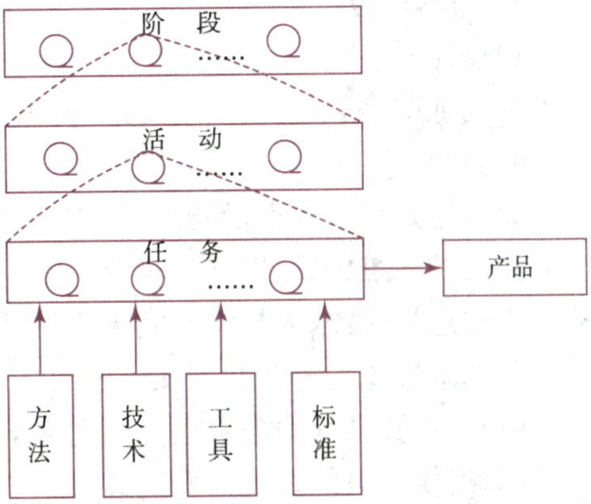

图 2.7 结构化方法基本思想

2. 特点

结构化生命周期法主要特点介绍如下。

(1)开发目标清晰化。结构化方法的系统开发遵循“用户第一”的原则,开发中要保持与用户的沟通,取得与用户的共识,这使得信息系统的开发建立在可靠的基础之上。

(2)工作阶段程式化。结构化方法每个阶段的工作内容明确,注重开发过程的控制。每一阶段工作完成后,要根据阶段工作目标和要求进行审查,这使阶段工作有条不紊,也避免为以后的工作留下隐患。

(3)开发文档规范化。结构化方法每一阶段工作完成后,要按照要求完成相应的文档,以保证各个工作阶段的衔接与系统维护工作的便利。

(4)设计方法结构化。结构化方法采用自上而下的结构化、模块化分析与设计方法,使各个子系统间相对独立,便于系统的分析、设计、实现与维护。

结构化方法强调了开发过程的整体性和全局性,在整体优化的前提下考虑具体的分析设计问题。

3. 缺点与不足

(1)结构化系统开发方法要求预先严格定义出完整准确的功能需求和规格说明。即在开发之初就要全面认识用户的需求,充分预料到将来可能发生的各种变化。这对于绝大多数管理系统来讲是很难做到的。

(2)开发周期长,不能充分反映用户的需求和可能发生的变化。对于大型系统来讲,开发周期至少在 1 年以上,由于用户需求和市场环境复杂多变,而该方法仅在开始几个阶段与用户沟通多,这就导致所开发的系统无法充分跟踪这些变化,给将来的系统实施带来巨大风险和隐患。

(3)严格的阶段划分和文档化,费时费力。每个阶段都要有规范化的文档,使得文档的编写工作量极大,而有些文档用户在理解过程中存在困难,会导致文档在审批中存在困难。同时,随着开发工作的进行,这些文档需要及时更新。

4. 适用范围

结构化方法被广泛地应用于不同行业信息系统的开发中,特别适合于那些业务工作比较成熟、需求比较稳定的大型系统,如银行、电信、商品零售等行业。

2.3.2 原型法

1. 基本思想

原型法是 20 世纪 80 年代初兴起的一种开发模式,其动机主要是针对传统生命周期法缺乏弹性的缺陷,缩短开发周期,减少开发风险。所谓原型是一个可以实际运行、反复修改,并可以不断完善的系统。

原型法是在投入大量的人力、物力之前,在限定的时间内,用最经济的方法,开发出一个可实际运行的系统原型,以便尽早澄清不明确的系统需求。在原型系统的运行中用户发现问题,提出修改意见,技术人员不断完善原型,使它逐步满足用户的要求。

其基本思想主要有如下几个方面。

(1)大多数系统的需求在开发之前不能全部准确定义。

(2)提供快速的系统开发工具。

(3)给用户提供可实际使用的系统原型。

(4)系统开发中大量的反复修改是必要且不可避免的。

2. 开发过程

原型法工作流程如图2.8所示。

(1)需求获取:确定系统的基本要求和功能。

(2)构造初始原型:根据已经获取的基本需求快速建立原型系统。

(3)运行、评价原型:由用户和开发人员共同试用、评价、分析原型。

(4)修改完善原型:根据用户意见修改完善原型。

(5)确定原型后处理:经过多次使用评价、修改完善,使用户对原型比较满意。

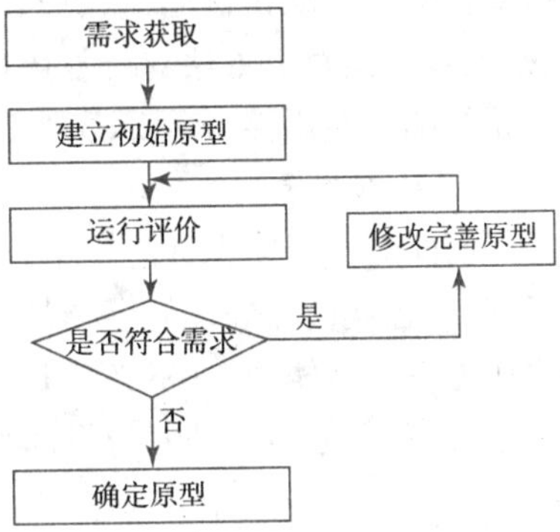

图2.8 原型法开发的几个阶段

这种开发方法有效地增进了用户与系统分析员的沟通,在分析与设计过程中用户处于主导地位。一个可实际运行的原型系统可以帮助系统分析员辨认动态的用户需求。某些需求在用户缺乏系统使用经验时,用户本身也无法预先知道。在原型运行过程中,用户可以发现这些需求,并将这些需求告诉开发人员。

3. 优点

(1)遵循了人们认识事物的客观规律,易于掌握和接受。原型法开发系统的过程循序渐进,反复修改和完善,更符合人们认识事物的规律,也能及早暴露系统存在的问题,信息反馈的及时性强。

(2)用户自始至终的参与,确保了较好的用户满意度。原型的使用能够更为直观、准确的描述需求,一定程度上克服了用户需求模糊、难以很好描述的难题,促进了用户与系统分析、设计人员之间的交流,缩小了理解和认识上存在的差距,提高了用户满意度。

(3)充分利用最新的软件工具,摆脱了传统的方法,使系统开发的时间、费用大大地减少,效率、技术等方面都大大地提高。

4. 缺点

(1)这种迭代的开发过程,对开发过程管理控制要求较高。

(2)对开发工具和开发环境要求高。

(3)对用户的业务水平要求高。

5. 应用范围

适合于:处理过程明确、简单的系统;涉及面窄的小型系统。

不适合于:大型、复杂的系统;存在大量运算、逻辑性强的处理系统;管理基础工作不完善、处理过程不规范的系统。

2.3.3 面向对象方法

面向对象(object oriented)方法产生于20世纪80年代,是由面向对象程序设计方法OOP(object oriented programming)发展起来的。开发一个系统是为了解决某些问题,这些问题所涉及的客观世界称作该系统的“问题域”,由于客观世界的问题都是由客观世界中的实体及实体相互间的关系构成的,因此我们根据这些实体的本质特征把它们抽象为对象。面向对象的方法直接以问题域中的对象为中心来思考问题,作为系统的基本构成要素,而“对象”比构成系统的“过程”、“数据”要素要稳定，对象将数据和功能紧密的结合在一起，使开发出来的系统稳定性、可重用性及可维护性好。从对象角度建立系统模型，可以使系统直接地映射问题域，保持问题域中事物及其相互关系的本来面貌。因此，面向对象方法使开发软件的方法与过程尽可能接近人类认识世界、解决问题的方法与过程，使建立的系统结构与现实世界能很好地相对应，而且面向对象方法支持复用程度高，本身提供了一些支持复用的机制（如继承），提高了软件系统的可复用性。

1. 基本思想

面向对象程序设计的基本思想可以归纳为以下 4 点。

(1)客观世界的任何事物都是对象（object）。它们都有一些静态属性和有关的操作。对象作为一个整体，对外不必公开这些属性与操作，这就是对象的封装性（encapsulation）。

(2)对象之间有抽象与具体、群体与个体、整体与部分等几种关系，这些关系构成对象的网络结构。

(3)抽象的、较大的对象所具有的性质，自然地成为其子类的性质，而不必加以说明，这就是继承性（inheritance）。

(4)对象之间可以互送消息（message）。消息可以是传送一个参数，也可以是使这个对象开始某个操作。

程序设计包括数据结构和算法（功能）两个方面，即信息的静态结构和对它的处理。对象这个概念把这两个方面结合起来，使程序设计的思想方法更接近人们的思维方式。

面向对象的程序设计为人们提供了更有力的认识框架。这一认识框架迅速地扩展到程序设计范围之外，相继出现了面向对象的数据库管理系统、面向对象的系统分析、面向对象的系统设计，逐步合流形成一套完整的方法。

2. 开发过程

(1)需求获取。对系统将要面临的具体管理问题以及用户对系统开发的需求进行调查研究，即先弄清要干什么的问题。

(2)系统分析。在繁杂的问题域中抽象地识别出对象以及其行为、结构、属性、方法等。一般称之为面向对象的分析，即 OOA。

(3)系统设计。对分析的结果作进一步的抽象、归类、整理，并最终以范式的形式将它们确定下来。一般称之为面向对象的设计，即 OOD。

(4)程序实现。用面向对象的程序设计语言将上一步整理的范式直接映射（即直接用程序设计语言来取代）为应用软件。一般称之为面向对象的程序，即 OOP。

3. 面向对象方法的优点

(1)对问题空间的理解更直接，更符合人们的思维方式。

(2)分析设计都围绕类/对象进行，过渡平滑、自然。

(3)面向对象的方法对复用支持程度高，使得开发的系统稳定性、可重用性及可维护性好。

4. 面向对象开发方法的缺点

(1)面向对象的方法，关键是从客观世界抽象出对象，可客观世界非常复杂，使得在系统分析阶段对对象的抽象比较困难。

(2)面向对象的开发方法，对开发工具和环境要求较高。

(3)如果大型系统开发中，一开始就自底向上地采用面向对象方法开发系统，而不经自顶向下的整体划分，即缺乏整体系统设计划分，易造成系统结构不合理、各部分关系失调等问题。因此，面向对象的开发方法与结构化系统开发方法在系统开发中相互依存、不可替代。

5. 应用范围

需与结构化方法结合使用，适合各类系统的开发。

2.3.4 计算机辅助软件工程

任何一种方法论都需要开发环境和工具的支持。而在这一领域中最引人注目的是20世纪80年代发展起来的计算机辅助软件，这是一个有待于进一步发展的领域。

1. CASE的基本概念

CASE(computer aided software engineering)的产生与软件工程的发展有着紧密的关系，它是软件工程发展到一定时期的必然产物。可以说20世纪60年代后期产生的软件工程完成了软件生产的第一次变革——由“手工作坊”方式向“工程化”方式的转变；而20世纪80年代后期产生的CASE技术则完成了软件生产的第二次变革——由“工程化”方式向“自动化”方式的转变。

CASE是一种自动化或半自动化的方法，能够全面支持除系统调查外的每一个开发步骤。严格地讲，CASE只是一种开发环境而不是一种开发方法。

CASE技术与另一项工程技术——计算机辅助设计与制造(CAD/CAM)有许多共同之处。现代的工程师利用CAD设计和分析新产品。CAM工具可以自动生成在生产车间机器上运行的计算机程序。CASE则力图为信息系统开发人员做一些类似于CAD/CAM为工程师所做的工作，帮助他们设计更好的产品(系统)并自动生成计算机程序。

2. CASE工具的基本功能

一般说来，一个CASE应具备以下功能(或其中的一部分功能)。

(1)协助开发人员认识软件工作的环境与要求、合理地组织与管理系统开发的工作过程，即认识与描述客观系统。

(2)用户通过CASE工具能创建系统开发阶段所需要的图表，并对图表进行准确性、一致性、完整性检查。

(3)存储及管理开发过程中产生的信息。系统开发中产生大量的信息，结构复杂，数量众多，CASE工具提供一个信息库和人机界面，有效的管理这些信息。

(4)通过各种信息的提供，使用户在较短时间内，自动或半自动地生成所需的代码段落，进行测试、修改，即代码的编写或生成。

(5)快捷地产生出系统开发过程中的各类图表、程序和说明性文档，即文档的编制或生成。

(6)帮助相关人员有效地估算项目开发的工作量、成本、进度，形成项目开发计划，并且跟踪项目的进度，进行相关管理，确保项目质量，即项目管理。

现在，CASE中集成了多种工具，这些工具既可以单独使用，也可以组合使用。CASE的概念也由一种具体的工具发展成为开发信息系统的方法学。

3. CASE与开发方法的关系

CASE与系统开发方法是相辅相成的关系。CASE的真正成功依赖于所使用的方法是否得当，而开发方法的成功依赖于所使用的CASE工具，如果没有CASE的支持，则结构化方法、快速原型法、面向对象方法的实施会遇到很多问题。

采用CASE工具进行系统开发，必须结合一种具体的开发方法，CASE工具实际上把原先由手工完成的开发过程转变为以自动化工具和支撑环境支持的自动化开发过程。

4. 常用 CASE 工具

(1)绘图工具:Microsoft Visio、Smartdraw 等。

(2)分析设计工具:PlayCASE、BPwin、PowerDesigner、Rational Rose 等。

(3)数据库设计工具:Erwin、ER/Studio、PowerDesigner 等。

(4)配置管理工具:Visual Source Safe、WinCVS、Rational ClearCase 等。

(5)项目管理工具:Microsoft Project 等。

(6)测试工具:Panorama、SoftIce、Junit 等。

2.4 系统开发的组织管理

2.4.1 诺兰模型

信息系统在一个单位(企业、部门)的应用,一般要经历从初级到成熟的成长过程。诺兰(Nolan)总结了这一规律,于 1973 年首次提出了信息系统发展的阶段理论,被称为诺兰阶段模型。

到 1980 年,诺兰进一步完善模型,把信息系统的成长过程描述为一系列的"S"形曲线,并划分为 6 个不同阶段(见图 2.9):初装、扩展、控制、集成、数据管理、成熟。

1. 初装

计算机刚进入企业,只作为办公设备使用,应用非常少,通常用来完成一些报表统计工作,甚至大多时候被当做打字机使用。

在这一阶段,企业对计算机基本不了解,更不清楚 IT 技术可以为企业带来哪些好处,解决哪些问题。IT 的需求只被作为简单的办公设施改善的需求来对待,采购量少,只有少数人使用,在企业内没有普及。

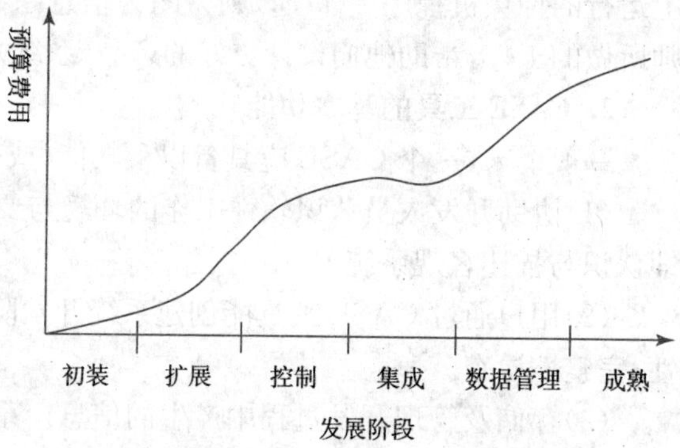

图 2.9 诺兰模型

2. 扩展

企业对计算机有了一定了解,想利用计算机解决工作中的问题,比如进行更多的数据处理,给管理工作和业务带来便利。于是,应用需求开始增加,企业对 IT 应用开始产生兴趣,并对开发软件热情高涨,投入开始大幅度增加。

但此时很容易出现盲目购机、盲目定制开发软件的现象,缺少计划和规划,因而应用水平不高,IT 的整体效用无法突显。

3. 控制

在前一阶段盲目购机、盲目定制开发软件之后,企业管理者意识到计算机的使用超出控制,IT 投资增长快,但效益不理想,于是开始从整体上控制计算机信息系统的发展,在客观上要求组织协调,解决数据共享问题。此时,企业 IT 建设更加务实,对 IT 的利用有了更明确的认识和目标。

在这一阶段，一些职能部门内部实现了网络化，如财务系统、人事系统、库存系统等，但各软件系统之间还存在“部门壁垒”、“信息孤岛”。信息系统呈现单点、分散的特点，系统和资源利用率不高。

4. 集成

在控制的基础上，企业开始重新进行规划设计，建立基础数据库，并建成统一的信息管理系统。企业的IT建设开始由分散和单点发展到成体系。此时，企业IT主管开始把企业内部不同的IT机构和系统统一到一个系统中进行管理，使人、财、物等资源信息能够在企业集成共享，更有效地利用现有的IT系统和资源。不过，这样的集成所花费的成本会更高、时间更长。

5. 数据管理

企业高层意识到信息战略的重要，信息成为企业的重要资源，企业的信息化建设也真正进入到数据处理阶段。

这一阶段中，企业开始选定统一的数据库平台、数据管理体系和信息管理平台，统一数据的管理和使用，各部门、各系统基本实现资源整合、信息共享。IT系统的规划及资源利用更加高效。

6. 成熟

到了这一阶段，信息系统已经可以满足企业各个层次的需求，从简单的事务处理到支持高效管理的决策。企业真正把IT同管理过程结合起来，将组织内部、外部的资源充分整合和利用，从而提升了企业的竞争力和发展潜力。

诺兰模型总结了发达国家信息系统发展的经验和规律。由于20世纪80年代，美国尚处于第四阶段，因此，诺兰没能对第五、第六阶段进行详细的描述。诺兰阶段模型的基本思想对于信息系统建设具有指导意义。一般认为模型中的各阶段都是不能跳跃的，无论在确定开发信息系统的策略，或者在制订信息系统规划的时候，都应首先明确组织当前处于哪一生长阶段，进而根据该阶段特征来指导信息系统建设。

2.4.2　信息系统开发人员的组织

信息系统的开发首先要做好人员的组织工作。开发过程所需要的人员有：用户、系统分析员、硬件网络设计员、系统设计员、数据库管理员、程序员、项目经理等。他们在系统开发过程中所处的地位和作用是不同的。

1. 用户

在信息系统开发中，用户是大批的，他们是信息系统建设的参与者和最终使用者，他们懂得具体的管理需求和信息需求。因此，用户要负责提出系统需求，对其他各类人员所理解、设计并表达的结果进行评审，及时纠正系统开发中的偏差，在系统运行后能够熟练地运用新的系统为自身的管理工作服务。在开发中要做好广大用户的培训工作，提高他们的参与意识，提高他们使用新系统的积极性。

2. 系统分析员

系统分析员的主要作用是用户和其他系统开发人员之间的桥梁和接口，是系统开发的核心人物。系统分析员必须既要熟悉业务领域知识，又要熟悉各种相关技术，系统分析员负责研究业务问题，然后将业务方面的信息需求转化为由各种专家（包括程序员）实施的计算机信息系统。作为系统分析员首先要负责了解用户的想法和需求，并运用自身所具有的计算机专业知识及正确的开发方法，在头脑中形成一个明确的概念，确立系统应具有的逻辑功能，然后用适当的工具和方法将其表达出来，形成新系统的逻辑方案。这个方案要能够充分满足用户的需求并与用户取得共识，同时又能够使系统设计员、程序员依此进行系统设计与实施。其次，系统分析员要充分代表用户的利益，负责对系统设计员、程序员的工作成果进行评审，看其是否符合逻辑方案中的总体功能要求。第三，在系统测试阶段要与用户共同制订测试标准，制订测试计划，准备测试数据，并通过系统的全面测试对系统的性能加以评审，看其是否达到了预期的目标，还应该有哪些改进。

3. 硬件网络设计员

硬件网络设计员负责依据新系统逻辑方案中提出的对硬件网络的基本要求制定硬件网络配置方案，并负责该方案的全部实施工作。

4. 系统设计员

系统设计员负责依据系统逻辑方案以及实现系统的硬件、软件环境进行系统的总体设计、模块设计以及模块之间接口的设计工作。

5. 数据库管理员

数据管理员负责依据系统逻辑方案中提出的数据需求进行数据库的设计、定义和存储工作，负责监督和控制数据库的运行，以及数据库的维护和改进工作。

6. 程序员

程序员负责依据系统逻辑方案进行系统的程序设计，实现方案中的各项功能，负责进行用户的培训工作，负责系统的测试和试运行。

总之，信息系统的开发必须在上述各类人员的共同努力下才能完成。因此，要做好这些开发人员的组织与协调工作。组织与协调工作可以通过一个项目领导小组来实现。有充分理由要求这个领导小组的组长要由企业或组织的高层领导来担任，小组的成员是由企业或组织中的各项管理专家以及懂得系统开发方法并有组织能力的系统开发专家组成。由这个小组来组织各类开发人员从事系统开发工作，并负责协调用户之间、用户与开发人员之间、开发人员之间的各种关系。

7. 系统实施人员

主要负责项目实施（安装、调试、问题描述与反馈）、项目管理（进度控制、人员控制、成本控制）、客户培训；负责项目实施完成后的售后保障服务；为客户提供与产品相关的技术、业务咨询；建立良好的客户关系、为客户提供增值服务。

8. 系统维护与管理人员

负责系统运行后软件、硬件、网络的管理、故障处理、数据安全等，保障系统稳定、安全、可靠的运行。

9. 项目经理

项目经理就是项目负责人，负责整个项目的计划、实施和控制。项目经理除了具备一些基本素质以外，还必须有很强的能力，包括：领导能力、人际交往能力、人员开发能力、处理问题的能力和建设项目团队的能力等。

2.4.3 开发方式

信息系统开发有多种方式，应根据资源情况、技术力量、外部环境等因素选择。不论采用哪种方式，都需要单位领导和业务人员参加。表 2.1 为 4 种开发方式的比较。

表 2.1 系统开发方式的比较

方式 特点	自主开发	委托开发	合作开发	购买现成软件包
对分析、设计力量的要求	非常需要	不太需要	逐步培养	少量培养
编程力量的需求	非常需要	不需要	需要	少量需要
系统维护	容易	较困难	较容易	困难
开发费用	少	多	较多	较少

自主开发的好处是可以得到适合本单位的系统，通过系统开发培养自己的力量。缺点是往往开发周期较长。自行开发需要强有力的领导，有足够的技术力量，需要进行一定的咨询。

委托开发从用户角度讲最省事，但必须配备精通业务的人员参加，经常检查、协调。这种方式开发费用较高，系统维护比较困难。

合作开发对于培养自己的技术力量最为有利，系统维护也比较方便。条件是双方要精诚合作，自己有一定的系统分析和设计力量。

购买现成的软件包当然最省事。但要买到完全适合本单位的、满意的软件也不容易。有人说可以买到现成的计算机系统，但不能买到现成的信息系统。购买现成软件包需要有较强的鉴别能力。

本章小结

信息系统建设是一个复杂的社会过程，其复杂性主要体现在：建设环境复杂、用户需求多样、建设内容复杂、技术手段复杂、资源密集、风险高、效益估算困难等。

软件危机主要表现在：开发周期超出预期、成本超出预算、软件质量难以保障、用户需求不能满足、可维护性差，软件开发进入一种不可控状态。其主要原因是：信息系统开发建设比一般工程建设更加复杂，但却没有采取工程化的方法来进行开发。软件工程的思想就是必须按照该工程化的原则去组织和管理软件的开发。

信息系统的生命周期可分为5阶段：系统规划、系统分析、系统设计、系统实施、系统运行和维护。在发展过程中产生了许多生命周期模型，比如：瀑布模型、演化模型、螺旋模型、喷泉模型、RUP模型等，它们各有自己的特点和适用场合。

系统开发的主要开发方法有：结构化方法、原型法、面向对象方法、CASE方法等。结构化方法基本原理是按自顶向下、逐步求精的方法对系统进行逐级的抽象。面向对象方法学与传统的一些方法学相比，其解决问题的方式更符合人们认识和研究客观世界的思维习惯，围绕对象逐步细化。原型法是用来获取需求的有效方法。计算机辅助软件工程(CASE)是实现软件开发自动化的有效途径之一。CASE是计算机技术在系统开发活动、技术和方法中的应用，是软件工具与开发方法的结合体。

诺兰模型有助于理解和认识IT在组织中的演化进程，有利于制订IS规划时明确本单位目前处于信息系统发展的哪一阶段。

信息系统的开发首先要做好人员的组织工作。开发过程所需要的人员有：用户、系统分析员、硬件网络设计员、系统设计员、数据库管理员、程序员、系统实施人员、系统维护和管理人员、项目经理等。他们在系统开发过程中所处的地位和作用是不同的。

信息系统开发方式有：自主开发、委托开发、联合开发、购买商品化软件等，应根据资源情况、技术力量、外部环境等因素选择。

思考题

1. 如何理解信息系统建设是一个复杂的社会过程？
2. 软件危机有哪些主要表现？造成软件危机的主要原因是什么？
3. 软件工程的基本理念是什么？
4. 信息系统生命周期可分为哪些阶段？各阶段主要任务是什么？
5. 简述生命周期主要模型的特点。
6. 信息系统开发的主要方法有哪些？
7. 简述结构化方法的基本思想、主要特点及存在问题。
8. 简述原型法的开发过程和优缺点。
9. 简述面向对象方法的基本思想和优缺点。
10. 什么是诺兰模型，有何意义？
11. 系统分析员的职责是什么？
12. 信息系统主要开发方式有哪些？

实作题

请利用课余时间在人才招聘网站（如智联招聘、中华英才网等）上查询关于信息系统开发的人才需求信息：主要岗位、岗位职责、技能要求、需求量及待遇等。

第二篇　开　　发

信息系统开发者必须深刻理解信息系统开发工作的复杂性，必须遵循系统开发的原则，科学合理地运用开发方法，严格按照开发的规律和步骤组织系统开发工作，这样才能保证开发成功。本篇是全书的核心部分，主要沿着信息系统生命周期，介绍了各个阶段的主要任务、目标及原则、使用的方法、技术和工具模型、文档规范等。在分析设计部分系统地介绍了结构化和面向对象两种方法。

本篇包括第 3 章～第 9 章，共 7 章。

第 3 章系统规划，主要包括系统规划的主要任务、特点、原则，系统规划的主要方法，这里重点提出了业务流程再造、可行性研究的内容。

第 4 章结构化系统分析，主要包括结构化系统分析的主要任务与特点、信息收集主要技术和方法、数据流程分析、数据字典和处理逻辑的描述工具等。

第 5 章结构化系统设计，主要包括系统设计的两大部分：总体（概要）设计和详细设计，及其具体的设计方法。

第 6 章面向对象与 UML 基础，主要包括面向对象概念和思想、UML 模型的概念、主要模型和应用。

第 7 章面向对象分析设计，主要包括基于 UML 的面向对象分析与设计的步骤、方法和应用的主要模型。

第 8 章系统实施，主要包括系统实施的主要任务、系统测试的方法以及程序设计的原则。

第 9 章系统维护与管理，主要包括系统维护的内容和类型、系统日常运行管理、系统评价。

其中第 4 章～第 7 章又是重中之重。

第3章　系统规划

学习目标

- 理解系统规划的意义、特点和原则
- 掌握系统规划的主要任务和三阶段模型
- 了解系统规划的主要方法
- 重点掌握BSP的几个主要步骤(定义企业过程、定义数据类、定义系统总体结构)的内容、所使用的工具(U/C矩阵等)和方法
- 理解业务流程再造的含义及与系统规划的关系
- 理解可行性研究的内容(技术、经济、社会)、可行性报告的基本格式

本章重点

系统规划的主要任务、BSP的基本步骤和方法、可行性研究的内容。

3.1　系统规划概述

信息系统的建设是复杂的社会－技术系统工程,要获得成功,首先就要做好总体规划。根据美国对企业所做的调查结果,作信息系统规划的公司,其信息系统比不作规划的公司成功。

规划一般指对较长时期的活动进行总体的、全面的计划。信息系统建设是投资大、周期长、复杂度高的社会－技术系统,科学的规划可以减少工作的盲目性,使系统有良好的整体性、较强的适应性,有利于规范管理,缩短系统开发周期,节省开发费用。

系统规划是信息系统生命周期的第一个阶段,是信息系统的概念形成时期。这一阶段的主要目标,就是决定要开发什么样的信息系统,制订出信息系统的长期发展方案,决定信息系统在整个生命周期内的发展方向、规模和发展进程。

3.1.1　信息系统规划的任务

系统规划阶段要制订系统开发的“大纲”,其主要任务是:

(1)制订信息系统的发展战略。信息系统服务于企业管理,其发展战略必须与整个企业的

战略目标协调一致。制订信息系统的发展战略，首先要调查分析企业的目标和发展战略，评价现行信息系统的功能、环境和应用状况。在此基础上确定信息系统的使命，制订信息系统的战略目标及相关政策。

(2)制订信息系统的总体方案，安排项目开发计划。在调查分析企业信息需求的基础上，提出信息系统的总体结构方案。根据发展战略和总体结构方案，确定系统和应用项目开发次序及时间安排。

(3)制订系统建设的资源分配计划。提出实现开发计划所需要的硬件、软件、技术人员、资金等资源，以及整个系统建设的概算，进行可行性分析。依据信息系统规划的任务，Bowman 和 Davis 等提出了三阶段模型。该模型将信息系统的规划活动依活动的顺序、可用的技术及适用的方法分为战略规划、信息需求分析、资源分配 3 个阶段，各阶段可用的方法如图 3.1 所示。

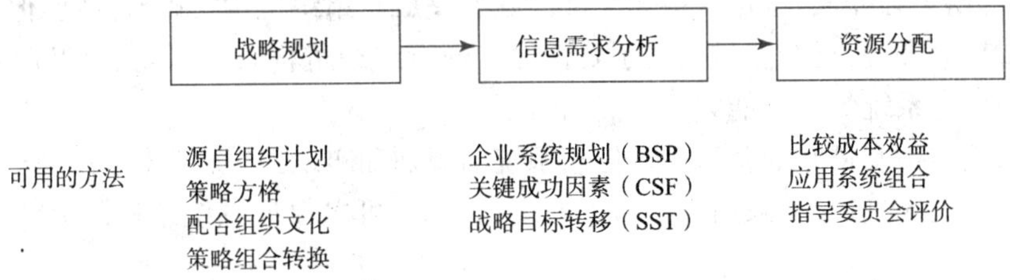

图 3.1 信息系统规划的三阶段模型

信息系统的战略规划一般是三年或更长期的计划，也可以是一年的短期计划。

规划的主要内容包括：

①信息系统目标、约束及总体结构。信息系统的目标确定了信息系统应实现的功能。约束包括环境和条件，如管理制度、人力、物力情况等。总体结构说明了信息的主要类型和主要的子系统。

②组织现状的分析。包括计算机软、硬件情况，人员的配备情况，开发费用的投入情况等。

③业务流程的优化和再造。利用业务流程分析和仿真工具分析业务流程的现状，找出存在的问题，提出在新技术条件下优化和再造的业务流程。

④信息系统的可行性分析研究。

⑤信息技术/信息系统能力评估和管理体系设计。

⑥信息系统的建设方案和实施进度计划。

3.1.2 系统规划的特点

系统规划阶段是概念系统形成的时期。系统规划具有以下几个特点：

(1)系统规划面向全局，结构化程度较低。系统规划面向全局、面向长远的关键问题，具有较强的不确定性，结构化程度较低。

(2)高层管理人员是系统规划工作的主体。系统规划的工作环境是企业总体管理环境，是高层次的系统分析，高层管理人员是工作的主体。

(3)系统规划不宜过细。因为系统规划不在于解决项目开发中的具体业务问题，而是为整个系统建设确定一个大方向，即目标、战略、系统总体结构方案和资源计划，系统规划不宜过细。它主要是给后续工作以指导，而不是代替后续工作。

(4)信息系统规划是企业规划的一部分，并随环境发展而变化。信息系统的战略规划并不是一经制订就再也不发生变化，事实上，各种因素的变化都可能随时影响整个规划的适应性，因此，信息系统战略规划总是要作不断修改以适应变化的需要，它应具有足够的适应性。

3.1.3 系统规划的原则

系统规划应遵循如下原则：

(1)支持企业的总目标。企业的战略目标是系统规划的出发点。系统规划从企业目标发出信息需求，逐步导出信息系统的战略目标和总体结构。

(2)整体上着眼于高层管理，兼顾各管理层的要求。

(3)摆脱信息系统对组织机构的依从性。

首先着眼于企业过程。企业最基本的活动和决策可以独立于任何管理层和管理职责。例如，"库存管理"可以定义为"原材料、零件和组件的收发控制和库存量的估计过程"。这个过程可以由一个部门单独完成，也可以由多个部门联合完成。组织机构可以有变动，但库存管理的过程大体上是不变的。对企业过程的了解往往从现行组织机构入手，但只有摆脱对它的依从性，才能提高信息系统的应变能力。

(4)使系统结构有良好的整体性。信息系统的规划和实现的过程大体是一个"自顶向下规划，自底向上实现"的过程。采用自上而下的规划方法，可以保证系统结构的完整性和信息的一致性。

(5)便于实施。系统规划应给后续工作提供指导，要便于实施。方案选择应追求实效。宜选择最经济、简单、易于实施的方案。技术手段强调实用，不片面求洋、求新。

3.2 系统规划方法

由于战略规划涉及组织的内、外环境因素较多，不确定性问题较突出，目前还没有一种特别成熟、规范、有效地制订管理信息系统的战略规划方法。一个科学、合理的战略规划更多地取决于规划人员对组织内、外环境及其发展趋势的正确估计和深刻理解，对发展目标及实现途径的智谋和远见，还应具备一定的艺术性。各种规划方法往往只能起到辅助作用。信息系统规划的常用方法有关键成功因素法、战略目标集转化法、企业系统规划法等。

3.2.1 关键成功因素法

关键成功因素(critical success factors，CSF)是指在每个企业中都存在着对企业成功起关键性作用的因素。关键成功因素与企业战略规划密切相关，一个企业要获得成功，就需要对关键成功因素进行认真的和不断的度量，并时刻注意对这些因素进行调整。关键成功因素法就是帮助识别关键成功因素的方法，它的使用通常包含以下步骤：了解企业的战略目标；识别所有成功因素；确定关键成功因素；识别性能的指标和标准；识别测量性能的数据。如图3.2 所示。

关键成功因素法源自企业目标，通过目标分解和识别、关键成功因素识别、性能指标识别，一直到产生一个数据字典。识别关键成功因素就是要识别联系于系统目标的主要数据类及其关系，识别关键成功因素所用的工具是树形因果图，如图 3.3 所示。

对于不同的企业来说，哪些因素是关键成功因素，并没有一个统一的标准。对于一个习惯于高层人员个人决策的企业，主要由高层人员个人在树形因果图中选择。对于习惯于群体决策的企业，可以用德尔菲法或其他方法把不同人设想的关键因素综合起来。关键成功因素

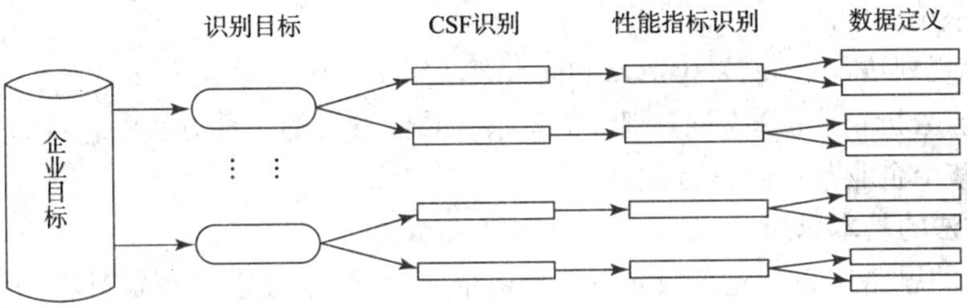

图 3.2　关键成功因素法主要步骤

法在高层应用的效果好，因为每一个高层领导人员日常总在考虑什么是关键因素。对中层领导人员来说一般不大适合，因为中层领导人员所面临的决策大多数是结构化的，其自由度较小，对他们最好应用其他方法。

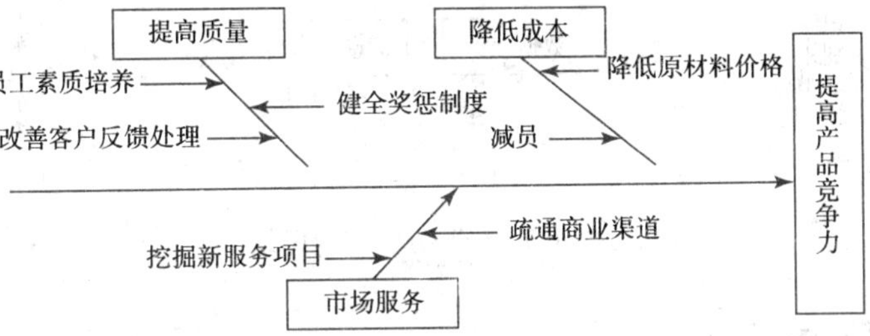

图 3.3　树枝因果图示例

3.2.2　战略目标集转化法

战略目标集转化法（strategy set transformation，SST ）由 William King 于 1978 年提出，该方法把企业的战略目标看成是一个"信息集合"，由使命、目标、愿景和其他战略变量（如管理的复杂性、改革习惯以及重要的环境约束）等组成，如图 3.4 所示。信息系统的战略规划过程是把组织的战略目标转变为信息系统战略目标的过程。这个方法的第一步是识别企业的战略集，先考查一下该企业是否有写成文的战略或长期计划，如果没有，就要去构造这种战略集合。对于大部分企业来讲，都有近期和远期的战略规划。当企业战略初步识别后，应立即送交企业有关领导审阅和修改。第二步是将企业战略集转化成信息系统战略，信息系统战略应包括系统目标、系统约束以及开发策略和设计原则等。这个转化的过程包括将对应企业战略集的每个元素转换为对应信息系统的战略约束，然后提出整个信息系统的结构。

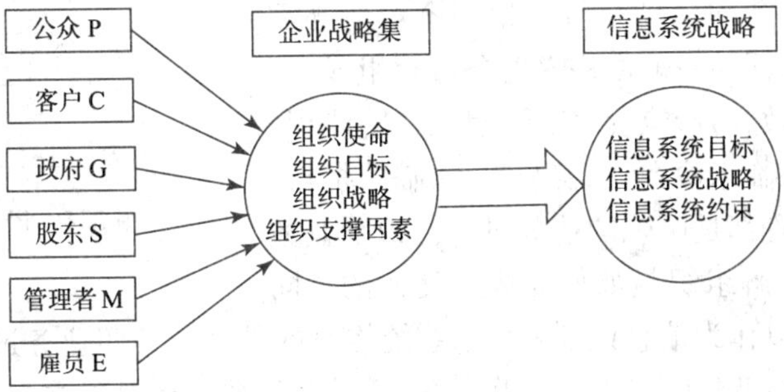

图 3.4　战略目标集转化法

3.2.3 企业系统规划法

企业系统规划法(business system planning,BSP)由 IBM 公司在 20 世纪 70 年代提出,是通过全面调查,分析企业信息需求,制订信息系统总体方案的一种方法。它将信息作为企业的一种资源,在整个企业范围内进行规划。

1. BSP 方法的基本思想

BSP 方法的思路核心是先自顶向下地分析企业目标,划分定义逻辑过程,并对数据分析、汇集、最终分成若干个子系统,再对子系统自下而上的分步实现。如图 3.5 所示。BSP 方法使企业可以进行分步建设系统,既有全局战略规划,又能按企业重点、资金状况逐步实现。

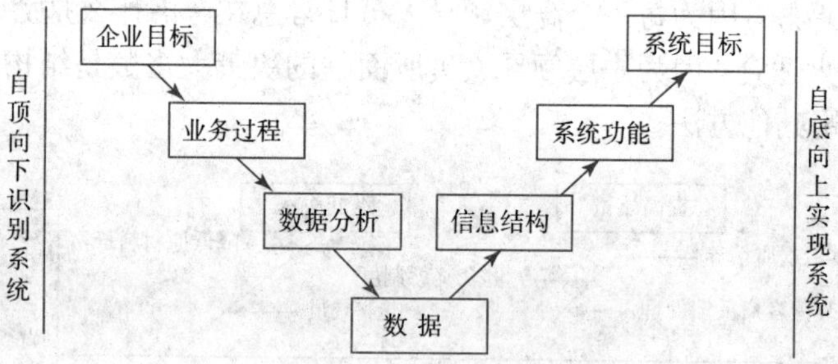

图 3.5 BSP 方法基本思想

2. BSP 方法的步骤

BSP 的主要流程,如图 3.6 所示。其中最关键的两个步骤是定义企业过程和定义数据类。

(1)总体规划的准备工作包括:确定总体规划的范围、成立总体规划小组、制订计划、准备好各种调查表和调查提纲、开好动员会。

(2)组织结构调查包括:了解各部门的职责、在组织机构图中重点画出与信息系统有关的部分。

(3)定义管理目标。确定各级管理的统一目标,各个部门的目标要服从总体目标。只有明确企业的管理目标,信息系统才可能给企业直接的支持。

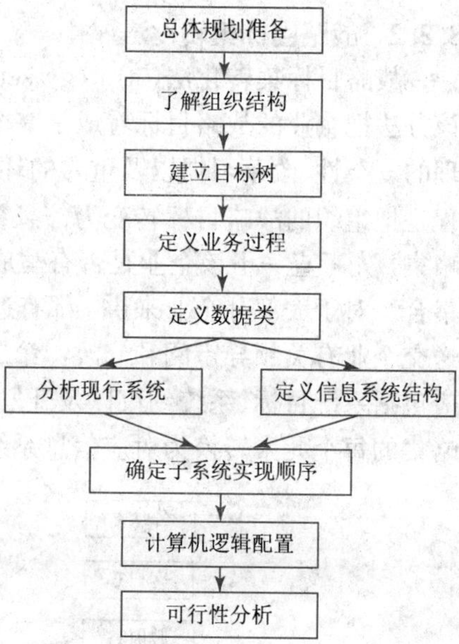

图 3.6 BSP 的主要流程

(4)定义业务过程。识别企业在管理过程中的主要活动,也称为定义业务流程。定义业务过程是 BSP 方法的核心。业务过程指的是逻辑上相关的一组决策和活动的集合,这些决策和活动是管理组织资源所必需的。一个组织的管理活动一般由许多业务过程组成,例如医院营销、院前急救、门诊流程、急诊流程、住院流程、临床诊断、临床检验、临床检查、麻醉与手术、临床护理、药品管理、跟踪服务等都是医院的业务过程。识别业务过程可以更深刻地了解组织是如何完成其使命的。同时,识别业务过程可以作为信息识别和信息系统构建的基础。按照业务过程设计开发的信息系统,在组织结构发生变化时可以不必改变,或者说信息系统相对独立于组织,这也正是 BSP

法的优点所在。

(5)定义数据类。数据类是指支持业务过程所必需的逻辑上相关的数据。对数据进行分类是按业务过程进行的,即分别从各项业务过程的角度将与该业务过程有关的输入数据和输出数据按逻辑相关性整理出来归纳成数据类。一般用实体法和功能法分别做,然后互相参照,归纳出数据类。

①实体法。与企业有关的可以独立考虑的事物都可定义为实体,如客户、产品、材料、现金及人员等。每个实体可用4种类型的数据来描述:计划型、事务型、文档型和统计(汇总)型。

②功能法。每个功能都有相应的输入和输出的数据类型。对每个功能标出其输入、输出数据类,与第一种方法得到的数据类比较、调整,最后归纳出系统的数据类。可使用IPO(input process output,输入—处理—输出)图进行分析,如图3.7所示。

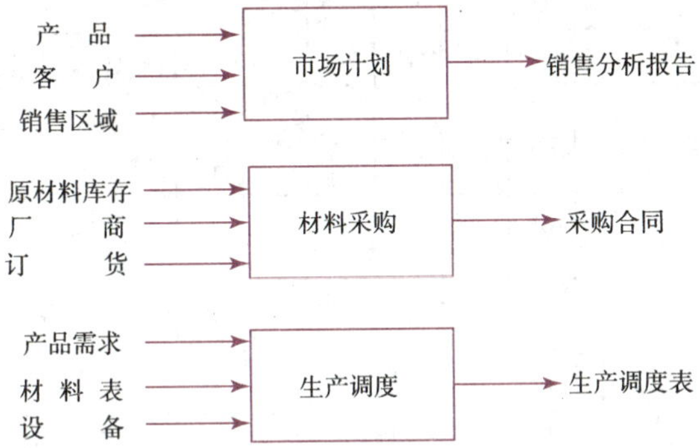

图3.7　IPO图

(6)定义信息结构。定义信息结构的目的是刻画未来信息系统的框架和相应的数据类,其主要工作是划分子系统。BSP法将业务过程和数据类两者作为定义信息系统总体结构的基础,根据信息的产生和使用来划分子系统,尽量把信息产生的业务过程和使用的业务过程划分在一个子系统中,从而减少子系统之间的信息交换。具体实现可利用过程/数据矩阵(即U/C矩阵),矩阵中的行表示数据类,列表示过程,字母U表示使用(use),C表示产生(create),如图3.8所示。

在图中如果某过程产生某数据,就在某行某列中写入"C",如果某过程使用某数据,则在其对应位置写入"U"。开始时数据类和过程是随机排列的,U、C在矩阵中排列也是分散的,通过调换过程和数据类的顺序的方法尽量使U、C集中到对角线上排列,然后把U、C比较集中的区域用粗线条框起来,这样形成的框就是一个个子系统。在粗框外的U表示一个系统使用另一个子系统的数据。

(7)确定总体结构中的优先顺序。即对信息系统总体结构中的子系统按先后顺序排出开发计划。

(8)完成BSP研究报告,提出建议书和开发计划。

3.2.4　三种方法的比较

关键成功因素法(CSF)能抓住主要矛盾,使目标的识别重点突出。由于高层领导们比较熟悉这种方法,用这种方法所确定的目标,高层领导们乐于努力去实现,该方法最有利于确定企业的管理目标。

功能		计划	财务计划	产品	零件规格	材料表	材料库存	成品库存	工作令	机器负荷	材料供应	工艺流程	客户	销售区域	订货	成本	职工
经营计划	经营计划	C	U												U	U	
	财务规划	U	C													U	U
	资产规模		U														
技术准备	产品预测			U									U	U			
	产品设计开发	U		C	C	C							U				
	产品工艺			U	U	U	U										
生产制造	库存控制						C	C	U		U						
	调度			U				U	C	U		U					
	生产能力计划									C	U	U					
	材料需求			U		U	U				C						
	操作顺序								U	U	U	C					
销售	销售管理		U	U				U					C	U	U		
	市场分析		U	U									U	C	U		
	订货服务			U				U					U	U	C		
	发运		U	U				U						U	U		
财会	财务会计	U	U	U				U					U		U		U
	成本会计	U	U	U											U	C	
人事	人员计划																C
	人员招聘/考评																U

图 3.8 UC 矩阵

战略目标集转化法(SST)从另一个角度识别管理目标，它反映各种人的要求，而且给出按这种要求的分层，然后转化为信息系统目标的结构化方法。它能保证管理目标比较全面，遗漏较少，但它不如 CSF 重点突出。

企业系统规划法(BSP) 虽然也首先强调目标,但它没有明显的目标引出过程。它通过识别企业“过程”引出系统目标。这样可以定义出新的系统以支持企业过程,也就把企业的目标转化为系统的目标。

在实际应用中,可以把这三种方法结合起来使用,称为 CSB 方法(即 CSF、SST 和 BSP 结合)。其原理如图 3.9 所示。

CSB 方法首先用 CSF 方法确定组织目标,然后用 SST 方法补充完善目标,并将这些目标转化为信息系统目标,最后用 BSP 方法校核两个目标,并确定信息系统结构。CSB 方法克服了使用单个方法的不足,但整个方法过于复杂。由于战略规划本身的非结构性,目前信息系统战略规划还没有十分完美的方法,在进行信息系统规划时,应视具体情况灵活运用以上方法。

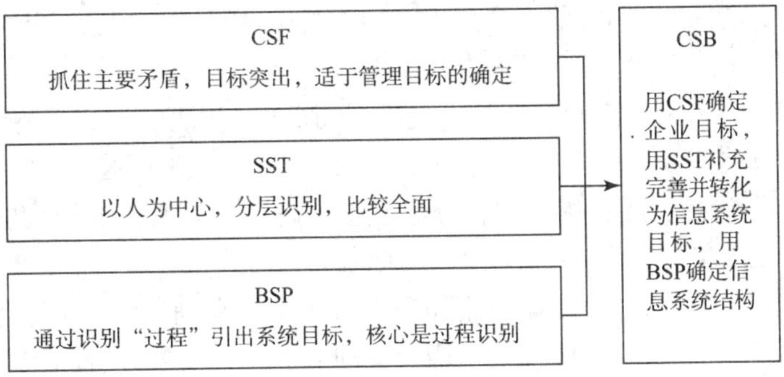

图 3.9 CSB方法

3.3 系统规划与业务流程再造

当今信息系统的建设已进入整体规划阶段，或称基于业务流程再造的信息系统规划阶段，其趋势是将信息系统规划和业务流程再造结合在一起进行。一个完整的信息系统规划将包括基于业务流程再造的过程规划，作为基础设施的信息系统架构规划，以及信息系统的形象规划等。业务流程优化与再造已成为信息系统成功实施的一个重要环节。业务流程再造与信息系统之间有着密切的关系。业务流程的再造必须依靠信息系统和信息技术的支持，信息系统是业务流程再造的核心和使能器(enabler)。而业务流程的优化和再造又为信息系统的高效应用创造了条件。一个组织信息化后效益的提高，一方面来自于信息系统本身，另一方面将得益于业务流程的优化和再造。

3.3.1 业务流程再造的概念

业务流程再造(business process reengineering，BPR)这个概念最早是在1990年由美国前MIT教授Michael Hammer在*Reengineering Work：Don't Automate，But Obliterate*一文中提出，后来Michael Hammer与CSC Index的首席执行官James Champy于1993年发表了《公司重组：企业革命的宣言》。此后，BPR作为一种新的管理思想，像一股风潮席卷了整个美国和其他工业化国家，并大有风靡世界之势。根据Hammer与Champy的定义，业务流程再造就是对企业的业务流程(process)进行根本性(fundamental)再思考和彻底性(radical)再设计，从而获得在成本、质量、服务和速度等方面业绩的戏剧性的(dramatic)改善，使得企业能最大限度地适应以“顾客、竞争和变化”为特征的现代企业经营环境。

业务流程再造是以作业流程为中心，打破传统的金字塔型组织结构，组织结构向平板型发展，即所谓的扁平化结构管理。这种管理结构适合企业员工参与企业管理与实现企业内部各层次的有效沟通，并具有较强的应变能力和较大的灵活性。业务流程再造强调以业务流程为改造对象，以关心客户满意度为目标，对企业现有的业务流程进行根本的再思考和彻底的再设计，并利用先进信息技术，实现管理组织结构扁平化，最终实现企业经营在成本、质量、服务和速度等方面“戏剧性”的改善。“根本性(fundamental)”、“彻底性(radical)”、“戏剧性(dramatic)”和“流程(process)”是业务流程再造的四个核心内容。

(1)“根本性”是指企业进行业务流程再造时，根本不考虑企业现状，而对问题进行的根本性的思考，这样就可能发现企业原来的流程运作机制是过时的，甚至是错误的。采取“我们为什么要做现在的工作?”、“我们为什么要用现在的方式做这份工作?”、“为什么必须是由我们而不是别人来做这份工作?”等思考问题的方式。

(2)“彻底性”表明企业对流程的变革不是进行简单的、肤浅的改变或修补,而是抛弃所有的陈规陋习、毫无效益或效益低下的作业方式,创造全新的工作方法。

(3)“戏剧性”说明业务流程重组追求的是企业效益显著的增长或极大的飞跃,而不是略有改善、稍有好转或简单提升等,这是 BPR 的标志与特点。

(4)“流程”是企业的业务流程,业务流程是指为顾客带来满意度、为企业创造效益及相互关联的一组活动。业务再造的工作都是围绕企业的业务流程而展开,彻底改革无效的、不创造价值的“流程”。因此,这四点核心内容也说明了业务流程重组的原则。

3.3.2 业务流程优化与再造的方法和步骤

根据业务流程优化与再造的凯丁格(Kettinger)阶段—活动模型(stage—activity,SA),可以将流程优化与再造的过程分为 6 个主要阶段,每个阶段又包括若干主要活动。

1. 战略决策阶段

包括 4 项主要活动:建立管理层的支持和管理愿景;发现流程再造的机会;识别信息技术/信息系统的潜力;选择优化或再造的流程对象。

2. 项目启动阶段

包括 5 项主要活动:通知相关人员;成立再造小组;制订项目实施计划和预算;分析流程的用户和外部相关组织的需求;设置流程创新的绩效目标。

3. 流程诊断阶段

包括两项活动:界定现有流程,包括流程涉及的活动、资源、控制机制、作业制订、信息流动的方向等;分析现有流程,着重探讨流程存在的问题和瓶颈,以改进流程效率。

4. 重新设计阶段

包括 4 项主要活动:定义并分析新流程的需求;建立新流程的原型和设计方案;设计人力资源结构;分析和设计信息系统或对组织现有信息系统提出改进设计。

5. 流程重建阶段

包括 4 项主要活动:重组组织结构及其运行机制;实施新的或改进后的信息系统;人员培训;新旧流程切换。

6. 监测评估阶段

包括两项主要活动:评估新流程的绩效;进入持续改进阶段。

3.3.3 信息系统规划与业务流程再造

信息系统规划与业务流程再造相互作用,相辅相成。一方面,信息系统规划要以流程再造为前提,并且在系统规划的整个规程中以业务流程为主线,随着业务流程再造的深入,要求信息系统不断提高其集成化、智能化以及网络化的程度,对信息系统规划提出了新的要求,要求信息系统定位于面向用户、面向不断变化的业务流程;另一方面,面向流程的信息系统规划驱动组织的业务流程再造,信息系统的科学规划,使得信息的收集、存储、整理、利用和共享更为方便快捷,使得产品生产和服务各环节的并行成为可能,从而打破了组织传统的专业化分工,为业务战略的实现设计新的业务流程或改造已有流程,借助信息系统的规划与信息系统的最终实施来实现组织业务流程的再造。基于业务流程再造的信息系统规划能够适应组织当前或未来的发展需要,使信息系统的建设更具有效性与灵活性。

基于业务流程再造的信息系统规划要突破以现行职能部门为基础的分工式流程的局限，从供应商、组织、客户的价值链出发，确定组织信息化的长远目标，选择核心业务流程为再造的突破口，在业务流程创新及规范化的基础上，进行信息系统功能规划。

基于业务流程再造的信息系统规划主要步骤如下：

1. 战略规划阶段

主要是明确组织的战略目标，认清组织的发展方向，了解组织运营模式，进行业务流程调查，确定实施组织战略的成功因素，并在此基础上定义业务流程远景和信息系统战略规划，以保证流程再造、信息系统目标与组织的目标保持一致，为未来工作的进行提供战略指导。

2. 业务流程规划阶段

面向业务流程进行信息系统规划，是数据规划与功能规划的基础。主要任务是选择核心业务流程，并进行流程分析，识别出关键流程以及需要再造的流程，并勾画再造后的业务流程图，直至流程再造完毕，形成系统的流程规划方案。

3. 数据规划阶段

在业务流程再造的基础上识别和分类由这些流程所产生、控制和使用的数据。首先定义数据类，然后进行数据的规划，按时间长短可以将数据分为历史数据、年报数据、季报数据、月报数据、日报数据等，按数据是否共享可以分为共享数据和部门内部使用数据，按数据的用途可分为系统数据（系统代码等）、基础数据和综合数据等。

4. 功能规划阶段

在对数据类和业务流程了解的基础上，下一步就是建立数据类与过程的关系矩阵（U/C矩阵）对它们的关系进行综合，并通过 U/C 矩阵识别子系统，进一步进行系统总体逻辑结构规划（即功能规划），识别功能模块。

5. 实施阶段

在实施阶段进行系统的总体网络布局，并针对这些应用项目的优先顺序给予资源上的合理分配，并根据项目优先顺序来进行具体实施。

3.4 可行性研究

3.4.1 可行性研究的内容

不管是对于国家、社会还是企业，在任何大型工程建设之前对项目进行可行性论证都是非常必要的。只有认真进行可行性论证，才会避免或者减轻项目开发后期可能出现的困境和损失。可行性是指在当前情况下，企业研制这个信息系统是否有必要，是否具备必要的条件。可行性的含义不仅包括可能性，还包括必要性和合理性。

进行信息系统的可行性研究应从以下 3 个方面考虑。

1. 技术可行性

分析待开发系统所需要的技术条件是否具备，确定开发方案在现有技术条件下实现的可能性。这里所说的技术条件指技术发展现状，支持系统的硬件和软件能力，以及从事这些工作的技术人员的数量和技术水平。

2. 经济可行性

经济可行性是评价信息系统是否可行的最基本、最常用的一种方法，是对信息系统解决方案的成本有效性的度量。进行经济可行性研究通常使用成本/效益分析法。

经济可行性研究最大的难度在于成本和效益的估算。成本包括一次性投入和日常维护费用两部分，系统分析、设计和实施阶段的投资属于一次性投资，而系统运行阶段的投资属于日常维护费用。效益包括直接效益和间接效益两部分。

(1)成本估算的内容。

一次性投入费用包括：

①各种软、硬件及辅助设备的购置、安装、调试等费用；

②机房及附属设施费用；

③开发阶段人员工资、软件开发费用、实施费用等；

④其他费用(差旅、办公等)费用。

日常维护费：

①软、硬件、网络维护费用；

②维护人员的工资；

③易耗品；

④其他费用。

(2)效益估算的内容。

直接效益构成包括：

①降低库存成本；

②降低采购成本；

③降低交易成本；

④扩大销售量。

间接效益构成包括：

①提高管理工作水平所带来的综合效益；

②提高企业知名度所带来的综合效益；

③由于信息迅速、准确的传递而获得的一系列的成本节约或收益；

④企业通过 Internet 为客户提供产品的技术支持，这一方面可以为企业节约大量的客户服务人员，另一方面提升客户满意度。

3. 社会可行性

社会可行性研究也称运营可行性研究。社会可行性是指待开发系统在当前环境下能否很好地推广应用，即组织内外是否具备接受和使用新系统的基础条件。

(1)组织内部：

①企业领导、部门主管对电子商务系统的开发是否支持，态度是否坚决；

②与项目有直接关系的业务人员对系统开发的态度如何，配合情况如何；

③业务管理基础工作如何，现行商务系统的业务处理是否规范等；

④新系统的开发运行导致数据处理方式及工作习惯的改变，业务人员能否接受。

(2)组织外部：

①股东、客户或供应商对准备开发的系统是否支持，此系统能否为他们带来利益，负面效应如何；

②准备开发的系统是否可能违反法律；

③准备开发系统是否符合政府法规或行业要求；

④外部环境的可能变化对准备开发系统的影响如何。

3.4.2　可行性分析报告

总体规划的最后阶段是撰写可行性报告。可行性报告包括总体方案和可行性论证两个方面，一般内容有以下几点。

1. 引言

说明系统的名称、系统目标和系统功能、项目的由来。

2. 系统建设的背景、必要性和意义

报告要用较大的篇幅说明总体规划调查、汇总的全过程，要使人信服调查是真实的，汇总是有根据的，规划是可信的。

3. 拟建系统的候选方案

这部分要提出计算机的逻辑配置方案，可以提出一个主要方案及几个辅助方案。

4. 可行性论证

从技术、经济、社会3个方面对规划进行论证。

5. 结论

若结论认为是可行的，则给出系统开发的计划，包括各阶段人力、资金、设备的需求，用甘特图表示开发进度。

本章小结

信息系统规划是企业信息系统建设的一个关键步骤。

系统规划的主要任务是：制订信息发展战略、信息系统总体方案和资源分配计划。可分为战略规划、信息需求分析、资源分配3阶段。

系统规划具有面向全局、结构化程度低、不宜过细、应该随发展而调整的特点。

系统规划的主要方法有：关键成功因素法、战略目标集转移法、企业系统规划法等。

BSP方法先采用自顶向下的分析方法去确定企业各层次的子系统，再用自底向上的设计去实现这些子系统。BSP的研究流程中最关键的两个步骤是定义企业过程和定义数据类。实际上，整个企业的管理活动是由许多企业过程组成。定义企业过程是对一组决策和活动从逻辑上进行分析和组合。定义数据类是从逻辑相关的角度，对企业信息系统的生命周期的各个阶段中产生、控制和使用的数据进行分类，为信息系统的数据共享、过程管理提供有力的支持和基础。

业务流程优化与再造已成为信息系统成功实施的一个重要环节。业务流程再造与信息系统之间有着密切的关系。业务流程的再造必须依靠信息系统和信息技术的支持，信息系统是业务流程再造的核心和使能器（enabler）。而业务流程的优化和再造又为信息系统的高效应用创造了条件。一个组织信息化后效益的提高，一方面来自于信息系统本身，另一方面将得益于业务流程的优化和再造。

可行性研究是任何一项大型工程正式投入力量之前必须进行的一项工作，在信息系统的目标需求确定后，就可以开始对项目的可行性进行研究。可行性的含义不仅包括可能性，还包括必要性和合理性。可行性研究的内容包括技术可行性、经济可行性和社会可行性几个方面，最后形成可行性分析报告。

思考题

1. 系统规划的目标是什么？

2. 阐述信息系统规划的内容和步骤，以及需解决的主要问题。

3. 信息系统规划有哪些方法？试比较它们的优缺点。

4. 业务流程优化与再造有哪些方法和步骤？试分析业务流程再造与信息系统规划之间的关系。

5. 信息系统可行性研究包括哪些主要内容？

实作题

结合本校图书馆管理系统情况，在初步调查的基础上编写一份图书馆信息系统建设的可行性分析报告。

第4章　结构化系统分析

学习目标

- 掌握系统分析的主要任务与特点
- 掌握常用信息收集主要技术和方法
- 理解业务流程分析的步骤和方法
- 掌握数据流程分析的主要步骤和方法
- 掌握数据字典描述的内容和要点
- 掌握主要处理逻辑的描述工具：结构化语言、决策树、决策表的应用
- 掌握系统说明书的内容和编写。

本章重点

系统分析的主要任务与特点、信息收集主要技术和方法、数据流程分析的方法、数据字典和处理逻辑的描述工具。

4.1　系统分析概述

4.1.1　系统分析的任务和目的

在系统规划阶段解决了“系统是什么”(边界、范围)的问题，接下来的系统分析则要解决系统“做什么”的问题。

系统分析是研制信息系统最重要的阶段，也是最困难的阶段。在以往建设失败的项目中，80%是由于需求分析的不明确而造成的。因此一个项目能否成功的关键因素之一，就是对需求分析的把握程度。

系统分析阶段的基本任务是在初步调查和分析的基础上，系统分析员与用户在一起，通过详细调研，充分了解用户的要求，并把双方的理解用一系列图表描述出来，从而得出新系统的逻辑模型，写出系统分析说明书。系统分析说明书审核通过之后，将成为系统设计的依据和将来验收系统的依据。

拟建的信息系统既要源于原系统，又要高于原系统。所谓“高于原系统”，就是要比现行系统功能更强，效率更高，使用更方便。但新系统不是无源之水，无本之木。“源”就是现行信息系统。系统分析员要在总体规划的基础上，与用户密切配合，用系统的思想和方法，对企业的业务活动进行全面的调查分析，详细掌握有关的工作流程，收集票据、账单、报表等资料，分析现行系统的局限性和不足之处，找出制约现行系统的“瓶颈”，确定新系统的逻辑模型。

4.1.2 系统分析阶段的难点

为什么说系统分析是系统开发中最重要也是最困难的阶段?

系统分析要回答新系统“做什么”这个关键性的问题。只有明确了问题，才有可能解决问题。系统分析的困难主要来自 3 个方面:问题空间的理解、人与人之间的沟通和环境的不断变化。

1. 问题空间的理解

由于系统分析员往往缺乏足够的目标系统的业务知识，在系统调查中往往感到无从下手，不知道该问用户一些什么问题，或者被各种具体数字、大量的资料、庞杂的业务流程搞得眼花缭乱。一个规模较大的系统，有反映各种业务情况的数据、报表、账页，业务人员手中各种正规的、非正规的手册，技术资料等，数量相当大。各种业务之间的联系繁杂，不熟悉业务情况的系统分析员往往感到好像处在不见天日的大森林中，各种信息流程像一堆乱麻，不知如何理出头绪，更谈不上如何分析制约现系统的“瓶颈”。

2. 人与人之间的沟通

用户往往缺乏计算机方面的足够知识，不了解计算机能做什么和不能做什么。许多用户虽然精通自己的业务，但往往不善于把业务过程明确地表达出来，不知道该给系统分析员介绍些什么。对一些具体的业务，他认为理所当然就该这样或那样做。尤其是对于某些决策问题，根据他的经验，凭直觉就应该这样或那样做。在这种情况下，系统分析员很难从业务人员那里获得充分有用的信息。

3. 环境的不断变化

最使系统分析员困惑的是环境的变化。系统分析阶段要通过调查分析，抽象出新系统的概念模型，锁定系统边界、功能、处理过程和信息结构，为系统设计奠定基础。但是，信息系统生存在不断变化的环境中，环境对它不断提出新的要求。只有适应这些要求，信息系统才能生存下去。在系统分析阶段，要完全确定系统模式是困难的，有时甚至是办不到的。

4.1.3 系统分析步骤

1. 通过调查研究，获取用户的需求

系统开发人员只有通过认真细致的调查研究，才能获得进行系统分析的原始资料。在做调查研究时，可以采取以下一些调查方式:发调查表、召开调查会、向用户领域的专家个别咨询、实地考察、跟踪现场业务流程、查阅与待开发系统有关的资料、使用各种调查工具等。

2. 去除非本质因素，确定系统的真正需求

对于获取的原始需求，系统开发人员需要根据掌握的专业知识，运用抽象的逻辑思维，找出需求之间的内在联系和矛盾，去除需求中不合理和非本质的部分，确定系统的真正需求。

3. 描述需求，建立系统的逻辑模型

对于确定的系统需求，系统开发人员要通过现有的需求分析方法及工具对其进行清晰、准确地描述，建立无二义性的、完整的系统逻辑模型。

4. 书写需求规格说明书,进行需求复审

需求阶段应提交的主要文档包括需求规格说明书、初步的用户手册和修正后的开发计划。其中,需求规格说明书是对分析阶段主要成果的综合描述,是该阶段最重要的技术文档。为了保证系统开发的质量,对需求分析阶段的工作要按照严格的规范进行复审,从不同的技术角度对该阶段工作作出综合性的评价。复审既要有用户参加,也要有管理部门的软件开发人员参加。

4.1.4 系统分析原则

目前,存在着许多需求分析的方法,虽然各种方法都有其独特的描述方式,但不论采用何种方法,系统分析都必须遵循以下的基本原则。

1. 能够表达和理解问题的数据域和功能域

所有系统开发的最终目的都是为了解决数据处理的问题,数据处理的本质就是将一种形式的数据转换成另一种形式的数据,即通过进行一系列加工将输入的原始数据转换为所需的结果数据。需求分析阶段必须明确系统中应具备的每一个加工的处理对象和由加工所引起的数据形式的变化。

2. 能够将复杂问题分解化简

为了便于问题的解决和实现,在需求分析过程中需要对原本复杂的问题按照某种合适的方式进行分解(对功能域和数据域均可)。分解可以是同一层次上的横向分解,也可以是多层上的纵向分解。每一步分解都是在原有基础上对系统的细化,使系统的理解和实现变得较为容易。

3. 能够给出系统的逻辑视图和物理视图

系统的逻辑视图给出的是系统要达到的功能和要处理的数据之间的关系,而不是实现的细节,系统的逻辑描述是系统设计的基础;系统的物理视图给出的是处理功能和数据结构的实际表现形式,这往往是由设备本身决定的,如处理数据的来源,某些软件可能由终端输入,另一些软件可能由特定设备提供。

4.2 收集需求的内容和方法

4.2.1 收集需求的内容

1. 现行系统的环境和运行情况

包括现行系统的发展历史、规模、经营状况、发展战略、业务范围、与外界的联系等。这些信息有助于确定系统的边界、外部环境及其接口、目前的管理水平等。

2. 组织结构和人员分工

现行系统的组织结构、领导关系、人员分工的信息有助于了解企业组织的构成、业务分工以及人力资源的开发利用情况。

3. 业务流程

不同的系统具有不同的业务处理过程,系统分析员要全面、细致地了解企业各有关部门的业务内容、物流和信息流的流通情况。除此之外,还要对有关业务的各种输入、输出、处理过程、处理速度、数据量等进行了解。

4. 各种计划、报表的处理

各种计划和报表都是信息的载体。在详细调查中，凡是与业务有关的所有计算机和手工保存及传递的信息载体都要全面搜集，了解其产生和使用的部门、发生周期、用途、所包含的数据项及各数据项的类型、长度、含义等，为信息的分析和统计所用。

5. 资源情况

系统资源包括人力、物力、资金、设备、建筑资源以及各种资源的分布。如果已经配置了计算机，还要详细调查计算机的型号、功能、容量、配置、操作系统、数据库、目前使用的情况以及存在的问题等。

6. 约束条件

包括现行系统的人员、资金、设备、业务处理方式、时间、地点、国家的有关政策、信息系统建设的有关政策等方面的规定和限制条件。

7. 薄弱环节

在调查中要特别注意收集用户的各种意见和要求，找出现行系统中存在的问题，并分析其产生的原因。现行系统的各个薄弱环节正是目标系统中要解决和改进的主要问题，也是新系统目标的重要组成部分。

4.2.2 收集需求的方法

1. 面谈法

面谈法是由进行系统调查的人员直接向被调查个人当面询问问题，其优点是调查容易深入。

2. 问卷法

即收发调查表(问卷)，对于那些结构性强、指标含义明确并且有具体内容的调查，适合使用问卷法。一般而言，制作一份调查表至少要经过如下 3 个步骤：明确调查目的和对象；设计问题；决定问题顺序。设计问题时要尽量做到以下几点：问题明确、简练、易于回答；问题不能太多；用词通俗，忌技术性词汇；避免诱导性问题。

3. 文档分析

收集、查阅现有报表、表格、档案资料是调查的基本手段。通过查阅企业的各种各样的定性的和定量的文件，如查阅企业的计划、财务报表、档案、工作记录、回报总结、统计数据、声像资料等，调查人员能够获取所需的基本信息。

4. 开座谈会

这是一种通过调查人员与多名被调查人员面对面的有目的谈话获取所需资料的调查方法。一般有按纲问答法和自由畅谈法两种常用座谈方式。

5. 现场观察法

这是一种深入现场直接对调查对象的情况进行观察记录、取得第一手资料的调查方法。这种方法可以提高信息的可靠性。观察可以分为两部分内容：对人的行为观察和对客观事物的观察。

6. 混合调查法

在实际中，系统调查人员常常把上面提到的几种调查方法结合起来加以综合应用。

7. 联合应用设计

联合应用设计又称 JAD 会议。其核心思想是要求管理人员、用户和开发人员一起工作。

用户参与是信息系统设计和执行过程中一个关键要求。通过用户参与，可以使用户产生对系统的拥有感和责任感，降低用户的抵触情绪，增加其对系统的可接受性。同时也可通过用户对系统的理解，使用户提供更完整和准确的信息要求，提供系统所需要的专业知识来提高系统设计质量。

对几种常用调查方法的性能比较见表4.1。

表4.1　常用调查方法的性能比较

	面谈法	联合应用设计	问卷法	文档分析法	现场观察法
信息类型	更容易获取含有改善原有状态的信息	更容易获取含有改善原有状态的信息	能够获取含有改善原有状态的信息	只能获取反映原有状态的信息	只能获取反映原有状态的信息
信息深度	高	高	中等	低	低
信息广度	低	中等	高	高	低
信息集成	低	高	低	低	低
用户包含	中等	高	低	低	低
成本	中等	低—中等	低	低	低—中等

4.3　组织结构分析

组织是企业业务流程活动的主体。组织的结构模式、组织被授予的权力、组织之间的沟通方式决定了企业业务的实际流程和运行质量，所以在进行系统分析时，开发小组也要对有关的组织结构进行分析。

1. 组织结构调查

调查组织结构，要了解以下内容：组织内部的划分；领导与被领导关系；信息资料的传递关系；物资流动关系与资金流动关系；各部门的工作内容与职责；各级组织存在的问题以及对待建系统的要求等。

2. 组织结构

组织结构指的是一个组织（企业、部门、车间等）的组成以及其组成部分之间的隶属关系或管理与被管理的关系。通常用组织结构图来描述现行系统组织结构的层次和隶属关系，组织结构图中的矩形框表示组织结构，直线表示隶属关系，如图4.1所示。

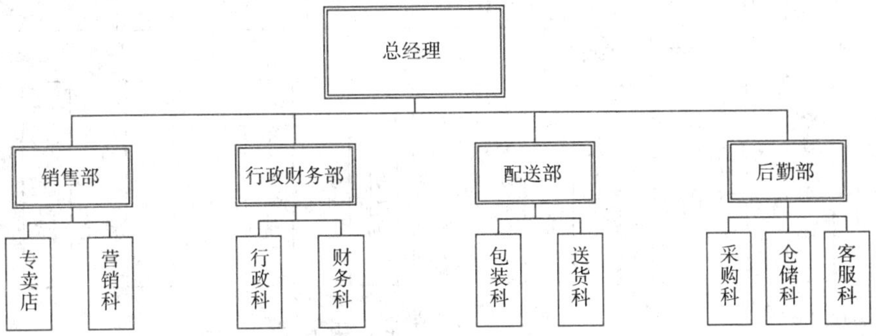

图4.1　企业的组织结构图

3. 组织/业务关系分析

组织/业务关系用来描述组织各部分承担业务时的关系。它包括组织各部分之间的联系程度、组织各部分的主要业务职能和它们在业务过程中所承担的工作等。

表 4.2 即是一个组织/业务关系的例子。表 4.2 中的第一行表示各组织名称,左数第三列表示业务过程名,中间栏填写各组织在某业务过程中的作用。

表 4.2　组织/业务关系

功能	序号	组织 / 联系的程度 / 业务	计划科	质量科	设计科	工艺科	机动科	总工室	研究所	生产科	供应科	人事科	总务科	教育科	销售科	仓库	…
	1	计划	※					√		X	X				X	X	
	2	销售		√											※	X	
	3	供应	√							X	※					√	
	4	人事										※	√	√			
	5	生产	√	X	X	X		※		※	X				√	√	
	6	设备更新				※	√	√	√	X							
	7	…															

注:※ 表示该组织在主持该项业务;√ 表示该组织是该项业务的相关单位;X 表示该组织市该项业务的辅助单位;空白表示该组织与该业务无关。

4. 业务功能分析

在现行系统中,有的部门承担的业务很复杂,通常一个部门可能具有多个业务功能,各部门的功能也可能有重叠的地方,有些业务还需要多个部门协作来完成。业务功能分析主要是要分析清楚各个部门所承担的业务功能。

业务功能分析是以组织结构图为背景,自上而下地分析各部门的功能,分层次将其归纳、整理,最后形成一个有层次的功能结构。描述这个功能结构的工具是业务功能结构图。业务功能结构图对今后系统的分析与设计,以及对今后子系统的划分都有重要的参考作用。

图 4.2 即是一个描述某企业销售业务功能的业务功能结构图。

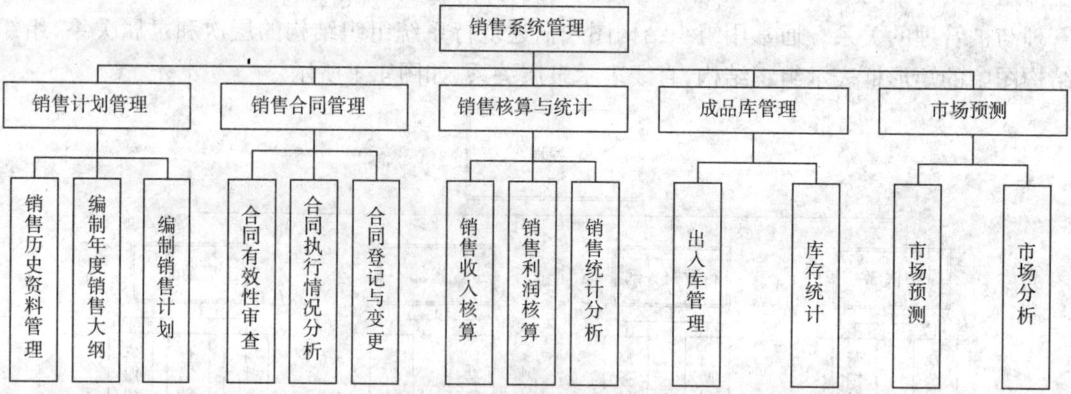

图 4.2　业务功能结构图

4.4 业务流程分析

在对系统的组织结构和功能体系有所了解的基础上，开发小组还需要对业务流程的进行调查分析，以便对企业现有的工作过程有一个动态的了解。

业务流程是为达到特定的价值目标而由不同的人分别共同完成的一系列活动。活动之间不仅有严格的先后顺序限定，而且活动的内容、方式、责任等也都必须有明确的安排和界定，以使不同活动在不同岗位角色之间进行转手交接成为可能。业务流程对于企业的意义不仅仅在于对企业关键业务的一种描述；更在于对企业的业务运营有着指导意义，这种意义体现在对资源的优化、对企业组织机构的优化以及对管理制度的一系列改变。

4.4.1 企业业务流程的特征

(1)每个流程都有输入和输出。

(2)每个企业流程都有用户(顾客)。

(3) 每一个企业流程都有一个核心的处理对象，一个大的企业流程往往是实现这个对象的生命周期。

(4)业务流程往往是跨职能部门的。

业务流程分析的基础是业务流程调查，业务流程分析的工具是业务流程图。

4.4.2 业务流程分析的内容及目的

1. 业务流程分析的内容

在业务流程分析的调查中，要详细了解各环节的处理业务、信息来源、处理方法、计算方法、信息流经去向、提供信息的时间和形态(报告、单据、屏幕显示等)。

调查业务流程应顺着现行系统信息流动的过程逐步进行。系统调查过程中，业务流程调查的工作量非常大，需要耐心细致地进行。系统开发人员与用户之间联系非常密切，需要彼此间进行良好的沟通。在调查中，系统开发人员既要完成自身工作任务，又要考虑所调查业务与其他业务之间的联系。

2. 业务流程分析的目的

(1)帮助系统分析人员了解该业务的具体处理过程。

(2)发现详细调查的错误和疏漏。

(3)分析业务流程是否合理、优化业务流程。

4.4.3 业务流程图

1. 业务流程图的形式与内容

业务流程图是用一些规定的图形符号来表示某个具体业务处理过程。业务流程图基本上按照业务的实际处理步骤和过程绘制。换句话说，业务流程图就是用图形方式来反映实际业务处理过程。

为了要对业务流程调查的结果进行整理和分析，然后再经业务人员的确认，必须采用业务流程图的形式来明确表达，使之成为系统分析员和用户之间进行交流的共同语言。

在对业务流程进行了充分调查，并将调查结果绘制成业务流程图后，系统分析员应对收集到的材料进行整体和全面的分析，并在新系统目标的要求和规定下，找出现行系统业务流程中不合理或不适应待建系统要求的环节，重新确定待建系统的职能，在分析的基础上提出业务流程优化方案。

业务流程图图例没有统一标准，但在同一系统开发过程中所使用的图形符号应是一致的。业务流程图的基本符号有 6 个，如图 4.3 所示。

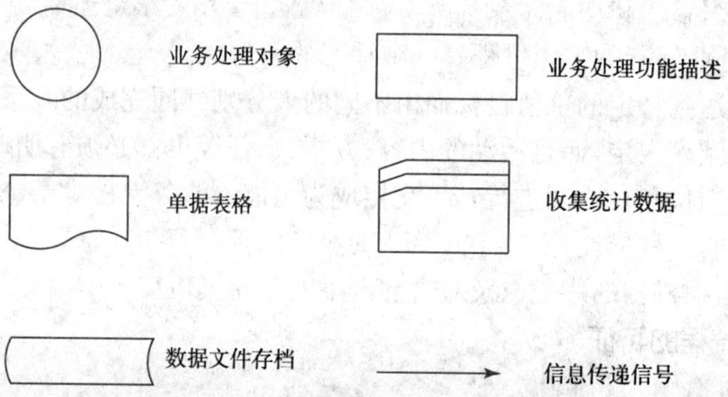

图 4.3　业务流程图的基本图形符号

图 4.4 是一个业务流程图的示例。

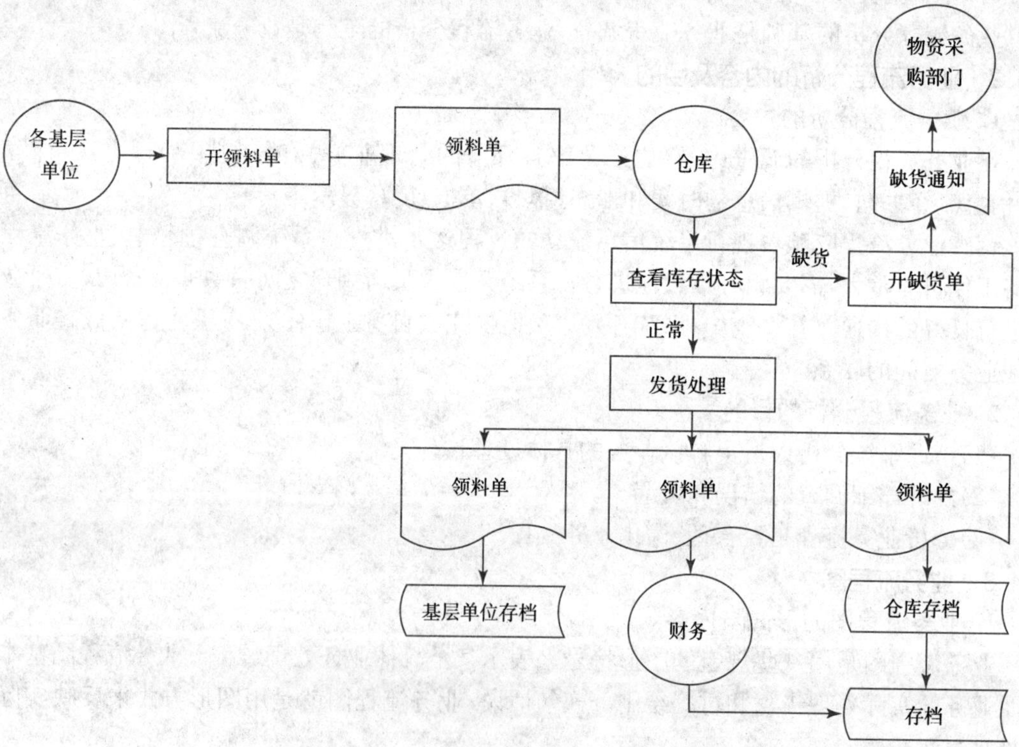

图 4.4　业务流程图示例

另外，也可借鉴 UML 中带泳道的活动图来描述业务流程，编者认为这种模型描述的更清晰，关于带泳道的活动图可参见本书第 6 章相关内容。

2. 业务流程图的作用

(1)业务流程图是系统分析员作进一步系统分析的依据。

(2)绘制业务流程图的过程就是全面了解业务处理的过程。

(3)业务流程图是系统分析员、管理人员、业务人员相互交流的工具。

(4)系统分析员可以直接在业务流程图上拟出计算机要处理部分。

(5)利用业务流程图分析业务流程是否合理。

4.5　数据流程分析

数据流程分析是系统分析阶段中的关键和核心工作,是建立系统逻辑模型的基础,同时也是今后数据库设计和系统功能模块设计的基础。

4.5.1　数据流程分析的目的和任务

业务流程分析中所绘制的业务流程图等虽然形象地表达了管理中信息的流动和存储过程,但仍然没有脱离物质要素,例如图书、货物、产品等。为了用计算机进行信息管理,必须进一步舍去物质要素,收集有关数据资料,绘制出数据流程图,为下一步分析做好准备。

数据流程分析是把数据在组织内部的流动情况抽象地独立出来,舍去了具体的组织机构、信息载体、物质、材料等,从数据流动过程来考查实际业务的数据处理模式。

1. 数据流程分析的目的

数据流程分析的目的就是要发现和解决数据流通中的问题,这些问题包括:数据流通不畅、前后数据不匹配、数据处理过程不合理等。这些问题,有些是属于数据处理流程的问题,有些是属于原系统管理混乱的问题。一个通畅的数据流程是目标系统实现业务处理过程的基础。

2. 数据流程分析的任务

(1)收集现行系统的全部输入单据和报表、输出单据和报表及数据存储介质(账本、清单等)的典型格式。

(2)明确各个处理过程的处理方法和计算方法。

(3)调查、确定上述各种单据、报表、账本、清单的制作单位、报送单位、存储单位、发生频率、发生的高峰时间和高峰量等。

(4)注明各项数据的类型、长度、取值范围等。

4.5.2　数据流程图

数据流程图也称数据流图(data flow diagram, DFD)是便于用户理解、分析系统数据流程的图形工具。它摆脱了系统的物理内容,精确地在逻辑上描述系统的功能、输入、输出和数据存储等,是系统逻辑模型的重要组成部分。结构化分析方法的基本手段是逐层分解,而数据流程图则是描述分解的基本手段。

数据流程图是通过图形方法来描述的。DFD 的图形符号有 4 种,图 4.5 显示的是 DeMarco &Yourdon 和 Gane&Sarson 两种 DFD 图形符号体系。

1. 数据流程图的元素

(1)数据流。数据流由一组确定的数据组成。例如“领料单”数据流由物资编码、物资名称、规格型号、领用数量、出料仓库、领用单位、日期等数据组成。数据流用带有名称的箭头表

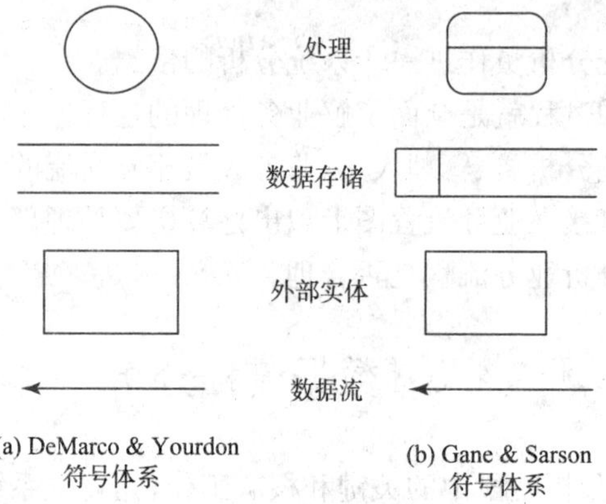

图 4.5　数据流程图图形符号体系

示，名称表示流经的数据，箭头表示流向。数据流可以从处理流向处理，也可以从处理流向数据存储或从数据存储流向处理，还可以从源点流向处理或从处理流向终点。

对数据流的表示通常有以下约定：

• 名称最好能反映出数据流的含义，不同的数据流不能同名。

• 对流进或流出数据存储的数据流不需标注名称，因为数据存储名本身就可以说明数据流了。而其他的数据流则必须标出名称。

• 两个处理之间可以有多个不同的数据流。这是由于它们的用途不同，或它们之间没有联系，或它们的流动时间不同。

• 数据流程图描述的是数据流而不是控制流，因此像业务流程图中的一些控制流应从数据流图中删去。交叉线要画成半圆弧线。

(2)处理(或称加工)。处理是指对数据进行的操作，它把流入的数据流转换为流出的数据流，每个处理都应取一个名称来表示它的含义，并规定一个编号用来标识处理在层次分解中的位置，名称中必须包含一个动词，如“计算机”、“大印”、“汇总”等。

(3)数据存储。数据存储是存储数据的工具。数据存储名应与它的内容一致，写在开口长条内。从数据存储流入或流出数据时，数据流方向是很重要的。如果读数据，则数据流的方向应从数据存储流出；写数据时则相反。如果是又读又写，则数据流是双向的。在修改数据存储时，虽然必须首先读数据，但其本质是写数据，因此数据流应流向数据存储，而不是双向的。

直接从外部实体来与直接到外部实体去的数据流应直接与处理相连，不应通过数据存储相连。

(4)外部实体。外部实体表示数据的外部来源和去处。它通常是系统之外的人员或组织，不受系统所控制。

为了避免在数据流程图上出现线条交叉，同一个源点、终点或数据存储均可在不同位置多次出现。

从以上内容可以看出，数据流程图可通过基本符号直观地表示系统的数据流程和处理、存储等过程。但它不能表达每个数据和处理的具体、详细的含义，这些信息需要在“数据字典”和

"处理说明"中表达。

2. 分层数据流程图

结构化分析方法的基本手段是逐层分解，而分层数据流程图则是描述分解的手段。

分层数据流程图是自顶向下逐层分解，逐步引入细节，逐步从抽象到具体，这样可以控制系统的复杂性。这样的逐层分解，符合人的思维习惯，有利于系统分析人员对问题的理解和分析。目前的数据流程分析多是通过分层的数据流程图来实现的。

分层数据流程图由顶层图、中层图和底层图组成。顶层图只能有一张，而中层图和底层图可各有若干张。

顶层图又称环境图或关联图。它描述了系统的环境，与系统有数据交换的外部实体，输入的数据流和输出的数据流。

环境图中的系统经分解得到的是下一层 DFD 图，称零层图(diagram zero)。其描述了系统的主要处理功能、输入输出数据流、外部实体与数据存储。

对于一个复杂系统，中层可能会有几层。其中中层图描述了其上一层 DFD 图中某个处理的分解。如果这个中层图中的某些处理比较复杂，又可能会被再次分解。

底层图必是由一些不能再分解的处理所组成。这些处理一般都是很简单。

3. 绘制数据流程图的指导原则

(1)自顶向下逐层分解。自顶向下逐层分解原则是按照结构化方法的思想，采用分层的数据流程图，把大问题、复杂的问题分解成若干个小问题，然后分别解决。绘制数据流程图时，自顶向下地逐层绘制。首先绘制顶层图，在顶层图，不管系统大小，都将系统当成一个整体处理块来看待；然后绘出外部实体与这个整体块的数据联系过程；在零层图，将整个整体块分解成几个大的处理，如果这几个大的处理内部还涉及若干个比较复杂的数据处理部分，还需将这几个大的处理分别分解为小一些的处理，这样反复地逐层分解，直至将系统分解为详细的不可再分解的底层图。

(2)数据守恒。数据守恒是指一个处理的所有输出数据流中的数据必须能从该处理的输入流中直接获得，或者是通过该处理能产生的数据。

(3)父子平衡。分层数据流程图的任一层，其上层图被称为父图，其下层图被称为子图。父子平衡原则是指对父图中某一处理的输入、输出数据流必须与其相应子图的输入、输出数据流相同，否则就会出现父图与子图的不平衡。

(4)合理命名及编号。合理命名及编号原则是指数据流程图中元素的命名应让人容易理解。处理的名称应能准确地表达其功能，对处理理想的命名是由一个具体的动词加一个具体的名词组成，在下层尤其应该如此，例如"计算总金额"、"处理订单"等。

系统分析人员应为每个处理编号。编号时，父图与子图的编号要有一致性。一般子图的处理编号应是父图上对应的处理编号加子处理编号。如零层图中各处理按 1、2、3、……顺序编号，1 号处理分解后的子处理应按 1.1、1.2、1.3、……编号，2 号处理分解后的子处理应按 2.1、2.2、2.3、……编号，以此类推。

数据流与数据存储也要进行编号。编号方法原则上与处理的编号方法相同。为了区别，还需要在编号前冠以不同的字符。通常数据流编号前冠以 F，数据存储编号前冠以 D，处理的编号前冠以 P。

(5)数据流程图分解。数据流程图分解是以处理的分解为中心的，属于功能分解性质。数据流程图分解应在概念上合理、清晰、自然，不影响图的易理解性。合理的分解是将一个处理分成相对独立的几个部分，并尽量保证其相对独立性。从逻辑上来讲，父处理的功能应为其对应的子处理功能之和。

数据流程图逐层分解也可能导致某个或某些外部实体的分解。因为分解后的子处理可能只与上层图中某个外部实体的组成部分相联系。当外部实体的分解有助于更明确地描述系统某些部分的功能与信息需求时，下层图要对分解后的外部实体加以定义和命名。下层图不应出现不属于上层图外部实体的子项的新外部实体。

(6)层次的划分。数据流程图分解的层次和每张图的内容要适当。如每张图分解的处理少，要做到彻底分解，则导致层次增多，进而导致查询复杂化；若过分压缩层次，则会导致每张图布局拥挤，不能方便理解。

根据经验，如果系统建设项目规模较大，每张数据流程图分解的处理可以稍多一些，以减少图的层次，但每张图的处理以 4～7 个为宜。

4. 绘制数据流程图的具体规则

(1)处理。处理必须有数据流流入和流出，而且输入与输出肯定不完全相同。

(2)数据存储。数据存储与数据存储、外部实体之间不能通过数据流直接相连，必须经过处理。

(3)外部实体。外部实体间不能直接通过数据流相连，必须经过处理。

(4)数据流。数据流必须有来源和去向。双向数据流只能出现在处理和数据存储之间。

4.5.3 数据流图实例

下面以高校学籍管理系统为例说明数据流图的绘制过程。该系统要记录学生从入学到毕业离校整个在校期间的情况，学生毕业时把学生的信息提供给用人单位，学校还要定期向上级主管部分上报学籍变动情况。

首先，把整个系统看成一个功能，绘制出顶层图，如图 4.6 所示。顶层图体现了该系统和外部环境的数据联系，图中描述了与系统有关的外部实体以及外部实体和系统间的主要数据流。

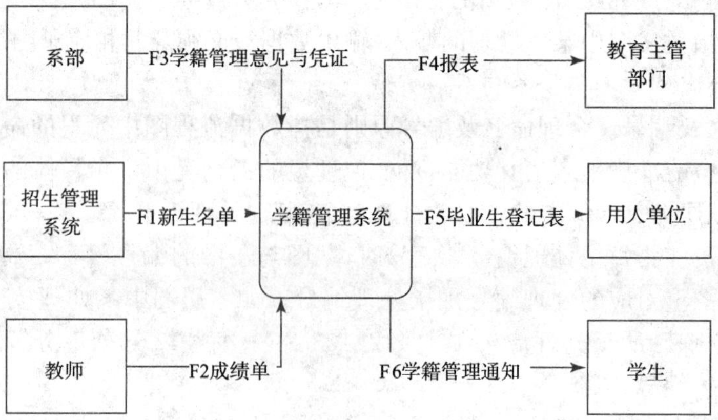

图 4.6　学籍管理顶层图

进一步分析，学籍管理包括：成绩管理、奖惩管理、异动管理 3 部分。因此可将图 4.6 细化为图 4.7，在细化过程中，主要着眼点是对数据加工（处理）进行分解，伴随着数据加工的分解，相应的数据流、数据存储也进行了细化和分解，如：顶层图中的数据流 F3、F6 分别进行了分解细化，信息更加具体，图中也体现出了数据存储 D1。

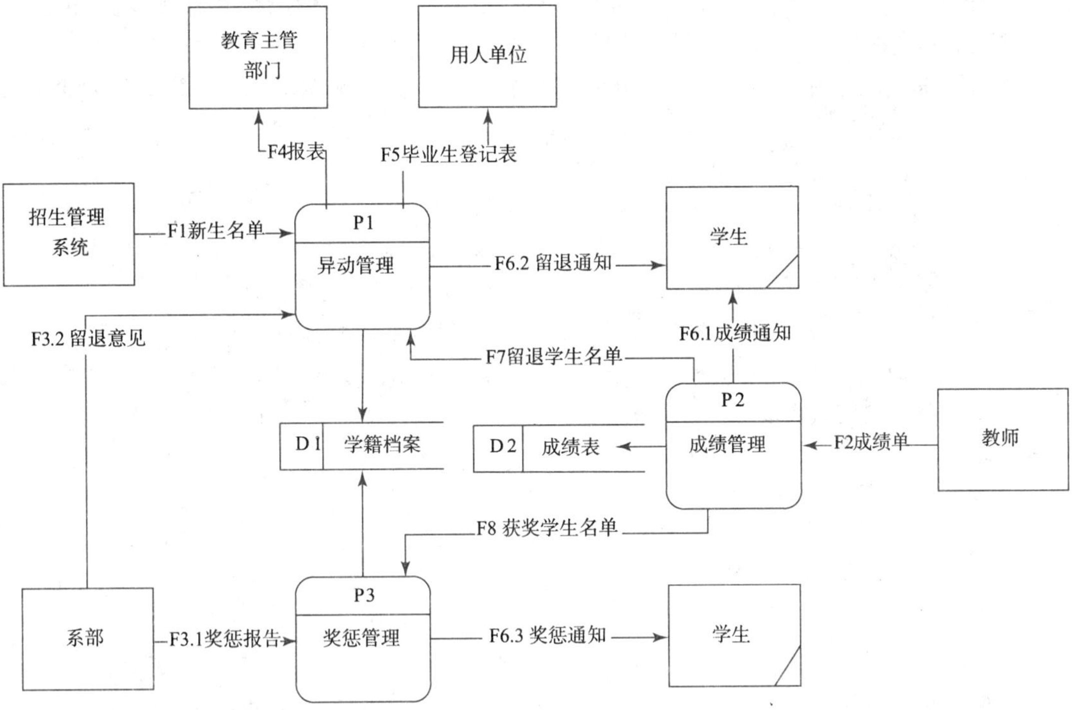

图 4.7　学籍管理零层图

分析发现，零层图中的 3 个数据加工仍很复杂，需要进一步分解细化，思路同上，限于篇幅，这里仅就 P2 成绩管理进行分解，如图 4.8 所示。需要注意的是，为了避免图中数据加工太多，造成图过于复杂不易理解，可将零层图中的每个数据加工单独分解为一张图。

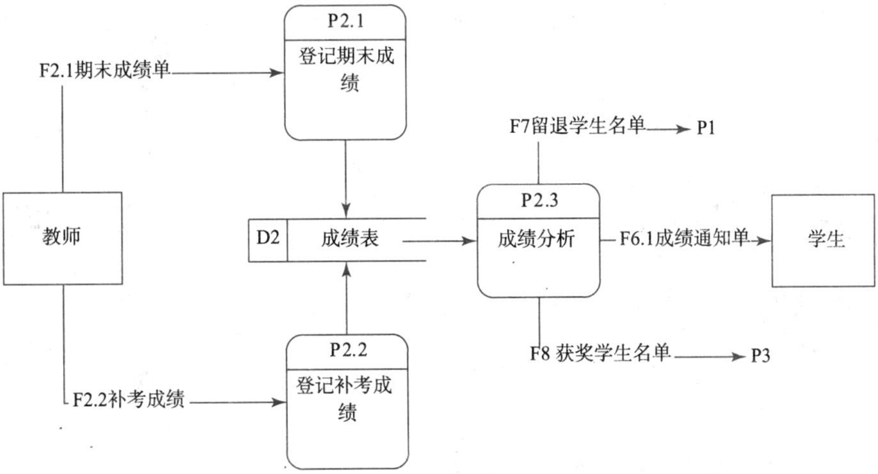

图 4.8　“成绩管理”细化图

4.5.4 数据字典

数据字典(data dictionary)是以特定格式记录下来的、对数据流程图中各个基本成分(数据流、处理、数据存储和外部实体)的内容和特征所作的完整的定义和说明。数据字典是在数据流程图的基础上,进一步定义和描述处理、数据流、外部实体及数据存储的详细内容的工具,是对数据流程图的重要补充和说明。

数据字典可以用人工方式建立,也可以建立在计算机内。数据字典的内容是通过调查获取的。调查前印好表格,调查时填入数据,调查后按一定顺序排列,就是一本字典。所以说数据字典实际上是关于数据的数据库。

编写数据字典的基本要求有:

- 数据流程图上各种成分的名称必须明确、易理解、唯一;
- 数据字典中每个条目的名称、编号必须与数据流程图一致;
- 符合一致性与完整性的要求,将数据流程图上的成分编入数据字典应无遗漏项,数据字典中应无内容重复或内容相互矛盾的条目,同类成分的数据字典条目中,应无同名异义或异名同义者;
- 格式规范、文字清晰、数字与符号正确。

数据字典中包含有如下6类条目:数据项、数据结构、数据流、数据存储、外部实体、处理逻辑。这6类条目有不同的属性需要描述,现分别说明如下。

(1)数据项。数据项也称数据元素,它是具有独立逻辑含义的最小数据组成单位。在数据字典中对其定义内容包括:数据项的编号、名称、别名,数据项的数据类型,数据项的取值范围,数据项的长度。

下面是数据项条目的一个例子。

数据项条目

数据项编号:1—01

数据项名称:订单号

说明:购物网站的订单编号

类型:数值

长度:6位

取值范围:1～999999

(2)数据结构。数据结构是由若干数据项,也可能还包括数据结构,共同构成的数据组合关系。

数据结构根据是否包含数据结构,可分为简单数据结构和嵌套数据结构。简单数据结构全部由数据项组成;嵌套数据结构的组成,除了数据项,还有数据结构。

在数据字典中对其定义内容包括;数据结构的编号、名称,数据结构的说明,数据结构的组成。

如果是一个嵌套数据结构,除列出上述内容外,还需指出包含的数据结构。

下面是数据结构条目的一个例子。

数据结构条目
数据结构编号:S—01
数据结构名称:订单
说明:某公司签订的订单记录
结构:
订单编号:
订货日期:
客户*:
产品*:
订货数量:
交货日期:
签约人*:
注:带*号的是一个数据结构

(3)数据流。数据流是对系统中数据流的组成、逻辑流向的描述。数据流的组成可以是数据项或数据结构。在数据字典中对其定义内容包括:数据流的编号、名称,数据流的说明,数据流的来源,数据流的去向,数据流的组成,数据流的流通量,高峰期的流通量。

下面是数据流条目的一个例子。

数据流条目
数据流编号:F3—03
数据流名称:企业基本信息表
说明:企业在申请网上招聘之前需向网站提交企业的基本信息
数据流来源:招聘企业
数据流去向:招聘服务部
数据流组成:
企业编号
企业名称
联系人名
联系方式
订单号
数据流的流通量:60份/日
高峰流通量:120份/日

(4)处理逻辑。处理逻辑又称加工或处理过程。其仅对数据流程图中最底层的处理加以说明。

这里所说的处理逻辑主要包括以下3种类型:对数据进行算术计算;根据某些条件进行逻辑判断,进而进行不同的操作;对数据存储的读/写操作或与外部实体的数据交流。

在数据字典中对其定义内容包括:处理逻辑的编号、名称,处理逻辑的说明,输入的数据流,输出的数据流,处理频率,处理过程。

下面是处理逻辑条目的一个例子。

数据逻辑条目
处理过程编号:P—08
处理过程名称:配送信息获取
输入数据:新的订单、付款凭证
输出数据:配送信息
处理逻辑:对输入的订单、付款凭证
确认并核对后,制订配送方案

(5)数据存储。数据存储是数据流暂存或永久保存的地方。在数据字典中对其定义的内容包括:数据存储的编号、名称,数据存储的说明,数据存储的组成,数据存储的关键字,相关联的处理。

有些数据存储的结构可能很复杂,如“订单”,包括订单编号、订货日期、客户、产品、订货数量、交货日期、签约人等,其中客户、产品、签约人等又都是数据结构。这些数据结构应有各自的条目分别加以说明,因此在“订单”的条目中只需列出这些数据结构,而不要列出这些数据结构的内部构成。

下面是数据存储条目的一个例子。

数据存储条目
数据存储编号:D—01
数据存储名称:会员信息
说明:存放客户的相关信息
数据存储组成:登录ID号+登录密码+真实姓名+性别+住址+联系电话+职业+工作单位+邮箱+年龄
关键字:登录ID
相关联的处理:客户订单、支付处理、配送跟踪

(6)外部实体。外部实体是数据流的来源或去向。在数据字典中对其定义的内容包括:外部实体编号、名称、外部实体的说明,外部实体输入的数据流,外部实体输出的数据流。

下面是外部实体条目的一个例子。

外部实体条目
外部实体编号:S01—02
外部实体名称:供应商
说明:向网站提供货源的客户
输入的数据流:F01—03(“补货需求”)
输出的数据流:F01—04(“商品信息”)
F01—05(“合同”)

4.5.5 加工逻辑的描述

加工逻辑描述是对数据流图中处理的详细描述。它与数据字典一样,是对数据流程图的补充资料,但它仅对处理进行说明,而且比数据字典描述更为详细。

当数据字典中的处理逻辑对数据流程图中的处理描述得不够充分，不能满足系统设计的需求时，就需要使用加工逻辑的描述。加工逻辑描述是从另一个侧面刻画了处理的细节，对数据流程图做了必要的补充。因而，数据流程图、数据字典和加工逻辑描述三者才构成了系统的逻辑模型。

目前常用的加工逻辑描述的工具有3种：结构化语言、判断树和判断表。

1. 结构化语言

结构化语言是介于自然语言和程序设计语言之间的一种语言。自然语言的优点是容易理解，但是它不精确，可能有多义性。程序设计语言的优点是严格精确，但它的语法规定太死板，使用不方便。结构化语言吸收了上述两种语言的优点，是一种带一定结构的自然语言。结构化语言可分为结构化汉语和结构化英语，通常采用较易为用户和开发人员双方接受的结构化汉语。

结构化语言只是用以下4种语句：简单的祈使语言、判断语句、循环语句、上述3种语句的复合语句。

(1)祈使语言。祈使语言明确地指出做什么事情。它至少包括一个动词来说明要执行的功能，以及一个名词来表示动作的对象。

例如，人们到书店去买书，常会遵循下述过程：

①选择一本满意的书籍；

②携带该书到付款台；

③付款；

④盖付款标记；

⑤离开书店。

上例即是用结构化语言描述的买书过程，其中的每一条语句都是祈使语句，并按顺序显示出5个步骤。步骤中没有包括任何一个决策或条件，仅按次序列出。整个处理有其特定的次序，乱了次序，买书过程就不成立了。所以，对处理过程的描述必须指出行动的正确次序。

(2)判断语句。判断语句是为了描述决策结构而设计的语句，为了在两个或多个行动中判断选择，可以根据具体条件的值产生决策结构。其一般形式如下：

```
如果　　条件
则　　行动A(条件成立)
否则　　行动B(条件不成立)
```

其中，行动A与行动B可以是一组祈使语句，或是循环语句，甚至是另外一个判断语句。

(3)循环语句。循环语句是在某一条件存在时，重复执行相同的行动，直至该条件不成立为止。其一般形式为：

```
在某条件下，做
行动A
```

例如：

对每位职工执行以下操作：
计算本月扣款小计和实发数
打印实发数

为了减少复杂性，便于人们理解，编写处理说明需要遵守以下规范：

- 避免结构复杂的长句；
- 所用名词必须在数据字典中有定义；
- 不要用意义相同的多种动词，使用的动词应始终如一，例如：修正、修改、更改含义相同，一旦确定使用其中一个以后，就不要再用其余两个了；
- 为提高可读性，书写时可采用阶梯形格式；
- 使用嵌套结构时，应避免嵌套层次过多而影响可读性。

2. 判断树

判断树（decision tree）又称决策树，是一种用来表示处理逻辑的树形图工具。它比用语言描述处理说明更为直观。它能顺序地表示出条件和行动，因而能显示出应首先考虑哪些条件，其次考虑哪些行动等。它也表示出各条件和所允许的行动的关系。由于图形很像树枝，因此称为判断树。

在判断树图形的左边是树根，它是决策序列的起点。紧跟着的是各个分支，它们依赖于存在的条件和所作的决策。树中非叶结点代表条件，树的叶结点表明采取的行动，这种行动是依赖于它左边的条件序列的。从树根开始，自左至右地沿着某一个分支，能够做出一系列的决策，最后确定采取的行动。

例，某批发公司为促销提出的折扣政策是：给购货的 4 万元以上的客户以不同的折扣率。如果这样的客户最近 3 个月无欠款，则折扣率为 15%；虽然有欠款但与公司已经有 5 年以上的交易关系，则折扣率为 10%，否则折扣率为 5%。根据上述绘制判断树，如图 4.9 所示。

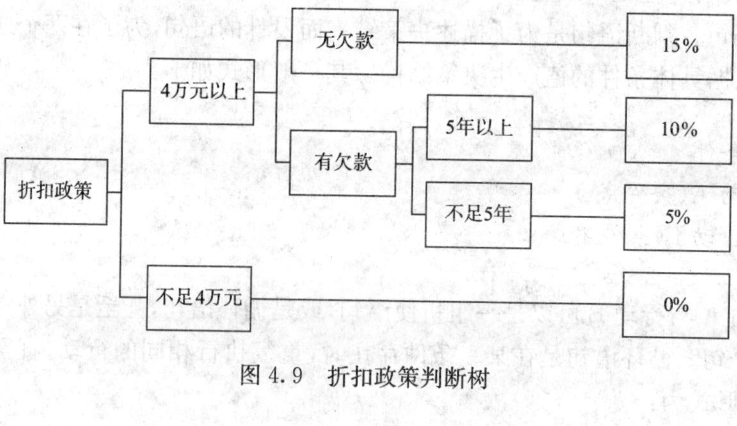

图 4.9　折扣政策判断树

判断树的优点是形式简单，不需任何说明，可以直观地看出不同条件下应当采取的行动，易于掌握和使用。缺点是简洁性不如判断表，如果出现相同条件和相同行动，则必须重复。

3. 判断表

判断表（decision table）又称决策表，是采用表格方式来描述处理的一种工具。

判断表由4部分组成：左上部为条件说明，左下部为行动说明，右上部为各种条件的组合，右下部是与每种条件组合相对应的行动。

条件说明与行动相连组成决策规则。决策规则说明了对所采取的特定行动必须满足的条件。决策规则体现所有必须成立的条件，而不是每次只体现一个条件。

每个判断表构成以后，系统分析人员要检验它的正确性与完整性，以保证判断表能包括所有条件以及决策规则。另外，分析人员还应消除表中可能有的冗余项和相互矛盾的决策规则。

与结构化语言和判断树相比，判断表的优点是能够容易地描述复杂的条件组合与应做的行动之间的对应关系。判断表的缺点是建立过程较为复杂，且描述方式不如前两者简便。

现仍以判断树中的例子来说明判断表的使用，见表4.3。

表4.3 初始判断表

条件和行动 \ 各种组合条件	1	2	3	4	5	6	7	8
C1：交易额>=4万	Y	Y	Y	Y	N	N	N	N
C2：最近3个月无拖欠	Y	Y	N	N	Y	Y	N	N
C3：本公司交易>=5年	Y	N	Y	N	Y	N	Y	N
A1：折扣率15%	√	√						
A2：折扣率10%			√					
A3：折扣率5%				√				
A4：无折扣					√	√	√	√

在判断表的右上部分中，"Y"表示它左边的那个条件成立，"N"表示条件不成立，空白或横线表示这个条件成立与否并不影响行动的选择。判断表右下部分中画"√"表示基于此单元格上部所对应的条件组合，做它左边的那项行动，空白表示不作这项行动。

有的判断表在初步绘制完成后还需要进行优化调整，对各组条件进行过滤操作。优化调整包括删除条件和合并条件两种情况，以消除可能有的冗余项和互相矛盾的决策规则。

首先，按列考查每个组合条件，对于在题目要求中没有出现的条件组合，进行删除。然后，对于重复条件，进行合并。

合并方法：对于相邻两项中只有一个条件不相同的情况，考查该条件的存在是否对最终结构产生影响。如果该条件对于当前的条件组合不产生影响，则合并相邻两列，并删除该条件。

表4.3就有条件组合不同，但行动相同的情况，这就需要进行优化调整。对表4.3进行优化调整后，见表4.4。

表4.4 优化调整后的判断表

条件和行动 \ 各种组合条件	1	3	4	5
C1：交易额>=4万	Y	Y	Y	N
C2：最近3个月无拖欠	Y	N	N	—
C3：本公司交易>=5年	—	Y	N	—
A1：折扣率15%	√			

续上表

各种组合条件 / 条件和行动	1	3	4	5
A2:折扣率 10%		√		
A3:折扣率 5%			√	
A4:无折扣				√

判断树、判断表和结构化语言这 3 个逻辑分析工具各有不同的优缺点。在表达一个处理过程时，系统分析人员应根据不同的情况，选择合适的分析工具。

- 对一个不太复杂的逻辑判断，最好使用判断树。
- 对一个十分复杂的逻辑判断，最好使用判断表。
- 如果一个处理过程中，既包含顺序结构，又有判断和循环逻辑的时候，最好使用结构式语言。

4.6 系统分析报告

系统分析阶段的文档成果是系统分析报告。系统分析报告是系统分析阶段工作的总结，它包括了新系统的逻辑模型。系统分析包括是下一步进行系统设计的依据。

系统分析报告形成后，还需要组织各方面的人员(包括企业的领导、管理人员、业务人员、系统分析人员等)对已经形成的新系统逻辑模型进行审查，目的是通过业务人员、系统分析人员、企业领导间的讨论，尽可能地发现新逻辑模型中存在的问题、误解和疏漏。对于误解、疏漏要及时纠正；对于有争论的问题要重新核实当初的原始调查资料或重新进行调查，根据确定的结论更新系统逻辑模型；对于重大的关键的问题，则可能需要调整或修改系统目标，重新进行系统分析。

系统分析报告主要内容见表 4.5。

表 4.5 系统分析报告

章	内容
1. 概述 主要是对企业和欲开发的系统的基本情况作概括性的描述	(1)待建系统的背景材料 (2)企业概况和组织结构
2. 现行系统情况简述 对现行系统进行充分调查，了解用户需求，是保证信息系统开发成功所必需的	(1)先行系统目标、规模、界限 (2)现行系统逻辑模型 (3)用户需求分析 (4)存在问题分析
3. 信息系统 反映对现行系统进行分析的结构，和对今后待建的信息系统的设想	(1)信息系统的名称、目标和主要功能 (2)信息系统的逻辑模型
4. 系统设计实施初步计划	(1)工作任务的分解 (2)时间进度计划 (3)资源需求 (4)经费预算

本章小结

系统分析是研制信息系统最重要的阶段，也是最困难的阶段，是系统设计和系统实施的基础。

系统分析的主要任务是确定用户要求开发的系统是“做什么”的，即明确用户的需求。

由于问题空间的理解、人与人之间的沟通和环境的不断变化等原因造成系统分析阶段的困难和艰巨。

系统分析阶段的工作包括收集需求、组织结构分析、业务流程分析、数据流程分析；通过业务流程图、数据流程图、数据字典、处理说明等建立新系统的逻辑模型，并最后拟定系统分析报告。

通过详细调查收集信息是系统分析的基础，收集信息的主要方法有：面谈、问卷、文档、观察、开座谈会、联合应用设计等。

业务流程分析的主要目的是了解企业的业务处理过程，检查详细调查的错误和疏漏，并分析业务流程是否合理，以便通过新系统的实施优化业务流程。业务流程分析的主要工具是业务流程图。

数据流程分析是把数据在组织内部的流动情况抽象地独立出来，详细分析数据的处理、流转过程，主要工具是数据流程图，它是信息系统逻辑模型的核心部分，很好地体现了结构化思想。

数据字典是对数据流中的各种成分进行详细描述的工具，结构化语言、判断树、判断表是对数据加工进行详细分析的工具。

系统分析阶段的文档成果是系统分析报告。系统分析报告是系统分析阶段工作的总结，它包括了新系统的逻辑模型。系统分析报告是下一步进行系统设计的依据。

思考题

1. 系统分析的任务是什么？
2. 简述系统需求收集的内容和方法。
3. 简述组织结构分析的内容。
4. 什么是业务流程？业务流程分析的目的是什么？
5. 数据流程图的作用是什么？它有哪些基本成分？
6. 数据字典的作用是什么？其包含了哪些信息？
7. 如何绘制判断树？
8. 如何绘制判断表？
9. 简述系统分析报告的主要内容。

实作题

1. 进一步对学籍管理系统进行分解，画出全部细化数据流图（底层图）。

2. 请根据以下业务过程画出某物资的订货业务流程图：采购员从仓库收到缺货通知单后，查阅订货合同单，若已订货，则向供货单位发出催货请求，否则，填写订货单送供货单位。供货单位发出货物后，立即向采购员发出取货通知。

3. 某图书馆借阅系统有以下功能。

(1)借书：根据读者的借书证查询读者档案，若借书数目未超过规定数量，则办理借阅手续(修改库存记录及读者档案)，超过规定数量者不予借阅。对于第一次借阅者则直接办理借阅手续。

(2)还书：根据读者书中的条形码，修改库存记录及读者档案，若借阅时间超过规定期限则罚款。

请对以上问题，画出分层数据流图。

4. 请根据以下销售业务流程描述，画出数据流图。

用户将订货单交某企业的业务经理，经检验后，对不合格的订单要由用户重填，合格的订单交仓库保管员作出库处理，即，查阅库存台账，如果有货则向用户开票发货，如缺货，则通知采购员采购。

5. 商场 POS 系统的前台管理包括：顾客拿着柜台开出的购物收款单去收银台付款，收银员在 POS 上录入收款单并检查，系统支持以现金或银行卡进行收款处理，收款后开发货单，顾客凭发货单去柜台领取商品；定期进行记账处理，根据收款数据生成销售流水账，并对销售流水账进行分类生成销售分类账给财务；每日对销售情况进行统计分析，生成销售日报表，以便对柜台进行考核。根据上述业务描述绘制出分层数据流图。

6. 邮寄包收费标准如下：若收件地点在 1 000 千米以内，普通件每千克 2 元，挂号件每千克 3 元。若收件地点在 1 000 千米以外，普通件每千克 2.5 元，挂号件每千克 3.5 元；若重量大于 30 千克，超重部分每千克加收 0.5 元。请绘制对应的判断树和判断表。

第 5 章　结构化系统设计

学习目标

- 掌握系统设计的任务，了解系统设计的要求
- 理解系统设计的原则
- 理解模块内聚和耦合的含义，掌握模块划分的原则
- 掌握代码的原则
- 了解输入设计的原则和内容，熟悉输入数据的校验方法
- 了解界面设计的原则
- 掌握数据库设计的步骤和方法
- 掌握常见处理过程的设计工具
- 掌握系统设计说明的主要内容及编写

本章重点

系统设计的两大部分：总体（概要）设计和详细设计，及其具体的设计方法。

5.1　系统设计概述

5.1.1　系统设计的任务和目的

系统分析阶段要回答的中心问题是系统"做什么"，即明确系统功能，这个阶段的成果是系统的逻辑模型。系统设计要回答的中心问题是系统"怎么做"，即如何实现系统说明书规定的系统功能。在这一阶段，要根据实际的技术条件、经济条件和社会条件，确定系统的实施方案，即系统的物理模型。

系统设计阶段的任务是提出实施方案。该方案是这个阶段工作成果的体现，这个方案以书面的正式文件——系统设计说明书提出，批准后将成为系统实施阶段的工作依据。系统设计的基本任务大体上可以分为两个方面。

1. 把总任务分解成许多基本的、具体的任务

这称为总体设计，又称为概要设计，其基本任务是：

(1)将系统划分成模块;

(2)决定每个模块的功能;

(3)决定模块的调用关系;

(4)决定模块的界面,即模块间信息的传递。

除此以外,还包括系统体系结构的设计、网络设计等内容。总体设计是系统开发过程中很关键的一步。系统的质量及一些整体特性基本上都是这一步决定的。系统越大,总体设计的影响越大。认为各个局部都很好,组合起来就一定好的想法是不实际的。

2. 为各个具体任务选择适当的技术手段和处理方法

这便是详细设计,包括代码设计、数据库设计、输入设计、输出设计、人机对话设计、处理过程设计。

5.1.2 系统设计的目标要求

系统设计的优劣直接影响新系统的质量及经济效益。系统设计应在保证实现逻辑模型的基础上,尽可能地提高系统的各项性能。系统设计应按以下几项目标进行。

1. 系统的效率性

系统的效率是指系统的处理能力、处理速度、响应时间等与时间有关的指标。对于不同处理方式的系统,其工作效率有不同的含义。如联机实时处理系统的工作效率为响应时间(从发出处理要求至得到应答信号的时间),批处理系统的工作效率为处理速度(处理单个业务的平均时间)。对于一个实时录入、成批处理的事务处理系统,又常用处理能力(标准时间周期内处理的业务个数)来表示系统的工作效率。

一般来说,影响效率性的因素取决于:系统中硬件及其组织结构;人机接口是否合理;计算机处理过程的设计质量(如中间文件的数量、文件的存取方式、子程序的安排及软件的编制质量)等。

2. 系统的可靠性

系统的可靠性指系统在运行过程中,抗干扰(包括人为的和机器的故障)和保证正常工作的能力。这种能力,体现在工作的连续性和工作的正确性。系统的可靠性包括:检错、纠错能力,在错误干扰下不会发生崩溃性瘫痪,重新恢复及重新启动的能力,硬件、软件的可靠性及存储数据的精度等。

系统的平均无故障时间是衡量可靠性的一个指标。

提高系统可靠性的途径主要有:

(1)选取可靠性较高的主机和外部设备;

(2)硬件结构的冗余设计,即在高可靠性的应用场合,应采用双机或双工的结构方案;

(3)对故障的检测、处理和系统安全方面的措施,如对输入数据进行校验,建立运行记录和监督跟踪,规定用户的文件使用级别,对重要文件的复制等。

3. 系统的准确性

系统的准确性是指系统所能提供的信息的准确程度。系统的准确性与系统硬件、软件的功能直接有关。此外,也与编程质量、人工处理质量和效率等有关。

4. 系统的可维护性

系统的可维护性是指系统易于理解、易于修改和扩充。由于系统环境的不断变化,系统本身也需要不断修改和完善。一个可维护性好的系统,各部分独立性强,容易进行变动,从而提高了系统的性能，不断满足对系统目标的变化要求。此外，如果一个信息系统容易被修改以适应其他类似组织的需要，无疑地，这将比重新开发一个新系统成本要低得多。

要提高系统的可维护性，在系统分析和设计的过程中，可采用结构化、模块化的方法。

5. 系统的经济性

系统的经济性是指系统的收益应大于系统支出的总费用。系统支出费用包括系统开发所需投资和系统运行、维护的费用之和，系统收益除有货币指标外，还有非货币指标。在系统设计时，系统经济性常是确定设计方案的一个重要因素。

上述5个目标，在一定程度上既是互相矛盾又是相辅相成的。例如，为了提高可靠性而采取各种校验和控制措施，则会延长机器工作时间，降低工作效率或提高成本。从系统开发和维护的角度考虑，系统的可维护性是最重要的指标，只有可维护性好，才能使系统容易被修改以满足对其他指标的要求，从而使系统始终具有较强的生命力。

对于不同的系统，由于功能及系统目标的不同，对上述各项原则的要求会有所侧重。如对联机情报检索系统，响应时间是最重要的指标；而对银行系统，可靠性与安全性则是首要考虑的因素。

5.1.3 系统设计的原则

根据系统开发的经验和教训，系统设计应遵循以下几条原则。

1. 系统的观点

用系统工程的方法去设计和建立目标系统，整个系统应有统一的数据代码、统一的数据组织方法。要充分认识到系统内各部分之间的相应联系与相互制约关系，应以最少的输入数据满足系统各部分的数据处理和信息输出要求。

2. 采用模块化的结构

信息系统应按模块化的形式构造，以便于系统的设计、调试和维护，增强系统的适应性、灵活性和实用性。

采用模块化设计可以带来以下好处。

(1)模块化使系统结构清晰，容易设计也容易阅读和理解。

(2)程序错误通常局限在有关的模块及它们之间的接口中，所以模块化能使系统容易测试和调试，从而有助于提高系统的可靠性。

(3)系统的变动往往只涉及少数几个模块，所以模块化还能够提高系统的可修改性。

(4)模块化使得一个复杂的大型程序可以由许多程序员分工编写，并且可以进一步分配技术熟练的程序员编写困难的模块，有助于系统开发工程的组织管理。

(5)模块化还有利于提高程序代码的可重用性。

3. 自顶向下、逐步求精

逐步求精是人类解决复杂问题时采用的基本方法，也是许多软件工程技术的基础。

在系统设计过程中要分阶段进行，各阶段界限清晰、目标明确，自顶向下，逐步细化地设计，本阶段目标未完成之前，不要开始下一阶段的工作，保证系统的效率和质量。

5.2 系统总体设计

5.2.1 体系结构设计

软件体系结构描述了构成系统的成分、这些成分之间的相互关系及其构成的风格(惯用模式)，以及对这些风格的描述。

对于复杂的具有分布式应用处理特点的系统，在进行具体设计之前，首先需要确定应用系统的体系结构。

体系结构风格是进行系统体系结构设计时可复用的惯用模式，它可以共享已有的设计经验，提高设计效率和质量。每种风格总结了常用问题的解决方法，规定了不同种类的成分及其拓扑关系，描述了数据模式以及如何控制成分间交互，它成为应用系统设计的元模型。

1. 两层 C/S 体系结构

20 世纪 80 年代以后，随着局域网技术的发展，以客户机/服务器(Client/Server，C/S)为核心的软件体系结构逐渐成熟起来。在 C/S 结构中，客户机负责信息系统的图形显示、数据录入和业务处理等，服务器主要负责对数据的存储和管理。C/S 结构体现了分布式计算，降低了服务器端的负载，并有助于在企业范围内实现对业务数据的集中式管理。两层 C/S 体系结构示意图如图 5.1 所示。

其主要缺点有以下几点：

(1)客户端程序设计复杂；

(2)开发成本高，C/S 体系结构对客户端软、硬件的配置要求较高；

(3)软件维护和升级困难；

(4)不灵活，扩展困难。

2. 三层体系结构

因为两层 C/S 结构有许多缺点，所以三层 C/S 结构应运而生。三层 C/S 结构比两层增加了一个应用服务器。因此，可以将整个应用逻辑驻留在应用服务器上，而只有表示层存在于客户机上，这种结构称为“瘦客户机”。三层 C/S 结构将应用功能分成表示层、功能层和数据层 3 个部分。三层 C/S 体系结构示意图如图 5.2 所示。

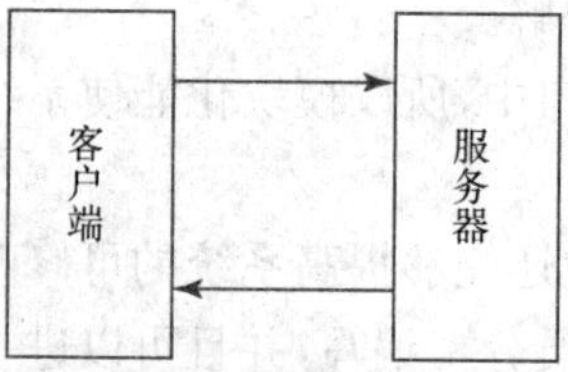

图 5.1　两层 C/S 体系结构

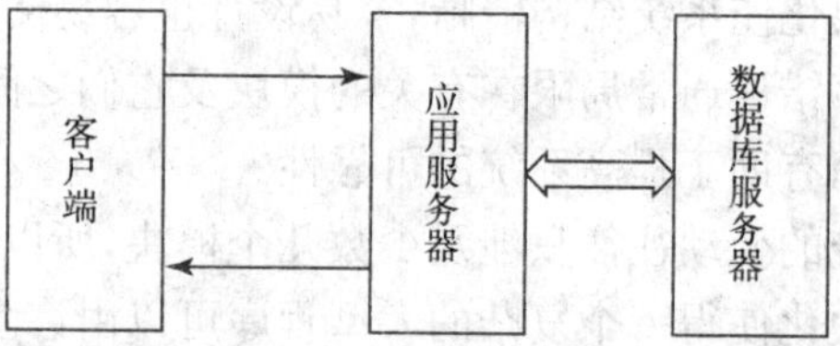

图 5.2　三层 C/S 体系结构

20 世纪 90 年代以后，随着互联网的快速发展，一种基于 Web 的软件体系结构逐渐发展起来，即浏览器/服务器(Browser/Server，B/S)三层结构。B/S 三层结构示意图如图 5.3 所示。B/S 结构是三层 C/S 结构的一种实现方式。主要特点是：客户端在典型情况下是一个浏览器，其把应用逻辑部分给了 Web 服务器，使客户机一下子“苗条”了许多，不再负责处理复杂计算和数据访问等关键事务，主要负责与用户的交互，从而使之变成一个简单的图形交互工具。而系统的绝大部分处理功能都放在中间层(即 Web 层)上。第二层是 Web 服务器，所有的应用系统、应用逻辑和控制都在

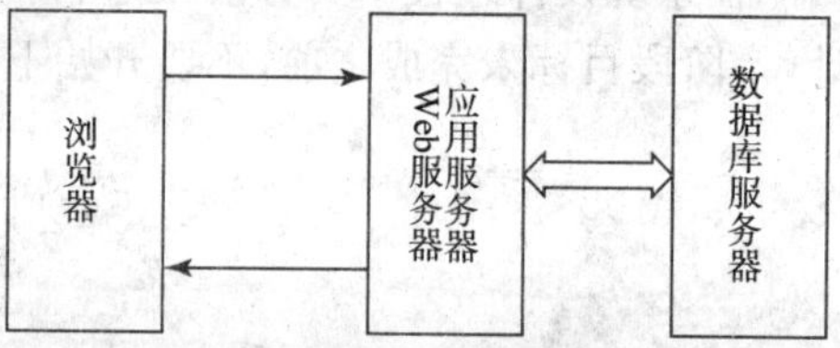

图 5.3　B/S 三层体系结构

这一层，对数据库的访问和应用程序的执行都将在Web服务器上完成。最后的数据库服务器存储大量的数据信息和数据逻辑，所有与数据有关的安全、完整性控制、数据的一致性、并发操作等都是在第三层完成。

B/S结构实现了系统的分散应用与集中管理，任何经授权且装有标准浏览器的网上用户即可作为系统的客户端，而不必像C/S那样需要在客户端安装大量的应用软件，因而适应了互联网时代的潮流，得到了飞速的发展。

3. 多层结构

随着越来越多的信息系统向Web架构转变，B/S三层结构中的中间层所承担的功能也不断增加，软件复杂度不断提高，很有必要再对它进行分层处理。通常情况下，将传统的中间层细分成Web服务层和应用服务层，前者负责系统的表示逻辑(presentation logic)，后者负责系统的业务逻辑(business logic)。此外，在客户层与Web服务器之间、应用服务层与数据层之间都可以插入一个中间件(middle ware)层，以优化整个系统的性能，提高系统的并发处理能力。这样形成了一个以Web为基础的多层体系结构，如图5.4所示。

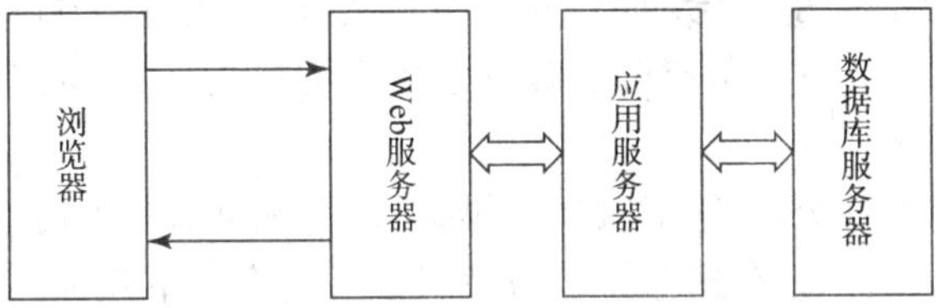

图5.4 基于Web的多层体系结构

多层结构的优点有以下几个方面：

- 可实现高度的可扩展性。Web服务层、应用服务层和数据库服务层的每一层次都可以由多台计算机组成，通过计算机系统集群技术，实现自动的负载均衡，以提高系统的处理能力和对客户端的响应速度。
- 通过将系统划分成不同的层次，可增强整个系统的模块化程度，提高系统的灵活性。
- 通过对系统进行分层，可以使开发工作在具有不同专长的人员之间进行合理分工。便于分配适合的开发人员以完成相应的开发任务。
- 通过采用基于构件的开发方法，将信息系统的业务逻辑封装在应用服务层的业务构件之中，可以实现高度的代码重用。

4. 体系结构的选择

选择上述体系结构应考虑以下因素。

- 被开发的系统特点。如系统类型、用户需求、系统规模和使用方式等。
- 网络协议。不同的体系结构风格需要不同的网络协议支持。
- 可用的软件产品。包括网络软件、操作系统、数据库管理系统和服务器软件等。
- 建设成本等。包括硬件和软件的购买成本、软件开发成本、系统安装与维护成本等。

此外开发人员对所选体系结构风格实现技术掌握的熟练程度，以及实现所选体系结构风格所需的工期也是应考虑的因素。

5.2.2 子系统划分与模块设计

1. 子系统的划分

总体设计的核心任务之一是完成系统模块结构设计。大中型信息系统，其功能复杂，在模块结构设计之前，还需要经过子系统划分。

(1)子系统的划分原则。将一个复杂的系统划分为若干子系统，应依据如下的原则。

①子系统具有相对独立性。子系统的划分要使得子系统内部功能、信息等各方面的内聚性较好。

②子系统之间数据的依赖性要尽量小。子系统之间的联系要尽量减少，接口要简单、明确。一个内部联系强的系统与外部的联系必然很少，应将联系较多的模块都划分入同一子系统内部。

③便于系统分阶段的实现。系统的开发是一项较大的工程，大中型系统的实现一般都要分期、分步进行，所以子系统的划分正适应了这种分期、分步的实施要求。另外，子系统的划分还必须兼顾组织机构今后变化所带来的要求。

④对各类资源的充分利用。子系统划分时还应该考虑企业各类资源的合理利用。一个合理划分的子系统将有利于各种设备资源在开发过程中的搭配使用，也有益于各类信息资源的合理分布和充分利用。

按以上原则划分的子系统，将来对其调试维护、运行都是非常方便的。

(2)划分子系统的方法。划分子系统的方法目前主要有以下几种。

①按职能划分。这是目前最常使用的一种划分方法。

②按过程划分。这是指按工作流程划分。在一些业务处理过程顺序特别强的系统中，这种划分方法常常被采用。

③按数据拟合程度来划分。这是指将相互之间有较多数据传输的处理划分为一个子系统。以这种方法划分出的子系统内部凝聚力强，外部通信压力小。

在以上方法中，前两种方法是划分子系统的较好方法。

2. 模块设计

(1)模块。模块(module)一词使用很广泛，通常是指用一个名字就可以调用的一段程序语句。可以将它理解为类似“子程序”的概念，例如C语言、PASCAL程序设计中的函数、过程，FORTRAN程序设计中的函数和子程序。

模块具有输入和输出、逻辑功能、运行程序、内部数据4种属性。模块的输入、输出是模块与外部的信息交换。一个模块从它的调用者那里获得输入，把产生的结果再传递给调用者。模块的逻辑功能是指它能做什么事，它是如何把输入转换成输出的。输入、逻辑功能、输出构成一个模块的外部特性。内部数据和程序代码则是模块的内部特性，是看不见的。模块用程序代码完成它的逻辑功能。内部数据是仅供该模块本身引用的数据。在总体设计阶段，主要关心模块的外部特性，模块的内部属性是以后要解决的问题。

模块用长方形表示。模块的名字写在长方形内，如图5.5所示。模块的名字由一个动词和一个作为宾语的名词表示。模块的名字应恰如其分地表达这一个模块的功能。

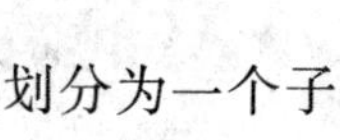

图5.5 模块的标示方法

(2)模块结构图。结构化设计采用模块结构图(structured chart)描述系统的模块结构及模块间的联系。结构图中的主要成分如下。

①模块用长方形表示。

②从一个模块指向另一模块的箭头表示前一个模块调用后一个模块。箭尾的菱形表示有条件地调用，弧形箭头表示循环调用。

③带圆圈的小箭头表示从一个模块传递给另一模块的数据。

④带涂黑圆圈的小箭头表示一个模块传送给另一模块的控制信息。

结构图的层数称为深度。一个层次上的模块总数称为宽度。深度和宽度反映了系统的大小和复杂程度。图 5.6 为结构图示例。

结构图是系统设计阶段最主要的表达和交流工具。这种图应当简明易懂，既要便于设计人员表达自己的设想，又要便于编程的人员了解实现要求，还要便于同管理人员商讨。

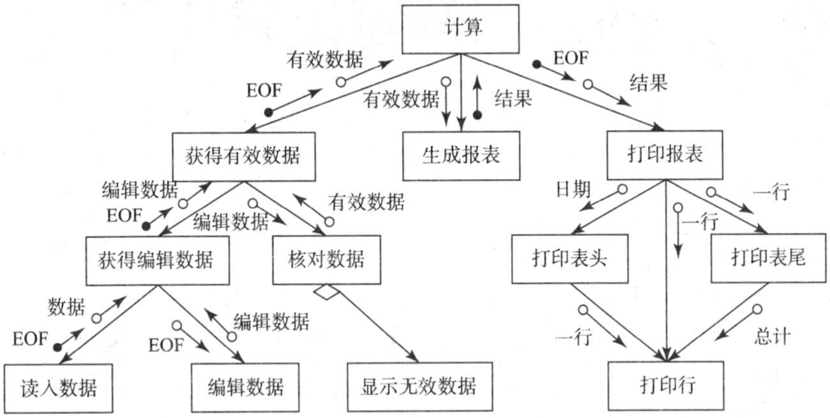

图 5.6　结构图示例

模块结构图可以由数据流程图转换而来。但是，结构图与数据流程图有着本质的差别：数据流程图着眼于数据流，反映系统的逻辑功能，即系统能够“做什么”；结构图着眼于控制层次，反映系统的物理模型，即怎样逐步实现系统的总功能。从时间上来说，数据流程图在前，控制结构图在后。数据流程图是绘制结构图的依据。总体设计阶段的任务，就是要针对数据流程图规定的功能，设计一套实现办法。因此，绘制结构图的过程就是完成这个任务的过程。

结构图也不同于程序框图(flow chart)。后者用于说明程序的步骤，先做什么，再做什么。结构图描述各模块的“责任”，例如一个公司的组织结构图，用于描述各个部门的隶属关系与职能。

(3)模块间的联系。结构化设计的基本思想，就是把系统设计成由相对独立、功能单一的模块组成的层次结构。为了衡量模块的相对独立性，提出了模块间的耦合与模块的内聚两个概念。这两个概念从不同侧面反映了模块的独立性。耦合反映模块之间连接的紧密程度，而内聚指一个模块内各元素彼此结合的紧密程度。如果所有模块的内聚都很强，模块之间的耦合自然就低，模块的独立性就强，反之亦然。

在一个大的程序中，模块间的联系是千丝万缕的。因此把一个系统分解成许多模块时，分法不同，模块间的联系程度就不同。人们希望模块内联系越紧越好，模块间联系越少越好。耦合、内聚两个概念从不同的角度反映这种联系。

(4)模块间的耦合。耦合是影响系统复杂程度的一个重要因素。若为了理解模块 A，需要对模块B有所了解,则A、B之间有联系。如果需要对B的理解越多,则A、B的联系就越紧密,它们耦合越紧。若程序员要修改紧耦合中的一个模块,很可能不得不修改另一个模块。

因此,模块间的耦合程度对系统的可维护性、可靠性有很大的影响。

影响模块间耦合程度有3方面的因素:联系方式指模块间通过什么方式联系;来往信息的作用指模块间来往信息作什么用;数量指模块间来往信息的多少。这3个因素可用三维坐标表示,如图5.7所示,离坐标原点越远,耦合程度越高。

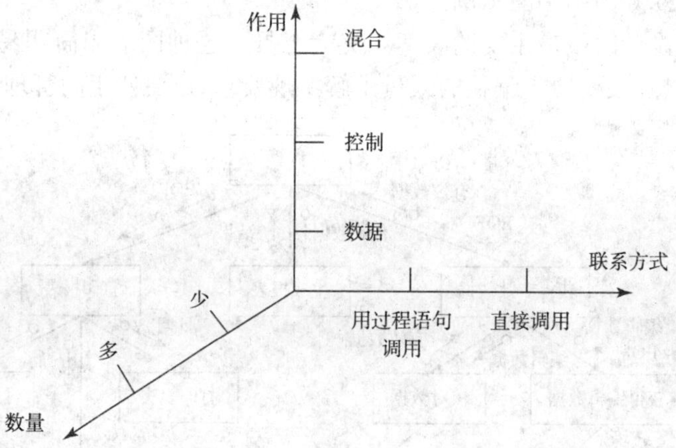

图5.7 影响耦合的因素

①联系方式。如图5.7所示,联系方式有两种,即"直接调用"和"用过程语句调用"。

直接调用是指一个模块直接存取另一个模块的某些信息。这种耦合也称为公共环境耦合这种耦合的复杂性随耦合的模块个数而显著上升。降低这种耦合程度的办法是局部化,也就是把一个公共区分成许多子区,使每个子区上耦合的模块数减少。

用过程语句调用,则是通过模块的名字调用整个模块,一个模块只有一个入口,所有数据来往都以参数显式出现。采用这种连接方式,模块间耦合程度比较低。当然,两个模块共享数据很多时,参数传递也不方便。

②来往信息的作用。模块间的来往信息可以作为数据使用,也可以作为控制信息使用。

若两个模块间传递的信息只作数据用,即一个模块提供的输出数据作为另一个模块的输入数据,则这种耦合称为数据耦合。这种耦合当然是需要的。

如果两个模块间传递的信息作控制用,这种耦合称为控制耦合。图5.8(a)中,模块A将参数"平均/最高"传递给模块B,模块B按这个参数的值是"平均"还是"最高"去取相应成绩回送到A。这里的参数"平均/最高"实际上是一个开关量(尽管它本身可能是数据形式),来控制模块如何工作,这就是控制耦合。

控制耦合给理解和修改带来不便。第一,需要理解开关量;第二,模块A设开关量,还要记住开关值是"平均"还是"最高",以便从模块B返回后进行相应处理。其实,在系统设计中这种耦合是可以避免的。在这个例子中,只要改为图5.8(b)所示的形式就行了。模块A根据需要调用模块B1或B2。

③模块间来往信息的数量。很明显,模块间传递的信息量越大,它们之间的耦合程度越高。正是这种传递关系才造成模块间的联系。一个模块最好只了解它确实需要使用的数据,而完全不知道其他数据的存在。总之,结构化设计要求模块间的耦合程度尽可能小,为减小耦

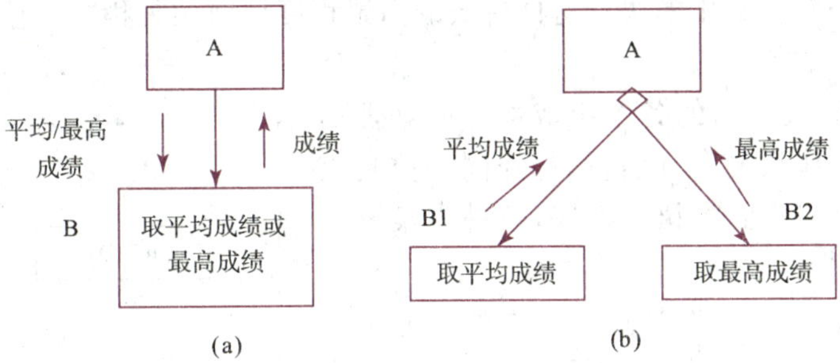

图 5.8　控制耦合

合程度应该：

- 用过程语句调用其他模块；
- 模块间的参数作数据用；
- 模块间的参数尽可能少。

在用高级语言编程序时，只要注意消除开关量，减少共用变量，就可以大大降低模块间的耦合程度。

(5)模块的内聚。模块的内聚反映模块内部联系的紧密程度。如果一个模块内部相关性很高，而且都是为了同一个功能，就说它的内聚程度高。模块的内聚可以分以下 7 类。

①偶然内聚。如图 5.9 所示，模块 P、Q、R、S 都有某些共同的操作，为了节约空间，减少程序量，把这些共同的操作抽出来，组成一个模块 T。实际上这些语句间没有什么联系。这种联系就是偶然型的。在计算机内存小的时代，人们强调缩短程序长度，往往会引起这种情况。这种偶然性内聚的模块不便于修改。例如，模块 P 要将“B:＝A”改为“E:＝A”，但这一修改可能不适合其他模块。

②逻辑内聚。将几个逻辑上相似的功能放在一个模块中，模块内联系就是逻辑型内聚。如 5.8(a)中的模块“取平均成绩或最高成绩”就属这一类，把“取平均成绩”和“取最高成绩”这两个相似的功能放在一起而组成一个模块。图 5.10 是这个模块的程序流程图。它需要模块 A 传递一个开关量，根据开关量判定执行哪一个分支。这样做的想法也是为了节约空间，缺点是修改困难。如果现在不仅要知道最高成绩是多少，而且还要打印出获得最高成绩的学生姓名，这一修改就很难适应“取平均成绩”的要求。

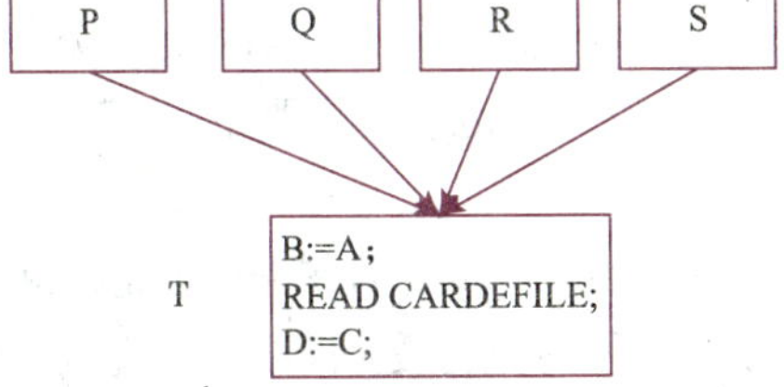

图 5.9　偶然内聚

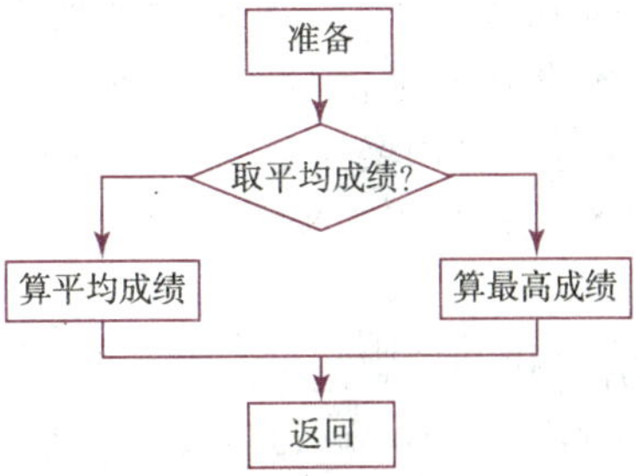

图 5.10　逻辑内聚

③时间内聚。这是指与时间有关的联系，即把需要在有限时间间隔内处理的成分放在同

一模块内，例如一些初始化模块。这种模块的内聚程度比前两种稍高一些，但仍是一种低的内聚。

④过程内聚。模块内的各个组成部分的处理功能不同，彼此也没什么关系，但它们都受同一控制流支配，由控制流决定它们的执行次序，这种内聚方式称为过程内聚。

⑤通信内聚。通信内聚是指模块内的成分引用共同的数据。图 5.11 中的模块就属于这一类。模块 A 的两个部分都是对数据存储 D1 的处理。

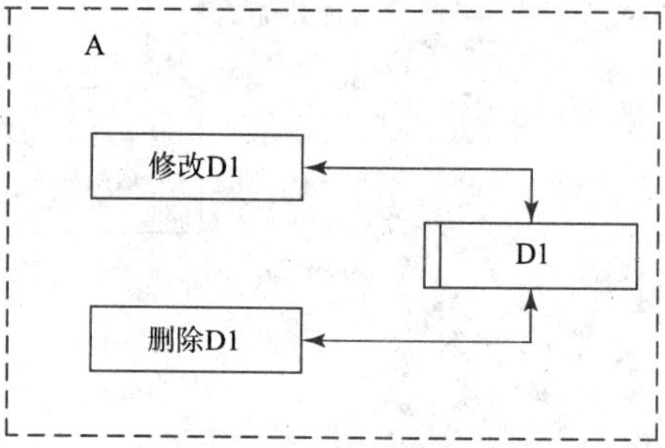

图 5.11　通信内聚

根据数据流程图容易判断一个模块是不是通信内聚。通信内聚的聚合程度较高，找不到更高的内聚结构时，这种结构是完全可以接受的。

⑥顺序内聚。顺序内聚是指模块中某个成分的输出是另一模块的输入。图 5.12 的两个模块都属于这一类。

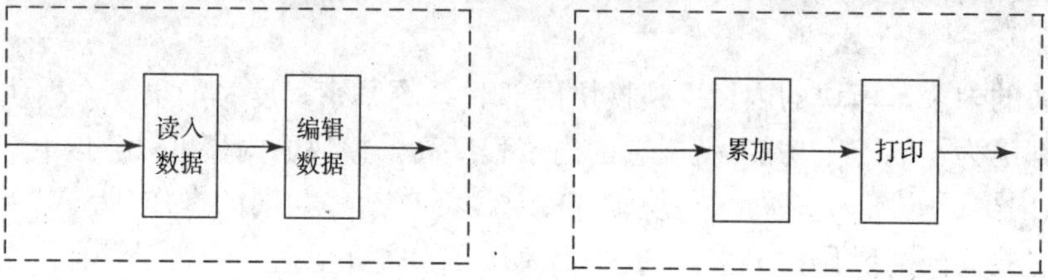

图 5.12　顺序内聚

⑦功能内聚。若一个模块包括并且仅包括为完成一个具体任务所需要的所有成分，则这个模块是功能内聚的。这种模块的聚合程度是最高的。结构化设计的目标就是获得这种模块。

判断一个模块是否是功能内聚，简单有效的办法是：从调用者的角度看，能用一个短语简单明确地描述这个模块做什么(不是怎么做)，分析这个短语就可以发现这个模块是完成一个具体任务，还是多个任务，或者做一些彼此无关的杂事。“解方程”、“求平方根”、“计算利息”都是具体任务。

功能内聚模块的好处是界面清晰，所以容易理解。由于一个模块一个功能，因而复用性好。

耦合和内聚的概念是 Stevens 等人提出的，是测量一个模块化系统好坏的标志。按他们的观点，给上述 7 种内聚评分为：功能内聚 10 分，顺序内聚 9 分，通信内聚 7 分，过程内聚 5 分，时间内聚 3 分，逻辑内聚 1 分，偶然内聚 0 分。前面 3 种是可以接受的，后面 4 种则要尽可能避免。

(6)作用范围与控制范围。程序中的每个判断都会产生如下后果：根据此判断的结果，某些处理执行了，而另外一些没有执行。即是说，有些处理的执行受判断的影响。由此引出判断的作用范围(或称影响范围)这一概念。

一个判断的作用范围是所有这样的模块的集合，这些模块内含有依赖于这个判断结果的处理。

图5.13中，模块A有条件地调用模块B和C，说明在模块A中调用B、C的语句受判断(是工人还是干部)结果的影响。因此，模块A属于这个判断的作用范围。当然，模块B、C也属于这个判断的作用范围。

一个模块的控制范围是指它本身及其所有下属模块的集合。这里下属模块包括直接下属模块及下属模块的下属模块。图5.13中，模块A的控制范围是模块A、B、C、D构成的集合。

判断的作用范围和模块的控制范围，直接影响系统模块的复杂性和可修改性。结构化设计要求：对于任何一个判断，其作用范围应该是这个判断所在模块的控制范围的一个子集。换言之，所有受判断影响的模块应该从属于做出判断的那个模块。图5.13所示的情况满足这一要求。在这个例子中，"是工人还是干部"这个判断可能在模块A或者在A的上级模块做出，但不论是哪种情况，从这个局部看，这个要求都满足。若判断就在模块A做出，则更理想。在这种情况下，判断的作用范围仅在做出判断的模块及其直属下级。

(7)模块的扇入与扇出。模块的扇出是指模块的直属下层模块的个数，图5.14所示模块A的扇出是2，模块C的扇出是3。一般认为，设计得好的系统平均扇出是3或4。

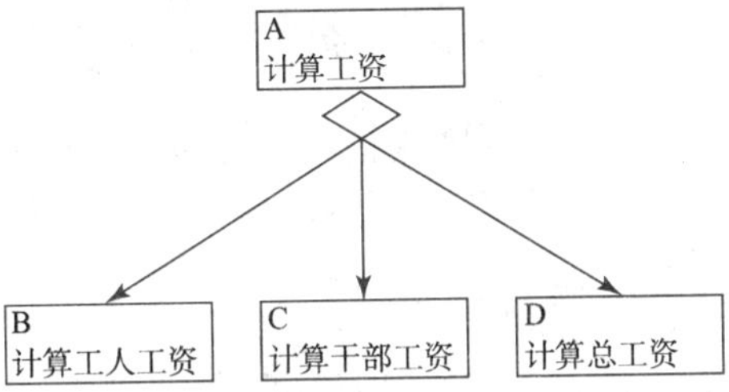

图5.13 作用范围与控制范围

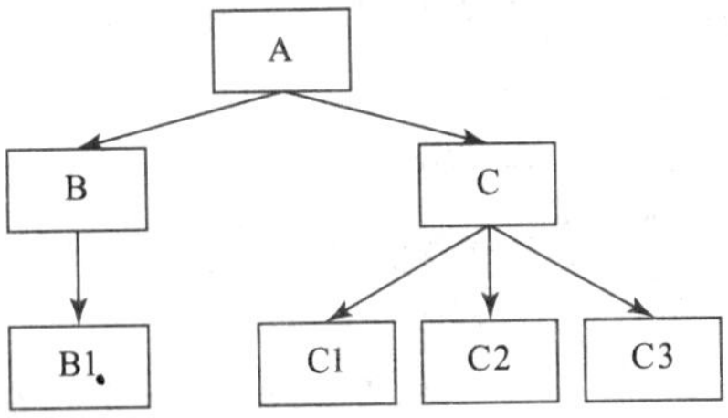

图5.14 模块的扇出

一个模块的扇出数过大或过小都不理想，过大比过小更严重。一般认为扇出的上限不超过7。扇出过大意味着管理模块过于复杂，需要控制和协调过多的下级。解决的办法是适当增加中间层次。

一个模块的扇入是指有多少个上级模块调用它。扇入越大，表示该模块被更多的上级模块共享。这当然是我们所希望的。但是不能为了获得高扇入而不惜代价，例如把彼此无关的功能凑在一起构成一个模块，虽然扇入数高了，但这样的模块内聚程度必然低。这是应避免的。设计得好的系统，上层模块有较高的扇出，下层模块有较高的扇入。

3. 数据流程图导出结构图

系统内部模块结构和相互关系常从系统分析阶段获得的数据流程图映射得出。数据流程图的结构决定了映射的方法。

数据流程图有两种典型的结构：变换型结构和事务型结构。这两种结构可以分别通过变换分析和事务分析方法导出标准形式的结构图。

结构图是一种强有力的、进行系统结构设计的最常用的图形表达工具，它可用于表达系统内部的结构和相互关系。

(1)变换分析。变换型结构可以明显地把数据流程图分成逻辑输入、主加工和逻辑输出。变换分析即是把变换性数据流程图映射出模块结构图的过程。变换分析分为3步。

①根据数据流程图的处理框，找出主要处理功能，即变换中心，把系统划分为逻辑输入、主加工和逻辑输出。从输入端开始，逐步向系统中间移动，直到有这样一个数据流，它不能看做

系统的输入,则它前面的数据流就是系统的逻辑输入。从输出端开始,逆数据流向中间移动,采用类似的方法,可以确定系统的逻辑输出。介于逻辑输入、逻辑输出之间的加工就是主加工,如图5.15所示。

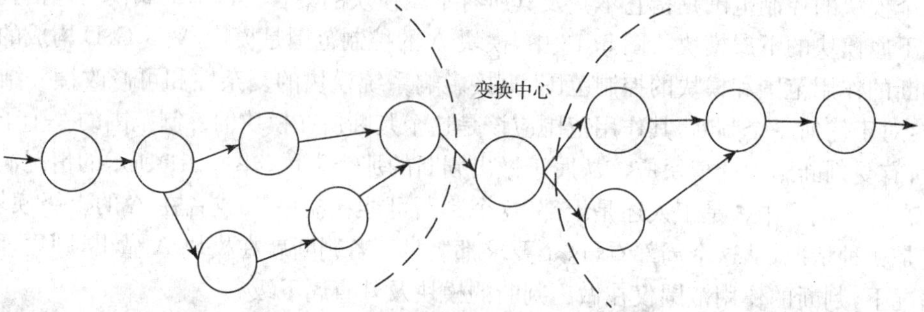

图5.15 变换型数据流图

②设计顶层模块和第一层模块。自顶向下设计的关键是找出“顶”的位置,系统的变换中心实际就是系统结构的“顶”。第一层按输入、变换、输出等分支进行处理。各模块的名称和输入、输出要标明。

③设计中、下层模块。自顶向下,逐步细化地对输入、输出和变换再逐个向下分解,便可得到初始结构图,如图5.16所示。

(2)事务分析。事务是指流入系统并引起一组处理动作的数据或事件。

事务型结构的数据流的特征是:数据流发散,存在事务中心。一组数据或事件平行流入系统,并引起一组处理动作,如图5.17所示。

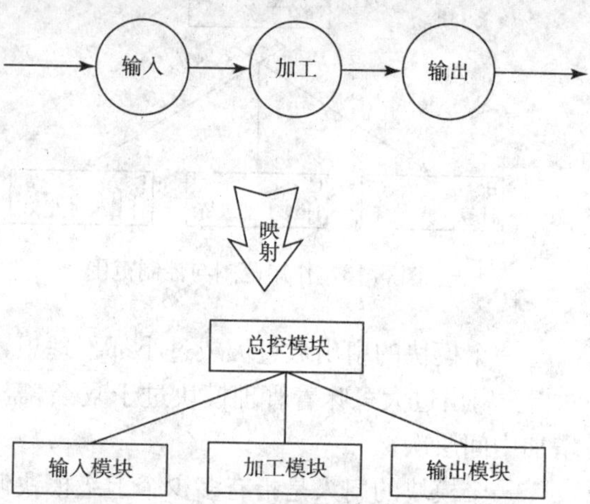

图5.16 变换分析第一级转换

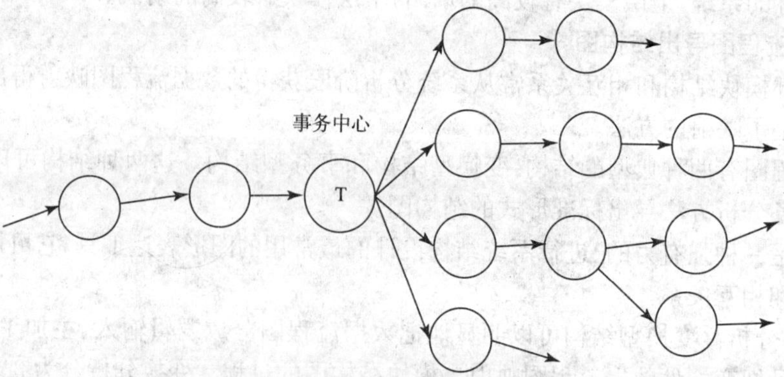

图5.17 事务型数据流图

事务分析即是用事务型结构的数据流程图映射出模块结构图的过程。

如果数据流具有明显的事务特点，也就是有一个明显的"发射中心"（事务中心）时，应以采用事务分析方法为宜。

事务分析如变换分析一样，也是采用自顶向下、逐步分解的方法，即先设计主模块，再为每一个事务设计一个事务处理模块，然后为每个事务处理模块再设计下层的处理模块，最后是为处理模块设计下层的细节模块。则事务分析的一般变换过程如图 5.18 所示。

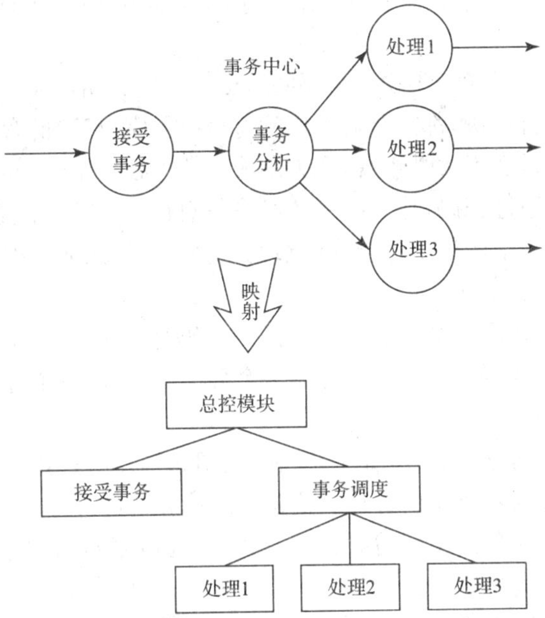

图 5.18　事务分析第一级转换

一般事务分析有以下步骤。

(1)识别事务源。通过数据流程图和数据字典，即可正确识别各种事务及其类型，因为大部分的事务在数据字典中已有定义。但个别情况，某个事务可能是在系统的输入、变换中心和输出中产生的，此时，只有在对事务型结构的系统进行上层设计之后，才能得到正确的识别。

(2)确定适当的事务型结构。根据模块的设计规则，建立适当的事务型结构。

(3)通过数据流程图和数据字典，确定各种事务及相应的处理。

(4)对事务处理模块，建立直属于该事务处理的下级模块(操作模块)。分解中要符合模块的设计原则。

根据变换分析和事务分析的特点，如果数据从同一个数据源进入一个系统，而且，数据流流动的逻辑路径是相同的，那么采取变换分析的方法进行设计是合适的。但是，如果数据流不具有显著的上述特点，如进入系统的设计或事务有若干种，而且，需要采取不同的处理方法，那么就不适宜采取变换分析的方法。这时，就要采取事务分析的方法来设计系统。

事实上，一个大的系统一般是变换型结构和事务型结构的混合体，往往需要同时采用变换分析和事务分析。通常以变换分析为主、事务分析为辅进行设计。

5.3 系统详细设计

5.3.1 代码设计

1. 代码的作用

代码是用来表征客观事物的一个或一组有序的符号，它应易于计算机和人识别与处理。代码也简称为“码”。

编码就是用数字或字母代表事物。编码的历史可以追溯到古代。从古代常用来传递信息的烟信号到近代的电传打字机，都需要对所用的符号(烟、字母等)的含义有约定。没有代码是难以想象的。这个问题过去不太受重视，今天却成了信息技术中的中心问题之一，成为现代化管理的基础工作之一。通过编码，建立统一的经济信息语言，有利于提高通用化水平，使资源共享，达到统一化；有利于采用集中化措施以节约人力，加快处理速度，便于检索。具体讲，代码有以下功能。

(1)鉴别功能。这是代码最基本的特性。任何代码都必须具备这种基本特性。在一个信息分类编码标准中，一个代码只能唯一地标识一个分类对象，而一个分类对象只能有一个唯一的代码。

(2)分类。当按分类对象的属性(如工艺、材料、用途等)分类，并分别赋予不同的类别代码时，代码又可以作为分类对象类别的标识。这是利用计算机进行分类统计的基础。

(3)排序。当按分类对象产生的时间、所占空间或其他方面的顺序关系分类，并赋予不同的代码时，代码又可以作为排序的标识。

(4)专用含义。当客观上需要采用一些专用符号时，代码可提供一定的专门含义，如数学运算的程序、分类对象的技术参数、性能指标等。

2. 代码的种类

代码的种类如图 5.19 所示。图中列出了最基本的代码。实际应用中，常常根据需要采用两种或两种以上基本代码的组合。下面介绍几种最常用的代码。

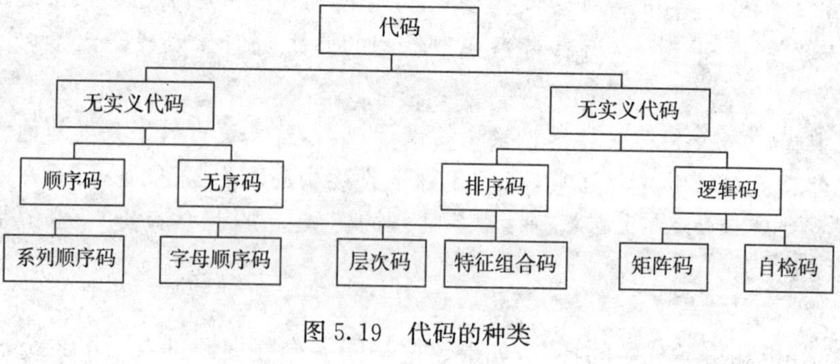

图 5.19 代码的种类

(1)顺序码。按图 5.19 的分类，顺序码是一种无实义代码。这种代码只作为分类对象的唯一标识，只代替对象名称，而不提供对象的任何其他信息。

顺序码是一种最简单、最常用的代码。这种代码是将顺序的自然数或字母赋予分类对象。

例如“人的性别代码”可规定1为男性，2为女性。

顺序码的优点是代码简短，使用方便，易于管理，易添加，对分类对象无任何特殊规定。缺点是代码本身没有给出对象的任何其他信息。通常非系统化的分类对象常采用顺序码。

(2)矩阵码。矩阵码是一种逻辑码。所谓逻辑码，是按照一定的逻辑规则或者程序算法编写的代码。矩阵码就是建立在两维空间坐标(x,y)基础上的代码。代码的值是通过坐标(x,y)的数值构成的。

(3)自检码。自检码由原来的代码(本体部分)和一个附加码组成。附加码用来检查代码的录入和转录过程中是否有差错。附加码也叫检验码。它和代码本体部分有某种唯一的关系，它是通过一定的数学算法得到的。

(4)系列顺序码。系列顺序码是排序码的一种。排序码是把对象按预先选择的某种顺序排列，分别赋予代码。系列顺序码是一种特殊的顺序码。它将顺序代码分为若干段并与分类对象的分段一一对应，给每段分类对象赋予一定的顺序代码。

例如，国家标准《国务院各部、委、局及其他机构名称代码》(GB 4657－84)采用的就是系列顺序码，用3位数字表示一个机构，第一位数字表示类别标识，第二和第三位数字表示该机构在此类别中的数字代码，如300－399为国务院各部，700－799表示全国性的人民团体。

这种代码的优点是能表示一定的信息属性，易于添加；缺点是空码较多时，不便于机器处理，不适用于复杂的分类体系。

(5)层次码。层次码是以分类对象的从属层次关系为排列顺序的一种代码。代码分为若干层，并与对象的分类层次对应。代码左端为高位层次代码，右端为低位层次代码。每个层次的代码可采用顺序码或系列顺序码。

例如，《国民经济行业分类和代码》(GB 4754－84)采用3层的层次码。第一、二、三层代码分别代表大类、中类、小类，如图5.20所示。

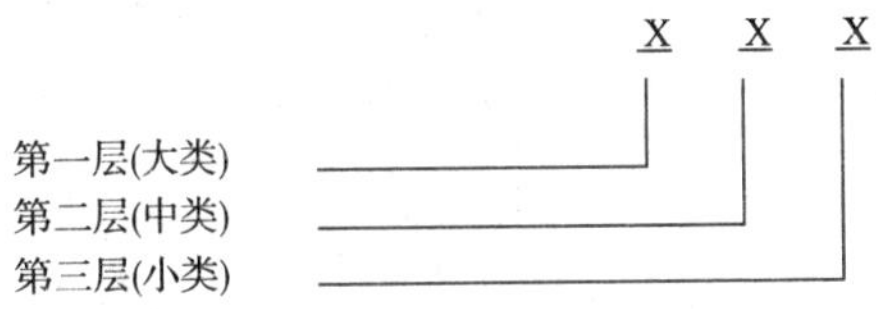

图5.20 代码的层次

层次码有着广泛的应用。其优点是能明确标出对象的类别，有严格的隶属关系，代码结构简单，容量大，便于机器汇总。但是，当层次较多时，弹性较差。

3. 代码的类型

代码的类型指代码符号的表示形式。一般有数字型、字母型和数字字母混合型。

(1)数字型代码是用一个或多个阿拉伯数字表示的代码。这种代码结构简单，使用方便，也便于排序，易于在国内外推广。这是目前各国普遍采用的一种形式，如前面提到的《人的性别代码》、《国民经济行业分类和代码》等国家标准中都采用数字码。这种代码的缺点是对象特征的描述不直观。

(2)字母型代码是用一个或多个字母表示的代码。例如，铁道部制定的《火车站站名字母缩写码》中，BJ代表北京，HRB代表哈尔滨。这种码的优点是便于记忆，便于人们使用。另外，与同样长度的数字码相比，这种代码容量大得多。一位数字最多可表示10个类目，而一位字母可表示26个类目。这种代码缺点是不便于机器处理。特别是编码对象多、更改频繁时，常会出现重复和冲突。因此，字母型代码常用于分类对象较少的情况。

(3)混合型代码是由数字、字母、专用符号组成的代码。这种代码基本上兼有前两种代码的优点。但是这种代码组成形式复杂，计算机输入不便，录入效率低，错误率高。

综上所述，3 种类型的代码各有所长，应根据使用者的要求、信息量的多少、信息交换的频度、使用者的习惯等各方面综合考虑，选用合适的代码类型。

4. 代码校验方法

代码是数据的重要组成部分，它的正确性将直接影响系统的质量。当人们抄写、录入时，发生错误的可能性很大，如抄写错(把 1234 写成 1235)、易位错(1234 记为 1243)、隔位易位错(1234 记为 1432)等。因此，为了验证输入代码的正确性，要在代码本体的基础上，再外加校验码，使它成为代码的一个组成部分。这就是前面介绍的自检码。

校验码是根据事先规定好的数学方法及代码本体计算出来的。当自检码输入计算机后，计算机按照同样的数学方法，根据代码本体进行计算，将结果与校验位比较，检验输入的代码是否正确。

校验码的生成过程如下。

(1)对代码本体的每一位加权求和。设代码本体为 $C_1C_2\cdots Cn$，权因子为 $P_1, P_2, \cdots, P_n$，加权求和：$S=\sum C_iP_i$；其中权因子可取自然数 1,2,3,…，几何级数 2,4,8,16,32,…，质数 2,3,5,7,11…，等等。

(2)以模除和得余数。

$$R=S\bmod(M)$$

其中：R 表示余数；M 表示模数，可取 10,11，等等。

(3)模减去余数得校验位。

$$Cn+1=M-R,$$

例如，代码本体为 123456，权因子为 1,7,3,1,7,3，模为 10，则

$$S=1\times1+2\times7+3\times3+4\times1+5\times7+6\times3=81$$

$$R=81 \bmod (10)=1$$

校验位为：

$$10-1=9$$

所以自检码为 1234569，其中 9 为校验位。

当自检码 $C_1C_2\cdots C_nC_{n+1}$(其中 C_{n+1} 为校验位)输入计算机后，对 $C_1C_2\cdots C_n$ 分别乘以原来的权因子，C_{n+1} 乘以 1，所得的和被模除，若余数为零，则该代码一般说来是正确的，否则输入有错。

在这种方法中，权和模可有多种取法，表 5.1 列出一些权和模的检错率。

表 5.1　不同权和模的检错率

模	权	抄写错检错率	易位错检错率	隔位易位错检错率	随机错检错率
10	1,2,1,2,1,2	100%	98%	0%	
10	1,3,1,3,1,3	100%	89%		90%
10	7,6,5,4,3,2	87%	100%		
11	9,8,7,4,3,2	95%	100%	89%	
11	1,3,7,1,3,7	100%	89%		
11	7,6,5,4,3,2	100%	100%	100%	

5. 代码设计的原则

代码设计必须遵循以下基本原则。

(1)唯一性。一个对象可能有多个名称,也可按不同的方式对它进行描述。但一个对象只能赋予一个唯一的代码。

(2)合理性。代码结构应与相应的分类体系相对应。

(3)可扩充性。应留有充分的余地,以备将来不断扩充的需要。

(4)简单性。结构尽可能简单,尽可能短,以减少各种差错。

(5)适用性。代码尽可能反映对象的特点,以助记忆,便于填写。

(6)规范性。国家有关编码标准是代码设计的重要依据,已有标准的必须遵循。代码结构、类型、编写格式必须统一。

(7)系统性。有一定的分组规则,从而在整个系统中具有通用性。

6. 代码设计的步骤

代码设计可按下列步骤进行。

(1)确定代码对象。

(2)考查是否已有标准代码。如果国家标准局、某个部门对某些事物已规定了标准代码,那么应遵循这些标准代码。如果没有标准代码,那么在代码设计时要参考国际标准化组织、其他国家、其他部门、其他单位的编码标准,设计出便于今后标准化的代码。

(3)根据代码的使用范围、使用时间、实际情况选择代码的种类与类型。

(4)考虑检错功能。

(5)编写代码表。

代码编好后,要编制代码表,作详细说明,通知有关部门,组织学习,以便正确使用。

5.3.2　输入输出设计

1. 输出设计

输出设计的重要性是显而易见的。管理信息系统只有通过输出才能为用户服务。信息系统能否为用户提供准确、及时、适用的信息是评价信息系统优劣的标准之一。因此,必须十分重视输出设计。从系统开发的角度看,输出决定输入,即输入信息只有根据输出要求才能确定。

输出设计包括以下几方面的内容。

(1)确定输出内容。用户是输出信息的主要使用者。因此,进行输出内容的设计,首先要确定用户在使用信息方面的要求,包括使用目的、输出速度、频率、数量、安全性要求等。根据用户要求,设计输出信息的内容,包括信息形式(表格、图形、文字),输出项目及数据结构,数据类型、位数及取值范围,数据的生成途径,完整性及一致性的考虑,等等。

(2)选择输出设备与介质。常用的输出设备有显示终端、打印机、磁带机、磁盘机、绘图仪、缩微胶卷输出器、多媒体设备等。输出介质有纸张、磁带、磁盘、缩微胶卷、光盘、多媒体介质等。这些设备和介质各有特点,应根据用户对输出信息的要求,结合现有设备和资金条件选择。

(3)确定输出格式。提供给人的信息都要进行格式设计。输出格式要满足使用者的要求和习惯,达到格式清晰、美观、易于阅读和理解的要求。

报表是最常用的一种输出形式。报表的格式因用途不同而有差异,但一般由3部分组成:

表头、表体和表尾。表头部分主要是标题;表体部分是整个表格的实体,反映表格的内容;表尾是一些补充说明或脚注。

报表的输出,根据需要可采用不同的形式。对于单个用户一次性使用的表格,因为没有保留价值,可以在显示终端上输出。对于多个用户需要多次使用的表格,可打印输出。打印输出的报表,要考虑时间划分、装订等问题。需要长期保留的输出报表,可采用磁盘、光盘、文件形式输出,以便存储。

报表的格式要与系统流行的表格尽量一致,尤其是各级统计部门统一制订的报表不得更改。如果要更改现行表格,必须由系统设计员、分析员共同讨论,拿出更改的充分理由,与管理人员协商,得到有关部门的批准。

2. 输入设计

(1)输入设计的原则。输入设计的目标是保证向系统输入正确的数据。在此前提下,应做到输入方法简单、迅速、经济、方便。为此,输入设计应遵循以下原则:

①最小量原则。在保证满足处理要求的前提下使输入量最小。输入量越小,出错机会越少,花费时间越少,数据一致性越好。

②简单性原则。输入的准备、输入过程应尽量容易,以减少错误的发生。

③早检验原则。对输入数据的检验尽量接近原数据发生点,使错误能及时得到改正。

④少转换原则。输入数据尽量用其处理所需形式记录,以免数据转换介质时发生错误。

(2)输入设计的内容。输入设计的内容如下。

①确定输入数据内容。输入数据的内容设计,包括确定输入数据项名称、数据内容、精度、数值范围。

②确定数据的输入方式。数据的输入方式与数据发生地点、发生时间、处理的紧急程度有关。如果发生地点远离计算机房,发生时间是随机的,又要求立即处理,则采用联机终端输入。对于数据发生后可以不立即处理的,可以采用脱机输入。

③确定输入数据的记录格式,这是输入设计的主要内容之一。记录格式是人机之间的衔接形式,因而十分重要,设计得好,容易控制工作流程,减少数据冗余,增加输入的准确性,并且容易进行数据校验。

④输入数据的正确性校验,这也是输入设计的一项重要内容。我们已经强调,输入设计最重要的问题是保证输入数据的正确性。对数据进行必要的校验,是保证输入正确的重要环节。

⑤确定输入设备。常用的输入设备有键盘、鼠标、读卡机、磁性墨水字符识别机、光电阅读器、条形码识别机、声音识别仪、图像扫描仪等。随着信息技术的发展,输入方式和设备也在不断更新。设备的选用应考虑以下一些因素:

- 输入的数据量与频度;
- 数据的来源、形式、收集环境;
- 输入类型、格式的灵活程度;
- 输入速度和准确性要求;
- 输入数据的校验方法、纠正错误的难易程度;
- 可用的设备与费用。

(3)输入数据的校验方法。数据的校验有多种方法,可根据需要和条件选用。下面介绍12 种方法。

①重复校验。这是将相同的内容重复执行多次，比较其结果。例如，由两个或更多操作员录入相同的数据文件，比较后找出不同之处予以纠正。

②视觉校验。一般在原始数据转换到介质以后执行。例如，从终端上输入数据，在屏幕上校验之后再送到计算机处理。视觉校验一般查错率可达到75%～85%。

③分批汇总校验。对重要数据，如传票上的金额，其数量可以进行分批汇总校验。将原始传票按类别、日期等分成若干批，先手工计算每批总值，输入计算机后，计算机再计算总值，二者对照进行校验。

④控制总数校验。分批汇总校验是对部分重要数据进行的，控制总数校验则是对所有数据项的值求和进行校验，其出错位置的确定比分批汇总校验精确。

⑤数据类型校验。这是指校验数据是数字型还是字符型，还可组合运用界限检查、逻辑检查等方法进行合理性校验。

⑥格式校验。格式校验也称错位校验。这是校验各数据项位数和位置是否合乎事先的定义。例如，若规定姓名最大位数是30位，那么第31位应为空格，否则认为数据错位。

⑦逻辑校验。逻辑校验检查数据项的值是否合乎逻辑。例如月份的范围是1～12，日期的范围是1～31。逻辑校验检查数值是否合乎业务上的要求，也称合理性校验。

⑧界限校验。界限校验指检查某项数据是否在预先指定的范围之内。分范围校验、上限校验、下限校验3种。例如，某商品单价在50元以上，1 000元以下，在此范围之外属错误。

⑨记录计数校验。这是通过记录的个数来检查数据的记录有无遗漏和重复。

⑩平衡校验。这是校验相关数据项之间是否平衡。例如，检查会计的借方与贷方、报表的小计与总计是否相符。

⑪匹配校验。指核对业务文件的重要代码与主文件的代码。例如，销售业务文件中的顾客账号若在顾客主文件中找不到，就说明有问题。

⑫代码自身校验。在差错校验系统中，差错的纠正比校验更困难。应根据不同的情况，进行不同的纠正。原始数据的错误，应由产生该数据的部门纠正。由程序查出的错误，由于已进行运行，纠错更复杂，应根据具体业务情况，或者剔出错误数据留待纠正，先处理正确数据，或者纠正错误后再一起处理。对于用于统计分析的数据，舍弃出错数据，只用正确数据处理即可。

5.3.3 用户界面设计

用户界面(user interface，UI)设计是定义系统如何与用户(外部实体)进行交互的过程。从心理学意义来分，界面可分为感觉(视觉、触觉、听觉等)和情感两个层次。用户界面设计是屏幕产品的重要组成部分。界面设计是一个复杂的、有不同学科参与的工程，认知心理学、设计学、语言学等在此都扮演着重要的角色。

1. 界面设计的内容

用户界面设计在工作流程上分为结构设计、交互设计、视觉设计3个部分。

(1)结构设计(structure design)。结构设计也称概念设计(conceptual design)，是界面设计的骨架。通过对用户进行研究和任务分析，制订出产品的整体架构。基于纸质的设计原型(paper prototype)可提供用户测试并进行完善。在结构设计中，目录体系的逻辑分类和语词定义是用户易于理解和操作的重要前提。如某款手机的设置闹钟的词条是“重要记事”，这让用户很难找到。

(2)交互设计(interactive design)。交互设计的目的是使产品让用户能简单使用。任何产品功能的实现都是通过人和机器的交互来完成的。因此,人的因素应作为设计的核心被体现出来。

(3)视觉设计(visual design)。在结构设计的基础上,参照目标群体的心理模型和任务达成进行视觉设计。包括色彩、字体、页面等。视觉设计要达到用户使用愉悦的目的。

2. 界面设计原则

著名界面设计专家 Ben Shneiderman,总结了界面设计的 8 个原则。

(1)尽可能保持一致。这条准则是最经常被违反的,但完全遵循它也很困难,因为存在太多形式的一致性。类似的操作环境应提供一致的操作序列;相同的术语应该用在提示、菜单和帮助里;颜色、布局、大小写、字体等应当自始至终保持一致。

(2)允许熟练用户使用快捷键。随着使用次数的增加,用户自己也希望减少交互的次数,提高交互的速度。缩略语、特殊按键、隐含的命令和宏对这些用户来说是必需的。另外,响应时间短、显示速度快也能吸引这些用户。

(3)有价值的反馈。对每个用户操作都应有对应的系统反馈信息。对于常用的或较次要的操作,反馈信息可以很简短,而对于不常用且重要的操作,反馈信息就应丰富一些。

(4)设计对话,提示任务完成。应当把操作序列分成几组,包括开始、中间和结束 3 个阶段。一组操作结束后应有反馈信息,这可以使操作者产生完成任务的满足感和轻松感,而且可以让用户放弃临时的计划和想法,并告诉用户,系统已经准备好接受下一组操作。

(5)提供错误预防和简单的纠错机制。设计出的系统要尽可能不让用户犯严重的错误。可采取某些措施,如使用菜单选择风格而不是表格填充风格,不允许在数字输入字段存在字母。如果用户犯了错误,系统应能检测到错误,并给出简单、积极、具体的批示以便用户恢复正常。例如,用户无需重新输入整条命令,只要修改部分错误就可以了,错误的操作应改变系统状态,或者系统应给出提示来恢复正常状态。

(6)允许轻松的反向操作。操作应尽可能地允许反向。这个特点可以减轻用户的焦虑,由于用户知道错误可以被撤销,就会大胆尝试不熟悉的选项。

(7)用户应掌握控制权。有经验的操作者非常希望能控制系统,并希望系统对他们的操作进行反馈。而如果用户碰到奇怪的系统行为,进行冗长的数据输入,很难或无法得到所需信息,或者无法进行所需操作,就会使他们感到焦虑和不满。

(8)减轻短期记忆负担。由于人凭借短时记忆进行信息处理存在局限性,所以要求显示简单、多页显示统一和窗口移动频率低,并且要保证分配足够的时间用于学习代码、记忆方法操作序列,另外,还应该提供一个地方,可以对命令语法形式、缩略语、代码以及其他信息进行适当的在线访问。

5.3.4 数据库设计

数据库设计是指对于一个给定的应用环境,从用户对数据的需求出发,通过提供一个确定最佳数据模型与处理模式的逻辑设计,以及一个确定数据库合理存储结构与存取方法的物理设计,从而建立起既能反映现实世界的信息及信息的联系,并且满足各种用户需求(信息需求和处理需求),又能在某个数据库管理系统(DBMS)上实现目标并有效存取数据的数据库。

数据库的设计过程一般可分为:需求分析、概念设计、逻辑设计、物理设计 4 个阶段,其中需求分析和概念设计两个阶段已在系统分析阶段完成，而后面两个阶段在系统详细设计阶段完成。这两个阶段之所以放在系统详细设计阶段，是由于它们都与系统平台有关。数据库设计的基本过程如图5.21所示。

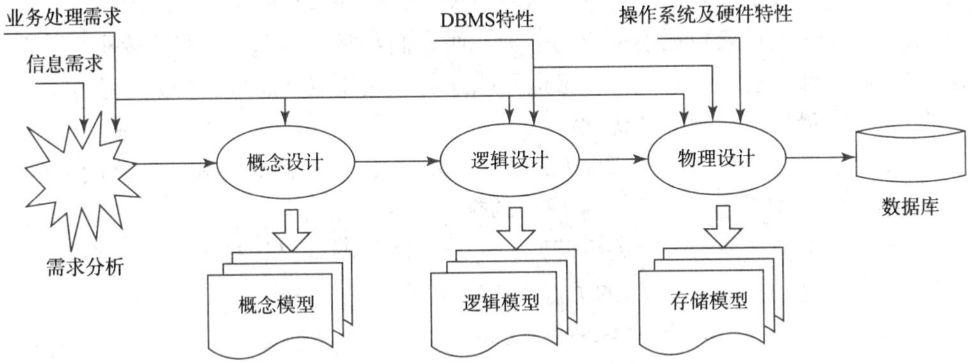

图5.21 数据库设计的基本过程

1. 用户需求分析

需求分析的基本任务是系统分析员与用户一起商定，清晰、准确、具体地描述信息系统必须具有的功能、性能、运行规格等要求。需求分析阶段的目的是澄清用户的要求，并把双方共同的理解明确地表达成一份书面文档——需求规格说明书(software requirement specification)，需求规格说明书的主要部分是详细的数据流图、数据字典和主要功能的逻辑功能描述。

2. 概念设计

概念设计的任务是在需求分析的基础上(数据流程图、数据字典等)，产生反映用户信息需求的数据库概念模型。概念模式是对现实世界的一种抽象，即对实际的人、物、事和概念进行人为处理，抽取人们关心的共同特性，忽略其本质的细节。概念结构不依赖于计算机系统和具体的数据库管理系统。

描述数据库概念模型的方法比较多，目前一般用实体联系图(简称为E—R图或E—R模型)来对其进行描述。

E—R模型定义了3种基本结构：实体、属性以及联系。实体用于描述实体的整体特征；联系用来描述实体之间的语义联系；属性用来描述实体及其联系的特征。

E—R模型是一个图形模型。实体、联系和属性分别用带有名称的方框、菱形框和椭圆框来表示，另外用直线连接有联系的实体。建立模型时，根据一个特定的信息系统的需求，把有关的实体、联系和属性按实际的情况连接起来，并标明它们之间的对应关系，就得到一个具体的E—R模型，即该信息系统待建数据库的概念模型。

概念模型的建立应在需求分析的基础上，把需求分析阶段调查来的全部信息划分、归类、综合。考虑应划分哪些实体，每个实体应具有哪些属性，哪些属性应合并成一个实体，哪些属性应作为实体的关键属性，实体之间有什么联系，为什么有这样的联系等问题。

对于复杂的系统，通常将系统分成若干个逻辑功能独立的子系统，现分别设计出这些子系统的概念模型(分E—R模型)，然后将这些模型图进行集成，进而得到系统最终的概念模型

(总 E—R 模型)。

3. 逻辑设计

逻辑设计阶段的主要任务是将概念设计阶段完成的概念模型转换为某个 DBMS 所支持的数据模型(如关系数据模型)。换句话说,逻辑设计就是将 E—R 模型转换成层次模型、网络模型、关系模型这 3 大经典数据模型中的一种。而人们经常是将 E—R 模型转换为关系模型。

逻辑结构设计的过程为:首先选择最适于描述与表达相应概念模型的数据模型,然后选择最合适的 DBMS;最后进行模型的优化。

从 E—R 模型转换导出关系模型,实际上就是将实体、实体的属性和实体之间的联系转换为关系模型。将 E—R 模型转换为关系模型的规则介绍如下。

(1)一个实体类型转换为一个关系模型。一个实体类型可以转换为一个关系模型。实体的属性就是关系模型的属性。实体的关键字就是关系模型的关键字。

(2)一对一关系(1∶1)的转换。一对一关系有以下两种转换方式:

①联系可以转换为一个独立的关系模型。联系名即为关系模型名,与该联系相连的两个实体的关键字及联系本身的属性即为关系模型的属性,其中每个实体的关键字均是该关系模型的候选键。

②联系可以与任意一端的关系模型合并。可将相关的两个实体分别转换为两个关系模型,并在任意一个关系模型的属性中加入另一个关系模型的主关键字。

(3)一对多关系(1∶n)的转换。一对多关系也有两种转换方式,介绍如下。

①一个 1∶n 联系可以转换为一个独立的关系模型。联系名即为关系模型名,与该联系相连的各实体的关键字及联系本身的属性均可转换为关系模型的属性。关系模型的关键字为 n 端实体的关键字。

②一个 1∶n 联系可以与 n 端的关系模型合并。一端的关键字及联系的属性可以并入 n 端的关系模型。

(4)多对多关系(m∶n)的转换。一个 m∶n 联系可以转换为一个关系模型。联系名即为关系模型名,与该联系相连的各实体的关键字及联系本身的属性为关系模型的属性,关系模型的关键字为各实体关键字的组合。

为了进一步提高数据库应用系统的性能,在逻辑设计阶段通常以规范化理论为依据,还要适当的修改、调整数据模型的结构,这就是数据模型的优化。其具体内容包括:确定数据依赖;消除冗余的联系;确定各关系分别属于第几范式;确定是否要对它们进行合并或分解。一般来说,按第三范式的标准对关系模型进行规范化,即:关系模型内的每一个值都只能被表达一次;关系模型内的每一行都应该被唯一的标识(有唯一键);关系模型内不应该存储依赖于其他键的非主关键字信息。

4. 物理设计

物理结构设计是指对于一个给定的数据模型,选定合适的存储结构和存取方法,其目的是节省存储空间和提高存储速度。物理结构设计的主要内容如下。

(1)库文件的组织形式,如选用顺序文件组织形式、索引文件组织形式等。

(2)存储介质的分配,如将易变的、存取频繁的数据存放在高速存储器上,而将稳定的、存取频率小的数据存放在低速存储器上。

(3)存取路径的选择等。

需要说明的是，当前的数据库技术已能使 DBMS 自行处理大多数物理细节，开发人员实际只需完成前面几个阶段的设计即可。

5.3.5　处理过程的设计

处理过程设计就是用一种合适的表达方法来描述每个模块的执行过程，为实施阶段编码提供蓝图。这种表示方法应该简明、精确，并由此能直接导出用编程语言表示的程序。日常用的描述方式有图形、语言和表格 3 类，常用的过程设计工具包括：流程图、盒图、结构化语言、PAD 图、判定树、判定表等。

1. 流程图

流程图是历史最久、流行最广的一种图形表示方法。流程图包括 3 种基本成分。

(1)加工步骤，用方框表示。

(2)逻辑条件，用菱形表示。

(3)控制流，用箭头表示。

图形表示的优点是直观、形象，所以容易理解。但从结构化程序设计的角度看，流程图不是理想的表达工具，因为表示控制的箭头过于灵活。使用得当，流程图简单易懂；使用不当，流程图可能非常难懂，而且无法维护。流程图的另一个缺点是只描述执行过程而不能描述有关数据。

使用图 5.22 所示的几种标准结构(对应于结构化程序设计的 3 种标准结构)反复嵌套而绘制的流程图，称为结构化流程图。图 5.23 就是一个流程图实例。

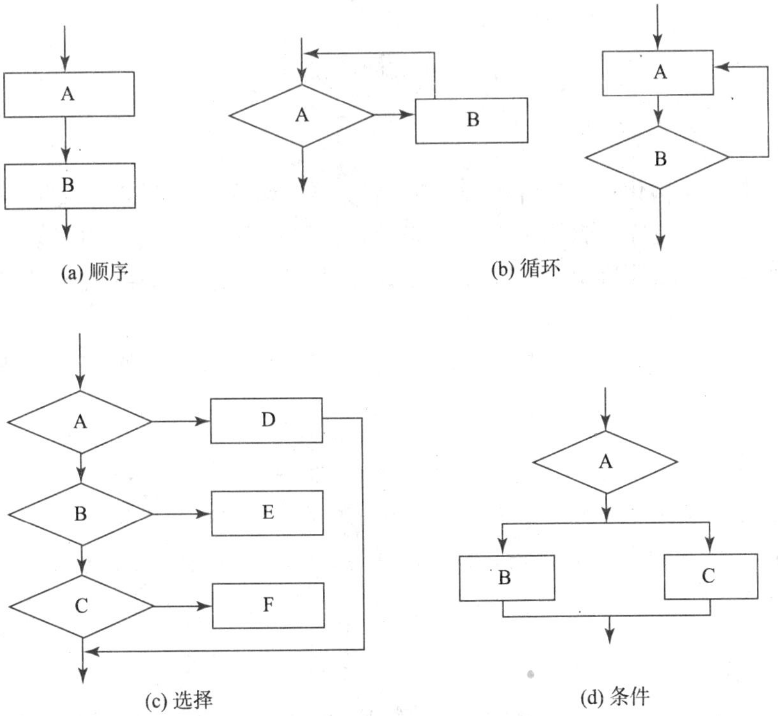

图 5.22　流程图标准结构

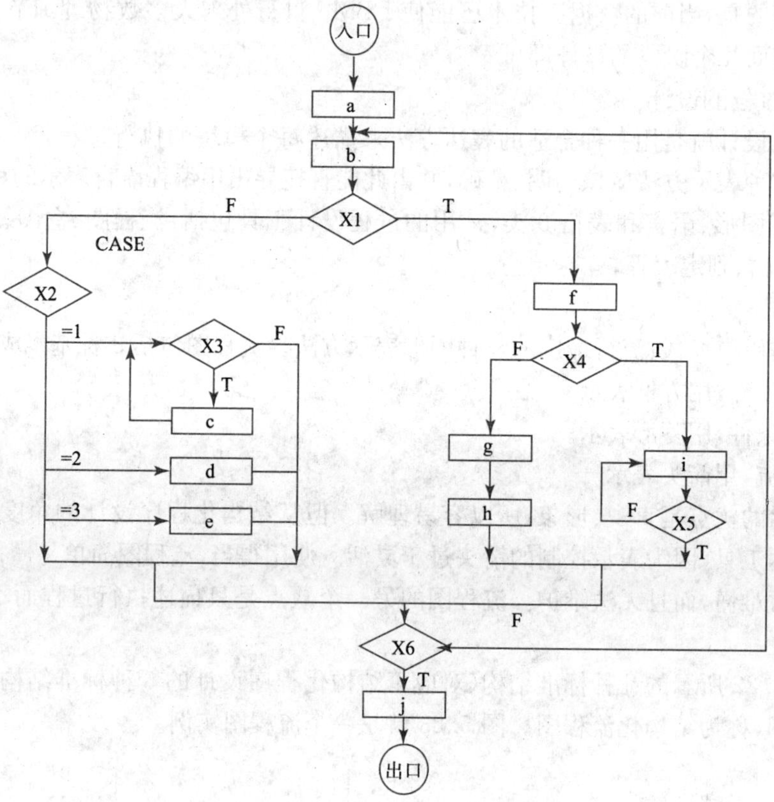

图 5.23　流程图实例

2. 盒图

盒图(NS 图)是结构化程序设计出现之后,为支持这种设计方法而产生的一种描述工具。

在 NS 图中,每个处理步骤用一个盒子表示。盒子可以嵌套。盒子只能从上头进入,从下头走出,除此之外别无其他出入口,所以盒图限制了随意的控制转移,保证了程序的良好结构。

NS 盒图有 5 种基本成分,如图 5.24 所示,它们可以嵌套使用,图 5.25 就是流程图 5.23 的盒图表示。

与流程图相比,NS 图的优点在于:

(1)它强制设计人员按结构化程序设计方法进行思考并描述其方案;

(2)图像直观,容易理解设计意图,为编程、复查、测试、维护带来方便;

(3)简单易学。

3. 问题分析图

问题分析图(problem analysis diagram,PAD),自 1974 年由日本日立公司发明以来,已经得到一定程度的推广。它用二维树形结构的图表示程序的控制流,将这种图转换为程序代码比较容易。PAD 的基本控制结构如图 5. 26 所示。图 5.27 是图 5.23 的 PAD 表示。

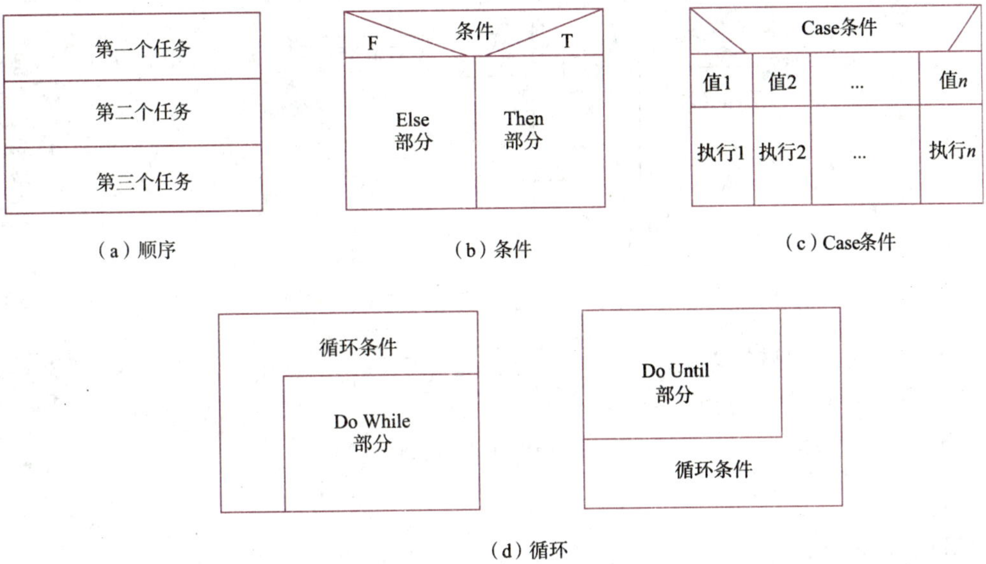

图 5.24　盒图基本成分

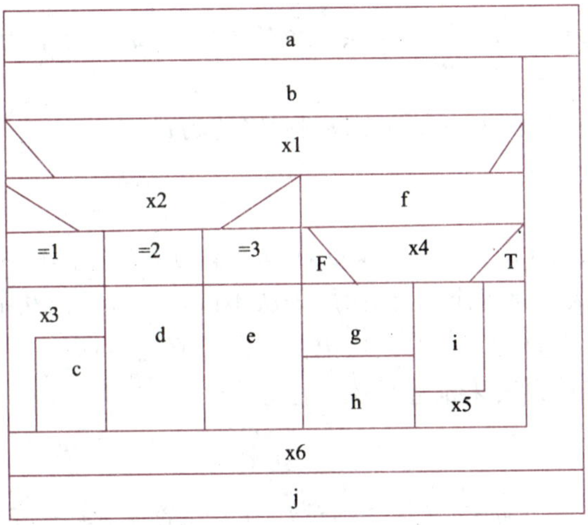

图 5.25　盒图实例

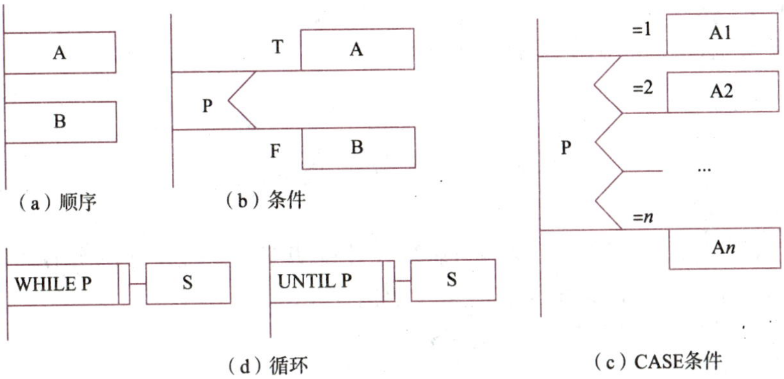

图 5.26　PAD的基本控制结构

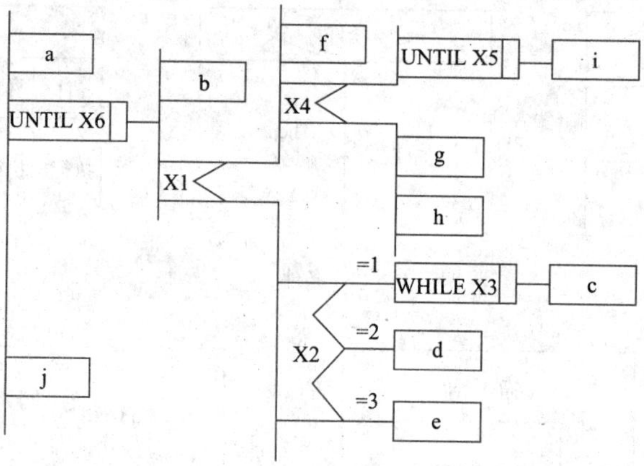

图 5.27　PAD实例

PAD图的优点：

(1)清晰地反映了程序的层次结构,图中的纵线为程序的层次线,最左边纵线是程序的主线,其后一层一层展开,层次关系一目了然。

(2)支持逐步求精的设计方法。左边层次中的内容可抽象,然后由左到右逐步细化。

(3)支持结构化的程序设计原理。

(4)可自动生成程序,为软件的自动生成提供了有力的工具。

4. 程序设计语言

程序设计语言(program design language,PDL)是用来描述模块内部算法的非正式的、比较灵活的语言。其外层语法是确定的,而内层语法不确定。外层语法描述控制结构,用类似一般编程语言的保留字,所以是确定的。内层语法故意不确定,可以按系统具体情况和不同层次灵活选用,实际上可用自然语言来描述具体操作。

PDL的优点：

(1)提供的机制较图形全面,为保证详细设计与编程的质量创造了有利条件。

(2)可作为注释嵌入在源程序中一起作为程序的文档,并可同高级程序设计语言一样进行编辑、修改,有利于软件的维护。

(3)可自动生成程序代码,提高软件生产率。

5.4　系统设计说明书

系统设计阶段的最后一项工作是编写系统设计说明书。系统设计说明书既是系统设计阶段的工作成果,也是下一阶段系统实施的重要依据。

系统设计说明书包括以下几方面的内容。

1. 引言

说明项目的背景、工作条件及约束、引用资料和专门术语。

2. 系统总体技术方案

这是最主要的部分，包括的内容如下。

(1)模块设计。用结构图表示系统模块层次结构，说明主要模块的名称、功能。

(2)代码设计。说明所用代码的种类、功能、代码表。

(3)输入设计。说明输入的项目、主要功能、输入要求、输入的承担者、输入校验方法。

(4)输出设计。说明输出的项目、主要功能、输出的接受者、输出的数据类型与设备、介质、数值范围、精度要求等。

(5)数据库设计。说明数据设计的目标、主要功能要求、需求性能规定、运行环境要求(设备、支撑软件等)、逻辑设计方案、物理设计方案。

(6)网络设计。说明系统的网络结构、功能设计。

(7)安全保密设计。

(8)实施方案说明。系统设计说明书还要说明实施的计划安排，给出各项工作(包括文件编制、用户培训等)的预定开始日期和完成日期，规定各项工作完成的先后次序及工作完成的标志。可以用PERT图或甘特图表示。经费预算中，逐项列出本开发项目实施需要的各项经费(包括办公费、差旅费、机时费、资料费、设备租金等)。

除用户、系统研制人员外，还应邀请有关专家、管理人员审批实施方案，并将评审意见及审批人员名单附于系统设计说明书之后。经批准后，实施方案方可生效。

本章小结

系统设计阶段的主要任务就是提出实施方案。该方案是这个阶段工作成果的体现，这个方案以书面的正式文件——系统设计说明书提出，批准后将成为系统实施阶段的工作依据。

系统设计应按以下几项目标进行：系统的效率性、系统的可靠性、系统的可维护性、系统的经济性、系统的准确性。

系统设计应遵循以下几条原则：系统的观点；采用模块化的结构；自顶向下、逐步求精。

体系结构风格是进行系统体系结构设计时可复用的惯用模式，它可以共享已有的设计经验，提高设计效率和质量。每种风格总结了常用问题的解决方法，规定了不同种类的成分及其拓扑关系，描述了数据模式以及如何控制成分间交互，它成为应用系统设计的元模型。如：两层C/S体系结构、三层体系结构、多层结构。

总体设计的核心任务之一是完成系统模块结构设计。对于大中型信息系统，其功能复杂，在模块结构设计之前，还需要经过子系统划分。

代码是用来表征客观事物的一个或一组有序的符号，其功能有：鉴别功能、分类、排序、专用功能。

输出设计的重要性是显而易见的。输出设计包括以下几方面的内容：确定输出内容、选择输出设备与介质、确定输出格式。

输入设计的目标是保证向系统输入正确的数据。输入设计应遵循以下原则：最小量原则、简单性原则、早检验原则、少转换原则。

数据库设计是指对于一个给定的应用环境，从用户对数据的需求出发，通过提供一个确定最佳数据模型与处理模式的逻辑设计，以及一个确定数据库合理存储结构与存取方法的物理设计，从而建立起既能反映现实世界的信息及信息的联系，并且满足各种用户需求（信息需求和处理需求），又能在某个数据库管理系统（DBMS）上实现目标并有效存取数据的数据库。

处理过程的描述工具有：流程图、盒图、PDL、判定树、判定表等。

系统设计说明书既是系统设计阶段的工作成果，也是下一阶段系统实施的重要依据。

思考题

1. 系统设计的主要任务是什么？有哪些目标要求？
2. 系统设计的原则有哪些？
3. 如何选择合适的系统体系结构？
4. 什么是模块的耦合和内聚？模块划分的原则有哪些？
5. 代码设计的主要原则有哪些？
6. 数据检验的主要方法有哪些？
7. 界面设计的原则主要有什么？
8. 简述数据库设计的步骤。

实作题

1. 根据上一章中的数据流程图画出学籍管理系统的结构图，并设计出相应数据库。

2. 某工厂生产多种产品，每种产品使用多种零件，一个零件可以安装在多种产品上，每种零件由一种材料制造，每种材料可以制作不同的零件。画出反映此关系的E－R图。

3. 请使用流程图、盒图和PAD图描述在数据A(1)～A(10)中求最大数和次大数程序的算法。

第 6 章　面向对象方法与 UML 基础

学习目标

- 了解面向对象方法的产生背景及相关概念
- 理解面向对象思想的内涵
- 了解 UML 产生背景、UML 特点和 UML 的主要内容
- 理解 UML 的 5 种视图体系结构
- 掌握 UML 各种图的概念和应用，特别是用例图、类图和顺序图的应用

本章重点

面向对象概念和思想、UML 模型的概念和应用。

6.1　面向对象的方法

所谓面向对象技术，顾名思义，就是以对象的观点来分析现实世界中的问题。从普通人认识世界的观点出发，把事物归类、综合，提取共性并加以描述。在面向对象的系统中，世界被看成是独立对象的集合，对象之间通过过程（在面向对象术语中称之为“消息”）相互通信。面向对象方法是一种运用对象、类、继承、封装、聚合、消息传送和多态性等概念来构造系统的软件开发方法。

面向对象是近 20 年来国内外 IT 行业最为关注的技术之一，面向对象技术是一种按照人们对现实世界习惯的认识论和思维方式来研究和模拟客观世界的方法学。它将现实世界中的任何事物都视为“对象”，将客观世界看成是由许多不同种类的对象构成的，每一个对象都有自己的内部状态和运动规律，不同对象之间的相互联系和相互作用就构成了完整的客观世界。面向对象方法（object oriented，OO）克服了传统的功能分解方法只能单纯反映管理功能的结构状态、数据流程模型只侧重反映事物的信息特征和流程、信息模拟只能被动地迎合实际问题需要等缺点，构成以系统对象为研究中心，为信息系统的分析与设计提供了一种全新的方法。

6.1.1　面向对象方法的产生和发展

结构化生命周期法难以控制、处理和适应变化的矛盾，因此产生了原型化方法来进行弥

补，原型化方法又需要有快速原型生成工具来支持。这两种方法都是从一般系统工程的角度采用计算机语言来描述、处理自然世界，这样必然造成系统分析、设计与其事务管理的差距，使管理信息系统在应用上产生了许多困难和矛盾。在20世纪80年代初期产生了面向对象的设计方法，该方法既吸取了以前开发方法的优点，同时又正视和顺应了现实世界由物质和意识两部分组成的关系，是近20年来发展起来的基于问题对象的一种自底向上的系统开发方法。

面向对象的思想首先出现在程序设计的语言中，产生了面向对象的程序设计方法(object-oriented programming，OOP)，并进而产生面向对象技术和方法。一般认为，面向对象的概念起源于20世纪70年代挪威的K. Nyguarded等人开发的模拟离散事件的程序设计语言Simula67。但真正的面向对象设计(OPP)还是来源于Alan Keyz主持设计的Smalltalk语言。由Xerox Learning Research Group所研制的Smalltalk-80系统，则是较全面地体现了面向对象程序设计语言的特征，标志面向对象程序设计方法得到比较完善的实现，从而兴起了面向对象研究的高潮。

20世纪80年代中期，也就是C++语言十分热门的时候，面向对象分析(OOA)的研究开始发展，进而延伸到面向对象设计(OOD)。在这个时期，相继出现了许多面向对象的方法，但这些方法间存在互不相容(不仅仅在内部)问题，为了尽快发布标准，于是建立了对象管理组织(OMG)大型合作组织。著名的成果有CORBA和其相应的UML等。目前主要关注基于部件开发(CBD)、模式、标准化(记号、过程和体系结构)，并与大型应用和面向对象数据库系统相结合。至此，面向对象方法从理论走向具体实现，显示出其强大的生命力，在许多领域和方向上取得进展：如面向对象技术的理论基础和形式化描述；用面向对象技术的概念设计操作系统；面向对象的知识表示；面向对象的仿真系统等。

6.1.2 面向对象的基本概念

面向对象方法涉及一些重要概念，对其理解和掌握是面向对象分析设计的基础。

1. 对象

面向对象方法就是以对象为中心、以对象为出发点的方法，所以对象的概念相当重要。在应用领域中有意义的、与所要解决的问题有关系的任何人或事物(即实体)都可以作为对象，它既可以是具体的物理实体的抽象，也可以是人为的概念，或者是任何有明确边界和意义的事物。

在面向对象方法中，对象是一组数据(属性)和施加于这些数据上的一组操作代码(操作)构成的独立类体。换言之，对象是一个有着各种特殊属性(数据)和行为方式(方法)的逻辑实体。对象是一个封闭体，它向外界提供一组接口界面，外界通过这些接口与对象进行交互，这样对象就具有较强的独立性、自治性和模块性，从而为软件的重用奠定了坚实的基础。

2. 消息

对象通过对外提供服务发挥自身作用，对象之间的相互服务是通过消息来连接实现的。消息是为了实现某一功能而要求某个对象执行其中某个功能操作的规格说明。它一般含有下述信息：提供服务的对象标识、服务标识、输入信息和响应信息。对象接收消息，根据消息及消息参数调用自己的服务，处理并予以响应，从而实现系统功能。

消息是对象之间相互作用和相互协作的一种机制，更通俗地讲，面向对象设计中的术语“消息”只不过是现实世界中的“请求”、“命令”等日常生活用语的同义词。

3. 方法

"方法"对应于对象的能力，它是实现对象所具有的功能操作代码段，是响应消息的"方法"。方法是类中定义的成员函数，它是该类对象所能执行的操作的算法实现。

方法与消息是一一对应的，每当对象收到一个消息，方法正是与对象相连决定怎么做的操作执行代码。所以方法是实现每条消息具体功能的手段。

4. 类

在面向对象的软件技术中，类可以定义为由数据结构及相关操作所形成的集合，或所有相似对象的状态变量和行为构成的模板。

类是对一组对象的抽象归纳与概括，更确切地说，类是对一组具有相同数据成员和相同操作成员的对象的定义或说明。而每个对象都是某个类的一个具体实例。

在面向对象设计中，每个对象由一个类来定义或说明，类可以看作生产具有相同属性和行为方式对象的模板。与成语"物以类聚，人以群分"的意思一样，"类"就是具有相似性质的事物的同类特征的集中。在面向对象系统中，一般就是根据对象的相似性（包括相似的存储特征和相似的操作特征）来组织类的。简而言之，按照对象的相似性，把对象分成一些类和子类，相似对象的集合即称为"类"。

5. 继承

继承是对象类间的一种相关关系，指对象继承它所在类的结构、操作和约束，也指一个类继承另外一个类的结构、操作和约束。继承体现了一种共享机制。

继承机制既是一个对象类获得另一对象类特征的过程，也是一个以分层分级结构组织、构造和重用类的工具。它是解决客观对象"相似但又不同"的妙法。

继承机制具有能清晰体现相似类间的层次结构关系；能减小代码和数据的重复冗余度，大大增强程序的重用性；能通过增强一致性来减少模块间的接口和界面，大大增强程序的易维护性等特点。

如果没有继承概念的支持，则面向对象设计中所有的类就像一盘各自为政、彼此独立的散沙，每次软件开发都要从"一无所有"开始。

6. 封装

封装（encapsulation）即信息隐藏。它保证软件部件具有较好的模块性，可以说封装是所有主流信息系统方法学中的共同特征，它对于提高软件清晰度和可维护性，以及软件的分工有重要的意义。可以从两个方面来理解封装的含义。

（1）当设计一个程序的总体结构时，程序的每个成分应该封装或隐藏为一个独立的模块，定义每一模块时应主要考虑其实现的功能，而尽可能少地显露其内部处理逻辑。

（2）封装表现在对象概念上。对象是一个很好的封装体，它把数据和服务封装于一个内在的整体。对象向外提供某种界面（接口），可能包括一组数据（属性）和一组操作（服务），而把内部的实现细节（如函数体）隐藏起来，外部需要该对象时，只需要了解它的界面就可以，即只能通过特定方式才能使用对象的属性。这样既提供了服务，又保护自己不轻易受外界的影响。

7. 多态性

多态性（polymorphism）指相同的操作（或函数、过程）可作用于多种类型的对象并获得不同的结果。在面向对象方法中，可给不同类型的对象发送相同的消息，而不同的对象分别做出不同的处理。例如给整数对象和复数对象定义不同的数据结构和加法运算，但可以给它们发送相同的消息"做加法运算",整数对象接收此消息后做整数加法运算,复数对象则做复数加法运算,产生不同的结果。多态性增强了软件的灵活性、重用性、可理解性。

6.1.3 面向对象的思想

面向对象的方法直接以问题域中的对象为中心来思考问题,作为系统的基本构成要素,"对象"比构成系统的"过程"、"数据"要素要稳定,对象将数据和功能紧密地结合在一起,使开发出来的系统稳定性高、可重用性及可维护性好。

从对象角度建立系统模型,可以使系统直接地映射问题域,保持问题域中事物及其相互关系的本来面貌。因此,使开发软件的方法与过程尽可能接近人类认识世界、解决问题的方法与过程,使建立的系统结构与现实世界能很好地对应,而且本身提供了一些支持复用的机制(如继承),提高了软件系统的可复用性。

6.2 UML 简介

6.2.1 UML 概述

1. UML 的背景

从 1989 年到 1994 年,面向对象方法从不到 10 个增加到 50 多个,这些不同的面向对象方法具有不同的建模符号体系,这些建模语言各有优劣,用户很难找到一个完全满足自己要求的模型语言。另外,由于采用不同的建模语言,极大地妨碍了软件设计人员、开发人员和用户之间的彼此交流。因此,有必要在分析、比较不同的建模语言及总结面向对象技术应用实践的基础上,博采众长,建立一个标准的、统一的建模语言。

20 世纪 90 年代,3 个最流行的面向对象方法是:OMT 方法(由 James Rumbaugh 提出)、Booch 方法(由 Grady Booch 提出)和 OOSE 方法(由 Ivar Jacoboson 提出),每个方法都有自己的价值和重点。不同符号体系的使用给市场带来了混乱,因为同一个符号对于不同的人可能意义不同,而同一个事物可能用不同的符号表示,因此引起了很多混乱,人们用"方法大战"形象地描述了这种混乱局面,因此迫切需要统一。

这种统一开始于 1994 年 10 月,那时 James Rumbaugh 加入了 Grady Booch 所在的 Rational 公司,他们的项目主要统一了 Booch 方法和 OMT 方法,并于 1995 年 10 月发布了 unified method 0.8(这是 UML 当时的名字)。大约同时,OOSE 的创始人 Ivar Jacobson 加入了 Rational 公司,他们开始在项目中加入 OOSE 方法,并于 1996 年 6 月将 UM 改名为 UML(unified modeling language),并发布了 UML 0.9,在定义 UML 1.0 时,DEC、HP、IBM、Microsoft、Oracle、Rational、Unisys 等数十家著名公司都参与了该项工作。UML 在美国获得了工业界和科技界的广泛支持,有 700 多个公司表示支持采用 UML 作为建模语言,成为可视化建模语言事实上的工业标准。UML 1.0 是定义完整、富于表达、功能强大的建模语言,它于 1997 年 1 月被提交给对象管理组织(object management group,OMG),申请成为标准建模语言。1997 年 11 月 17 日,OMG 采纳了 UML 1.1 作为基于面向对象技术的标准建模语言。1998 年 6 月,OMG RTF(revision task force)发布了 UML 1.2;1998 年发布了 UML 1.3;1999 年发布了 UML 1.4;从 2000 年开始了 UML 2.0 的研究,目前最新版本是 UML 2.0。

统一建模语言 UML 的诞生结束了符号方面的"方法大战"。UML 统一了 Booch 方法、OMT 方法、OOSE 方法的符号,并采纳了其他面向对象方法的许多好的概念。

2. UML 概述

(1)UML 是一种建模语言。一种语言提供了用于交流的词汇表和在词汇表中组合词汇的规则。而一种建模语言的词汇表和规则则注重于对系统进行概念上和物理上的描述。UML 正是用于软件蓝图的标准语言。

(2)UML 是一种可视化语言。UML 是图形化语言,UML 包含一组图形符号,且每个符号都有明确的语义,而清晰的模型有利于交流。

(3)UML 是一种可用于详细描述的语言。详细描述意味着所建的模型是精确的、无歧义的和完整的。UML 适于对所有重要的分析、设计和实现决策进行详细描述,这些是软件密集型系统在开发和部署时所必需的。

(4)UML 是一种构造语言。UML 不是一种可视化的编程语言,但用 UML 描述的模型可与各种编程语言直接相连。这意味着一种可能性,即可把用 UML 描述的模型映射成编程语言,如 Java、C ＋ ＋和 Visual Basic 等,甚至映射成关系数据库的表或面向对象数据库的永久存储。对一个事物,如果表示为图形方式最为恰当,则用 UML,而如果表示为文字方式最为恰当,则用编程语言。

这种映射允许进行正向工程:从 UML 模型到编程语言的代码生成。也可以进行逆向过程:由编程语言代码重新构造 UML 模型。

(5)UML 是一种文档化语言。UML 适于建立系统体系结构及其所有的细节文档。UML 还提供了用于表达需求和用于测试的语言。最终 UML 提供了对项目计划和发布管理的活动进行建模的语言。

总之,UML 是一种面向对象的、可视化的、可用于开发全过程的标准建模语言。具有面向对象、表示能力强、独立于开发过程和程序语言等特点。

3. UML 主要内容

UML 体系比较复杂,但主要有 3 个方面的内容:

(1)UML 基本图素。它是构成 UML 模型图的基本元素。

(2)UML 模型图及建模规则。UML 基本图素按特定的规则有机地组合成模型图,从而构成一个有机的、完整的 UML 模型图。

(3)UML 的扩展机制。UML 提供了多种扩展机制,允许建模者在不改变基本模型语言的情况下做一些通用扩展。扩展机制包括约束、标记值和构造型等。

UML 具有很广的应用领域,其中最常用的是为软件系统建模,UML 可以对下面这些领域的软件系统建模:企业信息系统、银行金融服务、电信、交通、国防、航空、零售领域、科学计算、基于 Web 的系统。UML 还可用来描述其他非软件系统,如一个机构的组成或机构中的工作流程等。

6.2.2　UML 体系结构

UML 用模型来描述系统的静态结构和动态行为。为了捕捉要构建的软件系统的所有决策信息,需要从团队中不同参与者的角度出发,为系统的体系结构建模,形成不同的系统视图。要描述一个软件系统,下面的 5 种视图尤为重要,如图 6.1 所示。

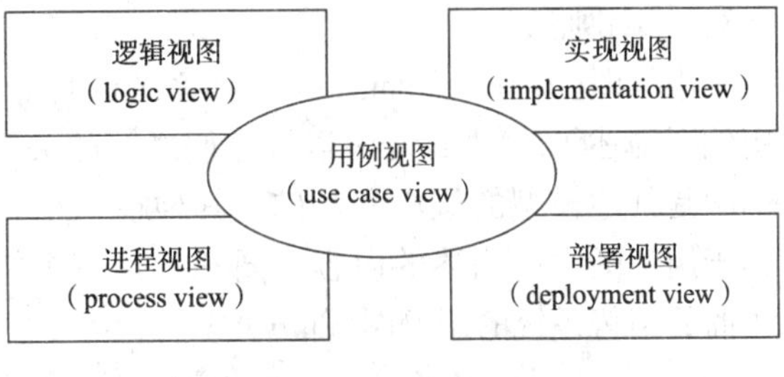

图 6.1　UML 体系结构视图

1. 用例视图(use case view)

用例视图定义系统的外部行为(功能),是最终用户、分析人员和测试人员所关注的。用例视图定义了系统的需求,是描述系统设计和构建的其他视图的基础,即用例驱动。用例视图也称为用户模型视图。在 UML 中,该视图的静态方面由用例图表现;动态方面由交互图、状态图和活动图表现。

2. 逻辑视图(logic view)

逻辑视图描述逻辑结构,该逻辑结构支持用例视图描述的功能,它描述了问题空间中的概念以及实现系统功能的机制,如类、包、子系统等,因而是设计人员最关心的。逻辑视图也称为设计视图(design view)、结构模型视图(structural model view)或静态视图(static view)。在 UML 中,该视图的静态方面由类图和对象图表现;动态方面由交互图、状态图和活动图表现。

3. 进程视图(process view)

进程视图体现了系统的动态或行为特征,进程视图描述将系统分解为进程和任务,以及这些并发元素之间的通信与同步。进程视图对于系统集成人员特别重要,因为他们需要考虑系统的性能和吞吐量等。进程视图也称为行为模型视图(behavioral model view)、动态视图(dynamic view)或并发视图(concurrent view)等。在 UML 中,对进程视图的静态方面和动态方面的表现与逻辑视图相同。

4. 实现视图(implementation view)

实现视图体现了系统实现的结构和行为特征,描述用于组建系统的物理组件,如可执行文件、代码库和数据库等系统程序员所看到的软件,是和配置管理以及系统集成相关的信息。实现视图又称为组件视图(component view)。在 UML 中,该视图的静态方面由构件图表现。

5. 配置视图(deployment view)

配置视图体现了系统实现环境的结构和行为特征,这种视图主要描述对组成物理系统的部件的分布、交付和安装,是系统工程师和网络工程师所感兴趣的,配置视图也称为环境模型视图(environment model view)或物理视图(physical view)。在 UML 中,该视图的静态方面由实施图表现。

6.3 UML 图

UML 提供了 9 种不同的图(diagrams),分为静态图和动态图两大类。静态图包括用例图、类图、对象图、组件图和配置图,动态图包括顺序图、状态图、协作图和活动图。另外,UML 还提供了对各种模型进行分组的包图。

6.3.1 用例图

用例图(use case diagram)描述系统的功能需求。用例图描述了用例、参与者以及它们之间的关系。用例图是其他模型的核心和基础。其他模型的构造依赖于用例图中所描述的内容。图 6.2 是一个描述在线商品销售系统的用例图(部分)。

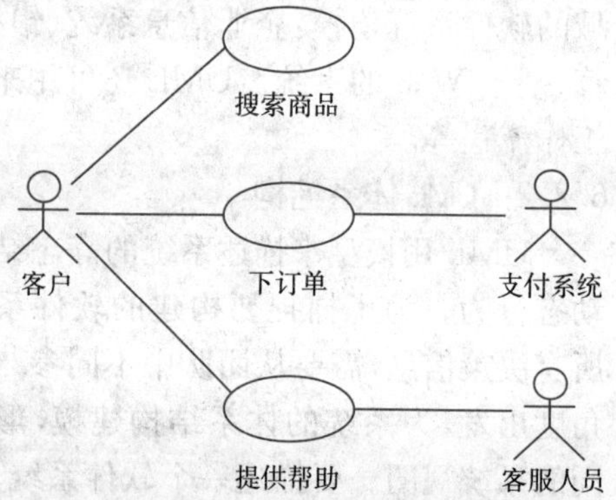

图 6.2 用例图

1. 用例图中元素

(1)用例(use case)。用例是系统对外提供的功能的描述,是参与者和系统在一次交互过程中执行的相关事务的序列。用例也称案例、用况等。

(2)参与者(actor)。参与者是指处于系统边界之外的,与系统发生交互作用的人员、设备或其他系统。

(3)关系。用例图中的关系有:关联(association)、包含(include)、扩展(extend)和泛化(generazation)。

①关联关系:参与者和用例之间是关联关系,表示参与者和用例间的通信关系,它表示参与者使用了系统中的哪些用例(或者说系统所提供的用例被哪些参与者使用),用箭头线或实线表示。

②包含关系:把几个用例的公共步骤分离成一个单独的用例(被包含的用例),被包含的用例通常作为包含它的更大的基本用例的一部分。即,包含用例对基本用例来讲是必需的。包含关系用含有关键字"＜＜include＞＞"的带箭头的虚线表示,箭头指向被包含的用例,如图6.3所示。

③扩展关系:用来说明可选的、只在特定条件下运行的行为(功能),扩展用例对基本用例来讲不是必需的,是可选的,是满足特定条件才会执行的功能。扩展关系用含有关键字"＜＜extend＞＞"的带箭头的虚线表示,箭头指向被扩展的用例,如图6.3所示。

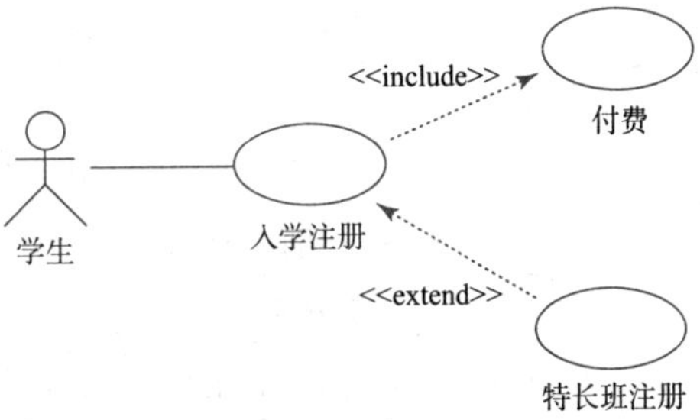

图6.3　包含关系和扩展关系

④用例泛化关系:表示一般与特殊的关系,其中特殊用例继承了一般用例的特性并增加了新的特性。泛化关系用带空心三角箭头的实线表示。对于用例泛化,从子用例发出,指向父用例,如图6.4所示。

⑤参与者泛化关系:参与者之间的一般和特殊关系,反映了参与者之间的继承关系,即子参与者继承了父参与者的特性并增加了新的特性,如图6.5所示。

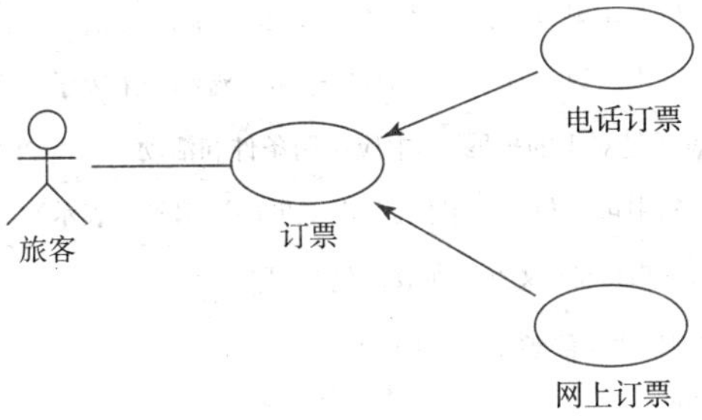

图6.4　用例泛化

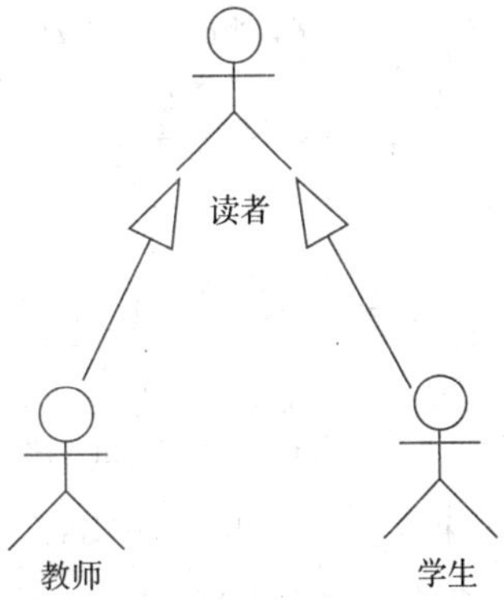

图6.5　参与者泛化

2. 用例图的建立步骤

用例图的一般建立步骤如下。

(1)找出系统外部的使用者和外部系统,确定系统的边界和范围。

(2)确定每一个使用者所希望的系统功能。

(3)把这些系统功能命名为用例。

(4)把一些公共的系统功能分解为一批新的用例,供其他的用例引用。把一些特殊情况的功能处理分解为扩展用例。

(5)绘制用例图。

(6)精化用例图,解决用例中重复与冲突问题。

3. 用例描述

用例描述了系统做什么,但没有规定怎么做,也即用例图没有显示不同的场景,它只是显示了参与者与用例间的关系,因此需要为用例图配上结构化叙述的文本,UML 有一些图可以代替文本叙述来表示不同的场景,常用的图有交互图和活动图,这些图的主要缺点是不如文本简洁,但比较直观。

用例描述的主要内容如表 6.1 所示。

表 6.1 用例描述的主要内容

用例编号	[为用例制订一个唯一的编号,通常格式为 UCxx]	
用例名称	[应为一个动词短语,让读者一目了然地知道用例的目标]	
用例概述	[用例的目标,一个概要性的描述]	
范围	[用例的设计范围]	
主参与者	[该用例的主参与者,在此列出名称,并简要地描述它]	
次要参与者	[该用例的次要参与者,在此列出名称,并简要地描述它]	
项目相关人利益说明	项目相关人	利益
	[项目相关人员名称]	[从该用例获取的利益]
	……	……
前置条件	[即启动该用例所应该满足的条件]	
后置条件	[即该用例完成之后,将执行什么动作]	
成功保证	[描述当前目标完成后,环境变化情况]	
基本事件流	步骤	活动
	1	[在这里写出触发事件到目标完成以及清除的步骤]
	2	……(其中可以包含子事件流,以子事件流编号来表示)
扩展事件流	1a	[1a 表示是对 1 的扩展,其中应说明条件和活动]
	1b	……(其中可以包含子事件流,以子事件流编号来表示)
子事件流	[对多次重复的事件流可以定义为子事件流,这也是抽取被包含用例的地方]	
规则与约束	[对该用例实现时需要考虑业务规则、非功能需求、设计约束等]	
补充说明	需要说明的其他内容	

6.3.2　类图

1. 类图概述

类图(class diagram)用来表示系统中的类及类与类之间的关系，描述系统的静态结构，用于逻辑视图中。类是对象的抽象描述。对象是可以控制和操作的实体，类是具有共同的结构、行为、关系、语义的一组对象的抽象。类的行为和结构特征分别通过操作和属性表示。类图如图 6.6 所示。

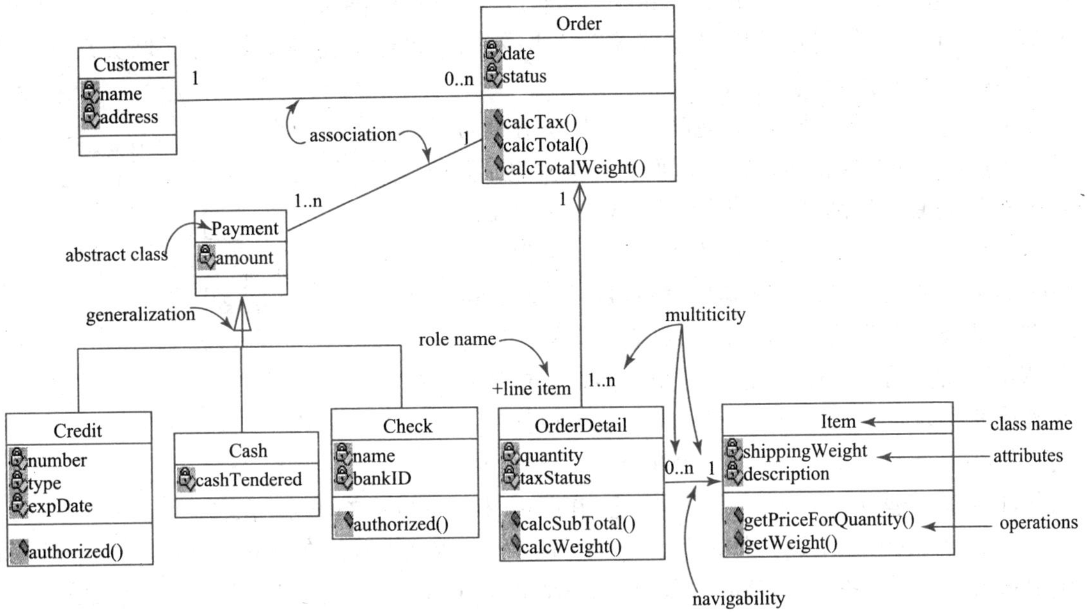

图 6.6　类图

(1)类的属性(attribute)。一个类可以有一个、多个属性或者根本没有属性。属性描述了为类的所有对象所共有的特性。例如每个人都有名字、身高、身份证、出生地、性别等特性，每堵墙都有高度、宽度和厚度。属性是类的对象所包含的数据或状态的抽象。在特定的时刻，类的对象对类的每个属性都有特定的值。

根据图的详细程度，每个属性可以包括属性的可见性、属性名称、类型、默认值和约束。

UML 规定类属性的语法为：

[可见性]属性名[:类型][= 初始值][{属性字符串}]

放在“[]”中的部分是可选的。

(2)类的操作(operation)。一个类可以有任何数量的操作或根本没有操作。操作是类的所有对象所共有的行为的抽象。操作用于修改、检索类的属性或执行某些动作。操作通常也被称为功能或方法，但是它们被约束在类的内部，只能作用到该类的对象上。操作名、返回类型和参数表组成操作的接口。UML 规定操作的语法为：

[可见性] 操作名[(参数表)][:返回类型] [{属性字符串}]

放在“[]”中的部分是可选的。

2. 类的关系

类与类之间有多种关系，如关联、依赖、聚合和组合、泛化等。关系提供了对象之间的通信方式。

(1)关联关系(association relationship)。关联关系表示两个类之间存在某种语义上的联系。它是一种结构关系，规定了一种事物的对象可以与另一种事物的对象相连。例如，雇员为公司工作，一个公司有很多部门，就可以认为雇员和公司、公司和部门之间存在某种语义上的联系，在类图模型中，就可以在类 Employee(雇员)和类 Company(公司)、类 Company(公司)和类 Department(部门)之间建立关联关系。当需要表示结构关系时，就使用关联关系。关联关系如图 6.7 所示。

①角色(role)。当类参加关联关系时，类在关联关系中扮演一个特定的角色。关联两头的类都以某种角色参与关联。如图 6.7 所示，类 Company 以 Employer(雇主)的角色参加关联，而类 Person 则以 Employee(雇员)的角色参加关联。Employer 和 Employee 被称为类的角色名。如果在关联上没有标出角色名，则隐式地表示用类的名称作为角色名。同样的类在其他的关联中可以扮演相同的角色，也可以扮演不同的角色。例如类 Job 就既可以扮演"boss"(老板)的角色，也可以扮演"worker"(工人)的角色，在 boss 和 worker 之间也存在着关联关系。

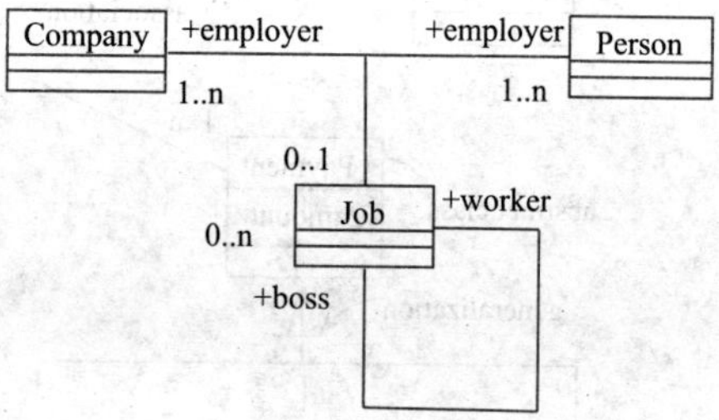

图 6.7　关联关系

②阶元(multiplicity)。阶元表示有多少个对象参与该关联。在图 6.7 中，类 Company 和类 Person 之间存在"多对多"的关联，表示每个雇主(Company)至少雇佣一个雇员(Person)，每个雇员也至少为一个雇主工作。阶元表示参与关联的对象数目的上下界限制。"0..n"代表 0～∞，表示 0 个或任意多个，"1..n"代表 1～n，表示一个或任意多个。阶元可以用单个数字表示，例如"1"表示一个，"2"表示两个，阶元也可以用连续的或者不连续的数字范围表示，例如，"0..2,4..6,8..*"表示除了 3、7 之外的任何数量的对象。

(2)依赖关系(dependency relationship)。如果一个模型元素的变化会影响另一个模型元素(这种影响不必是可逆的)，那么就说在这两个模型元素之间存在依赖关系。例如，有两个元素 X、Y，如果修改元素 X 的定义可能会引起对元素 Y 的定义的修改，则称元素 Y 依赖于元素 X。

在类图中，依赖可以由许多原因引起，例如，一个类向另一个类发送消息(也即，一个类的操作调用另一个类的操作)，或者一个类是另一个类的数据成员，或者一个类是另一个类的某个操作参数，那么就可以说这两个类之间存在着依赖关系。依赖关系是使用关系。

依赖关系的 UML 符号表示是带箭头的虚线，指向被依赖的模型元素，语义上，所有的关系(包括类属关系、关联关系和实现关系)都是各种各样的依赖关系，因为这 3 种关系具有很重要的语义，所以在 UML 中被分离出来成为独立的关系。

在类的上下文中，依赖关系经常被用来表示一个类使用另一个类做操作签名中的参数。如图 6.8 所示，类 Account 中的方法 Account()使用了类 Customer 和类 Date 的对象作参数，因此在类 Account 和类 Customer 之间、类 Account 和类 Date 之间存在着依赖关系。这是一种使用关系，当被使用的类 Customer 和类 Date 发生变化时，类 Account 的相应操作也受到影响，因为被使用的类可能呈现一个不同的接口或行为。

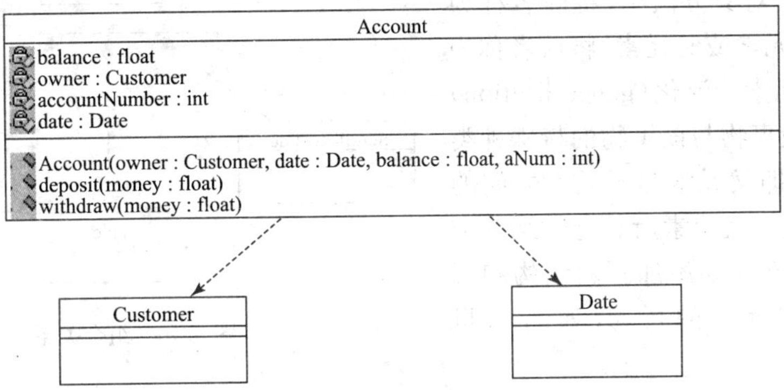

图 6.8　依赖关系

(3)聚合关系(aggregation relationship)。聚合关系是一种特殊的关联关系。聚合表示类之间的关系是整体与部分的关系，它代表了"has-a"(拥有)关系，也即作为整体的对象拥有作为部分的对象。在 UML 中，聚合关系用带空心菱形头的实线表示，如图 6.9 所示。

图 6.9 中，主板(Mainboard)、CPU、内存(Memory)等是计算机(Computer)的组成部分，因此，在类 Computer 和类 Mainboard、类 CPU 或类 Memory 之间的关系都是聚合关系。

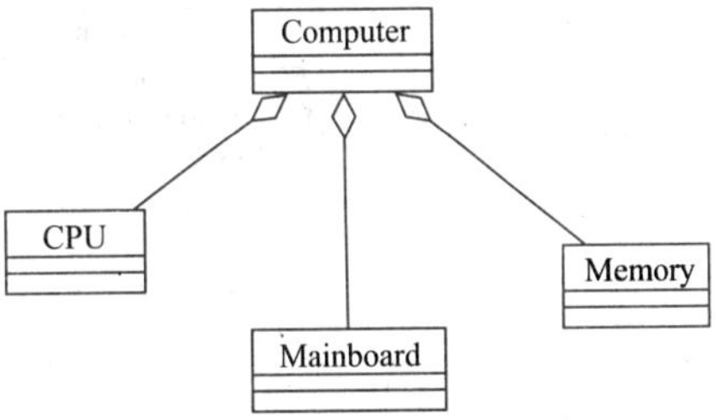

图 6.9　聚合关系

在需求分析中，"包含"、"组成"、"分为……部分"等描述经常被设计为聚合关系。

(4)组合关系(composition relationship)。简单的聚合(aggregation)关系完全是概念上的，只是区分了整体与组成部分，没有改变整体与其组成部分之间的关联导航的含义，也没有将整体与部分的生命周期联系起来。组合是聚合的变种，它加入了一些重要的语义。在组合关系中，整体与部分之间具有很强的所有关系和一致的生命周期。没有固定阶元的部分可以在组合创建后再创建，但一旦被创建，部分就和组合一起生存并一起被破坏，这样的部分也可以在组合被破坏前删除。也就是说，在一个组合关系中，一个对象一次只是一个组合的一部分。例如，在一个窗口系统中，一个对象 Frame 只属于一个对象 Window。这与简单的聚合关系相反，在简单的聚合关系中，一个"部分"可以被几个"整体"共享。例如，一面墙(对象 Wall)可以是多个房间(对象 Room)的一部分。

另外，在组合关系中，"整体"负责"部分"的创建和破坏。例如，在一个 Company(公司)系统中创建一个 Department(部门)，Department 必须依附于 Company，当破坏对象 Company 时，对象 Company 会反过来破坏对象 Department。组合关系是一种特殊的聚合关系，也是一种特殊的关联关系，用带有实心菱形头的实线表示，如图 6.10 所示。

(5)泛化关系(generalization relationship)。在解决复杂性问题时，通常需要将具有共同特性的元素抽象成类别，并通过增加其内涵而进一步分类。例如，学生可以分为大学生、中学生和小学生,火车可以分为客运列车和货运列车。在面向对象方法中,将前者称为一般元素、基类元素或父元素,将后者称为特殊元素或子元素。泛化(generalization)关系描述了一般事物与该事物的特殊种类之间的关系,也即父元素与子元素之间的关系。子元素继承父元素所具有的结构和行为,通常子元素还要添加新的结构和行为,或者修改父元素的行为,如图 6.11 所示。

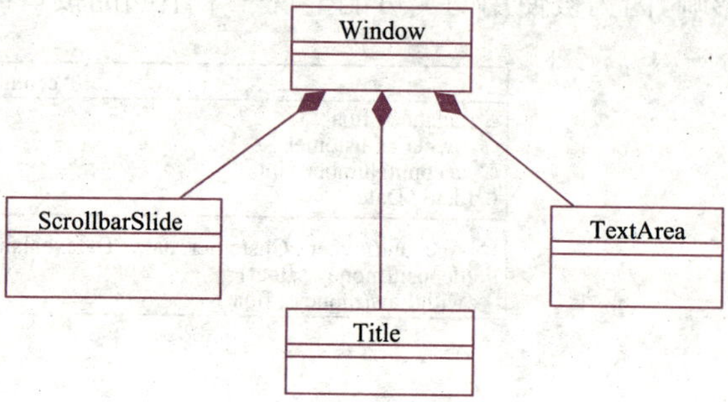

图 6.10　组合关系

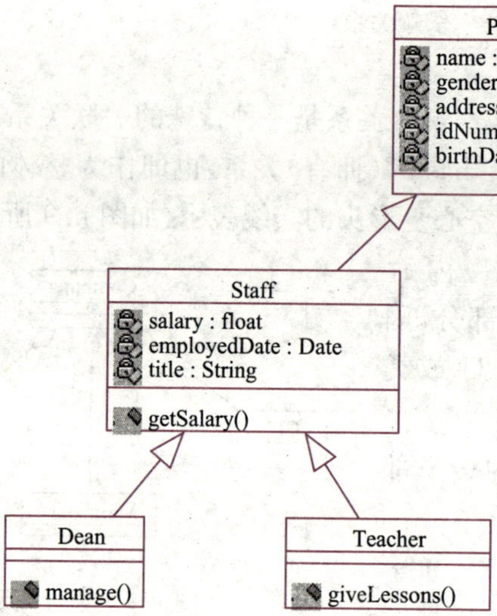

图 6.11　泛化关系

在 UML 中,对泛化关系有 3 个要求。

(1)特殊元素应与一般元素完全一致,一般元素所具有的关联、属性和操作,特殊元素也都隐式地具有。

(2)特殊元素还应包含额外信息。

(3)可以应用一般元素的实例的地方,也应该可以应用特殊元素的实例。

类之间的泛化关系表示子类继承一个或多个父类的结构和行为。泛化关系描述了类之间的"是一种"(Is－a－kind－of)的关系,泛化关系用来连接一般类和特殊类,用来描述父类与子类或父与子的关系。子类继承父类的特性,尤其是属性和操作。具有与父类中操作同样签名的子类的操作会覆盖父类的该操作,这被称为多态。

(6)实现关系(realize relationship)。实现关系是分类器之间的语义关系,一个分类器规定合同,另一个分类器保证实现这个合同。大多数情况下,实现关系被用来规定接口和实现接口的类或组件之间的关系。接口是操作的集合,这些操作用于规定类或组件的服务,也就是说，接口规定了类或组件必须实现的合同。一个接口可以被多个类或组件实现，一个类或组件也可以实现多个接口。接口的使用将操作的接口和操作的实现分离开来。当类或组件实现一个接口时，它意味着类或组件实现了接口的所有操作，完全遵守接口所建立的与客户之间的协议，并响应客户使用接口中的操作所发出的消息。可以在两种情况下使用实现关系：在接口上下文中、在协作的上下文中。即接口与实现该接口的类或组件之间存在实现关系，用例以及实现该用例的协作之间也存在实现关系。实现关系如图 6.12 所示。

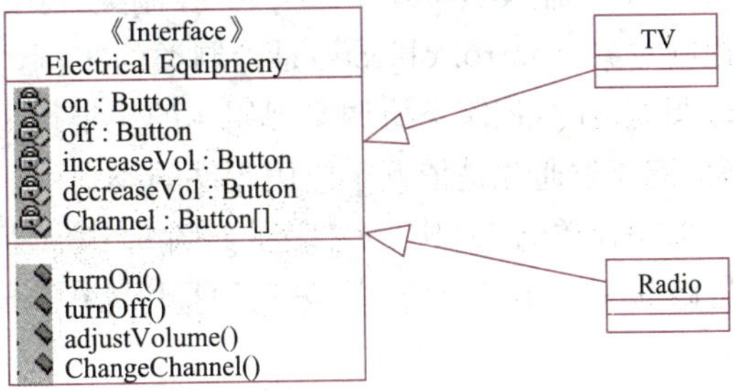

图 6.12　实现关系

3. 类的版型

(1)边界类(boundary class)。边界类处理系统环境与系统内部之间的通信，边界类为用户或另一个系统(即参与者)提供了接口。边界类组成了系统中依赖于环境的部分，用于为系统的接口建模，代表了系统和系统外的一些实体(人或另一个系统)之间的接口。它是系统与外界交换信息的媒介，并将系统与系统环境中的变化隔离开来。

边界类的 UML 符号表示如图 6.13 所示，有 3 种形式，第一种是图标(icon)形式，第二种是修饰(decoration)形式，第三种是标签(label)形式。边界类是具有原型<<boundary>>的类。

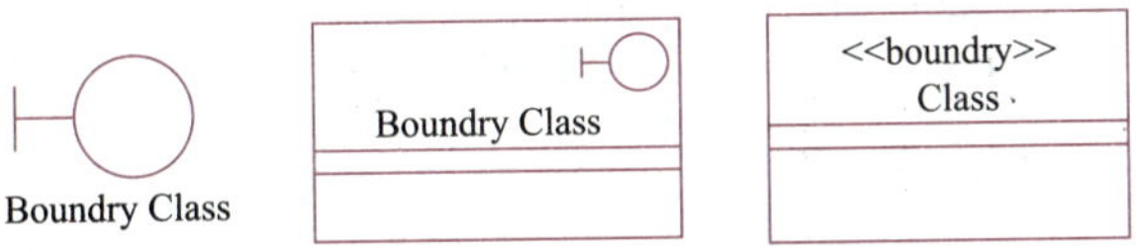

(a) 图标形式　(b) 修饰形式　(c) 标签形式

图 6.13　边界类

(2)实体类(entity class)。实体类是模拟必须被存储的信息和关联行为的类。实体对象(entity objects)是实体类的实例，被用来保存或更新关于某个现象(例如某个事件、某个人或某个现实中的对象)的信息，它们通常是持久性的(persistent)。实体类通常独立于它们的环境，也就是说，实体类对于系统环境如何与系统通信是不敏感的。很多时候，它们是独立于应用程序的，也就是说，它们可以被用于多个应用程序。实体类通常是那些被系统用来完成某些责任的类。

实体类的 UML 符号表示如图 6.14 所示，有 3 种形式，第一种是图标(icon)形式，第二种是修饰(decoration)形式，第三种是标签(label)形式。实体类是具有原型<<entity>>的类。

(a) 图标形式　(b) 修饰形式　(c) 标签形式

图 6.14　实体类

(3)控制类(control class)。控制类是用来为特定一个或几个用例的控制行为建模的类。控制对象(control objects)是控制类的实例,它经常控制其他的对象,所以控制对象的行为是协调类型的,控制类协调实现用例的规定行为所需要的事件。控制类封装了特定于用例的行为,控制类通常是依赖于应用程序的类。

控制类的 UML 符号表示如图 6.15 所示,有 3 种形式,第一种是图标(icon)形式,第二种是修饰(decoration)形式,第三种是标签(label)形式。控制类具有原型＜＜control＞＞的类。

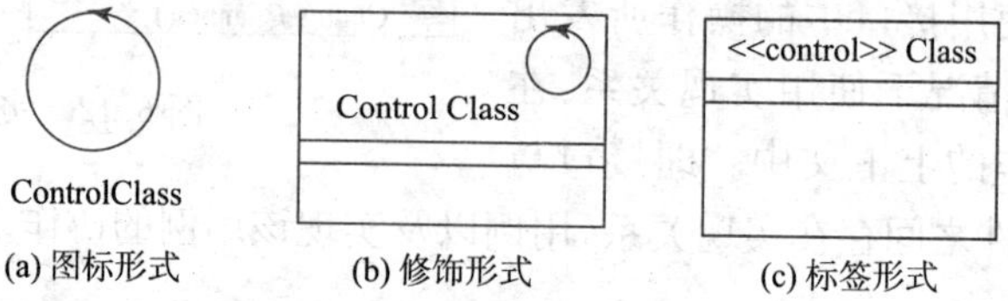

图 6.15　控制类

6.3.3　对象图

对象图(object diagram)是类图的实例,类图表示类与类之间的关系,对象图则表示在某一时刻这些类的具体实例以及这些实例之间的具体连接关系,可以帮助人们理解比较复杂的类图。对象图也可以用于显示类图中的对象在某一点的连接关系。

对象的表示方法与类的表示方法类似,如图 6.16 所示。不同之处是:

(1)对象给出具体的对象名,属性给出当前值;

(2)类名与对象名之间用冒号分隔;

(3)类名与对象名下面加上下画线。

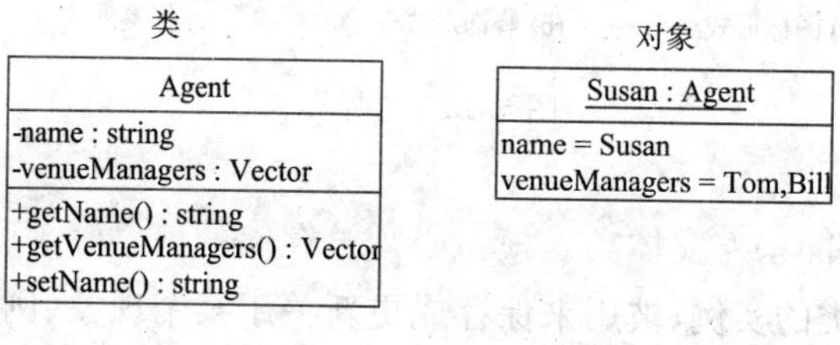

图 6.16　类与对象

6.3.4　状态图

状态图(statechart diagram)描述了一个特定对象的所有可能状态以及引起状态跃迁的事件。大多数面向对象技术都用状态图描述单个对象在其生命周期中的行为。一个状态图包括一系列的状态以及状态之间的跃迁,状态图可用来模拟对象的按事件排序的行为。

所有对象都具有状态,状态是对象执行了一系列活动的结果。当某个事件发生后,对象的状态将发生变化。状态图中定义的状态有初始状态、最终状态、中间状态、复合状态。其中,初始状态是状态图的起点,而最终状态则是状态图的终点。一个状态图只能有一个初始状态,而最终状态则可以有多个。状态图中状态之间带箭头的连线被称为跃迁。状态的跃迁通常是由事件触发的,此时应在跃迁上标出触发跃迁的事件表达式。如果跃迁上未标明事件,则表示在源状态的内部活动执行完毕后自动触发跃迁。

1. 基本概念

下面解释与状态图有关的一些概念：

(1)状态机(state machine)规定了对象在生命周期中响应事件所经历的状态的序列以及对象对这些事件的响应。状态机由状态、跃迁、事件、活动、动作等组成。

(2)状态(state)代表对象在生命周期中的一种条件或状况，在这种状况下，对象满足某个条件，或执行某个动作、或等待某个事件。一个状态在一个有限的时间段内存在。

(3)事件(event)是在某个时间产生，可以触发状态转换的事情，如信号、对象的创建和销毁、超时和条件的改变等。

(4)跃迁(transition)是两个状态之间的关系，它表示第一个状态的对象将执行某个动作，如果规定的事件发生或规定的条件被满足，则对象进入第二个状态。

(5)活动(activity)是状态机中正在执行的可分的执行。

(6)动作(action)是可执行的、不可分的计算，该计算造成了模型的状态变化或者值的返回。

图 6.17 是票这一对象的状态图。初始状态是 Available 状态。在票开始对外出售前，一部分票是给预约者预留的。当顾客预订票，被预订的票首先处于锁定状态，此时顾客仍有是否确实要买这张票的选择权，故这张要票可能出售给顾客也可能因为顾客不要这张票而解除锁定状态。如果超过了指定的期限顾客仍未做出选择，此票被自动解除锁定状态。预约者也可以换其他演出的票，如果这样的话，最初预约票也可以对外出售。

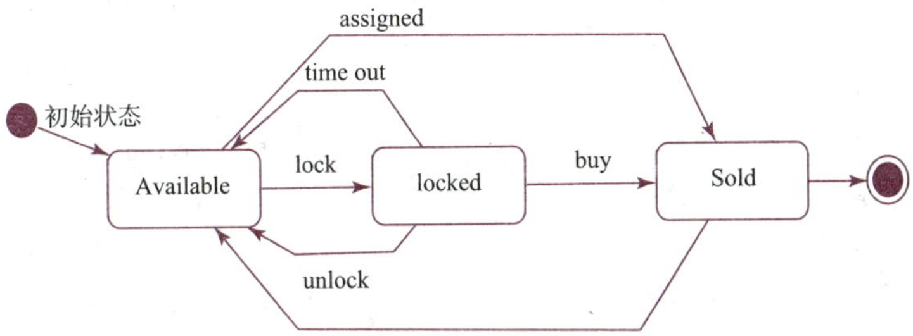

图 6.17　状态图

2. 建立状态图的步骤

建立状态图的步骤如下。

(1)确定要描述的对象。

(2)确定对象要描述的问题。

(3)确定对象的初态和终态。

(4)从对象的各种状态找出对问题有意义的状态。

(5)确定某个状态可能转移到哪些状态。

(6)分析触发各个转移的事件。

(7)为各个状态或转移添加必要的动作。

(8)分析状态的并发情况。

(9)绘制状态图。

6.3.5 活动图

活动图(activity diagram)是状态图的一个变体,用来描述执行算法或某个业务的工作流程中涉及的活动。活动状态代表了一个活动:一个工作流的步骤或一个操作的执行。活动图描述了一组顺序的或并发的活动。

活动图显示动作及其结果,着重描述操作实现中所完成的工作以及用例实例或对象中的活动。活动图中反映了一个连续的活动流,常用于描述一个操作执行过程中所完成的工作。

活动图不仅能够表达顺序流程控制,还能够表达并发流程控制,如果排除了这一点,活动图很像一个传统的流程图,如图 6.18 所示。

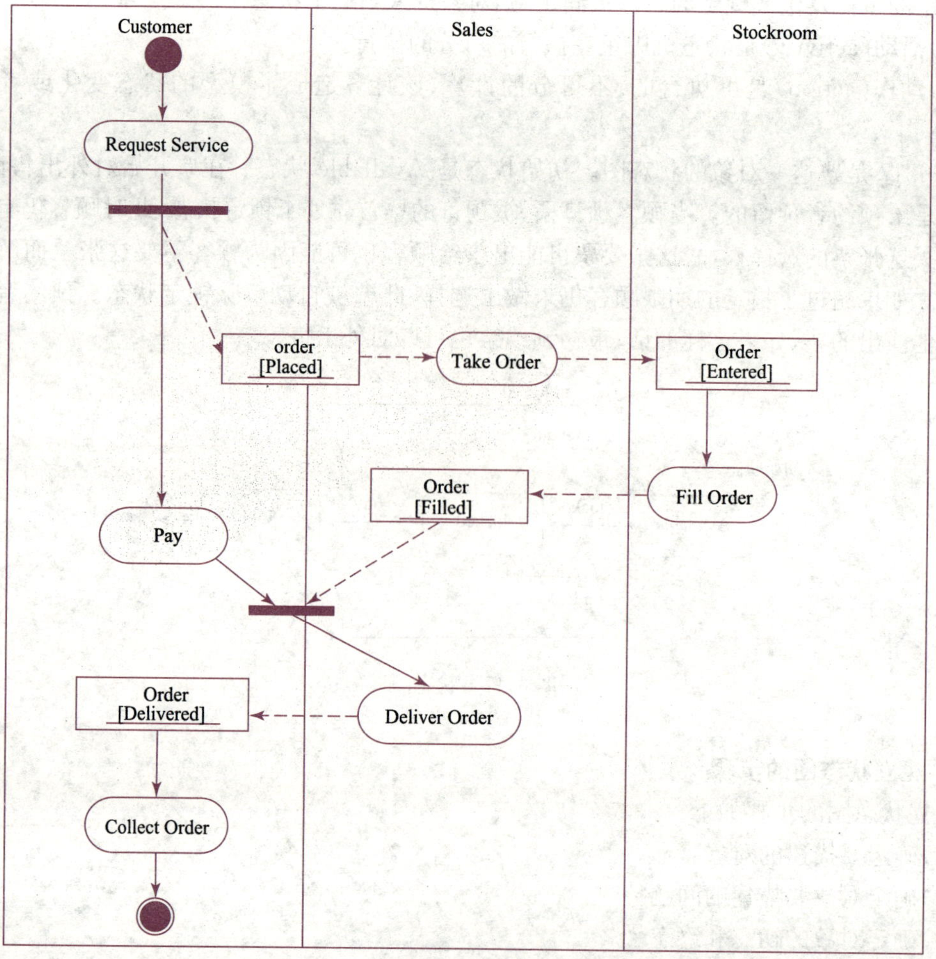

图 6.18 活动图

1. 活动图的基本符号

活动图的大部分符号都借鉴自流程图,但是它增加了并发性以支持许多现代的应用。活动图主要包含的元素如下。

(1)活动。活动用带有圆形边线的矩形表示,它含有活动的描述。

(2)转移。当一个活动结束时,控制流立刻会传递并开始下一个活动。通常用转移说明这个流,显示从一个活动到下一个活动的路径。转移用一条箭头表示。

(3)泳道。泳道(swimlance)把活动图中的活动划分为若干组,每组是一个泳道,将对象名置于泳道顶部,表示泳道中的活动由该对象负责。

活动图中的泳道用垂直实线画出,垂直线分隔的区域就是泳道。在泳道上方给出泳道的名称或对象名称,该对象负责泳道内的全部活动。每一个活动只能属于一个泳道。泳道没有顺序,不同泳道中的活动可以是顺序进行的,也可以是并发进行的,允许转移跨越泳道分隔线。

(4)对象流。活动图能表示对象的值流和控制流。对象流状态表示活动中输入或输出的对象。对输出值而言,虚线箭头从活动指向对象流状态;对输入值而言,虚线箭头从对象流状态指向活动。如果活动有多个输出值或后继控制流,那么箭头背向分叉符号。同样,多输入箭头指向结合符号,表示一个活动和对象流状态都被分配到泳道中的活动图。

(5)分叉与汇合。分叉指一个源活动分为两个或两个以上的目标活动,汇合则指两个以上的源活动连接为一个目标活动。活动图中的一条粗短实线称为同步条,同步条可视化地定义了并发工作流的分叉与汇合。

2. 活动图的用途

活动图可以用来:

(1)对系统的业务过程建模,描述业务活动过程;

(2)对用例建模,描述用例的执行细节;

(3)可以对具体的操作(算法)建模,用于描述计算过程的细节。

6.3.6　顺序图

面向对象系统中对象之间的交互表现为消息的发送和接收。顺序图反映若干个对象之间的动态协作关系,即随着时间的流逝,消息是如何在对象之间发送和接收的。顺序图表现为二维的形式,其中的纵坐标轴显示时间,横坐标轴显示对象。顺序图中重点反映对象之间发送消息的先后次序,常用在逻辑视图中。

顺序图(sequence diagram)也称时序图。Rumbaugh对顺序图的定义是:顺序图是现实对象之间交互的图,这些对象是按时间顺序排列的。特别地,顺序图中显示的是参与交互的对象,以及对象之间消息交互的顺序。

图6.19所示是一个简单的顺序图例子。

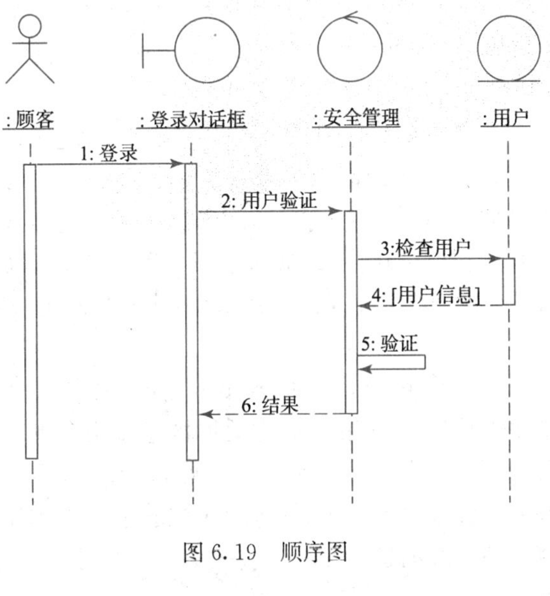

图6.19　顺序图

顺序图是一个二维图形。在顺序图中水平方向为对象维,沿水平方向排列的是参与交互的对象。其中对象间的排列顺序并不重要,但一般把表示参与者的对象放在图的两侧,主要参与者放在最左边,次要参与者放在最右边(或表示人的参与者放在最左边,表示系统的参与者放在最右边）。顺序图中的垂直方向为时间维，沿垂直向下方向按时间递增顺序列出各对象所发出和接收的消息。

1. 顺序图中元素

顺序图中包括的建模元素有：对象（参与者实例也是对象）、生命线（life line）、控制焦点（focus of control）、消息（message）等。

(1)对象。顺序图中对象的符号和对象图中对象所用的符号一样。将对象置于顺序的顶部意味着在交互开始的时候对象就已经存在了，如果对象的位置不在顶部，那么表示对象是在交互的过程中被创建的。

(2)生命线。生命线在顺序图中表示为从对象图标向下延伸的一条虚线，表示对象存在的时间，如图 6.19 所示。

(3)控制焦点。控制焦点是顺序图中表示时间段的符号，在这个时间段内，对象将执行相应的操作。控制焦点表示为在生命线上的小矩形，如图 6.19 所示。

控制焦点可以嵌套，嵌套的控制焦点可以更精确地说明消息的开始和结束位置。另外与控制焦点相关的概念是激活期（activation）。激活期表示对象执行一个动作的期间，即对象激活的时间段。根据定义可以知道，控制焦点和激活期事实上表示的是同一个意思。

(4)消息。顺序图中的一个重要概念是消息。消息也是 UML 规范说明中变化较大的一个内容。UML 在 1.4 及以后版本的规范说明中对顺序图中的消息做了简化，只规定了调用消息、异步消息和返回消息这 3 种消息，而在 UML 1.3 及以前版本的规范说明中还有简单消息这种类型。此外 Rose 对消息又做了扩充，增加了阻止（balking）消息、超时（time—out）消息等。

①调用消息。调用（procedure call）消息的发送者把控制传递给消息的接收者，然后停止活动，等待消息接收者放弃或者返回控制。调用消息可以用来表示同步的意义，事实上，在 UML 规范说明的早期版本中，就是采用同步消息这个术语的。

图 6.19 所示的登录、用户验证等实线箭头表示的就是调用消息。

一般地，调用消息的接收者必须是一个被动对象（passive object），即它是一个需要通过消息驱动才能执行动作的对象。另外，调用消息必有一个配对的返回消息，为了图的简洁和清晰，与调用消息配对的返回消息可以不用画出。

②异步消息。异步（asynchronous）消息的发送者通过消息把信号传递给消息的接收者，然后继续自己的活动，不等待接收者返回消息或控制。异步消息的接收者和发送者是并发工作的。图 6.20 所示是 UML 1.4 及以后版本中表示异步消息的符号。与调用消息相比，异步消息在箭头符号上不同。

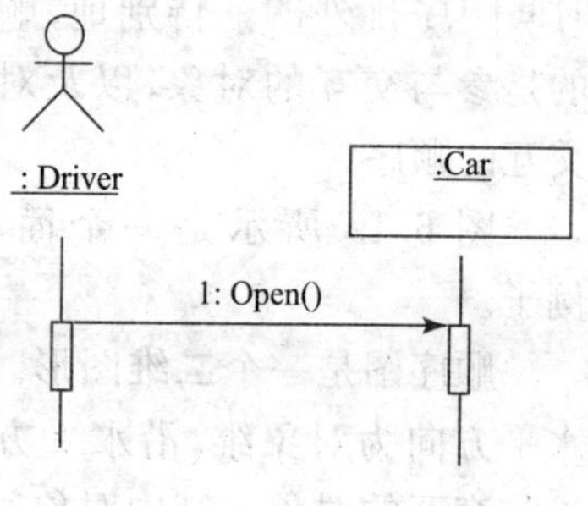

图 6.20　UML 1.4 及以前版本中的异步消息

③返回消息。返回（return）消息表示从过程调用返回。如果是从过程调用返回，则返回消息是隐含的，所以返回消息可以不用画出来。对于非过程调用，如果有返回消息，必须明确表示出来。图 6.19 所示的虚线箭头表示的用户信息，结果就是的返回消息。

2. 建立顺序图的步骤

在分析和设计过程中，建立顺序图并没有一个标准的步骤，下面给出的步骤只是指导性原则。

(1) 确定交互过程的上下文(context)。

(2) 识别参与交互过程的对象。

(3) 为每个对象设置生命线，即确定哪些对象存在于整个交互过程中，哪些对象在交互过程中被创建和撤销。

(4) 从引发这个交互过程的初始消息开始，在生命线之间自顶向下依次画出随后的各个消息。

(5) 如果需要表示消息的嵌套，或/和表示消息发生时的时间点，则采用控制焦点。

(6) 如果需要说明时间约束，则在消息旁边加上约束说明(约束是 UML 的 3 种扩展机制之一)。

(7) 如果需要，可以为每个消息附上前置条件和后置条件。

6.3.7 协作图

协作图(collaboration diagram)主要描述协作对象之间的交互和连接。协作图和序列图同样反映对象间的动态协作，也可以表达消息序列，但重点描述交换消息的对象之间的关系，强调的是空间关系而非时间顺序。图 6.19 对应的协作图如图 6.21 所示。

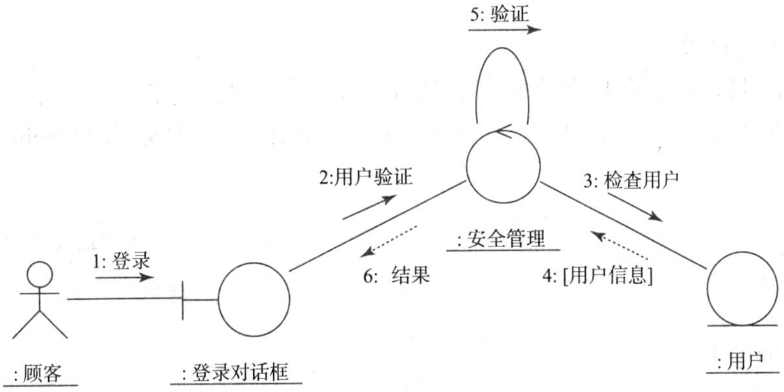

图 6.21　协作图

6.3.8 组件图

组件图(component diagram)用来反映代码的物理结构。组件可以是源代码、二进制文件或可执行文件，包含逻辑类的实现信息。实现视图由组件图构成。

组件图描述了组件及组件间的关系，表示了组件之间的组织和依赖关系。组件图是用来为面向对象系统的物理方面建模的两种图之一。

组件图被用来为系统的静态实现建模，很多时候，它被看作是着眼于系统组件的特殊的类图。

如图 6.22 所示，组件图包含下列元素。

- 组件。
- 接口。

- 依赖关系、类属关系、关联关系和实现关系。

像其他的图一样，组件图可以含有注释和约束，也可以含有包或子系统。

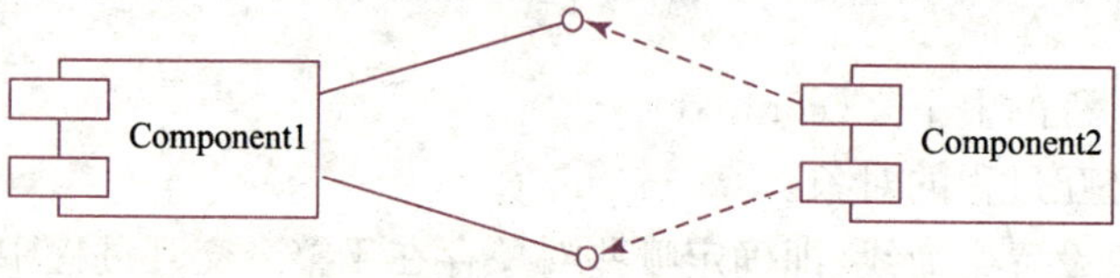

图 6.22　组件图

6.3.9　配置图

配置图(deployment diagram)用来显示系统中软件和硬件的物理架构。图中通常显示实际的计算机和设备及它们之间的关系。配置图用来构成配置视图，描述系统的实际物理结构。

配置图被用来模拟系统的静态配置视图。静态配置视图主要描述了构成物理系统的组成部分的分布和安装。在极大程度上，配置图模拟了运行系统的硬件拓扑。本质上，配置图是着眼于系统的节点的类图，它为系统中物理节点、节点之间关系的静态方面建立了可视化的模型，并规定了构造的细节。

配置图对于嵌入式、客户/服务器和分布式系统的可视化建模很重要。

如图 6.23 所示，配置图包含下列元素。

- 节点。
- 依赖和关联关系。

配置图中可以含有组件，每个组件必须存在于某个节点上。图 6.24 所示的课程表制订系统的配置图，系统中有 3 个组件：Schemer、Scheduler、LessonsDB。组件 Schemer 位于节点

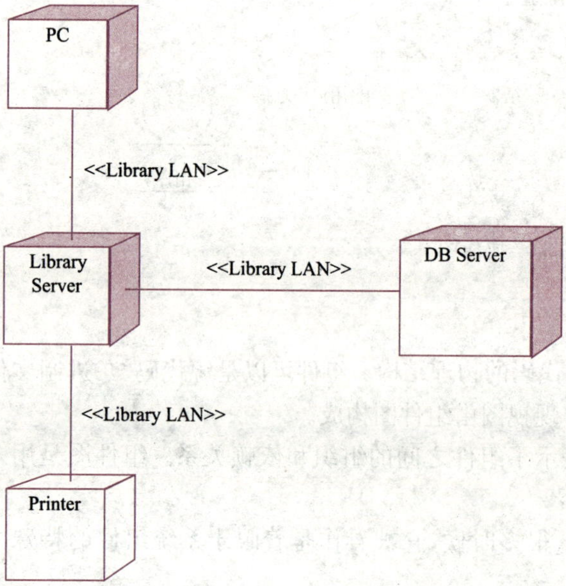

图 6.23　配置图

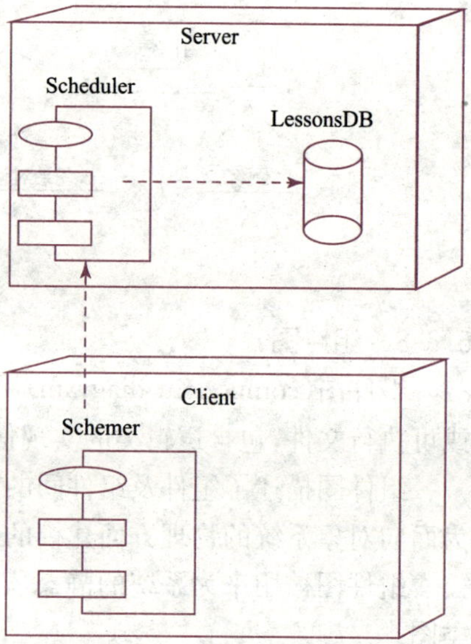

图 6.24　课程表制订系统配置图

Client(客户端)上，组件 Scheduler 和数据库组件 LessonsDB 位于节点 Server(服务器)上，这个系统是一个客户/服务器系统。其中，组件 Schemer 依赖于组件 Scheduler，组件 Scheduler 依赖于组件 LessonsDB。

6.3.10 包

包是一个用来将模型单元分组的通用机制。可以将一个系统看作一个单一的、高级的包。包是模型的一部分，模型的每一部分必须属于某个包。建模者可以将模型的内容分配到包中。但是为了使其能够工作，分配必须遵循一些合理的原则，如公用规则、紧密耦合的实现和公用观点等。UML 对如何组包并不强制使用什么规则，但是良好的分组会很大程度上增强模型的可维护性。

包包含顶层的模型元素，即任何不被其他元素所包含的元素，如类和它们之间的关系、状态机、用例图、交互和协作。有些元素如属性、操作、状态、生命线和消息被其他元素包含，而不在包中直接出现。每个顶层元素都有一个包，它在这个包中被声明，该包被称作元素的“家”包。可能被别的包引用，但是其所有权属于家包。在一个好的配置控制系统中，建模者必须能够对家包进行访问以修改元素的内容，这为处理大的模型提供了访问控制机制。

一个包可以包含其他的包，根包可间接地包含系统的整个模型。组织中的包有几种可能的方式，可以用视图、功能或建模者选择的其他基本原则来规划包。包是 UML 模型中一般的层次组织单元。它们可以被用来进行存储、访问控制、配置管理和构造可重用模型部件库。如果包的规划比较合理，那么它们能够反映系统的高层构架——有关系统由子系统和它们之间的依赖关系组合而成。包之间的依赖关系概述了包的内容之间的依赖关系。

6.4 UML 的应用

6.4.1 UML 应用于软件开发过程

UML 的目标是以面向对象图的方式来描述任何类型的系统，具有很宽的应用领域。其中最常用的是建立软件系统的模型，但它同样可以用于描述非软件领域的系统，如机械系统、企业机构或业务过程，以及处理复杂数据的信息系统、具有实时要求的工业系统或工业过程等。

UML 应用于系统开发过程中，适用于从需求规格描述到系统完成后测试的不同阶段。

1. 需求分析阶段

可以用用例来捕获用户需求。通过用例建模，描述对系统感兴趣的外部角色及其对系统(用例)的功能要求。

2. 分析设计阶段

分析阶段主要关心问题域中的主要概念(如抽象、类和对象等)和机制，需要识别这些类以及它们相互间的关系，并用 UML 类图来描述。为实现用例，类之间需要协作，这可以用 UML 动态模型来描述。在分析阶段只对问题域的对象(现实世界的概念)建模，而不考虑定义软件系统中技术细节的类(如处理用户接口、数据库、通信和并行性等问题的类)。这些技术细节将在设计阶段引入，因此设计阶段为构造阶段提供更详细的规格说明。

3. 构造阶段

编程(构造)是一个独立的阶段，其任务是用面向对象编程语言将来自设计阶段的类转换成实际的代码。在用 UML 建立分析和设计模型时，应尽量避免考虑把模型转换成某种特定的编程语言。因为在早期阶段，模型仅仅是理解和分析系统结构的工具，过早考虑编码问题十分不利于建立简单正确的模型。

4. 测试阶段

UML 模型还可作为测试阶段的依据。系统通常需要经过单元测试、集成测试、系统测试和验收测试。不同的测试小组使用不同的 UML 图作为测试依据：单元测试使用类图和类规格说明；集成测试使用组件图和协作图(顺序图)；系统测试使用用例图来验证系统的行为；验收测试由用户进行，以验证系统测试的结果是否满足在分析阶段确定的需求。

总之，UML 适用于以面向对象技术来描述任何类型的系统，而且适用于系统开发的不同阶段，从需求规格描述直至系统完成后的测试和维护。

需要说明的是，UML 作为一种建模语言，目的是为不同领域的人们提供统一的交流标准，其本身并不能保证系统的质量。使用 UML 建模，必须依照某种方法或过程进行。在众多的软件设计和实现的经验中，最突出的有两条，一是注重系统体系结构的开发，一是注重过程的迭代和递增性。尽管 UML 本身没有定义任何过程，但 UML 对任何使用它的方法或过程提出的要求是：支持用例驱动、以体系结构为中心，以及递增和迭代地开发。

6.4.2 UML 使用准则和精简应用

1. 使用 UML 的准则

(1)不要试图使用所有的图形和符号。应该根据项目的特点，选用最适用的图形和符号。一般来说，应该优先选用简单的图形和符号，如用例、类、关联、属性和继承等概念是最常用的。

(2)不要为每个事物都画一个模型。应该把精力集中于关键的领域，最好只画几张关键的图，经常使用并不断更新、修改这几张图。

(3)应该分层次地画模型图。根据项目进展的不同阶段，用正确的观点画模型图。如果处于分析阶段，应该画概念层模型图；当开始着手进行软件设计时，应该画设计层模型图；当考查某个特定的实现方案时，则应画实现层模型图。使用 UML 的最大危险是过早地陷入实现细节。为了避免这一危险，应该把重点放在概念层和说明层。

(4)模型应该具有协调性。模型必须在每个抽象层次内和不同的抽象层次之间协调。

(5)模型和模型元素的大小应该适中。过于复杂的模型和模型元素难于理解也难于使用，这样的模型和模型元素很难生存下去。如果要建模的问题相当复杂，则可以把该问题分解成若干个子问题，分别为每个子问题建模，每个子模型构成原模型中的一个包，以降低建模的难度和模型的复杂性。

2. UML 的精简应用

UML 的体系的确比较复杂，模型元素众多，但 UML 的学习和使用并不可怕，正如 UML 大师所说："利用 UML 的 20%，就可以为 80%左右的问题建模"(《UML 用户指南》)。其实在 UML 的众多模型中，有 3 种基本图占据核心地位：用例图、类图和交互图。这 3 种模型构成了 UML 的精简核心，一个信息系统的主要内容可由这 3 种模型展示：类之间相互交互完成了用例规定的功能。核心模型之间的关系如图 6.25 所示。

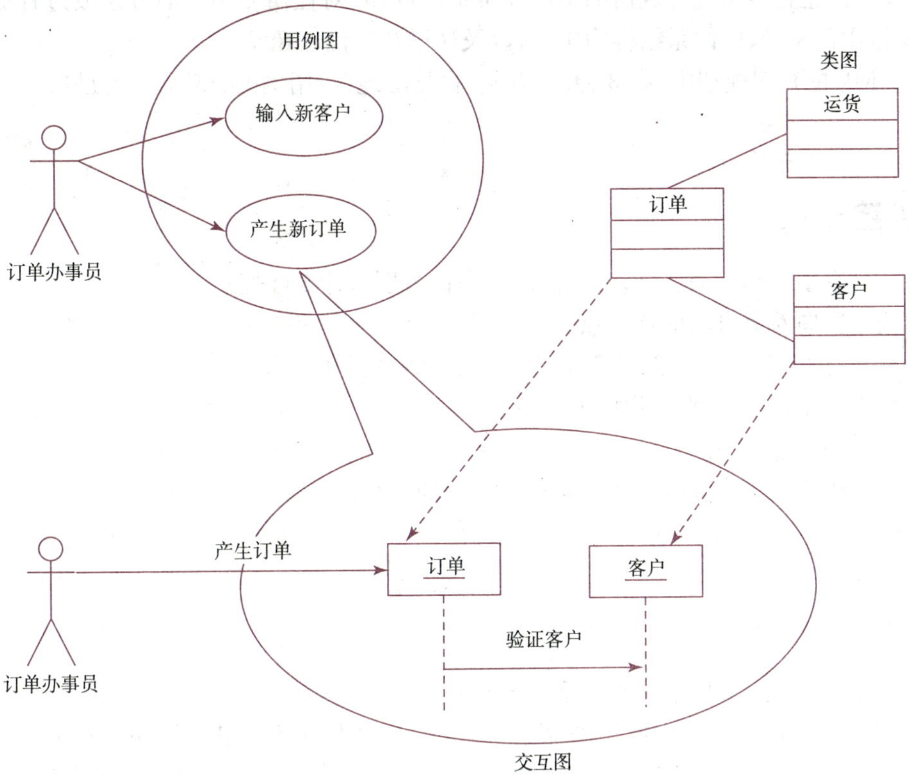

图 6.25　UML 核心模型之间的关系

本章小结

面向对象是近 20 年来国内外 IT 行业最为关注的技术之一，面向对象技术是一种按照人们对现实世界习惯的认识论和思维方式来研究和模拟客观世界的方法学。

面向对象的基本概念有：对象、消息、方法、类等，面向对象方法具有封装、继承、多态等特性，使开发出来的系统稳定性高、可重用性及可维护性好。

UML 统一了 Booch 方法、OMT 方法、OOSE 方法的符号，并采纳了其他面向对象方法的许多好的概念，成为面向对象建模的标准语言。具有面向对象、表示能力强、独立于开发过程和程序语言等特点。

UML 的主要内容包括：基本图素、模型图及建模规则、扩展机制，这使得 UML 具有很广的应用领域，其中最常用的是为软件系统建模。

UML 建议用 5 种视图来描述一个软件的体系结构：用例视图、设计视图、进程视图、实现视图、配置视图。

UML 的主要模型包括 9 种图：用例图、类图、对象图、状态图、活动图、顺序图、协作图、组件图、配置图，另外还有用于分组模型的包图。

UML 适用于以面向对象技术来描述任何类型的系统，而且适用于系统开发的不同阶段，从需求规格描述直至系统完成后的测试和维护。UML 对任何使用它的方法或过程提出的要求是:支持用例驱动、以体系结构为中心,以及递增和迭代地开发。

在 UML 的众多模型中,有 3 种基本图占据核心地位:用例图、类图和交互图。

思考题

1. 解释继承、封装、消息和多态等概念,它们分别有什么好处?
2. 简述面向对象方法的优缺点。
3. 什么是 UML? 它定义了几种视图? 每个视图描述什么?
4. 什么是用例? 用例图的作用是什么?
5. 顺序图和协作图的目的是什么? 二者有什么区别?
6. 描述用例图、类图(对象图)、顺序图之间的关系。

实作题

图书销售业务管理内容主要包括以下方面:

(1)"进"书审核。"进"主要指商品的购入,本例中指新书的编号、登记、入库。主要过程为:将新购入的书籍按照国家统一的分类编号;登记书号、书名、作者、出版社等基本信息,将新购图书入库。记账员进行审核后,将合格的入库单登记书籍入库台账,记录一笔入库业务。

(2)"销"售登记。"销"主要指商品的销售,本例中指新书的销售。主要过程为:顾客选定书籍之后,营业员进行查找,如果该书籍在库,开出相应收据,否则给出信息反馈。顾客凭收据到收银台进行缴费,收银台营业员进行审核后,将合格的收据登记书籍出库台账,记录一笔出库业务。

(3)书籍库"存"统计。统计员根据库存台数据统计分析各种书籍每日每月出入库数量等综合数据,也可进行库存数据的随机查询等。

根据以上业务调查文字材料,请画出图书销售管理的用例图、类图和"进书审核"的顺序图。

第 7 章　面向对象分析与设计

学习目标

- 理解基于 UML 的面向对象系统开发的阶段划分
- 掌握以用例为核心的需求获取技术
- 掌握以类的分析为核心的系统分析技术
- 理解设计模式的内涵，了解 MVC 模式的优缺点
- 掌握由分析类生成设计类的技术
- 掌握由面向对象模型转换为关系模式的主要方法和技巧

本章重点

UML 的主要模型在需求获取、系统分析、系统设计阶段的应用。

7.1　需求获取

开发第一阶段的任务是要获取用户需求，主要是功能上的需求。需求收集从调查开始。调查的对象、方法、内容、步骤可参照第 4 章中介绍的内容。在面向对象方法中，用户功能需求的描述工具是用例图。需求分析的目的是为了发现系统中的参与者需要通过用例描述的系统功能。图 7.1 是一个用例图的例子。

7.1.1　建立用例图

1. 确定系统边界

在确定参与者和用例的过程中也就确定了系统的边界。用例是系统之中的，参与者是系统外部的。确定一个新需求是否属于开发的系统之中，可参考以下问题。

(1)这些需求对于系统是否是必须的?

(2)这些需求是系统在逻辑上会完成的吗?

(3)这些需求是参与者要求系统去做的吗?

2. 识别参与者

(1)识别参与者的一般方法。建立用例首先应找出系统参与者，一般地，可以通过以下问

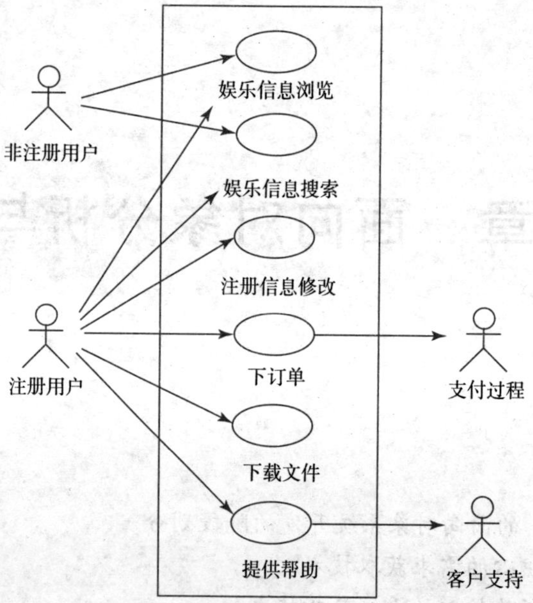

图 7.1　用例图

题去寻找用例图中的参与者。

- 谁是系统的主要参与者?
- 谁从系统获取信息?
- 谁向系统输入信息?
- 谁从系统中删除信息?
- 谁需要系统支持它们的日常工作?
- 谁来维护、管理系统使其能正常工作?
- 系统需要控制哪些硬件?
- 系统需要与其他哪些系统交互(这里的其他系统包含其他计算机系统和其他应用程序)?
- 对系统产生的结果感兴趣的是哪些人或哪些事物?

除把直接使用系统的人员确认为参与者外,凡是与系统进行信息交换(包括数据信息和控制信息交换)的外部事物均可被确认为参与者。

(2)系统边界与参与者。参与者与系统边界的划定有关。例如,对于 ATM 机系统,如果所要定义的系统边界仅限于 ATM 机本身,那么后台服务器就是一个外部的系统,可以抽象为一个参与者,如图 7.2 所示。

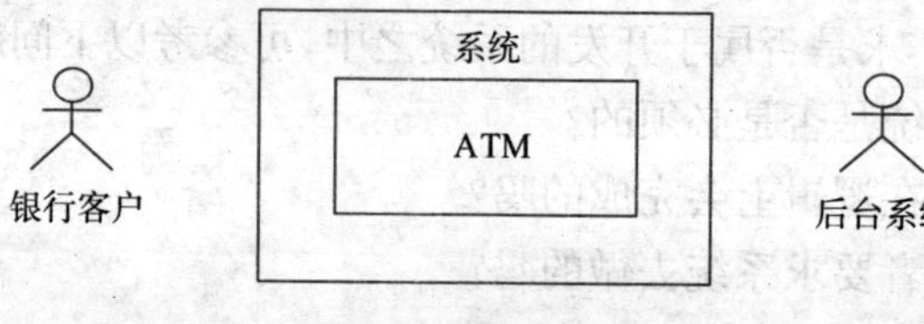

图 7.2　系统边界 A

如果所要定义的系统边界扩大至整个银行系统，ATM机和后台服务器都是整个银行系统的一部分，这时候后台服务器就不再被抽象为一个参与者，而是系统的一部分，如图7.3所示。

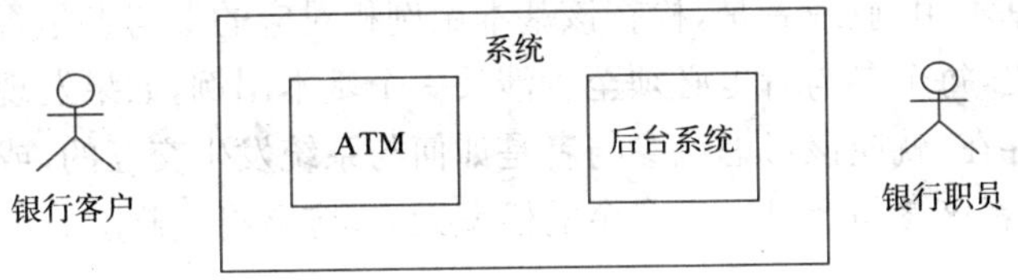

图7.3 系统边界B

(3)特殊的参与者——系统时钟。有时候需要在系统内部定时地执行一些操作，如检测系统资源使用情况、定期地生成统计报表等。从表面上看，这些操作并不是由外部的人或系统触发的，应该怎样用用例来表述这一类功能需求呢？对于这种情况，可以抽象出一个系统时钟或定时器参与者，利用该参与者来触发这一类定时操作。从逻辑上，这一参与者应该被理解成是系统外部的，由它来触发系统所提供的预置响应，如图7.4所示。

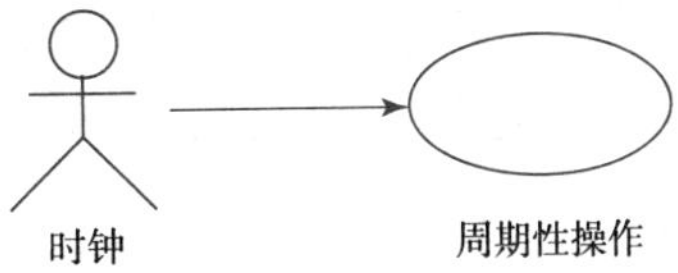

图7.4 时钟参与者

3. 识别用例

识别用例常用下面两种方法。

(1)根据与参与者有关的服务请求或事件识别用例。面对一个大系统，要列出用例清单常常是很困难的。在这种情况下，往往首先需要找出各种可能的参与者，列出它们的名单，然后通过对这些参与者的调查，分别描绘它们各自所要求的用例，然后汇总，从而获取整个系统的用例。

> 常采用识别用例的方法是基于参与者的方法。
> ①识别出与系统有关的参与者。
> ②对每个参与者，识别出它们发起的服务请求或事件。
> ③对每个参与者，识别出向它们传递信息的服务请求或事件。

可列一个表，首先列出参与者，然后列出与它们有关的服务请求或事件。

(2)根据参与者的职责识别用例。

参与者的职责是它应完成的任务，也是它对系统功能的需求。因此，通过列出参与者的职责，也能帮助我们识别系统的用例。

> 通常，在确定用例前应考虑以下问题：
> - 参与者需要使用系统吗？
> - 对于各个参与者，其哪些职责会涉及系统？
> - 系统与参与者之间有哪些交互？
> - 系统需要何种输入输出？输入从何处来？输出到何处去？
> - 用例将支持和维护的系统功能是什么？
> - 必须提醒参与者的事件有哪些？
> - 参与者必须提醒的事件有哪些？怎样把这些事件表示成用例中的功能？

在用例的抽取过程中,必须注意:基本用例必须是由某一个参与者触发而产生的活动,即每个基本用例至少应该涉及一个参与者。如果存在与参与者不进行交互的基本用例,就可以考虑将其并入其他基本用例;或者是,检查该基本用例相对应的参与者是否被遗漏,如果是,则补上该参与者。反之,每个参与者也必须至少涉及一个基本用例,如果发现有不与任何基本用例相关联的参与者存在,就应该考虑该参与者是如何与系统发生交互的,或者由参与者确定一个新的基本用例,或者该参与者是一个多余的模型元素,应该将其删除。

4. 确定关系

建立用例图的最后一个步骤就是描述关系。关系包括参与者与用例之间的关系、用例之间的关系、参与者之间的关系。这些关系具体表现为关联关系、泛化关系、包含关系和扩展关系。图 7.5 是一个描述了关系的用例图。

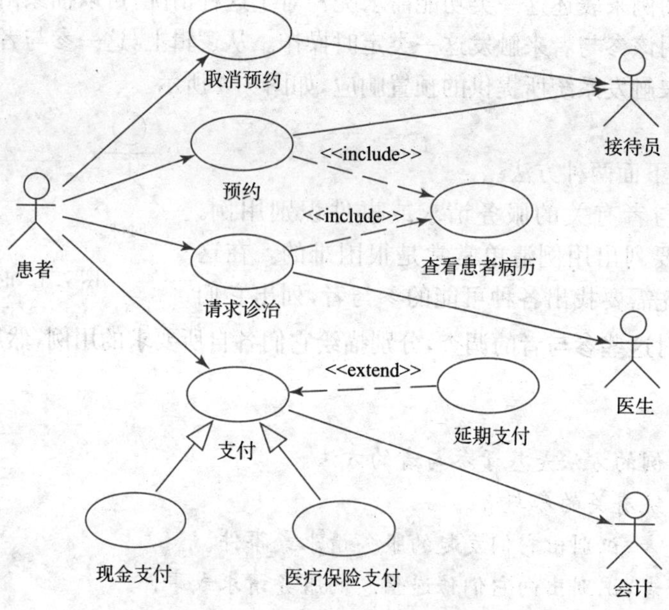

图 7.5 描述了关系的用例图

5. 用例描述

详细具体的描述一个用例还要使用用例描述。用例描述是指采用自然语言描述一个用例的功能。在用例描述中,通过用例的事件流可以详细地描述系统的一个功能是如何执行的。

用例描述是一个结构化的用例说明文本。

7.1.2 用例的优化与组织

1. 用例的粒度

不要把用例划分得过大,如只用一个用例就把一个系统或子系统的功能行为全部包括在内,但也不要把用例划分得过于琐碎细小。

通常,用例的行为都是用事件流描述。这是用例粒度的底线。一般认为用例粒度合适的把握原则如下。

(1)一个用例应当是一个完成有意义的业务任务的事件流集合。

(2)一个用例以能够描述参与者与计算机的一次完整交互为宜。

(3)一个用例只描述没有大的分支的事件流的单个线索。

图 7.6 是用例粒度过细的例子。图 7.7 是用例粒度恰当的例子。

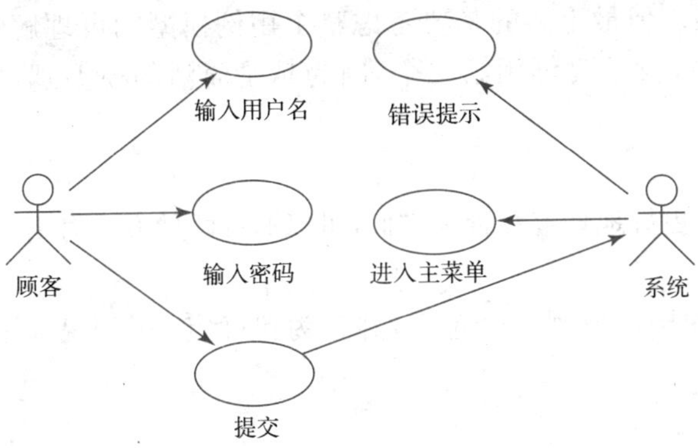

图 7.6 粒度过细的用例图

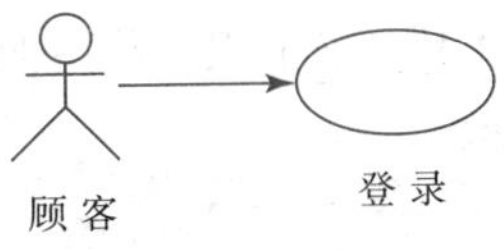

图 7.7 粒度合适的用例图

对业务处理的每种例外(异常)情况的事件流也要单独建立一个相应的用例。

总之,一个复杂的系统通常要用多个用例来描述系统的行为功能,在用例个数大致确定的条件下,就很容易来确定用例粒度的大小。对于较复杂的系统,需要控制用例图一级的复杂度,所以可以将复杂度适当地移往每一个用例的内部,也就是让一个用例包含较多的需求信息量。对于比较简单的系统,则可以将复杂度适度地移出用例,也就是让一个用例包含的需求信息量少一些。

用例的粒度不但决定了用例图的复杂度,而且也决定了每一个用例内部的复杂度。应该根据每个系统的具体情况来把握各个层次的复杂度,在尽可能保证整个用例图的易理解性前提下决定用例的大小和数目。

2. 用例的优化

如果已创建的用例有重复的功能出现,或者有功能上的相互包含,则需要对其进行优化处理。优化处理的原则是:用例的独立性要强、用例的功能要集中。

用例的优化方法如下。

(1)用例的合并。合并指的是同类或相似的用例合并。例如:要将电子邮件撰写、邮件查看、合同录入、合同修改、合同删除、合同查看等用例优化。可采用的方法如下。

①功能性合并:文档录入(电子邮件撰写、合同录入);文档查看(邮件查看、合同查看)。

②业务性合并:邮件管理、合同管理。

(2)用例的拆分。对较大的或复杂的用例需进行用例拆分。一般当用例描述,描述到了第四级(主流→子流→分支流→子分支流),仍无法描述清楚,则需进行用例拆分。

用例拆分的例子如下。

管理用户用例包括:添加用户、修改用户信息、删除用户、查找用户、修改用户口令、变更用户级别。

按业务相关性可拆分为:管理用户信息用例(添加用户、修改用户信息)、管理用户用例(删除用户、查找用户)、管理用户权利用例(修改用户口令、变更用户级别)。

用例图的主要作用之一是描述参与者和用例之间的关系。简单的系统中只需要有一个用例图就可以把所有的关系都描述清楚。复杂的系统中需要有多个用例图,并且用包组织用例,每个用例包都有一个独立的用例图来描述该用例包中所有的参与者和用例的关系。

在用例建模过程中，如果在一个用例图中表述所有的参与者和用例显得不够清晰，则可创建多个用例图来分别表示各种关系。但最重要的是要考虑整个用例模型的可理解性，如果可以用一个用例图把意思表述清楚，就不要再用第二个，因为越是简洁的模型越易于理解。

3. 用例的组织

较大的系统往往包含许多用例，为了更好地理解和管理它们，可以通过两种方式对用例进行组织。

(1)用包来组织。将一些关系紧密的用例放到一个包里，并且为包确定一个主题，如图7.8所示。

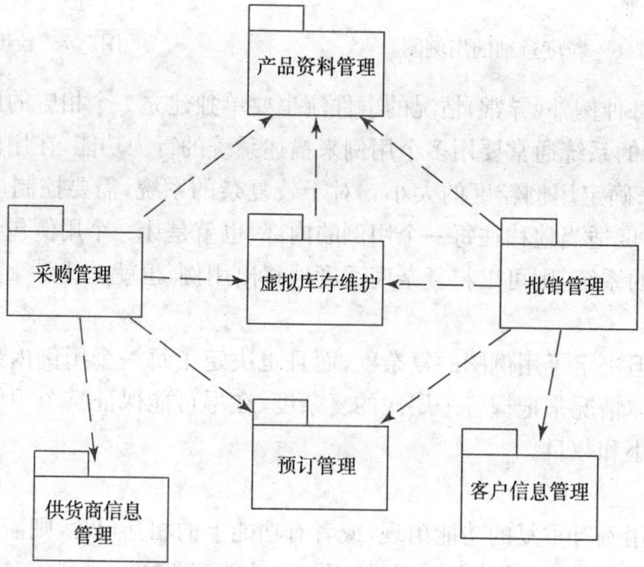

图 7.8　用例的组织

(2)用用例的级别层次关系来组织。对一组具有相关目标的用例抽象出一个概要级用例，从而形成用例间的层次关系。

对用例进行组织时应注意以下两点。

(1)在大型的软件开发过程中，用例图可以分层建立。

(2)在建模的开始阶段，注意保持用例图对系统功能需求的高层次刻画，不要对它进行过细地分解。

7.1.3　建立用例图的规则

(1)如果两名参与者有相同的功能需求，应建立一个用例。

(2)如果对同一事物有前台处理和后台处理之分，应建立两个用例。

(3)如果需要建立包含关系，通常基本用例应是主要功能需求。

(4)不要在用例图上表现各用例之间的顺序关系，如用顺序关系，可在用例规范中的前置条件、后置条件中说明。

(5)扩展用例的功能相对于基本用例是有条件执行的。

(6)当处理一般与特殊的关系时，应采用泛化关系。

(7)当避免两个或多个用例出现重复描述时,应采用包含关系。

(8)当描述用例的某种特殊动作时,应采用扩展关系。

(9)如果某个基本用例存在特殊动作,则必须将其用扩展关系描述下来,因为扩展用例是不包括在基本用例之内的,不描述扩展用例等于遗失了系统的部分功能,这对需求获取来说是不允许出现的。

(10)如果不描述包含用例,从功能获取角度系统并无遗失,因为不把包含用例提取出来,那这部分用例仍存在于基本用例中,不存在功能遗失问题。

(11)如果仅仅想描述一般参与者和特殊参与者,在用例图中采用参与者的泛化关系意义并不大;但如果既要强调几个参与者的共同功能需求,又要分别强调它们各自的特殊功能需求,则应该采用参与者的泛化关系。

(12)定义用例的优先级,目的是区分需求的优先级,便于制订合理的开发计划。

7.2 系统分析

面向对象系统分析阶段的主要任务是分析问题域(即应用领域)和系统责任,找出问题解决方案,发现对象,分析对象的内部构成和外部关系,产生一个符合用户需求,并能够直接反映问题域和系统责任的对象模型及其详细说明。

具体来说,分析阶段的活动主要是:识别对象、确定类、确定类的属性和操作、确定类之间的关系、确定对象之间的交互、确定对象的状态变化等。

7.2.1 识别对象

识别对象并不是从零开始的工作,应该最大限度地利用已有的劳动成果。比较典型的可利用的资料有:用例图和用例描述,术语表,权威的术语定义集合。

就建模而言,识别对象的过程并不复杂,主要有以下3个要点。

(1)从上述来源中找出候选的对象集合,根据对象的基本含义做出相应取舍。

(2)将被确认的对象以类的形式加入分析模型,为每个对象做简要文字说明。

(3)将对象绘制在一张(或者多张)描述类之间关系的类图中,标识现阶段能够确认的关系。

1. 发现对象

用例图和用例描述是用来发现对象的重要资料。为了寻找对象需要认真阅读它们,阅读时先将名词画出来。

名词可能是参与者、对象和对象属性,所以还要区别它们。参与者通常比较容易区别,而对象和对象属性可以通过分析其是否有行为来区别。对象是有行为和属性的,而对象属性只是单纯的信息。另外,并不是所有的对象都能通过用例图和用例描述发现。

分析模型中最常用的三种对象类型如下。

(1)实体对象。实体对象主要的任务是保存信息,同时也具有相关的行为,但是这部分行为主要包括那些和实体对象自身信息直接相关的操作。

识别实体对象的几个办法有:

①考虑解决问题所需要的全部数据和行为,然后将数据按相关性分组;

②识别出重要的名词,并将它们作为实体对象,然后确定每一个实体对象包含的数据和

行为。

识别实体对象可参考下列问题：

①该对象是否是某个问题中的重要的名词？

②该对象是否包含用来解决系统问题的重要信息？

(2)边界对象。边界对象用于描述待建系统与参与者之间传递和交换信息的媒介。

边界对象主要用于描述3种类型的内容：待建系统和用户的界面、待建系统和外部系统的接口、待建系统与设备的接口。

通过检查在用例图中的参与者与用例之间的关系，我们可以识别出边界对象。通常，在分析模型中，每一对参与者/用例都构成了一个边界对象。

识别边界对象可参考下列问题：

①该对象是否描述了与参与者的交互？

②该对象是否包含所有的接口设计细节？

③该对象是否描述了必须显示的信息以及必须提供的服务？

(3)控制对象。控制对象用于描述对一个用例所特有的事件流的控制行为。控制对象相当于协调人，它自己通常不处理具体的任务，但它知道哪些对象有能力完成具体的任务。通常一个用例对应一个控制对象。

识别控制对象可参考下列问题：

①该对象是否对业务逻辑进行控制？

②该对象是否将业务逻辑结果提交给实体对象？

在图7.9中，"生成合同用户接口"是边界对象，"生成合同过程"是控制对象，"合同"与"批价率"是实体对象。

2. 描述对象的行为

以上得到的信息只展示了对象和对象之间的静态关系，并不完整，还需要详细了解对象在系统中的行为和责任。

责任是响应消息的能力。消息被要求者提出，责任由响应者承担。确定责任主要根据责任和消息的简明对应关系，所谓找出责任是根据消息的要求定义责任，即用责任满足消息所提出的要求。

(1)对象的行为。对象的行为是通过系统中对象之间的交互以及对象状态的转化来表现的。对象间通过发送消息而产生交互。同时，在一个对象的生命周期内也存在状态的转移以及对事件的响应。

动态分析的主要任务包括：分析用例的实现过程(根据详细的用例描述)，从而更好地理解业务流程以及为发现类打好基础。

用于动态分析的UML图包括顺序图、协作图、活动图和状态图。这几种图从不同的角度和方面描述对象的动态行为。

在已确定的3类对象的基础上，运用顺序图和协作图可以反映3类对象的协作关系。

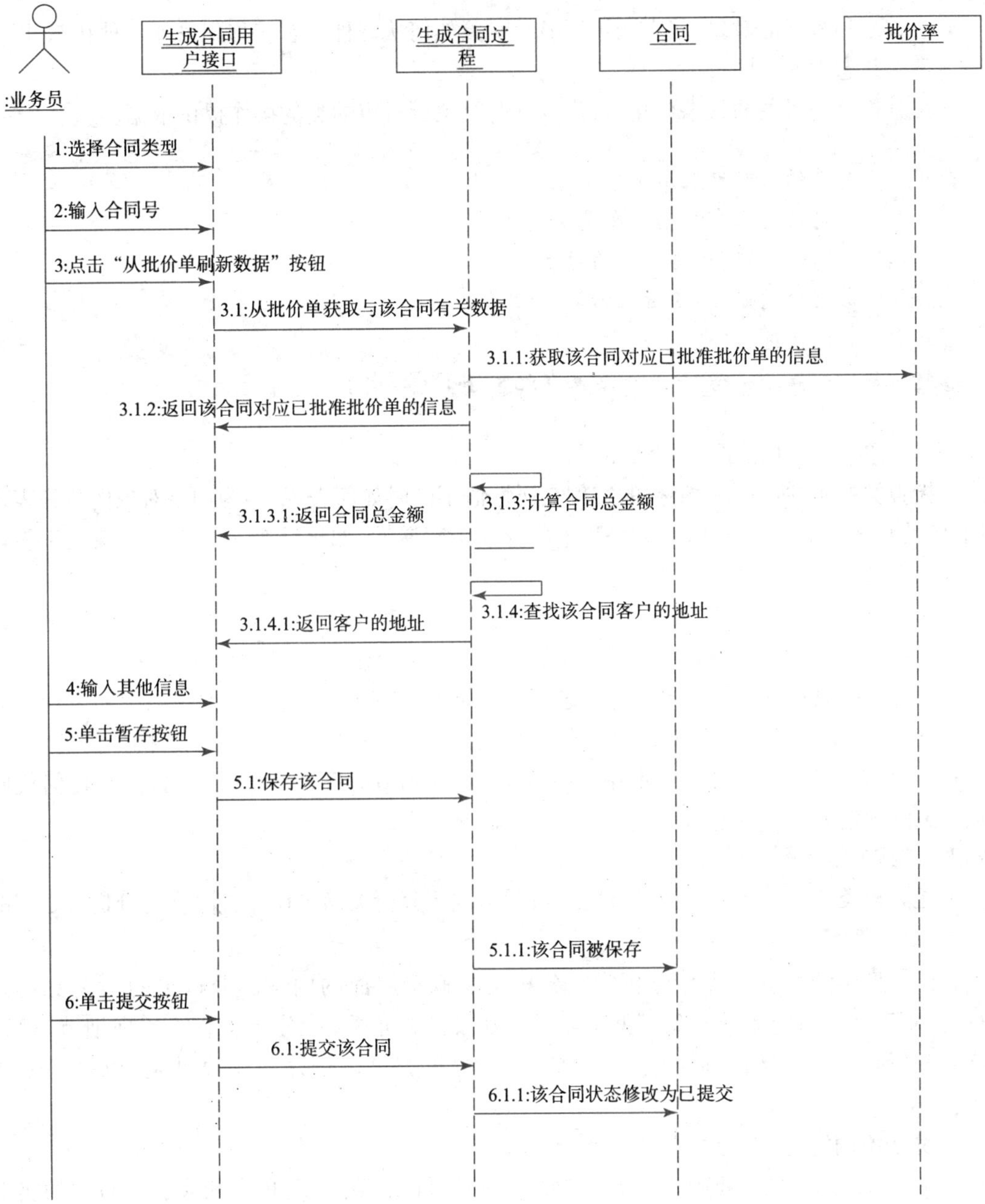

图 7.9　顺序图中的边界对象、控制对象和实体对象

交互图表现的是参与者与系统，以及系统内部对象之间的交互。创建交互图时要记住，将消息加进交互图时，是在向接收消息的对象指定职责。

用例的事件流中可能包含多个事件流，通常有一个基本事件流和多个替代事件流。

用例中的场景描述可以是形成系统对象图的一个出发点。它对于系统中对象的发现有极大的帮助。用例一般是由多个场景组合而成的，每个场景代表了用例的一个实例。

(2)对象状态分析。状态图针对单个对象建模，通过分析单个对象的状态转换来了解一个对象的行为。

对于有多种状态的对象，状态图可以显示对象如何从一种状态转移到另外一种状态，以及对象在不同状态中的不同行为。

通过分析某一对象的状态变化，可为设计此对象所对应的类的操作提供依据。

分析一个对象的状态可采用下列步骤。

①首先要确定该对象有哪些状态是问题域所关心的。当对象处于这些状态时会有哪些动作。当然，我们只识别问题域所关心的对象的状态。

②分析对象生命周期，确定对象活动"历程"。

③获取一系列候选状态。

④针对每一个候选状态，分析出对象在此状态下的动作。

分析对象状态常用的两种方法如下。

①检查类的属性：考虑一个类的实例在属性值不同时如何表现，因为如果对象的行为表现不同，则其状态也不同。例如，某人信用卡的存款余额属性，如果结余小于零或结余大于零都会引起状态的转移。

②检查类的关联：看看关联多重性中带 0 的关联，0 表示这个关联是可选的。查看关联存在和不存在时类的实例是否表现相同，如果不同，则可能有多种状态。

原则上一般只对复杂的对象创建状态图。如果对象有多种状态，每种状态中的表现又大不相同，则可能要对其创建状态图。实际情况是，许多对象根本就不需要状态图。另外，在开发过程中，状态图仅用于文档，而不用于生成代码。从 Rose 模型产生代码时，没有任何代码是从状态图的信息中产生的。

7.2.2　创建分析类图

创建分析类图的主要工作包括：确定分析类；确定分析类的操作、属性；确定分析类之间的关系。

分析模型中的所有类都是分析类。分析类是概念层面的内容。分析类的实例所具备的行为，用于捕获待建系统对象模型的雏形。从设计视角看待，分析类忽略实现细节，相当粗略。分析类是为定义设计类做准备的。一个分析类可以创建一个设计类，也可能创建多个。

1. 分析类的类型

创建分析类图首先需要确定一组备选的、能够执行用例中行为的分析类。分析类的实例应该满足用例的所有需求。

在确定分析类时，使用 3 种不同的构造型识别和提取潜在的分析类。它们是：边界类、控制类、实体类。

(1)边界类。一个参与者和一个用例的交互存在一个对应的边界类。若多个参与者与一个用例交互且功能一样，应可共用一个边界类。

(2)控制类。控制类处理系统中的业务逻辑、操作数据库以及响应客户层的请求，其作用是处理和转发接收到的信息，所以基本上控制类只有操作。这些操作可以根据顺序图来确定：控制类接收到什么信息，进行怎样的处理等。控制类设计的成功与否，关系到能否满足用户的需求及系统的性能，是设计中的重要组成部分。一般一个用例对应一个控制类。它一般存在于特定的应用中。若不同用例包含的任务之间存在紧密联系，则这些用例可共用一个控制类。

当用例比较复杂时（如有分支的事件流），一个用例可以有多个控制类；当用例事件流逻辑结构十分简单时，控制类的必要性明显降低。这时，可以不使用控制类，而用边界类实现用例的行为，如“登录”。

(3)实体类。实体类从数据存储层的角度进行考虑，对应于表记录的封装，也就是该类的一个实例对应于表中的一个记录，而且，该类中的属性和记录中的字段是一一对应的。实体类用于描述必须存储的信息及其相关行为。实体类的使用主要看用例里面用到的持久的数据对象。控制类要用到数据库对象时，一般就要使用实体类。

实体类的适用范围和生命周期可能超越特定的用例事件流。实体类通常不是某一特定用例所专有的。

2. 分析类的获取

分析类的获取有两种办法。

(1)根据事件流中的名词找出实体类。一般从用例描述开始，检查事件流中的每个名词。描述用例的事件流中有4种名词：参与者、类、类的属性、其他描述性名词。

在表7.1中列出的是与“银行网络系统”有关的名词。可以根据下列规则，去掉不必要的类和不正确的类。

表7.1　名词与可能的类

软件	银行网络	出纳员	自动出纳机	分行
分处理	分处理计算机	账户	事务	出纳站
事务数据	分行计算机	现金卡	用户	现金
收据	系统	顾客	摊派费用	账户数据
访问	安全措施	记录保管		

①冗余类。若两个类表述相似的信息，则保留最富有描述能力的类。如“用户”和“顾客”就是重复的描述，因为“顾客”更富有描述性，因此保留它，而“用户”则属于需要去除的冗余类。

②不相干的类。与问题域没有关系的类。如“摊派费用”超出了银行网络系统的范围，应去除。

③模糊类。类的含义必须是确定的。如“系统”、“安全措施”、“记录保管”、“银行网络”等就是模糊类，应去除。

④属性。如果名词描述的是某些对象的属性，则应去除。如“账户数据”、“收据”、“现金”、“事务数据”。

⑤操作。如果问题陈述中的名词有动作含义，则描述的有可能是操作而不是类。

另外属于实现的如“访问”、“软件”等也应除去。

根据规则对“银行网络系统”问题中的所有名词进行整理，产生如下的暂定实体类：出纳员、自动出纳机、分行、分处理、分处理计算机、账户、事务、出纳站、分行计算机、现金卡、顾客。

(2)根据交互图发现分析类。另一种发现分析类的方法是检查交互图中的对象，通过研究对象具有的共同属性和操作来发现类。如果采用此种方法创建分析类图，需要先创建交互图。

3. 合并分析类

分析了所有用例以后，并为每一个用例创建了分析类图，就要合并各种不同的分析类来形成一个系统的分析模型。

这一个阶段的任务是对不同用例中相同类型的分析类进行分析，看它们是否相同，如相同则考虑合并。如跨越用例的控制类如果具有相同的行为，或表示相同的概念，就应该合并，并把它们的行为组合为一个单独的类。

图 7.10 显示了进行主要的用例合并以后，图书管理子系统初步的分析模型。

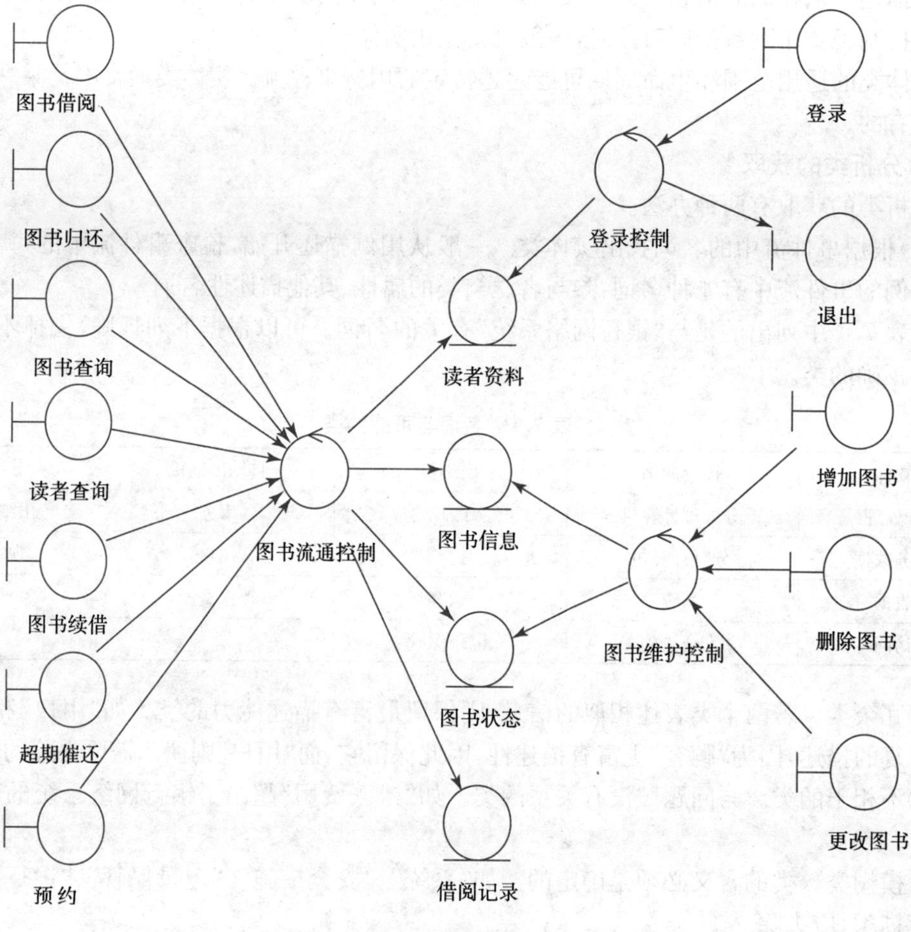

图 7.10　合并后的初步分析模型

4. 识别分析类操作

分析类在顺序图里要承担一定的责任。责任是对其他对象发送来的消息的响应。这种责任可能是对外部的响应，也可能是维护自身信息所必要的责任。这种责任在分析类演化成设计类时，可能对应一个或多个具体的类的操作。

通常有两种方法为类识别操作：第一是责任驱动法；第二是通过交互图。

(1)责任驱动法识别类操作，责任驱动主要基于如下两个概念。

①一个对象在系统中负有一定的责任，如它要获得特定的信息(了解的责任)和为其他对

象提供特定的信息(做的责任)。

②一个对象与其他对象合作来提供所要求的服务。

类的责任可以从用例描述中导出,首先,定义用例所包含的系统责任,然后,在系统的类中识别这些责任。

责任分析的一种有用技术是 CRC(class-responsibility-collaboration)卡技术,也就是为每个类创建一个 CRC 卡,其中包括类名、类责任和完成责任所需的协作者的描述。CRC 是一种用于设计面向对象软件过程中使用的交流工具和头脑风暴工具。典型的应用场合是首次确定设计中需要哪些类,及这些类如何交互。这种方式充分体现了“责任驱动”的思想。图 7.11 所示为 CRC 的一个例子。

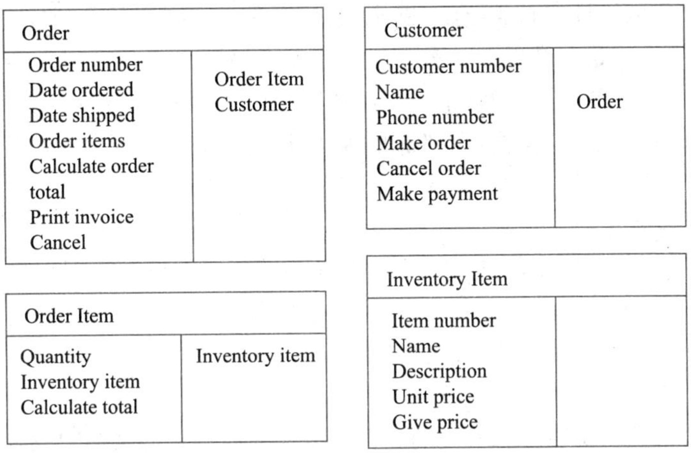

图 7.11　CRC 的例子

使用 CRC 的一般步骤如下。

①选择相关的用例。

②按顺序画出与该用例有关的全部卡片,首先是触发这一用例的类型,其次是接受上一个类型消息的类。或者,把所有相关类型和他人的主要职责全部画出,放在桌面上。

③按用例的描述,把 CRC 上的责任过一遍,给职责命名,并分清每个类型如何处理每项责任或委托给其他类型。如果是用 CRC 做头脑风暴的工具,随需要增加新的类型和功能,或是重新在现有的类型间划分责任。

④改变使用条件,对设计进行压力测试。在审阅设计的过程中,试着逐个改变用例的假设条件,看是否会影响整个设计。在一个好的设计中,只需要增加一个类型或改动一个类型,就足以应付这些变化。也就是说,改变单个条件的情况下,这种改变可以隔离在一个小范围内。如果需要,增加一个新类型。并不是全部的卡片的都会进入最后的设计中,一些卡片会因为用途不多而被边缘化,不会成为最终设计的一部分。

⑤增减卡片,完善设计。使用 CRC 卡片可以在桌面上同时展示多种设计,经过反复的修订,一个粗糙的设计可以演变成一个精致的设计。在修订的过程中,不要扔掉卡片,随着对问题的认识,有可能会用到这些卡片。

⑥写出最关键的责任和交互方式,关键交互方式要画出交互图。

(2)交互图识别类操作。面向对象系统是通过对象间相互发送消息来完成系统功能的。

这些对象间传递的消息就可以映射为对象的操作。

消息和操作的概念不同，"操作"是对发送过来的"消息"的响应，也就是说它要满足"消息"的具体要求。

下面几个问题有助于寻找类的操作。

①该类与哪些类(包括该类本身)会有交互?

②该类接收哪些类(包括该类本身)发送的消息，收到消息之后进行什么处理?

③该类向哪些类发送消息，消息的内容是什么，在发送之前该类需要做什么处理?

④该类中需要哪些操作来维持自身属性的一致性、完整性，以及自身属性的更新?

(3)分析类操作的设计。首先要给"操作"起一个易于理解的名字，通常要比较简短。一个类的操作太多或太少都是不合适的。类中的操作太多说明这个类过于复杂，这时要特别分析一下这个类是否有很高的内聚，通常情况下应该将过于复杂的类拆成多个较小的类。如果类中的操作太少，有时甚至没有操作，全部都是属性，这时应该分析这个类，判断其是否能够合并到其他类中。

5. 识别分析类属性

"分析类"执行相应的操作，要依赖于两方面的内容：一方面是利用它自己保存的信息；另一方面是利用其他的类提供的信息。

类自己所能够保存的信息就是它的属性，属性是类的基本"知识"，有了属性它才能履行职责。

(1)识别出分析类的属性。有些类的属性可以从前面得到的文档中找到。通常，在用例描述中用名词表示属性，如"账户数据"、"收据"等。在一些类中，属性是支撑类的行为的。如果对类的行为的描述比较明确，属性也比较容易获取。

认定一个属性的策略有：

①按一般常识这个类应该具有哪些属性?

②在当前的问题域中类应该具有什么属性?

③根据系统责任的要求，这个类应该具有哪些属性?

④建立这个类是为了保存和管理哪些信息?

⑤有哪些需要区别的状态，是否需要增加一个属性来区别这些状态?

(2)获得属性的渠道。属性的来源很多。获得属性的渠道有以下几个。

①通过查看用例描述，寻找事件流中的名词。这些名词中有些是对象，有些是参与者，有些是属性。确定名词是对象还是属性，答案在于系统要实现的功能。

例如，系统可能要跟踪客户的信息进行赊销结算，这样客户信息就应该作为对象处理；如果只将商品零售给客户，则客户信息应作为一个销售商品信息的属性。

②通过查看用例描述，发现系统要收集的信息，这些信息就是类的属性。如为了下订单而搜集的供货商的姓名、电话及银行账号等。

③如果已经定义了数据库结构，则数据库表中的字段就是属性。属性不可能在用例描述中完全表述出来，必须借助于问题域的知识及对客观世界的知识才可以找到它们。另外，应只

考虑与具体应用直接相关的属性，不要考虑那些超出问题域的属性。

(3)确定分析类属性的基本原则。首先要确认分析类属性对于相应对象或类的每一个实例都是适用的。认定的属性应当是一种相对的原子概念，也就是说，它不依赖于并列的其他属性就可以被理解。类的属性不宜太多，如果某个类的属性太多，最好将其分解成更小的类。同样，属性也不要太少，太少的情况下可以进行类的合并。但是，是否分解或合并要根据具体情况来定。

(4)属性的类型。属性的类型是指属性值的类型。它可以是基本数据类型，如整数、实数、布尔型、字符串型等，也可以是用户自定义的类型。分析阶段一般不需要确定属性的类型。

6. 描述分析类之间的关系

在类图中，类和类之间还存在关系。定义了分析类之后，就可以定义分析类之间的各种关系了。类之间的关系有关联关系、聚合关系、组合关系、泛化关系、依赖关系。

(1)类之间关系的建模。通常按照以下步骤对类之间的关系建模：

①找出关系。有的类只和其他一个类有关系，而有些类同时和其他多个类存在关系。在一个面向对象系统中，不存在完全独立的类。如果一个类和系统中所有其他类都没有关系，那么这个类就是一个无用的类，应该将其从系统中删除。

②命名关系。最好给每个关系取一个名称以标识出类之间的关系。通常可以使用动词或动词短语来标识关系。

③设置角色多重性。角色多重性依赖于系统的具体需求，要根据用例描述的上下文进行分析。在系统分析阶段，不必特别地考虑角色多重性。

④设置关系的其他特性。如果需要的话，可以为每个关系设置关系角色名、构造型、限定符等细节。

对于关联关系太多的类要特别注意。设计良好的应用系统的目标之一是减少系统中的关联。关联关系太多的类很难复用，维护工作量也会很大。如果与某个类相关联的其他类改变，则这个类就可能会受到影响。

两个类的关联关系可以是单向的，也可以是双向的。相对而言，单向的关联更容易建立和维护，同时也更有利于类的复用。

在上述步骤中，最关键的是第一步——找出类之间的关系。

(2)识别类关系。类之间的关系有关联关系、聚合关系、组合关系、泛化关系、依赖关系。

①识别类之间的整体一部分关系(即聚合关系与组合关系)，需从各种事物之间的组成情况考虑。发现整体一部分关系有如下策略：

- 物理上的整体事物和它的组织部分，如设备一零部件；
- 组织机构和它的下级组织及部门，如公司一部门；
- 团体组织与个人，如班级一学生；
- 一种事物在空间包容其他事物，如教室一桌椅；
- 抽象事物的整体与部分，如学科一分支学科；
- 具体事物与它的某个抽象方面，如教师一科研情况。

根据以上策略识别出的整体一部分关系是否可用，还要根据以下原则判断：

- 该关系是否属于问题域；

- 该关系是否是系统责任的需要；
- 类之间是否有明显的整体—部分关系；
- 部分类是否有一个以上的属性。

例如，国家与首都是整体—部分关系。在问题域中，如果首都只需“名称”一个属性即可满足需要，则不需将首都单设为类，只需在国家类中增设一个“首都名称”的属性即可。但如果问题域要求首都类中还需要有一个“人口数”的属性，则必须将首都单独设为类，并且是部分类。

②识别类之间的泛化关系。即寻找相似对象的不同点，将不同的部分下降为特殊类，将共同的部分上升为基础类，并把两者之间的关系确定为泛化关系。识别泛化关系的策略有：

- 根据问题域中的分类学知识；
- 按常识考虑事物的分类；
- 分析一个类是否是另一个类的子集；
- 分析一个类是否具有另一个类的全部特征；
- 分析一个类的属性和操作是否适合这个类的全部对象；
- 是否有两个类含有共同的属性和操作。

根据以上策略识别出的一般—特殊关系是否可用，还要根据以下原则判断：

- 问题域是否需要这样的分类；
- 系统责任是否需要这样的分类；
- 是否符合分类学的常识；
- 是否构成了继承关系，如果不存在继承关系，则一般—特殊关系也就无存在意义。

③识别类之间的关系还可以检查交互图。大多数关系信息已经在交互图中列出，如果一个类向另一个类发出消息，则它们必有关系。

(3)关系查找策略。关系查找的一种策略是在一个用例中找出几个类存在的关系，然后再寻找另外一个用例中类的关系，直到穷尽了所有的用例为止。

注意：两个类之间可能同时存在多种不同的关系。不能因为已经找到了两个类之间的一种关系而忽略了它们之间存在的其他关系。

建立关系应该遵循以下原则：

①类之间的关系对系统的理解非常重要，但在系统分析阶段不应该花费太多的时间和精力找出关系。

② 不考虑与问题无关的关系。

(4)分析类图。描述类之间关系的手段是绘制类图。分析阶段绘制的类图称为分析类图，逻辑上每个用例对应一张完整的分析类图。分析类图有两种，简略的分析类图和详细的分析类图。简略的分析类图，没有描述每个类的属性和操作，突出了类之间的关系。详细的分析类图用标准方式描述了类，在描述类之间的关系的同时，还展示了每个类的属性和操作。图7.12是详细的分析类图。

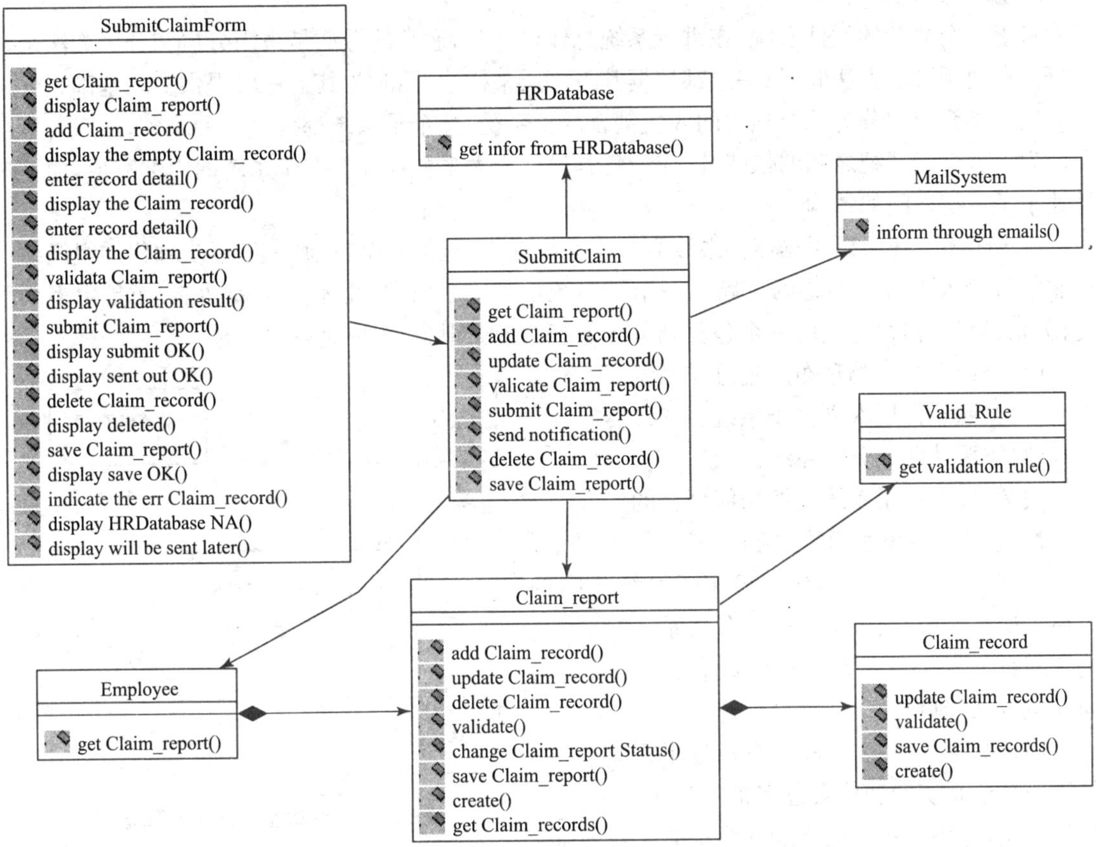

图 7.12　详细的分析类图

7.3　系统设计

面向对象的分析是确定了某个特定问题域中的对象，以及它们之间的关系，并且建立了系统的对象模型。面向对象的设计是将分析阶段获得的对象模型变成系统实现方案的过程。在设计阶段要对对象模型进行扩展并将模型进一步细化，同时还要考虑技术细节和各种限制条件。设计的目的是开发出一个基于面向对象的可行的系统物理模型，以便编程人员能够很方便地将其转变成为程序代码。

面向对象的设计一般可以进一步划分成系统总体设计和详细设计两个阶段。

(1)系统总体设计阶段：这是一个从较高层次进行的设计，主要包括确定如何把整个系统划分为多个包(子系统)，以及描述多个包之间的依赖性和通信机制等。

(2)详细设计阶段：在这个阶段，主要是决定在实现过程中使用的类和关系的全部定义，以及用于实现操作的各种方法的算法和接口。所有的类都要尽可能地进行详细描述。

7.3.1　系统总体设计

设计阶段先从高层入手，然后细化。系统总体设计要决定整个系统结构，这种系统结构为后面设计阶段的更详细策略的设计提供了框架和基础。

1. 划分子系统

对于一个复杂的软件系统，在进行系统总体设计时，通常的做法是采用分层和分区方法来划分。在使用分层方法时，每一层都依据其下一层来构建，同时为其上一层提供实现基础。分区方法是将系统划分为几个独立的或弱耦合的子系统，每个子系统都提供一种服务。

为了减少子系统之间的依赖性，应当将其设计为大多数交互都在子系统的内部完成，而不是处于子系统之间的结构。

每个子系统还可以根据需要继续划分子系统或包，这样一个自顶向下、逐步细化的组织结构非常符合人类分析问题的思路。一个子系统不是一个对象，也不是一种功能，而是由多个类、关系、组件、接口组成的一个包。划分子系统的依据很多，主要有以下 3 种。

(1)按照系统的物理布局划分子系统。

(2)按照软件层次划分子系统。

(3)按照功能划分子系统。

图 7.13 中的子系统是按功能划分的。

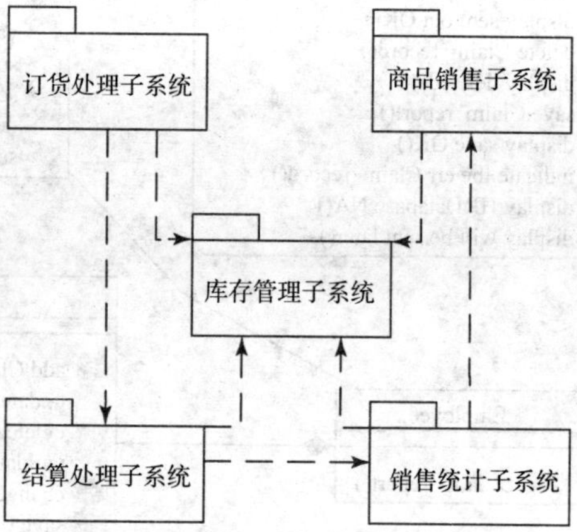

图 7.13　按功能划分的子系统

2. 定义子系统之间的关系

当划分了子系统后，还要确定子系统之间的关系。如果子系统的内容相互有联系，说明子系统之间有依赖关系。在设计时，相关的子系统之间应该定义接口。

如果两个子系统之间的关系过于密切，也就是说一个子系统的变化会过多地导致另一个子系统的变化，这种子系统的理解和维护会比较困难。

解决子系统之间关系过于密切的办法是重新划分子系统。这种方法比较简单，也就是重新规划子系统的内容，将相互依赖的元素划归到同一个子系统之中。

3. 定义子系统的接口

每个子系统提供的接口定义了一些对外部子系统提供的操作，体现了子系统的功能。

一个子系统的功能实现的具体方法应该是隐藏的。外部子系统只能通过接口间接地享受它提供的服务，而不能直接操作它。

一个子系统可能与多个子系统发生依赖关系，依赖关系越多，接口就越复杂。

7.3.2　详细设计

系统详细设计阶段的主要任务是确保设计方案能够为后续实施活动提供详细明确的依据。

此阶段的具体内容是对类和类的相互关系进行详细地定义，以及确定如何对其用具体的算法和数据结构来表示和实现。

在设计阶段定义的类，称为设计类。识别设计类可以从分析阶段定义的分析类入手，将它们初步定义为设计类。这些分析类之间的关系自动转化为设计类之间的关系。

1. 设计模式的使用

在面向对象的开发中，复用分为 3 级：框架复用、设计模式复用、类复用。框架复用指设计与代码复用，是最高级复用。如 EJB 容器为框架复用，提供了设计与代码复用。设计模式复用指设计复用，是高级复用。它不一定能得到代码复用，是概念性设计。类复用指代码复用，是最低级复用。

设计模式是进行应用系统设计时可复用的惯用模式。设计模式总结了常用问题的解决方法，使设计人员可以共享已有的设计经验，提高设计效率和质量。

设计模式描述了构成系统的成分、这些成分之间的相互作用、指导其组合的模式(惯用模式)，以及对这些模式的描述。

对于面向对象的 Web 应用系统，目前主要使用的设计模式是模型—视图—控制器(model-view-control，MVC)。

(1)MVC 设计模式

最近几年 MVC 结构成为 J2EE 平台上被推荐的一种设计模式，至今已被广泛使用。Web 应用系统采用 MVC 模式，这是目前 Web 应用系统的主流设计方向，并且受到越来越多的开发者的欢迎。

MVC 是把一个应用的输入、处理、输出流程按照模型、视图、控制器的方式进行分离。这样一个应用就被分成 3 层：模型层、视图层和控制器层。

模型(model)层代表应用程序的数据和访问、维护这些数据的商业规则。当模型改变时，它通知视图并为视图提供查询模型数据的能力。它也为控制器提供访问封装在模型中的商业规则的能力。

视图(view)层表现模型的数据。它访问模型数据，并确定这些数据应该如何表现出来。当模型数据改变时，视图负责同步模型数据的更新。另外，视图还负责将用户的请求重传给控制器处理。

控制器(controller)层主要实现模型与外部世界的交互。控制器解释用户请求(输入)，将它们映射成为模型所能执行的操作，并根据与用户交互及模型运算的结果选择下一个要显示的视图。在一个应用中，通常为一组相关的功能设置一个控制器。但由于不同类型的客户其视图交互和选择会有所不同，所以也有一些应用为每一种类型的客户设置一个单独的控制器。

MVC 3 部分的组成关系如图 7.14 所示。

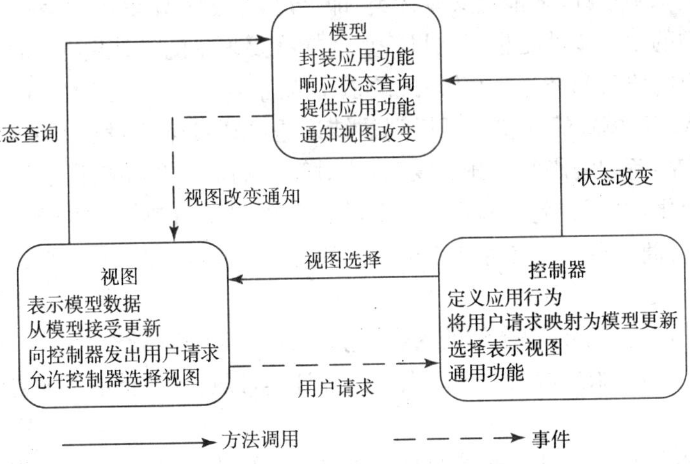

图 7.14 MVC 3 部分关系图

(2)MVC 设计模式的优点。

①松散的耦合：多种设计组件以灵活的方式相互作用。

②并行的开发:可以将功能划分为设计清晰,容易集成,便于维护的不同的组件,以便不同的开发人员并行开发。

③可扩展性:控制器和视图可以随着模块的扩展进行相应的扩展。

④可重用性:将业务规则封装到组件中可提高模块的重用性,广泛采用可复用的组件,能够降低新项目的开发成本,通过对设计的复用,使得开发小组之间更易于沟通,设计的系统更易于理解。

⑤模块的有效性:如果需要,任何组件甚至整个模块都可以换进换出,视图、控制器或模块的程序改变不会影响到其他程序的运行,不同组件的开发能够并行进展。

⑥模型的可移植性:因为模型是独立于视图的,所以可以把一个模型独立地移植到新的平台工作,需要做的只是在新平台上对视图和控制器进行修取。

(3)MVC 设计模式的不足。

①理解困难,耗费时间。由于它没有明确的定义,所以完全理解 MVC 并不是很容易。使用 MVC 需要精心的计划,由于它的内部原理比较复杂,所以不得不花费大量的时间去考虑如何将 MVC 运用到应用程序中。

②增加了系统结构和实现的复杂性。对于简单的界面,严格遵循 MVC,使模型、视图与控制器分离,会增加结构的复杂性,也给调试应用程序带来了一定的困难,并可能产生过多的更新操作而降低运行效率。

③视图与控制器间连接得过于紧密。视图与控制器虽是相互分离的,但却是联系紧密的组件。视图没有控制器的存在,其应用是很有限的,反之亦然。这样就妨碍了它们的独立重用。

MVC 本身就是一个非常复杂的系统,所以采用 MVC 实现交互式的网站时,最好选择一个现成的 MVC 框架(如比较流行的 Cocoon、Struts 和 Turbine 等),在此之下进行开发,从而取得事半功倍的效果。

(4)设计模式的选择。在系统详细设计阶段,先进的开发方法是根据系统实现所采用的技术规范对分析类重新设计,才能定义设计类,即:分析类+设计模式=设计类。

定义设计类的第一步就是根据项目特点选择将要采用的设计模式。设计模式的选择要考虑到该模式对应的语言和环境,以及模式的适用范围。

通过分析 MVC 模式的优缺点可得到的结论是:MVC 架构没有必要用于所有的 Web 应用中。因为它在准备和编码时往往很复杂,这对简单的应用程序来说是没必要的。随着应用程序的发展和变化,页面的流动和商业逻辑增加了,应用程序变得难以维护。页面逻辑跨越多个页面分布,而且商业逻辑可能存在于未规划的地方。这时,是选用 MVC 的最佳时机。

2. 设计设计类

在设计阶段要具体设计每个类的内容,包括为每个类设计操作、属性、关系、状态和特殊需求。注意,在设计的初始阶段不要定义太多的设计类,以免在设计的后期做较大的修改和重复工作。

(1)定义类的属性。设计类的属性时有些内容是必须要定义的,有些内容是可选的。属性中必须定义的内容如下。

①属性命名。属性应该以一致的风格命名,理想的情况是,开发出的所有类的各种命名都有一致的风格。属性命名与类命名的原则相似:使用 2~3 个英文单词,首单词的首字母小写,

后续其他单词首字母大写，意义要明确。属性名的一般形式：attributeName。

集合属性，如Java中的数组和向量，应该使用复数形式为其名称，以指出它表示的是多个值。

②设计属性的数据类型。属性的数据类型取决于程序语言的数据类型。如果已有的数据类型不够使用，设计人员可以利用已有的数据类型定义新的数据类型。定义属性数据类型时，应尽可能使用已有的类型，太多的自定义类型会降低系统的可维护性和可理解性等。

③设计属性的可见性，一般的经验是：

- 把private可见性赋予所有属性；
- 始终调用属性的set操作对其进行更新，即使在该属性定义的类中也应该如此；
- 仅通过get操作直接访问属性；
- 在属性的set操作中，实现简单的验证有效性的逻辑。

④可选的属性设计。它包括属性的初始值。在设计类的属性时要确定哪些属性需要有初始值。有些属性如果设计了相关的初始值，会为用户的使用提供方便。例如，在计算银行存款利息的程序中，如果定义了初始利率，用户就不必每次都重复输入利率值。

分析类中的一个属性在设计类中可能要被分解为多个，减小属性的表示粒度有利于实现和复用。但是一个类的属性不要太多，如果类的属性个数超过10个，最好检查一下，从中分离出一个新的类。

(2)定义类的操作。通常，当定义一个设计类的操作时，一个方法就是跟踪对应分析类的责任，详细分析每个责任的具体含义，从中找出设计类应该具备的操作。一个分析类的责任有可能需要设计类的一个或多个操作才能完成。

通常，一个设计类不只参与一个用例，所以应检查这样的设计类是否满足了所有有关用例的要求。另外，系统的效率、可用性、安全性等非功能性需求，常常要落实到一些操作上来，因此还需要增加某些操作来实现这些需求。

设计类的操作涉及的内容主要包括：操作的名称、操作的参数、操作返回类型、操作的可见性、操作的并发性、操作的前提条件和事后条件。

①操作命名。操作名由2～3个单词构成，第一个单词的首字母小写，后续其他单词首字母大写。操作名的一般形式：methodName()。

操作的命名原则如下。

- 用完整的单词，不用缩写；动词开头，以主动态表示；语义尽可能明确。
- 操作名称应当彼此统一。如“getFirstName()”和“fetchFirstName()”的操作名称就不统一，如果两个名字都以“get”开头，就可以让它们统一起来。
- 参数名称也应当彼此统一。如“theFirstName”、“firstName”和“first-Nm”这样的名称就彼此不统一。

②操作的可见性。一个操作是否能够被其他对象访问，是由其可见性定义的。一个操作应按需提供可见性，不要超过限度。

为了减少系统的耦合，通用的操作是：在设置某个操作的可见性时，尽量地限制其可见性。换句话说，如果一个操作的可见性不必为Public，就把它设置为Protected。

③方法设计。定义类的操作实际只确定了操作的名称和参数。对于复杂的操作，操作的具体实现要通过方法设计来完成。方法设计描述的是操作的具体实现，所以与选用的编程语

言密切相关。方法设计包括数据结构设计、算法设计和流程设计。算法应根据操作拟实现的功能来定,流程的设计则可用程序流程图或活动图来描述。

④细化设计类的操作与属性。在建立对象模型时,只有建立了动态模型和功能模型之后,才可能最后确定类的操作。细化设计类的操作与属性,依靠顺序图是一个有效的方法。根据顺序图中的消息有助于确定类的操作。

图 7.15 是一个分析阶段报销系统的顺序图。图 7.16 是其细化(设计阶段),从中可看到顺序图在细化类的操作与属性中的作用,最后形成的类图应如图 7.17 所示。

控制类与界面类通常无属性。个别控制类有时需要属性描述对象的状态,有时需要属性描述类本身的一些性质。

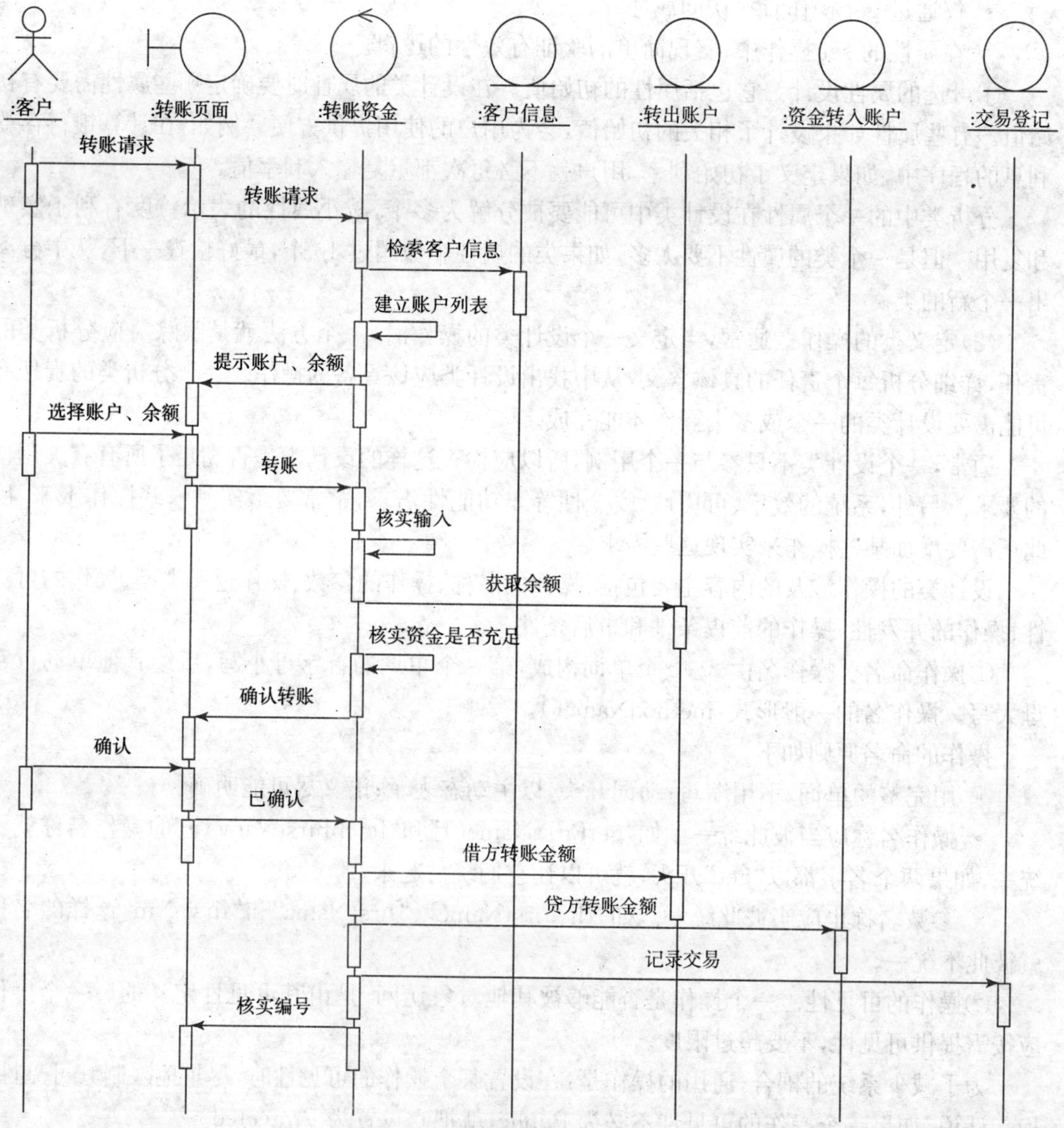

图 7.15　分析阶段顺序图

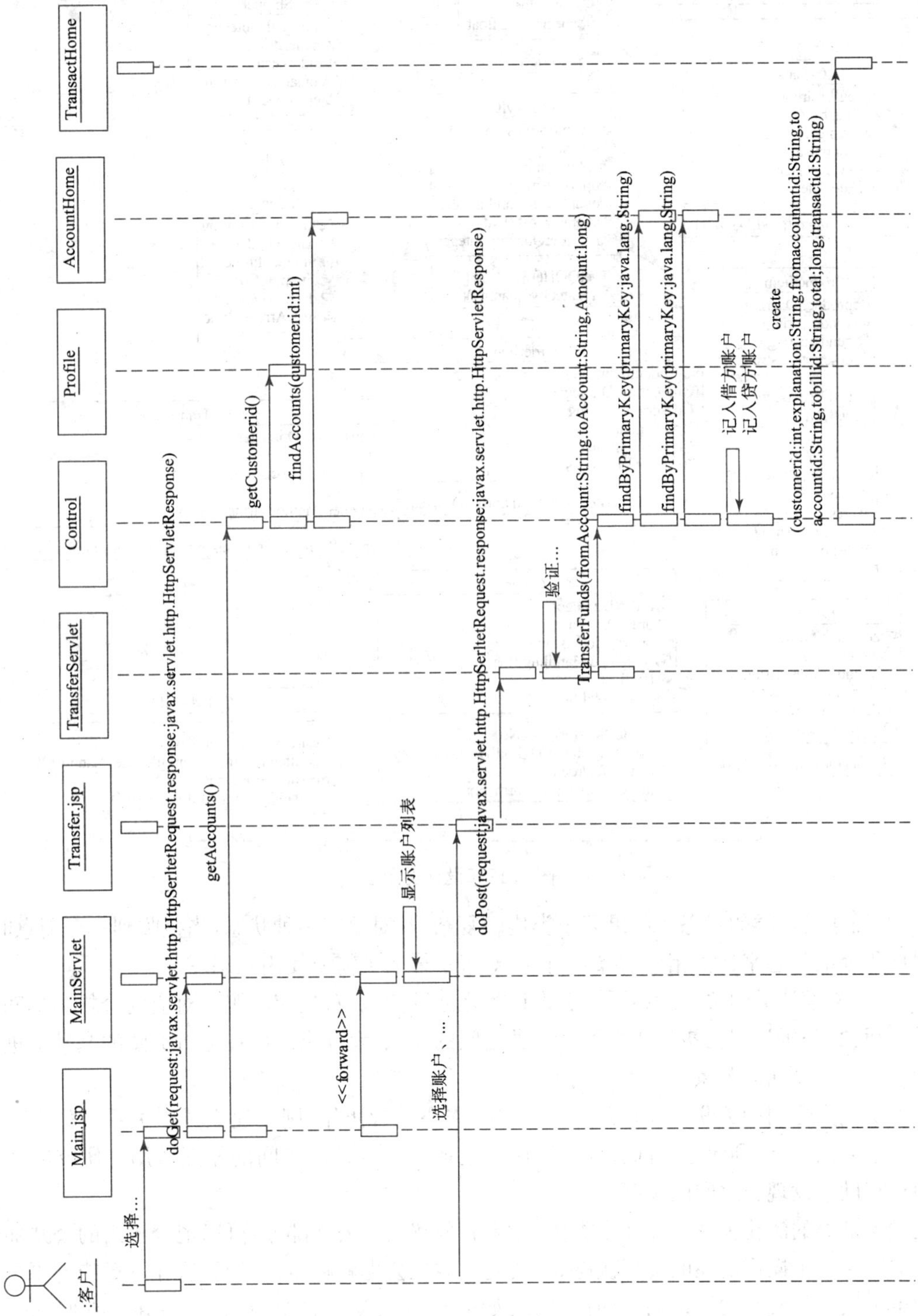

图 7.16　细化设计类的操作与属性

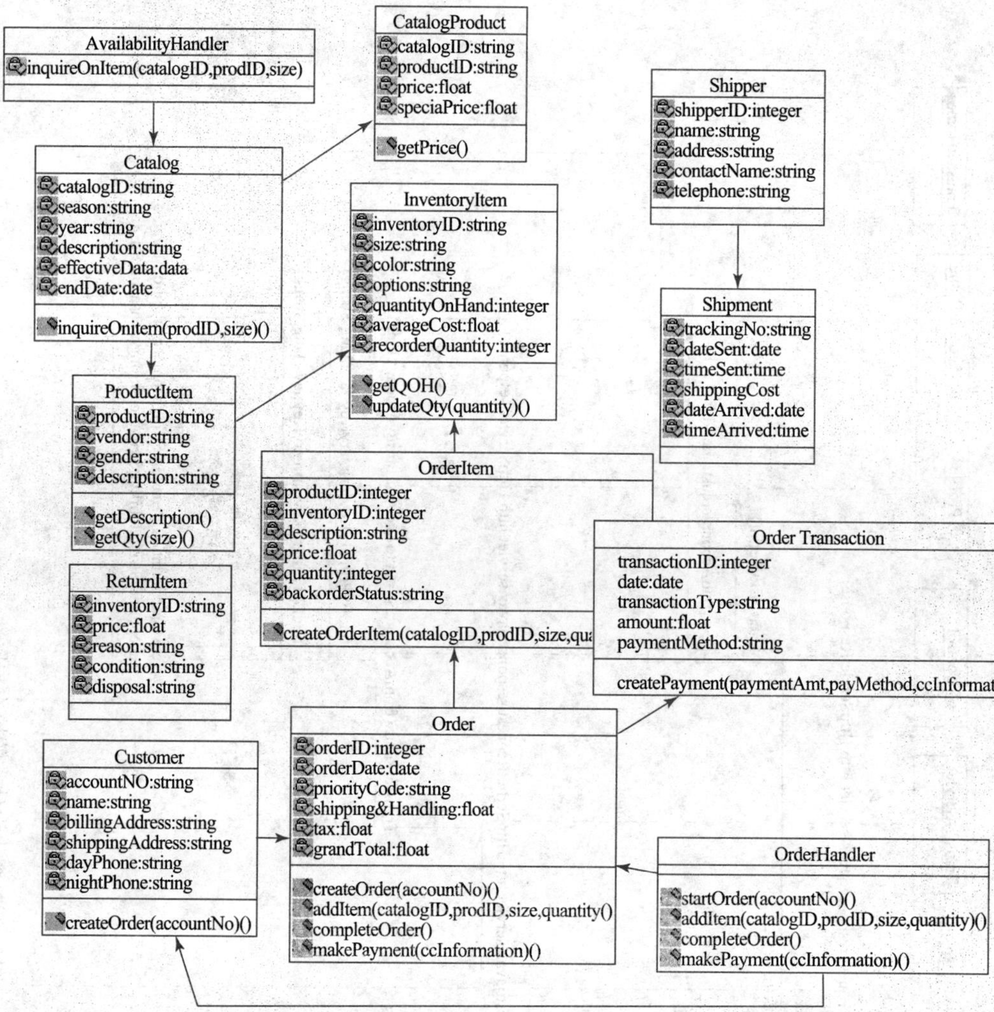

图 7.17　设计类图

(3)描述设计类的状态。如果某个类比较复杂,其对象有多种状态,当接收到一个消息时,要根据所处的状态来选择相应的操作行为,对于这样的类需要使用状态图。

(4)定义设计类的关系。为了确定设计类之间的关系,首先应该跟踪对应的分析类之间的关系。通常,分析类图已初步建立了分析类之间的关系,设计类图应在分析类图的基础上进一步细化设计类之间的关系。

①识别类之间的关联。如果两个对象之间需要进行协作,则要建立关联关系。如果协作只在一个方向进行,则建立单向关联。顺序图也描述了设计对象间的相互作用。研究顺序图的消息有助于发现类之间的关联。

②识别类的泛化关系。在几个类中,如果有分解出的公共部分,可以把分解出的公共部分放在父层。一个操作所在的类层次越高,其复用的机会也就越多。然而,这并不意味着要把所有的单个操作都放在父类里面。而应该是:如果类 B 和类 C 都继承自类 A,并且它们都需要行为 X,则 X 应该在 A 中实现。如果只有类 B 需要 X,则 X 应在 B 中实现。

③识别类的聚合和组合关系。如果两个对象存在部分与整体的关系,并且整体由部分组

成，整体消失时，部分仍存在，则应建立聚合关系。如果两个对象存在部分与整体的关系，但是整体消失时，部分也消失，则应建立组合关系。例如，当主窗口消失时，其所属的对话框也无法被调用，因此它们之间是组合关系。

④设计角色。如果可以根据上下文理解两个类扮演的角色，一般情况下角色设计可省略。但在下列情况下应给出角色名：

- 当两个类之间有多个关联时；
- 当一个类存在反身关联时。

⑤设计角色多重性。对于每一个关联，都要有两个角色多重性设计。

(5)如何绘制好类图。一个结构化好的类图应做到以下几个方面。

①焦点放在系统静态设计视图的一个方面。

②只包含为了理解该方面信息而应该存在的元素。

③提供足够的信息来理解该图。

④提供不让读者产生错误的信息。

⑤给类图起一个名字，这个名字能表达类图的用途。

⑥用最少的交叉线来组织类图的元素。

7.3.3 面向对象的关系数据库设计

面向对象的关系数据库设计使用面向对象方法可以定义任何一种数据库，即数据库可以是网络型、层次型、关系型和面向对象型。在众多的数据库模型中，关系型数据库是一种比较成熟、应用比较广泛的数据库模型，也是大部分系统在面向对象的开发中首选的方案。所以，本节介绍的是面向对象的关系数据库设计。面向对象的关系数据库设计，是应用系统设计在前，数据库设计随后，也就是说，它是从对象模型出发的。因此，应用系统对象模型向数据库模型的映射是面向对象的关系数据库设计中的关键。

1. 对象在数据库中的存放策略

用关系数据库存放对象的基本策略是：把由每个类直接定义并需要永久存储的全部对象实例存放在一个数据库表中，每个类对应一个数据库表，经过规范化之后，类的每个属性对应数据库表中的一个属性(列)，类的每个对象实例对应数据库表中的一个元组(行)。以下针对一个类对应一个数据库表的策略进行讨论。

2. 确定关键字

对每个需要在数据库中存储其对象实例的类都要确定一个关键字。一个数据库表的关键字是一组能够唯一地标识该表的每个元组(行)的属性。对类而言，关键字就是一组能唯一地标识该类的每个对象实例的属性。一个类(或一个表)中每一组符合这种要求的属性都是一个候选关键字。极端的情况是类(或表)的全部属性组合在一起才能作为关键字，最简单的情况是一个属性就可以作为关键字。

用尽可能少的属性(最好是只用一个属性)作为关键字，无疑将为各种含有关键字的数据查询与更新操作带来方便。但是对有些类而言，可能找不到这样简单的关键字。作为一种设计策略，可以人为地给这样的类增加一个可以单独作为关键字的属性。如“职工”类增加一个“职工编号”属性。

采用对象标识符 OID 作为相应的数据库中所有表的主键，也是常用的手段。这样可以简化关系数据库的主键方案，使数据库发生更新时不会出现完整性问题，并且还可以避免在数据库操作时的诸多限制。

3. 类映射成表的策略

要将单个简单类映射为表，一般按如下步骤进行。

①类的名字映射成关系模型的名字。

②类的所有属性映射成关系模型的属性。

③类的关键词属性映射为关系模型的主键，同时指出关系模型中的外键、列的域以及能否为空值等选项。

④把类属性之间的函数依赖添加到 F 中(F 为关系模型的函数依赖集)。

⑤类中任一个对象集映射成关系模型的一个实例(即关系)，对象集中每一个对象映射为此关系中一个元组。

4. 关系映射的策略

不仅必须将对象映射到数据库中，还必须将对象之间的关系进行映射。对象之间主要有 4 种类型的关系：泛化、关联、聚合和组合。要有效地映射这些关系，必须理解它们之间的差异。

从数据库的角度看，关联和聚合/组合关系之间的唯一不同是对象相互之间的绑定程度。对于聚合和组合，在数据库中对整体所做的操作通常需要同时对部分进行操作，而关联就不是这样。

对象间无论是聚合关系还是关联关系，从数据库的角度来看，都是通过数据表的联系来实现的。关系数据库中的关系是通过使用外键来实现的，即将主表中的主键加入到另一个表的属性作为外键。一对一和一对多的关系就是通过这种方法实现的。其中，对象的 OID 就是关系的外键。

(1)关联关系的映射。在 UML 类图中，是通过关联表示类的实例之间存在的某种关系。而在关系数据库中，可通过外键或关联表实现类的关联。

①一对一关联映射。将一对一关联映射为关系模型有以下 3 种算法。

算法 1：对于一般的一对一关联，将关联每一端的类映射为一张表，外键可放置在任意一边的表中，具体情况依赖于系统性能等因素。需要注意的是，对于一对一的情况，不需要在两个表中均放置对方的主键，因为这样增加了冗余，也并不会提高性能。

算法 2：将两个类合并映射成一个表。如“部门”与“部门主任”构成一对二的关联关系，在实际应用中可将“部门”类与“部门主任”类合并映射到“部门”表中。

算法 3：如果一对一关联是“可选的 1”(O)对“强制的 1”(M)，则外键放置在可选的一端，且该外键不能为空值。

②一对多关联映射。将外键放置在“多”的一方。如果“1”方是可选的，则外键可有空值，以表明“多”方的记录可以独立于“1”方存在；如果“1”方是强制性的，则外键一定要非空。如一个“客户”拥有多个“合同”，构成一对多的关联关系，映射成数据库表将外键置于“合同”表中。

③多对多关联映射。实现多对多关系，通常需要建立一个关联表，并使它与关系两端的表建立联系。在传统实现方式中，关联表的属性包含关系中两个表的主键，并且关联表的主键往往是它们的组合。如“课程”与“学生”类之间的多对多关联，映射成数据库表包括“课程表”、“学生表”和关联表“选课表”。

(2)聚合关系的映射。将类间的聚合关系映射为关系模型的算法为：整体类与各个部分类分别映射成关系模型，整体类映射的关系模型的属性包含原有的所有属性，但各个部分类映射的关系模型的属性除包含原有的所有属性外，再加上整体类对象的关键词属性。

(3)单继承关系的映射。若类间具有单继承关系，映射成关系模型有3种算法。

①父类与各子类分别映射成关系模型。

②将父类的所有属性复制到所有子类中，从而清除父类，再把各个子类分别映射成关系模型，并消除重复的属性。

③仅创建一个关系模型，使其包含父类及所有子类的全部属性(消除重复的属性)。

每种映射算法都有其优缺点。

5. 数据存取部分的设计

数据存取设计的任务是为业务类建立一个相应的数据存取类，负责处理数据库的访问，即业务类由它的数据存取类来提供访问数据库的服务，从而分离业务逻辑和数据操作逻辑。

一般来说，处理持久对象与数据库的交互，有3种策略。

①每个持久对象自己负责数据库的访问工作。

②为每个业务类建立一个相应的数据存取类，负责处理数据库的访问。

③设计一个单独的Persistence层，统一处理数据库的访问工作。

应用程序经常要访问的数据可以存储在数据库、文件或其他外部系统。对数据执行的处理任务通常独立于数据的具体存储形式。如果在业务和显示逻辑中包含专门的数据访问代码，将会把代码捆绑在特定的数据源上，这样就减少了方案的灵活性。因为每当该数据源发生变化时，这些代码都要改变。数据源的改变可能包括数据库的变化(如从SQL Server转移到Oracle)或整体模型的改变(如从基于JDBC的数据访问变化为通过实体EJB进行访问)。

解决以上问题的办法是提供一个数据访问对象，以抽象化对数据的访问。数据访问对象封装了定位和访问数据源所需的代码。所有的业务和表示逻辑都将使用数据访问对象来检索和存储数据。如果访问数据的基层定位和存储机制发生改变，但只要有固定的用户接口，就可以生成新的数据访问对象来访问它。

7.3.4 面向对象设计原则

面向对象设计根本的原则主要有如下6点。

1. 开放—封闭原则(open-closed principle，OCP)

一个软件实体应当对扩展开放，对修改关闭。即在设计一个模块的时候，应当使这个模块可以在不被修改的前提下被扩展。

OCP关注的是灵活性，改动是通过增加代码进行的，而不是改动现有的代码；OCP的应用限定在可能会发生的变化上，通过创建抽象来隔离以后发生的同类变化。

在面向对象设计中，不允许更改的是系统的抽象层，而允许扩展的是系统的实现层。换言之，定义一个一劳永逸的抽象设计层，允许尽可能多的行为在实现层被实现。

OCP背后的机制主要是抽象(abstraction)和多态(polymorphism)。

2. 里氏代换原则(liskov substitution principle，LSP)

子类必须能够替换基类，即一个软件实体如果使用的是一个基类的话，那么一定适用于其子类。而且它觉察不出基类对象和子类对象的区别。

实现开放—封闭原则的关键步骤是抽象化。基类与子类之间的继承关系就是抽象化的体现。因此里氏代换原则是对实现抽象化的具体步骤的规范。

3. 依赖倒置原则(dependence inversion principle, DIP)

依赖倒置原则就是要依赖于抽象,不要依赖于实现。要针对接口编程,不要针对实现编程。也就是说应当使用接口和抽象类进行变量类型声明、参数类型声明、方法返还类型说明,以及数据类型的转换等。而不要用具体类进行变量的类型声明、参数类型声明、方法返还类型说明,以及数据类型的转换等。要保证一个具体类应当只实现接口和抽象类中声明过的方法,而不要给出多余的方法。

传统的过程性系统的设计办法倾向于使高层次的模块依赖于低层次的模块,抽象层次依赖于具体层次。依赖倒置原则就是把这个错误的依赖关系倒置过来。高层模块不应该依赖于底层模块二者都应该依赖于抽象,抽象不应该依赖于细节,细节应该依赖于抽象。

开放一封闭原则与依赖倒置原则是目标和手段的关系。开放一封闭原则是目标,依赖倒置原则是到达开放一封闭原则的手段。如果要达到最好的开放一封闭原则,就要尽量地遵守依赖倒置原则,依赖倒置原则是对抽象化的最好规范。里氏代换原则是依赖倒置原则的基础,依赖倒置原则是里氏代换原则的重要补充。

4. 合成/聚合复用原则(composite/aggregate reuse principle,CARP)

在一个新的对象里面使用一些已有的对象,使之成为新对象的一部分;新的对象通过向这些对象的委派达到复用这些对象的目的。

应首先使用合成/聚合,合成/聚合使系统灵活,其次才考虑继承,达到复用的目的。而使用继承时,要严格遵循里氏代换原则。有效地使用继承会有助于对问题的理解,降低复杂度,而滥用继承会增加系统构建、维护时的难度及系统的复杂度。如果一个类的继承层次超过3层,则需考虑重构代码,或者重新设计结构。

5. 迪米特法则(law of demeter,LOD)

迪米特法则又叫作最少知识原则,就是说一个对象应当对其他对象有尽可能少的了解。

迪米特法则的主要用意是控制信息的过载,在将其运用到系统设计中应注意以下几点。

(1)在类的划分上,应当创建有弱耦合的类。类之间的耦合越弱,就越有利于复用。

(2)在类的结构设计上,每一个类都应当尽量降低成员的访问权限。一个类不应当共享自己的属性,而应当提供取值和赋值的方法让外界间接访问自己的属性。

(3)在类的设计上,只要有可能,一个类应当设计成不变类。

(4)在对其他对象的引用上,一个类对其他对象的引用应该降到最低。

6. 接口隔离原则(interface separate principle,ISP)

接口隔离原则是指使用多个专门的接口比使用单一的总接口要好。也就是说,一个类对另外一个类的依赖性应当是建立在最小的接口上。

这里的"接口"往往有两种不同的含义:一种是指一个类型所具有的方法特征的集合,仅仅是一种逻辑上的抽象;另外一种是指某种语言下的具体的"接口"定义,有严格的定义和结构。比如C#语言里面的Interface结构。应当为客户端提供尽可能小的单独的接口,而不要提供大的总接口。

本章小结

基于UML的系统开发过程包括:需求获取、系统分析、系统设计、实现和测试5个阶段。

需求分析阶段描述用户功能需求的描述工具是用例图，关键活动有用例的识别、用例的组织与优化。

分析阶段的活动主要有：识别对象、确定类、确定类的属性和操作、确定类之间的关系、确定对象之间的交互、确定对象的状态变化等。

面向对象的设计是将分析阶段获得的对象模型变成系统实现方案的过程。在设计阶段要对对象模型进行扩展并将模型进一步细化，同时还要考虑技术细节和各种限制条件。主要活动包括通过系统总体设计建立系统的框架，通过详细设计对已建立的对象模型进一步细化，还有面向对象的数据库设计等。

合理的使用一些设计原则可以使面向对象的设计更加灵活、更容易维护，更容易扩展。

比较常用的设计原则有：开放－封闭原则、里氏代换原则、依赖倒置原则、合成/聚合复用原则、迪米特法则、接口隔离原则。

思考题

1. 基于 UML 的面向对象开发的主要过程有哪些？
2. 什么是基本用例？用例之间有哪些关系？
3. 识别用例的规则和方法有哪些？
4. 如何把握用例的粒度？
5. 如何获取分析类，如何识别其操作和属性？
6. 如何识别类之间的关系？
7. 什么是设计模式？简述 MVC 模式的优点与不足。
8. 简述分析类图与设计类图的区别。
9. 类映射成关系模式的策略有哪些？

实作题

1. 宝力是一家会员制的健身俱乐部。会员按时间的长短交纳会员费。多数会员是一年一交。俱乐部为正式会员提供了各种折扣。目前，健身俱乐部面临的一个重要问题是会员有很大的流动。因此，俱乐部要花很多钱做广告，吸引新的会员。同时为了留住老会员，在每名会费到期的前一个月，俱乐部通常会发出提醒通知。俱乐部通常要根据原始的会员费，确定每名会员续注册的会员费。俱乐部的管理人员希望系统能够记录每名会员在俱乐部的每次活动，并确定有价值的会员，向管理人员提供报告，以便管理人员能够尽早通知这些会员，希望他们续注册。如果早注册，还可降低会员费等。同样，系统应能够确定来得比较少的会员，以便管理人员能够设法与他们取得联系，争取他们返回俱乐部。

该健身俱乐部准备开发一个信息系统，具有以上所叙述的功能。另外还要求：

(1)会员只有通过登录才能进入系统。

(2)会员通过系统应能建立、修改、查阅自己的会员资料，包括应交的会员费和折扣，并能浏览俱乐部欲举办的活动。

(3)俱乐部不定期地举办健身培训班，只有会员可以参加，但名额有限，会员需事前报名。

(4)俱乐部应能建立、修改、查阅、删除会员资料，包括应交的会员费和折扣。

根据以上叙述，要求：

(1)绘制用例图，并写出主要用例的用例描述；

(2)根据用例描述绘制主要用例的顺序图；

(3)绘制类图。

2. 某企业的供应链订单管理系统，生产经理负责审查订单并控制订单的完成，各高层管理人员都可以查询订单。企业对本系统的功能要求如下。

(1)审查订单。

①比较客户报价与企业要价及供应商报价，如果客户报价大于企业要价或供应商报价，同意订单。

②比较本企业生产能力与供应商生产能力，决定是否将订单外包。

③如自己生产，进入生产系统；如外包，进入采购系统。

(2)订单查询。

①输入订单号、订货时间、所订货物等信息。

②系统按要求返回订单状态(无效订单、正在生产、已发货、交易已完成)。

(3)订单控制。

①输入订单号、客户名等信息。

②系统根据每日生产报表，返回该订单的完成情况，并与预期进度(生产计划规定完成的产品数量)进行比较，显示订单状态。如发现问题，及时进入生产和采购系统进行调整。

根据上述描述要求：

(1)绘制用例图；

(2)写出订单控制的用例描述；

(3)根据用例描述，绘制订单控制的顺序图；

(4)绘制订单的状态图。

第 8 章　系统实施

学习目标

- 掌握系统实施阶段的任务
- 理解系统实施的原则
- 理解好程序的标准和提高可读性的方法
- 理解面向对象程序设计与结构化的区别
- 掌握系统测试的概念和系统测试的步骤
- 系统转换的方法和特点

本章重点

系统实施的任务、系统测试的方法以及程序设计的原则。

系统设计说明书审核通过之后，研制工作进入实施阶段。这一阶段要把物理模型转换为可实际运行的物理系统。一个好的设计方案，只有经过精心实施，才能带来实际效益。因此，系统实施阶段的工作对系统的质量有着十分直接的影响。本章介绍结构化的实现方法，讨论程序设计、系统测试和系统交付使用的有关技术。

8.1　系统实施概述

8.1.1　系统实施的主要任务和特点

系统实施是开发信息系统的最后一个阶段。这个阶段的任务，是实现系统设计阶段提出的物理模型，按实施方案完成一个可以实际运行的信息系统，交付用户使用。系统设计说明书详细规定了系统的结构，规定了各个模块的功能、输入和输出，规定了数据库的物理结构。这是系统实施的出发点。如果说研制信息系统是盖一幢大楼，那么系统分析与设计就是根据盖楼的要求画出各种蓝图，而系统实施则是调集各种人员、设备、材料，在盖楼的现场，根据图纸按实施方案的要求把大楼盖起来。

具体讲，这一阶段的任务包括以下几个方面。

1. 硬件准备

硬件设备包括计算机主机、输入输出设备、存储设备、辅助设备（稳压电源、空调设备等）、通信设备等。要购置、安装、调试这些设备。这方面的工作要花费大量的人力、物力，持续相当长的时间。

2. 软件准备

软件设备包括系统软件、数据库管理系统以及一些应用程序。这些软件有些需要购买，有些需要组织人力编写，这也需要相当多的人力、物力和时间。编写程序是这一阶段的主要任务之一。

3. 人员培训

主要指用户的培训，用户包括主管人员和业务人员。系统投入运行后，相关人员将在系统中工作。这些人多数来自现行系统，精通业务，但往往缺乏计算机知识。为保证系统调试和运行顺利进行，应根据他们的基础，提前进行培训，使他们适应，并逐步熟悉新的操作方法。有时，改变旧的工作习惯比软件的更换更为困难。

4. 数据准备

数据的收集、整理、录入是一项既烦琐，劳动量又大的工作。而没有一定基础数据的准备，系统调试不能很好地进行。一般说来，确定数据库物理模型之后，就应进行数据的整理、录入。这样既分散了工作量，又可以为系统调试提供真实的数据。实践证明，这方面的工作往往容易被人忽视，甚至致使系统完成后只能作为摆设放在那里而不能真正运行。这等于建好工厂，但缺乏原料而不能投产。这类例子虽然不能说司空见惯，但也不是绝无仅有。因此，要特别强调这一点，不能把系统的实现仅仅归结为编程序或买设备。这几方面的任务是相互联系，彼此制约的。它们的关系如表 8.1 所示。

表 8.1　系统实施阶段的主要活动及相互关系

阶段＼人员	设备购置部门	程序编制部门	人员培训部门	数据准备部门
硬件准备	—	提供对设备的要求	培训有关人员接收设备	提供存储量和内存要求
软件准备	提供调试设备	—	培训有关人员试用软件	提供试验数据调试程序
人员培训	提供培训设备	提供程序以培训人员	—	提供培训的实验数据
数据准备	提供录入设备	规定数据准备的内容、格式	提供录入人员	—

与系统分析、系统设计阶段相比，系统实施阶段的特点是工作量大，投入的人力、物力多。因此，这一阶段的组织管理工作也很繁重。对于这样一个多工种、多任务的综合项目，合理的调度安排就十分重要。在我国的信息系统建设中，项目负责人往往一身兼任多种角色。在系统分析阶段，他是系统分析员；在设计阶段，他又是主要设计师；在实施阶段，他又是组织者。在系统分析阶段，系统分析员的主要任务是调查研究，分析问题，与用户一起充分理解用户要求。在系统设计阶段，系统设计人员的任务是精心设计，提出合理方案。在实施阶段，他们的

任务是组织协调，督促检查。他们要制订逐步实现物理模型的具体计划，协调各方面的任务，检查工作进度和质量，组织全系统的调试，完成旧系统向新系统的转换。在实际工作中，系统分析员往往是这几个阶段的组织者。作为合格的系统分析员，不仅要有坚实的计算机科学知识，丰富的管理知识和经验，还要有较强的组织能力。

8.1.2 系统实施的原则

1. 统一性原则

以现有业务规范为主，兼顾各地业务处理的不同理解及不同的操作办法。

2. 适应性原则

系统提供灵活的设置，适应各种手段和操作方法的不同。另外，系统是一个不断提高完善的系统，要能够进行不断的发展，同时能最大限度地适应未来的业务发展的需要。

3. 易用性原则

系统使用人员范围广，使用人员的计算机水平层次不一，有的基层单位计算机使用水平较低，很多地方缺少计算机专业人员，系统应尽可能地操作简单、维护简单、使用方便。为使系统顺利地推广使用，需要更多的人掌握系统的相关技术，因此系统应遵循严格的文档规范，拥有完备的文档，程序有完备的中文注释。

4. 可靠性原则

由于操作失误出现的故障，重新使用时，系统应有自举功能，一时的设备故障，系统应可进行恢复，不破坏数据的一致性和完整性。

5. 安全性原则

系统的用户根据业务的需要，具有不同的安全级别及操作权限，系统要充分发挥操作系统、数据库、应用软件3层安全保证措施，以保证数据的安全性。

6. 健壮性原则

系统接受大量的外部数据，系统应对错误的数据和结构不合理的数据进行识别，拒绝接受错误数据和结构不合理数据。

8.2 程序设计

程序设计就是为系统设计阶段得到的系统结构的模块采用某种高级语言进行编程实现，这是系统实施阶段的核心工作。系统设计阶段已经使用结构化方法设计好模块的处理逻辑，程序设计就是采用某种高级语言，把模块转换成计算机可以执行的结构化程序。困难的地方在于，编写出具有良好编程风格的高质量程序，对于没有受过软件工程训练的程序员是件不大容易做好的工作。

8.2.1 程序的质量

随着计算机软硬件技术的发展，“好程序”的标准也在随之变化，但一般认为好程序应该具备如下条件：

(1)能够正常运行；

(2)调试代价低；

(3)易于维护；

(4)易于修改；

(5)设计简洁；

(6)运行效率高。

其中第一条显然是最基本的，程序首先能够正常工作，否则毫无意义。第二条调试代价低，即花在调试上的时间少。这一条是衡量程序好坏，也是衡量程序员水平的一个重要标志。国外有人做过试验，选两个题目，找12个有经验的程序员来编写和调试程序。结果发现最差的与最好的程序员调试时间之比是28：1。第三，四，五条要求程序可读性好。程序可读性好，自然易于理解、易于维护，并将大大降低存在隐含错误的可能性，从而提高程序的可靠性。

提高程序可读性的方法：

(1)代码结构化好；

(2)必要的程序文档(即注释)；

(3)良好的编程风格；

(4)良好的书写风格。

8.2.2 程序效率

程序效率是指程序的执行速度及程序占用的存储空间。程序编码是最后提高运行速度和节省存储的机会，因此在此阶段不能不考虑程序的效率。

下面给出讨论程序效率的几条准则。

(1)效率是一个性能要求，目标在需求分析阶段给出。

(2)追求效率应建立在不损害程序可读性或可靠性基础之上，要先使程序正确、清晰，再提高程序效率。

(3)提高程序效率的根本途径在于选择良好的设计方法、良好的数据结构和算法，而不是靠编程时对程序语句做调整。

在满足上述准则的基础上，依照下述一些方法来提高程序的效率。

1. 算法对效率的影响

源程序的效率与详细设计阶段确定的算法的效率直接有关，在将详细设计翻译转换成源程序代码后，算法效率则反映为对程序的执行速度和存储容量的要求。

在设计向程序转换的过程中，有下面一些指导原则可以帮助提高效率。

(1)在编程序前，尽可能化简有关的算术表达式和逻辑表达式。

(2)仔细检查算法中嵌套的循环，尽可能将某些语句或表达式移到循环外面。

(3)尽量避免使用多维数组。

(4)尽量避免使用指针和复杂的表。

(5)采用快速的算术运算。

(6)不要混淆数据类型，避免在表达式中出现类型混杂。

(7)尽量用整数算术表达式和布尔表达式。

(8)许多编译程序具有“优化”功能，可以自动生成高效率的目标代码。

2. 影响存储器效率的因素

在大中型计算机系统中，存储限制不再是主要问题。在这种环境下，可以对内存采取基于操作系统的分页功能的虚拟存储管理。在微型计算机系统中，存储器的容量对系统设计和编码的制约很大，因此要选择可生成较短目标代码且存储压缩性能优良的编译程序，有时需采用汇编程序。

提高存储器效率的关键是程序的简单性，用于优化存储空间使用的指导原则有：

(1)对于变动频繁的数据最好采用动态存储。

(2)可根据需要采用存储单元共享等节约空间的技术。

(3)选用具有紧缩存储器特性的编译程序，在必要时甚至可采用汇编语言。

(4)采用结构化程序设计，将程序划分为大小合适的模块。一个模块或若干个关系密切的模块的大小最好与操作系统页面的容量相匹配，以减少页面调度的次数，提高存储效率。

3. 影响输入输出的因素

输入输出可分为两种类型：

(1)面向人(操作员)的输入输出；

(2)面向设备的输入输出。

如果操作员能够十分方便、简单的输入数据，或者能够十分直观、一目了然地了解输出信息，则可以说面向人的输入输出是高效的。

关于面向设备的输入输出，下面提出了一些提高输入输出效率的指导原则。

(1)输入输出的请求应当最小化。

(2)对于所有的输入输出操作，安排适当的缓冲区，以减少频繁的信息交换。

(3)对辅助存储(例如磁盘)，选择尽可能简单的、可接受的存取方法。

(4)对辅助存储的输入输出，应当成块传输。

(5)对终端或打印机的输入输出应考虑设备特性，尽可能改善输入输出的质量和速度。

(6)任何不易理解的、对改善输入输出效果关系不大的措施都是不可取的。

(7)任何不易理解的所谓“超高效”的输入输出都是毫无价值的。

(8)好的输入输出程序设计风格对提高输入输出效率会有明显的效果。

8.2.3 编程风格

注意使用一些编程的技术，可以提高程序的可读性，举例简单说明如下。

1. 简单、直接地反映意图

把要说的事情直截了当地说清楚；让人一目了然地、准确地理解，不需要过多的想象、分析。

先看下面一段 FORTRAN 程序：

```
      DO 14 I = 1,N
      DO 14 J = 1,N
14    V(I,J) = (I/J) * (J/I)
```

这个程序的结果是生成一个单位矩阵，其构思非常巧妙，程序也很简练。但是从可读性来讲，却不如改写成：

```
      DO 14 I = 1,N
         DO 12 J = 1,N
12          V(I.J) = 0.0
14          V(I.J) = 1.0
```

2. 变量名、文件名、过程名应规范化

理解变量的含义是理解程序逻辑的关键。在一个系统中，涉及的变量、过程、文件很多，编写程序的人也很多。因此，在编写程序之前，应对名字做出统一的规范标准。例如主模块用

M表示，第一层模块分别为M1;M2,…，第二层模块为M11,M12,…,bi21,M22,…，等等。

变量名应显式说明，同一变量名不要具有多种含义，一个变量在不同程序段中表示不同的含义，即使计算机不混淆，也不便于人的阅读理解，修改程序时也容易造成错误。

3. 表达式的书写应一气呵成

比较表达式：

```
X = A(I) + I/A(I)
```

与

```
AI = A(I)
X = AI + I/AI
```

后面一种写法效率高，因为简单变量的运算比下标变量快。但后面这种写法引进了中间变量，将一个表达式折成几行，理解上要困难一些，而且在将来难以预料的修改中有可能更动这几行的次序，或者插入其他语句，容易造成逻辑上的错误。另外，在表达式中适当添加括号，也可以减少误解。

8.2.4 程序设计技术

目前，程序设计大多是按照结构化方法、面向对象的方法、原型方法进行。我们也推荐这种充分利用现有软件工具的方法，因为这样做不但可以减轻开发的工作量，而且还可以使得系统开发过程规范、功能强、易于维护和修改。

编程的目的是为了实现开发者在系统分析和系统设计中所提出的管理方法和处理构想。在编程和实现中，建议尽量借用已有的程序和各种开发工具，尽快、尽好地实现系统，而不要在具体的编程和调试工作中花费过多的精力和时间。

1. 结构化程序设计方法

结构化程序设计被称为软件发展中的第三个里程碑，其影响比前两个里程碑(子程序、高级语言)更为深远。结构化程序设计的概念和方法、支持这些方法的一整套软件工具，构成了结构化革命。这是存储程序计算机问世以来，对计算机界影响最大的一个软件概念。

对于什么是“结构化程序设计”，至今还没有被普遍接受的定义。通常认为结构化程序设计包括以下4方面的内容。

(1)限制使用GOTO语句。从理论上讲，只用顺序结构、选择结构、循环结构这3种基本结构就能表达任何一个只有一个入口和一个出口的程序逻辑。为实际使用方便，往往允许增加多分支结构、REPEAT型循环等结构。程序中可以完全不用GOTO语句。这种程序易于阅读、易于验证。但在某些情况下，例如从循环体中跳出，使用GOTO语句描述更为直截了当。因此，一些程序设计语言还是提供了GOTO语句。无限制地使用GOTO语句，将使程序结构杂乱无章，难以阅读，难以理解，其中容易隐含一些错误。

(2)逐步求精的设计方法。在一个程序模块内，先从该模块功能描述出发，一层层地逐步细化，直到最后分解、细化成语句为止。

(3)自顶向下的设计、编码和调试。这是把逐步求精的方法由程序模块内的设计推广到一个系统的设计与实现。这正是本书介绍的结构化方法的来源。

(4)主程序员制的组织形式。这是程序人员的组织形式。一个主程序员组的固定成员是主程序员一人、辅助程序员一人、程序资料员(或秘书)一人。其他技术人员按需要随时加入组内。主程序员负责整体项目的开发，并负责关键部分的设计、编码和调试。辅助程序员在细节上给主程序员以充分的支持。主程员、辅助程序员必须在程序技术方面和项目管理方面具有经验和才能，必须完全熟悉该项目的开发工作。这种组织方式的好处在于显著减少了各子系统之间、各程序模块之间通信和接口方面的问题。把设计的责任集中在少数人身上，有利于提高质量。作为这种组织形式中的一个程序员，不仅应具备程序设计的基本知识、对项目所在的领域有较深入的了解、熟悉开发的技术环境，因而能承担一定的程序编写，更为重要的是必须有高度的组织纪律性和团队精神，使自己的工作融入整个系统，与组内其他成员协调一致地工作。为此，必须严格遵守以下几点：

①不使用可能干扰其他模块的命令或函数；

②按总体设计的要求传递参数，不随意修改其内容与含义；

③按规定的统一格式操作公用文件或数据库；

④按统一的原则使用标识符；

⑤按统一要求编写文档；

⑥保持程序风格的一致。

2. 面向对象程序设计方法

传统的过程式程序设计随着软件危机和应用系统的不断膨胀越来越显得力不从心，随着20世纪70年代面向对象的编程语言的出现，以及C++的发展成熟，面向对象程序设计思想得到广泛的认同和普及。至20世纪90年代，各种程序语言和工具都引入了这一思想，其优越性是有目共睹的，它已成为这一时代软件产业的主体技术。

在面向对象程序设计方法中，一个对象即是一个独立存在的实体，对象有各自的属性和行为，彼此以消息进行通信，对象的属性只能通过自己的行为来改变，实现了数据封装，这便是对象的封装性。而相关对象在进行合并分类后，有可能出现共享某些性质，通过抽象后使多种相关对象表现为一定的组织层次，底层次的对象继承其高层次对象的特性，这便是对象的继承性。另外，对象的某一种操作在不同的条件环境下可以实现不同的处理，产生不同的结果，这就是对象的多态性。现有的面向对象的编程语言中都不同程度地实现了对象的以上3个性质。

(1)封装性。一般以类来创建一个对象，类表现为一种数据结构，对外提供的界面包括一组数据以及操作这些数据的方法(函数或过程)，而隐藏了内部实现的细节，对象操作者只需要了解该对象的界面即可。这样大大增强了模块化程度，很好地实现了软件重用和信息隐藏。为了更好地保持安全性和独立性，类有部分数据可以定义为私有数据，其他类的对象或过程不能直接访问私有数据，而一般情况下利用消息机制向对象发送消息，对象所有类就需要定义对应的消息响应函数，主动接受消息并作处理，这也是面向对象的编程语言的一大特点。

(2)继承性。类通过继承定义成不同的层次结构，将相关类的特点抽象出来作为父类，子类继承父类的结构和方法后，再定义各自特定的数据和操作，或者还可以通过重载将父类的某些特殊操作进行重新定义。继承一个单一的父类时叫单继承，如果有两个或两个以上的父类则是多继承。这样做的目的不仅体现了软件重用技术，同时又可最大限度地精简程序，减少冗余代码，极大地提高了程序开发和运行效率。

(3)多态性。多态是指类中同一函数名对应多个具有相似功能的不同函数。对象根据所接受的消息而做出动作，同样的消息为不同的对象接受时可导致完全不同的行动，该现象称为多态性。简单地说：单接口，多实现，即使用相同的调用方式来调用这些具有不同功能的同名函数的特性。其意义在于减轻程序员负担，降低程序员出错几率，提高了面向对象系统的灵活性和可读性。

面向对象的编程语言的这些特点使程序员进行面向对象程序设计与结构化的程序设计时有很大的不同，体现在以下这些方面。

①设计程序不采用顺序性的结构，而是采用对象本身的属性与方法来解决问题。

②在解决问题的过程中，可以直接在对象中设计事件处理程序(接受事件消息)，而不用调用子过程严格地按顺序执行，很方便地让用户实现自由无顺序的操作。

③数据与程序不是分离的，数据是特定对象的数据，也只有对象的函数或过程才能对数据进行处理，一个对象中的函数或过程共享对象的数据，解决了因调用子过程出现大量数据传递的情况(如函数返回值和较多参数)。

④不用设计公用程序模块，因特定方法下的公用模块很难再扩展为更复杂的处理方式，只需设计类就可以实现重用，而且类库中提供大量基类，掌握它们后可以加快开发过程，开发小组还可以将自己设计的基类放入类库共享。

⑤面向对象的编程语言非常适合于 Windows 环境下的程序开发，可以充分利用 Windows 的各种资源来构造应用程序，这也就需要程序员比较熟悉 Windows。

3. 速成原型式的程序开发方法

速成原型式程序设计阶段的具体实施方法是，首先将 HIPO 图中类似带有普遍性的功能模块集中，如菜单模块、报表模块、查询模块、统计分析和图形模块等，这些模块几乎是每个子系统都必不可少的；然后再去寻找有无相应、可用的软件工具，如果没有，则可考虑开发一个能适应各子系统情况的通用模块；然后用这些工具生成这些程序模型原型。如果 HIPO 图中有一些特定的处理功能和模型，而这些功能和模型又是现有工具不可能生成出来的，则再考虑编制一段程序加进去。利用现有的工具和原型方法可以很快地开发出所要的程序。

8.3 系统测试

8.3.1 系统测试的概念

人们常常有一种错觉，认为程序编写出来之后就接近尾声了，或者认为一个程序输入一些数据运行一两次就“通过”了。事情并没有这么简单。据统计，一个较好的程序员，在他交付的程序中，错误率为 1%，而一个水平低的程序员编写的程序，可能每个语句都含有一两个错误。在一个大型的软件系统中，“错误百出”是不必大惊小怪的，这是由于人类本身能力的局限。人免不了要犯错误。当然这并不是说可以姑息系统开发中的错误。恰恰相反，随着信息技术在国民经济一些重要领域的应用日益广泛，软件系统的任何错误，都可能造成生命财产的重大损失。问题的关键是尽早发现和纠正这些错误，减少错误造成的损失，避免重大损失。

目前，测试软件有 3 种手段：动态测试、静态测试和正确性证明。

程序正确性证明技术目前还处于初级阶段，近期内还不可能适用于大型系统。设置命题及其证明需要大量的脑力劳动，推导过程冗长，例如一个 433 行的 ALGOL 程序，其证明长达 46 页。人们自然要问，怎样证明这 46 页中没有错误？尽管如此，正确性证明仍是一个诱人的课题，对未来的软件可能产生深远影响。

静态检查指人工评审软件文档或程序，发现其中的错误。这种方法手续简单，是一种行之有效的检验手段。据统计，30%～70%的错误是通过评审发现的，而且这些错误往往影响很大。因此，这是开发过程中必不可少的质量保证措施。系统开发的每一个阶段都要对所产生的文档进行评审。这样，错误发现早，纠正早，使开发成本大为降低。评审强调要有局外专家参加，可取各家之长。评审是直接检查软件文档，错误的排除比较容易，也容易发现产生错误的原因。动态检查就是测试，即有控制地运行程序，从多种角度观察程序运行时的行为，发现其中的错误。

动态测试方法可以分为黑盒测试和白盒测试两种方法。前者是针对系统的外部实现的测试，而后者是侧重于系统内部实现的测试。

黑盒测试：又称为功能测试，这种测试将软件看成黑盒子，在不需要了解系统结构的情况下，基于说明书提出的需求和功能，选择测试用例检测其是否满足所指定的功能。

白盒测试：也称为结构测试，是基于系统内部结构和内部逻辑知识，采用合适的测试用例，覆盖全部代码、分支、路径、条件。这种测试要求测试者必须了解程序的内部逻辑结构，通过对不同逻辑路径和过程的测试，检查程序是否满足设计的要求。测试用例对路径的覆盖率越高，测试范围越广，测试越充分。

测试是为了发现错误而执行程序。测试只能证明程序有错误，而不可能证明程序没有错误。认为测试能说明程序没有错误的想法是十分有害的，在这种认识指导下，人们往往会潜意识地寻找那些容易使程序通过的测试数据，忽视那些容易暴露程序错误的数据，使隐藏的错误不被发现，而不能达到测试的目的。

> 测试的目的在于：
> (1)测试是指用意在发现错误而执行一个程序的过程；
> (2)一个好的测试用例是指这个测试用例有很高的概率可以发现一个尚未发现的错误；
> (3)一个成功的测试是指它成功地发现了一个尚未发现的错误。

测试的目的是为了发现程序的错误。因此，测试的关键问题是如何设计测试用例，即设计一批测试数据，通过有限的测试用例，在有限的研制时间、研制经费的约束下，尽可能多地发现程序中的错误。

8.3.2 系统测试的步骤

从系统测试的步骤来分析，系统测试一般由一系列的不同测试所组成，这些测试步骤可以分为单元测试、集成测试、确认测试、系统测试。通常，系统开发的过程是自顶向下的，而测试正好相反，是自底向上、逐步集成的。

单元测试是针对每个模块进行的测试，检查各个模块是否正确实现规定的功能，从而发现模块在编码中或算法中的错误，该阶段设计编码和详细阶段的文档。各模块经过单元测试后，将被组装起来进行集成测试，以检查与设计相关的软件体系结构的有关问题。确认测试主要检查已实现的软件是否满足需求说明书中确定的各种需求。系统测试指把已确定的软件与其他系统元素（包括软、硬件和接口、数据、人工等）结合在一起进行测试，系统测试的步骤如图 8.1所示。

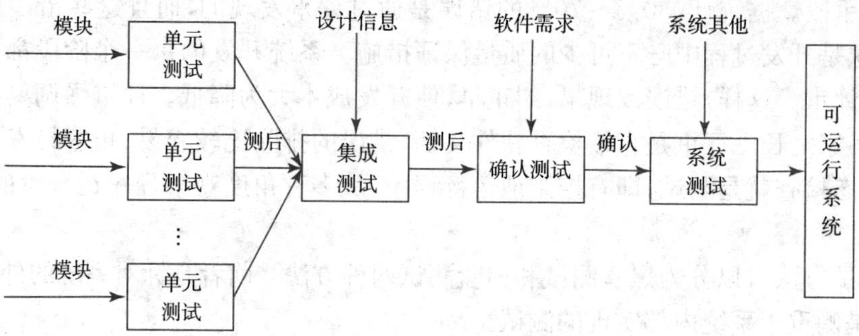

图 8.1　系统测试的步骤

1. 单元测试

单元测试(又称模块测试)是针对每个模块进行的测试。可以根据程序的内部结构设计测试用例,多个模块可以平行的进行测试。单元测试完成对最小软件设计单元——模块的验证工作,使用过程设计描述作为测试指南,对重要的控制路径进行测试以发现模块内的错误。测试的相关复杂度和发现的错误是由单元测试的约束范围来限定的。单元测试通常情况下是白盒测试,而且这个步骤可以针对多个模块并行进行。测试的主要内容如下。

(1)模块接口测试。模块接口测试主要检查数据是否正确地通过模块。检查主要内容是参数的个数、属性及对应关系是否一致。当模块通过文件进行输入输出时,要检查文件的具体描述(包括文件的定义、记录的描述及文件繁冗处理方式)是否正确。

(2)路径测试。选择适当的实例对模块中重要的执行路径进行测试,用以发现不正确的计算、错误的比较或不适当的控制流向。常见的不正确的计算有:不正确的运算优先次序或理解错误,运算方式错误,算法错误,初始化不正确,精度不够,表达式错误。常见的控制与比较错误有:不同的数据类型的比较,不正确的逻辑运算符,由运算精度造成的两值不等,比较式不正确的变量和比较符,循环出错等。

(3)局部数据结构测试。局部数据结构可能出现的错误有:不正确或不一致的说明;初始化错误;变量名错误;数据类型不一致;上溢、下溢,地址错误。

(4)错误处理测试。模块功能中应该包括错误处理部分,以便通过人机交互为排错提供帮助。但有时可能出现:错误描述难以理解,难以对错误定位,显示的错误与实际错误不符,错误处理不当等。这些都表明模块的错误处理功能出现错误或存在缺陷。

(5)边界测试。程序最容易在边界上出错,如输入输出数据的等价类边界、选择条件和循环条件的边界、负复杂据结构的边界等都应该进行测试。

2. 集成测试

集成测试(又称组装测试或联合测试)是在单元测试的基础上,将所有模块按照设计要求组装成为一个系统后进行的测试。集成测试一般需要集成测试计划、集成测试规格说明和集成测试分析报告。集成测试的目标是把通过单元测试的模块构造成一个在设计说明中所描述的程序结构,然后通过测试发现和接口有关的问题。集成测试是在组装软件模块的同时进行测试,以查找与接口有关的错误。组装模块的过程可以分为自顶向下组装法和自底向上组装法。

(1)自顶向下组装法。自顶向下的组装是按照控制结构,从主控模块开始,向下逐个地把模块连接起来。组装的过程可以分为下面5步。

①将主控模块作为测试驱动器，将直接属于主控模块的各个模块全部用虚模块代替。

②按照所选的组装法，及深度优先或宽度优先方法，每次用一个实模块替代一个附属的虚模块。

③当装入每个实模块时都要进行测试。

④完成一组测试后再用一个实模块代替另外一个虚模块。

⑤可以进行重复测试，以便确定没有新的错误发生。

(2)自底向上组装法。自底向上的组装是从软件最底层的基本模块开始进行组装及测试，这样，在处理上层模块时所需要的子模块总是可以得到的，因而就不再需要虚模块了。自底向上的集成测试可以按下面步骤进行。

①底层的模块可以组成所谓的簇，以执行某个特定的软件子程序。

②编写一个驱动程序作为测试的控制程序，以便安排测试情况的输入及输出。

③对簇进行测试。

④去掉小簇的驱动程序，将几个小簇合并成大簇，再重复②、④步，这样在软件结构中逐步向上组装。

应根据软件特性及软件的开发进度选择组装的策略。通常，可以对软件结构的高层采用自顶向下的组装法，对底层模块采取自底向上的组装法。同时采用两种方法是最好的折中方案。

3. 确认测试

确认测试(又称验收测试)验证软件的功能和性能及其他特性是否满足用户的要求。当集成测试结束时，软件已经完成组装，接口错误大多数已经被发现并修正，就可以开始确认测试了。软件的确认测试可以通过多种方式进行，最简单的是当软件可以按照用户期望的、合理的方式工作时，确认即可以认为成功。软件的确认是通过一系列证明软件的功能与需求相一致的黑盒测试来实现的。测试计划列出了要进行的测试种类，定义了为发现和需求不一致的错误而使用的详细测试用例和测试过程。计划和过程是为了保证所有的功能需求都得到满足，所有性能都达到了要求，文档是正确、合理的，并且其他的需求，如可移植性、兼容性、可维护性等特点，也都获得满足。在每个确认测试实例进行时，通常会出现以下两种情形。

(1)软件的功能或性能特性与需求说明是一致的，可以接受。

(2)发现软件的功能或性能特性与需求说明存在偏差，而一个项目在这时所发现的偏差或者错误是无法按原定的进度进行修改的。因此，需要列出问题清单，与客户协商解决这些缺陷的方法。

4. 系统测试

系统测试是对整个系统的测试，将硬件、软件、操作人员看作一个整体，检验它是否有不符合系统说明书的地方。系统测试将软件放在软件运行时所需要的整个计算机环境下进行测试，其环境包括软、硬件平台，某些支撑软件、数据和人员等，这是在实际运行环境下进行的一系列的测试。

软件只是计算机系统的一个组成部分，需要与系统的其他组成部分集成起来，才能真正运行，因此需要进行系统集成和测试。这些测试通常属于软件工程的研究范围，而且也不只是由软件开发人员来进行的。在软件设计和测试阶段采用的步骤能够大大增加软件集成成功的可能性，测试内容如下。

(1)功能测试。系统能完成哪些功能。

(2)可用性测试。界面出错信息，响应方式的可用性。

(3)吞吐量测试。系统能完成的最大数量的任务。

(4)保密性测试。考查系统对数据和程序的保密性。

(5)安装测试。对安装远程进行测试。

(6)程序测试。测试各类使用人员的操作程序。

(7)可恢复性测试。模拟软、硬件故障，查看恢复能力。

(8)资料测试。测试整个系统资料的准确性。

8.3.3 面向对象测试技术

面向对象程序的结构不再是传统的功能模块结构，作为一个整体，原有集成测试所要求的逐步将开发的模块搭建在一起进行测试的方法已不可能。而且，面向对象软件抛弃了传统的开发模式，对每个开发阶段都有不同以往的要求和结果，已经不可能用功能细化的观点来检测面向对象分析和设计的结果。因此，传统的测试模型对面向对象软件已经不再适用。

面向对象的开发模型突破了传统的瀑布模型，将开发分为面向对象分析(OOA)，面向对象设计(OOD)和面向对象编程(OOP)3 个阶段。针对这种开发模型，结合传统的测试步骤的划分，把面向对象的软件测试分为：面向对象分析的测试，面向对象设计的测试，面向对象编程的测试，面向对象的单元测试，面向对象的集成测试及面向对象的系统测试。

1. 面向对象分析的测试

传统的面向过程分析是一个功能分解的过程，是把一个系统看成可以分解的功能的集合。这种传统的功能分解分析法的着眼点在于一个系统需要什么样的信息处理方法和过程，以过程的抽象来对待系统的需要。而面向对象分析(OOA)是“把 E－R 图和语义网络模型，即信息造型中的概念，与面向对象程序设计语言中的重要概念结合在一起而形成的分析方法”，最后通常是得到问题空间的图表的形式描述。OOA 直接映射问题空间，全面地将问题空间中实现功能的现实抽象化。将问题空间中的实例抽象为对象，用对象的结构反映问题空间的复杂实例和复杂关系，用属性和操作表示实例的特性和行为。对一个系统而言，与传统分析方法产生的结果相反，行为是相对稳定的，结构是相对不稳定的，这更充分反映了现实的特性。OOA 的结果是为后面阶段类的选定和实现、类层次结构的组织和实现提供平台。因此，对 OOA 的测试，应从以下方面考虑。

(1)对认定的对象的测试。

(2)对认定的结构的测试。

(3)对认定的主题的测试。

(4)对定义的属性和实例关联的测试。

(5)对定义的服务和消息关联的测试。

2. 面向对象设计的测试

通常的结构化的设计方法，用的是面向作业的设计方法，它把系统分解以后，提出一组作业，这些作业是以过程实现系统的基础构造，把问题域的分析转化为求解域的设计，分析的结果是设计阶段的输入。而面向对象设计(OOD)采用“造型的观点”，以 OOA 为基础归纳出类，并建立类结构或进一步构造成类库，实现分析结果对问题空间的抽象。由此可见，OOD 不是在 OOA 上的另一思维方式的大动干戈，而是 OOA 的进一步细化和更高层的抽象。所以，OOD 与 OOA 的界限通常是难以严格区分的。OOD 确定类和类结构不仅是满足当前需求分析的要求，更重要的是通过重新组合或加以适当的补充，能方便实现功能的重用和扩增，以不断适应用户的要求。因此，对 OOD 的测试，应从如下 3 方面考虑。

(1)对认定的类的测试。

(2)对构造的类层次结构的测试。

(3)对类库的支持的测试。

3. 面向对象编程的测试

典型的面向对象程序具有继承、封装和多态的新特性，这使得传统的测试策略必须有所改变。封装是对数据的隐藏，外界只能通过被提供的操作来访问或修改数据，这样降低了数据被任意修改和读写的可能性，降低了传统程序中对数据非法操作的测试。继承是面向对象程序的重要特点，继承使得代码的重用率提高，同时也使错误传播的概率提高。多态使得面向对象程序对外呈现出强大的处理能力，但同时却使得程序内“同一”函数的行为复杂化，测试时不得不考虑不同类型具体执行的代码和产生的行为。

面向对象程序是把功能的实现分布在类中。能正确实现功能的类，通过消息传递来协同实现设计要求的功能。因此，在面向对象编程(OOP)阶段，忽略类功能实现的细则，将测试的目光集中在类功能的实现和相应的面向对象程序，主要体现为以下两个方面。

(1)数据成员是否满足数据封装的要求。

(2)类是否实现了要求的功能。

4. 面向对象的单元测试

传统的单元测试的对象是软件设计的最小单位——模块。单元测试应对模块内所有重要的控制路径设计测试用例，以便发现模块内部的错误。单元测试多采用白盒测试技术，系统内多个模块可以并行地进行测试。

当考虑面向对象软件时，单元的概念发生了变化。封装驱动了类和对象的定义，这意味着每个类和类的实例(对象)包装了属性(数据)和操纵这些数据的操作。而不是个体的模块。最小的可测试单位是封装的类或对象，类包含一组不同的操作，并且某特殊操作可能作为一组不同类的一部分存在，因此，单元测试的意义发生了较大变化，不再孤立地测试单个操作，而是将操作作为类的一部分。

5. 面向对象的集成测试

传统的集成测试，有两种方式通过集成完成的功能模块进行测。

(1)自顶向下集成：自顶向下集成是构造程序结构的一种增量式方式，它从主控模块开始，按照软件的控制层次结构，以深度优先或广度优先的策略，逐步把各个模块集成在一起。

(2)自底向上集成：自底向上测试是从“原子”模块(即软件结构最低层的模块)开始组装测试。

因为面向对象软件没有层次的控制结构，传统的自顶向下和自底向上集成策略就没有意义。此外，一次集成一个操作到类中(传统的增量集成方法)经常是不可能的，这是由于“构成类的成分的直接和间接的交互”。对面向对象软件的集成测试有两种不同策略，第一种称为基于线程的测试，集成对回应系统的一个输入或事件所需的一组类，每个线程被集成并分别测试，应用回归测试以保证没有产生副作用。第二种称为基于使用的测试，通过测试那些几乎不使用服务器类的类(称为独立类)而开始构造系统,在独立类测试完成后,下一层使用独立类的类,称为依赖类。这个依赖类层次的测试序列一直持续到构造完整个系统。

6. 面向对象的系统测试

通过单元测试和集成测试,仅能保证软件开发的功能得以实现。但不能确认在实际运行时,它是否满足用户的需要。为此,对完成开发的软件必须经过规范的系统测试。系统测试应该尽量搭建与用户实际使用环境相同的测试平台,应该保证被测系统的完整性,对临时没有的系统设备部件,也应有相应的模拟手段。系统测试时,应该参考 OOA 分析的结果,对应描述的对象、属性和各种服务,检测软件是否能够完全“再现”问题空间。系统测试不仅是检测软件的整体行为表现,从另一个侧面看,也是对软件开发设计的再确认。

面向对象测试的整体目标是以最小的工作量发现最多的错误,它和传统软件测试的目标是一致的,但是面向对象测试的策略和战术有很大不同。测试的视角扩大到包括复审分析和设计模型,此外,测试的焦点从过程构件(模块)移向了类。

不论是传统的测试方法还是面向对象的测试方法,都应该遵循下列的原则。

(1)当把“尽早和不断地测试”作为开发者的座右铭。

(2)程序员应该避免检查自己的程序,测试工作应该由独立的、专业的软件测试机构来完成。

(3)设计测试用例时,应该考虑到合法的输入和不合法的输入,以及各种边界条件,特殊情况下要制造极端状态和意外状态,比如网络异常中断、电源断电等情况。

(4)一定要注意测试中的错误集中发生现象,这和程序员的编程水平和习惯有很大的关系。

(5)对测试错误结果一定要有一个确认的过程。一般由 A 测试出来的错误,一定要有一个 B 来确认,严重的错误可以召开评审会进行讨论和分析。

(6)制订严格的测试计划,并把测试时间安排得尽量宽松,不要希望在极短的时间内完成一个高水平的测试。

(7)回归测试的关联性一定要引起充分的注意,修改一个错误而引起更多错误出现的现象并不少见。

(8)妥善保存一切测试过程文档,意义是不言而喻的,测试的重现性往往要靠测试文档。

8.4 系统转换

系统转换是用新信息系统替代旧的处理系统的过程。这里所说的旧的处理系统,既包括原来的人工处理系统,也包括旧的计算机信息系统。转换工作包括现行系统的数据文件向目标系统数据文件转换,人员、设备、组织机构的改造和调整,有关资料的建档和移交等。系统转换的终结形式是将信息系统的全部控制权移交用户。

系统转换的方式有直接转换、平行转换、试运行和逐步转换 4 种。

1. 直接转换方式

这种方式是在某一特定时刻,现行系统停止运行,目标系统直接替换现行系统,中间没有过渡阶段。直接转换的优点是转换最简单,费用最省。这种方式对重要系统不太适用,因为目标系统尚未承担过正常的工作,可能会出现很多意想不到的问题,风险大。在实际使用时,应有一定的保证新措施，以便目标系统一旦出现问题，老系统尚能顶替工作。一般只有在现行系统完全无法满足需求或目标系统不太复杂的情况下才采用这种方法。

2. 平行转换方式

这种方式是安排现行系统、目标系统有一段平行运行的时间。在此阶段，旧系统和新的人机处理系统并存。平行运行不仅能保持转换期间工作不间断，而且新、老系统还可以进行比较。但这种运行方式是现行系统与目标系统并行运转，费用较高。

3. 试运行方式

这种方式类似平行运行方式。目标系统在一些关键处理环节上进行试运行，现行系统照常运行，等试运行感到满意时，再转入目标系统全面运行，而先行系统则完全停止运行。

4. 逐步转换方式

这种方式是目标系统分期分批地进行转换，直到完全替代现行系统。逐步转换能避免直接转换的危险性，也比试运行方式的费用低。但在逐步替代的过程中目标系统与现行系统之间接口复杂，必须事先予以充分重视。当新、老系统差别太大时，不宜采用这种方式。

在实际应用中，上述几种方式也可以混合使用。例如，对系统中不很重要的部分采用直接转换方式，对那些重要的、影响面大的部分采用逐步转换方式等。

在系统转换过程中，影响顺利转换的还有以下有几个问题，应予以充分重视。

(1)目标系统的运行需要大量基础数据，这些数据的整理、录入工作量庞大，应及早准备，尽快完成。

(2)系统转换除了程序的转化、机器设备的转化之外，还有一个重要的方面是人的转换。新系统使原来的工作方式、工作流程等都发生了变化，应该提前做好有关人员的培训工作。

(3)尽管实际运行之前做了大量的测试、排错工作，新系统的运行难免还会出现问题，这是正常现象。系统工作人员应该有足够的准备，并做好记录。如果出现的是局部性问题，属正常现象，说明系统的开发是成功的。如果出现的是致命性问题，则可能意味着系统开发工作质量不高，系统需要修改甚至重新设计。

本章小结

系统实施是开发信息系统的最后一个阶段。这个阶段的任务，是实现系统设计阶段提出的物理模型，按实施方案完成一个可以实际运行的信息系统，交付用户使用。这一阶段的任务包括以下几个方面：硬件准备、软件准备、人员培训、数据准备。

系统实施的原则有：统一性原则、适应性原则、易用性原则、可靠性原则、安全性原则、健壮性原则。

程序设计就是为系统设计阶段得到的系统结构的模块采用某种高级语言进行编程实现，这是系统实施阶段的核心工作。程序除了能够正常运行外，可读性和效率也是其重要指标。程序可读性好的标志有：代码结构化好，必要的程序文档(即注释)，良好的编程风格，良好的书写风格。程序效率是指程序的执行速度和程序占用的存储空间。影响程序效率的因素有：算法、存储器效率、输入输出。程序设计技术主要有：结构化程序设计、面向对象程序设计。

测试的目的是为了发现程序的错误。从系统测试的步骤来分析，系统测试一般由一系列的不同测试所组成，这些测试步骤可以分为单元测试、集成测试、确认测试、系统测试。通常，系统开发的过程是自顶向下的，而测试正好相反，是自底向上、逐步集成的。

软件测试方法有：正确性证明、静态测试、动态测试。

系统转换是用新信息系统替代旧的处理系统的过程。系统转换的方式有 4 种：直接转换方式、平行运行方式、试运行方式、逐步转换方式。

思考题

1. 系统实施包括哪些主要任务？
2. 程序质量标准有哪些？如何提高程序的可读性？
3. 面向对象程序设计与结构化程序设计的区别有哪些？
4. 什么是测试？测试的目的是什么？
5. 对系统进行测试包括哪些步骤？
6. 系统转换有哪些方式？

第 9 章　信息系统维护与管理

学习目标

- 掌握系统维护的内容和类型
- 理解系统维护的特点和可维护性
- 掌握系统日常运行管理的内容
- 了解系统管理的部门、人员和制度建设
- 掌握系统评价的内容和方法
- 了解系统评价的原则和指标

本章重点

系统维护的内容和类型、系统日常运行管理的内容、系统评价的内容。

信息系统交付使用以后，研制工作即告结束，就进入了系统运行与维护阶段，一般信息系统的使用寿命短则 4～5 年，长则可达 10 年以上，在它的运行过程中，还有大量运行管理、维护和评价的工作要做。

9.1　系统维护

交付使用的管理信息系统不同于工业产品，工业产品可以先生产一个样品，经过试验、改进再正式投入批量生产。信息系统则需要在使用中不断完善。一方面，精心设计、精心实施、经过调试的系统，也难免有不尽人意的地方，或者有效率还可提高的地方，或者使用不够方便，甚至还有错误，这些问题只有在实践中才能暴露。另一方面，随着管理环境的变化，也会对信息系统提出新的要求，信息系统只有适应这些要求才能生存下去。因此，系统的维护是系统生存的重要条件。根据统计数据显示，在系统整个生命周期中 2/3 以上的经费用在维护上，现在世界上 90%的软件人员在从事系统的维护工作，开发新系统的人员仅占 10%，这说明系统维护任务是十分繁重的。

所谓系统维护就是系统交付使用以后，为了改正错误或满足新的需要而修改系统的过程。其主要任务是改正软件系统在使用过程中发现的隐含错误，扩充在使用过程中用户提出的新的功能及性能要求，其目的是维护软件系统的“正常运作”。

9.1.1 维护的内容

系统维护包括以下几个方面的工作。

1. 程序的维护

在系统维护阶段，会有一部分程序需要改动。根据运行记录，发现程序的错误，这时需要改正；或者随着用户对系统的熟悉，用户有更高的要求，部分程序需要改进；或者环境发生变化，部分程序需要修改。

2. 数据文件的维护

由于业务发生了变化，从而需要建立新文件，或者对现有文件的结构进行修改。

3. 代码的维护

随着环境的变化，旧的代码不能适应新的要求，必须进行改造，制订新的代码或修改旧的代码体系。代码维护的困难主要是新代码的贯彻，因此各个部门要有专人负责代码管理。

4. 机器、设备的维护

包括机器、设备的日常维护与管理。一旦发生小故障，要有专人进行修理，保证系统的正常运行。

9.1.2 维护的类型

依据信息系统需要维护的原因不同，系统维护工作可以分为 4 种类型。

1. 更正性维护

更正性维护又称纠错性维护，是指诊断和修正系统中遗留的错误，工作内容包括诊断问题与改正错误。由于系统测试不可能揭露系统存在的所有错误，因此在系统投入运行后频繁的实际应用过程中，就有可能暴露出系统内隐藏的错误。纠错性维护是在系统运行中发生异常或故障时进行的，例如遇到了从未用过的输入数据组合。有些系统运行多年以后才暴露出在系统开发中遗留的为题，这是不足为奇的。

2. 适应性维护

是指为了适应外界环境的变化而增加或修改系统部分功能的维护工作。一方面新的硬件系统问世，操作系统版本更新，应用范围扩大。另一方面，信息系统的使用寿命在延长，超过了最初开发这个系统时应用环境的寿命，即应用对象也在不断发生变化，机构的调整、管理体制的改变、数据与信息需求的变更等都将导致系统不能适应新的应用环境。如代码改变、数据结构变化、数据格式以及输入输出方式的变化、数据存储介质的变化等，都将直接影响系统的正常工作。因此有必要对系统进行调整，使之适应应用对象的变化，满足用户的需求。为适应这些变化，信息系统需要进行维护。

3. 完善性维护

是指为了改善系统功能或应用户的需要而增加新的功能的维护工作。系统经过一个时期的运行之后，某些地方效率需要提高，或者使用的方便性还可以提高，或者需要增加某些安全措施。

4. 预防性维护

是主动性的预防措施，对一些使用寿命较长，目前尚能正常运行，但可能要发生变化的部分进行维护，以适应将来的修改或调整。例如将专用报表功能改成通用报表生成功能，以适应将来报表格式的变化。

根据对各种维护工作分布情况的统计结果，一般纠错性维护占21%，适应性维护工作占25%，完善性维护达到50%，而预防性维护以及其他类型的维护仅占4%，可见系统维护工作中，一半以上的工作是完善性维护。4类维护工作量的经验估计如图9.1所示。一般在维护阶段的最初两年更正性维护的工作量较大，随着在系统运行过程中出错率的不断降低而逐步趋于稳定。但是与此同时，由于用户需求和环境变化等因素，适应性维护和完善性维护的工作量会逐步增加，这又会带来新的错误，从而进一步加大维护的工作量。

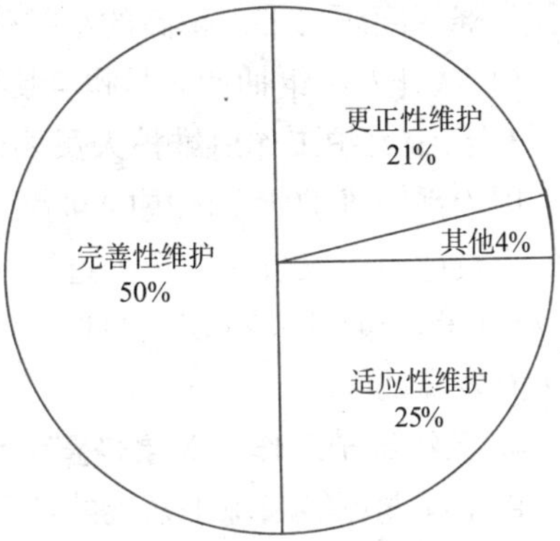

图9.1 各类维护工作的比例

9.1.3 系统维护的特点

系统维护具有如下特点。

1. 结构化和非结构化开发对系统维护影响巨大

如果系统开发没有采用结构化分析与设计方法，则相应的维护也只能是非结构化维护。因为这时系统软件配置的惟一依据是程序源代码，一旦有系统维护的需求时，维护工作只能从艰苦的评价程序代码开始。由于没有完整规范的设计开发文档，无程序内部文档，对于软件结构、数据结构、系统接口以及设计中的各种技巧很难弄清，如果编码风格再差一些，则系统维护工作十分艰难。另一方面，由于无测试文档，不能进行回归测试，对于维护后的结果难以评价。相反，如果系统开发采用了结构化方法，则系统交付时有完整的软件配置文档，维护系统接口等，就可以估计修改可能带来影响，确定修正错误的途径，然后修改设计，在与设计相对应的源程序上进行的修改，使用测试说明书中包含的测试方案进行回归测试。可见经过结构化开发的系统，将大大减少维护的工作量，提高软件质量。

当然，按照软件工程思想开发系统，具有完整的软件配置并不能保证维护中没有问题，但是它能减少维护的工作量，提高维护的总体质量。

2. 系统维护要付出很高的代价

首先，有形的代价直接来自维护工作本身，维护工作可分为两部分：一部分为非生产性活动，主要是理解源程序代码的功能，解释数据结构、接口特点和性质限度等，这部分工作量和费用与系统的复杂程度（非结构化设计和缺少文档都会增加系统的复杂程度）、维护人员的经验水平以及对系统的熟悉程度密切相关；另一部分为生产性活动，主要是分析评价、修改设计和编写程序代码等，其工作量与系统开发的方式、方法、采用的开发环境有直接的关系。因此，如果系统开发途径不好，且原来的开发人员不能参加维护工作，则维护工作量和费用呈指数上升。例如20世纪70年代美国空军的飞行控制软件每条指令的开发成本是75美元，而维护成本大约是每条指令4 000美元。统计表明，60%～70%的软件费用花在维护方面。

其次，维护费用仅是系统维护最明显的代价，许多无形的代价来自维护所产生的效果和影响上，主要包括以下几点。

（1）由于开发人员和其他开发资源越来越多地被束缚在系统维护工作中，这将导致开发人员完全没有时间和精力从事新系统的开发，从而耽误甚至丧失了开发良机。

(2)某些表面合理，但实际不能满足的维护要求，将引起用户的不满。

(3)维护过程中引入新的错误和故障，主要是对代码、数据和文档产生“副作用”，使系统可靠性下降等问题将带来很高的维护代价。

(4)从开发小组抽调人员也会影响正在进行的系统开发。

3. 系统维护工作对维护人员要求较高

因为系统维护所要解决的问题可能来自系统整个开发周期的各个阶段，因此承担维护工作的人员应对开发阶段的整个过程、每个层次的工作都有所了解，从需求、分析、设计一直到编码、测试等，并且应具有较强的程序调试和排错能力，这些对维护人员的知识结构、素质和专业水平有较高的要求。

4. 系统维护工作的对象是整个系统的配置

由于问题可能来源于系统的各个组成部分，产生于系统开发的各个阶段，因此系统维护工作并不仅仅是针对源程序代码，而且包括系统开发过程中的全部开发文档。系统维护中的绝大部分问题源于系统分析和设计阶段，而编码本身造成的错误比例并不高，仅占4%左右。理解别人编写的程序很难，而且这种难度随着软件配置文档的减少而增加。

9.1.4 系统维护的实施

1. 系统维护的步骤

系统维护之所以要按照严格的步骤进行，是为了防止未经允许擅自修改系统，因为无论是用户直接找程序人员还是程序人员自行修改程序，都将引起系统混乱，如出现不及时更新文档造成程序与文档不一致，多个人修改的结果不一致，以及缺乏全局考虑的局部修改等。通常对系统的修改应执行以下步骤，如图 9.2 所示。

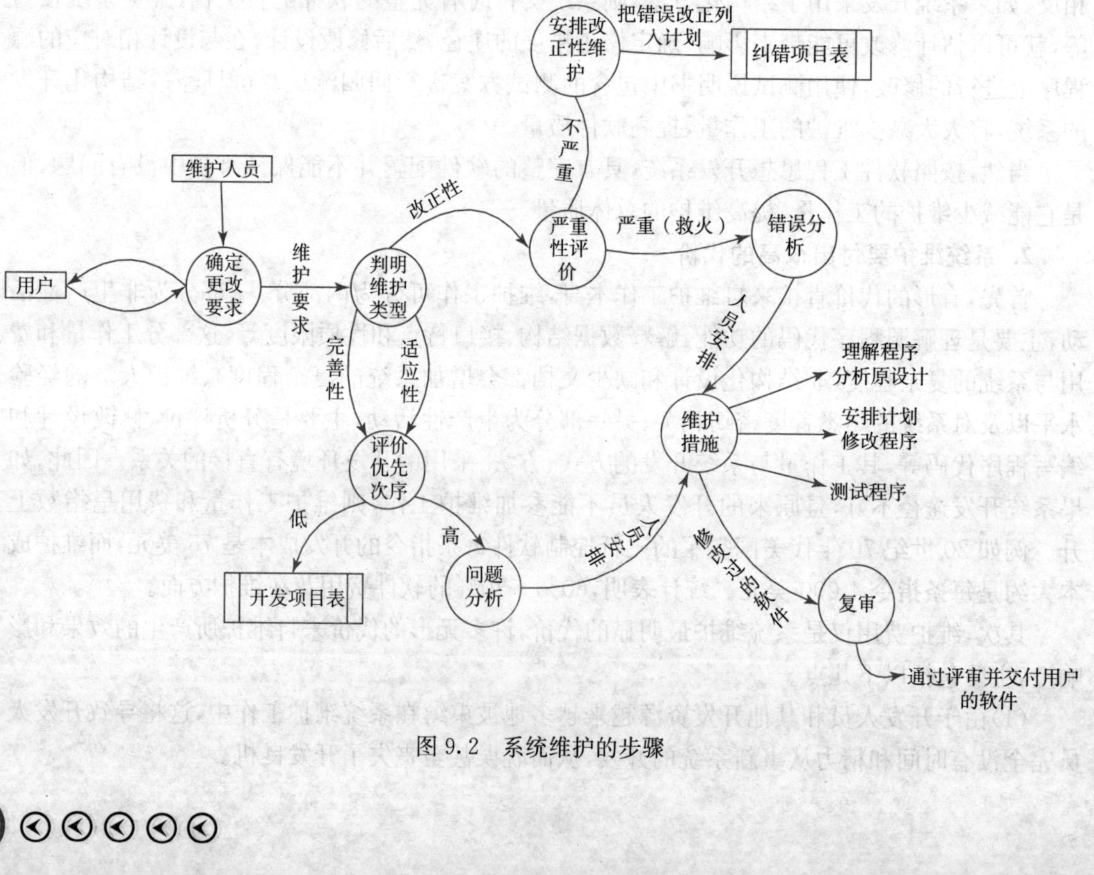

图 9.2 系统维护的步骤

2. 系统维护的主要任务

规范系统维护的步骤是为了系统维护工作的顺利进行，每个步骤都有自己特定的任务，对系统维护人员来说主要包括3个方面，即事前分析理解现有系统的基本状况并制订合理的修改计划、事中按照计划的要求和用户需求对系统进行修改、事后对修改的内容进行重新验证和确认。

(1)分析和理解现有系统并形成修改计划。实施系统维护，首要任务是理解系统程序，在直接读取源代码之前，需要借助于包括程序清单、程序文档等资料对程序的可存取性、可阅读性、可用性、准确性、完整性建立初步概念，在此基础上进一步理解程序的功能和目标。掌握程序的结构信息，即从程序中细分出若干结构成分，如程序系统结构、控制结构、数据结构和输入输出结构等。了解数据流信息，即所涉及的数据来源何处，在哪里被使用。了解控制流信息，即执行每条路径的结果。理解程序的操作(使用)要求。

对程序的修改，必须事先做出计划，有步骤、周密有效地实施。程序的修改计划要考虑人员和资源的安排，内容主要包括:规格说明信息，如数据修改、处理修改、作业控制语言修改、系统之间接口的修改等;维护资源，如新程序版本、测试数据、所需的软件系统、计算机时间等;人员，如程序员、用户相关人员、技术支持人员、厂家联系人、数据录入员等。其基本步骤如下。

①在理解的基础上，从总体和全局的观点出发，提出修改计划的方针与策略。

②逐步把要改变的软件部分(如模块)分离出来。

③仔细地研究每个要改变的和受影响的部分的内部细节。

④为了更加有效地实施修改，在制订计划时有必要规范改变的原则。

⑤设计思想完全相容。

⑥修改部分(如模块)最少、最简单、全程变量少。

⑦接口有利于将来的改变。

⑧不降低程序质量，不降低可维护性和可测试性。

⑨考虑对计算机处理时间、存储要求、操作过程的影响。

⑩考虑中断用户服务和其他部门的影响。

⑪考虑实现所需的费用和时间。

(2)修改系统——最重要的维护工作。在修改计划的基础上，结合用户需求按计划对程序进行修改，在修改过程中需要注意的主要问题如下。

①能正确有效地编写改变部分的代码。此环节的要求和系统实施阶段编写代码的要求基本一致，但系统固有的结构和功能限制了维护人员的工作。例如:要谨慎地修改程序，尽量保持程序的风格及格式，要在程序清单上注明改动的指令;不要删除程序语句，除非完全肯定它是无用的;不要试图共用程序中已有的临时变量或工作区，为了避免冲突或混淆用途，应自行设置自己的变量;插入错误检测语句。

②尽可能消除任何不期望的副作用。所谓副作用是指因修改软件而造成的错误或其他不希望发生的情况，主要包括程序、文档和数据3个方面。

③控制程序改变的波动效应。所谓波动效应是指当改变程序的一部分而影响程序的其他部分时，就出现了波动效应。

④估计修改的影响。对修改影响的估计主要是指对可能产生的副作用和波动效应的估计，实践中可以采用技术指标的方式对可能存在的问题进行收集，构建数学模型对数据进行分

析，得出相对科学的结论，从而确保影响在可以接受的范围之内。

(3)重新验证、确认修改部分。当修改工作结束之后，无论修改少数代码还是修改多数代码都必须重新验证、确认修改部分，验证确认的过程主要包括以下几点。

①静态确认。修改软件，伴随着引起新的错误的危险，为了能够做出正确的判断，验证修改后的程序至少需要两个人参加。要检查修改是否涉及规格说明，修改结果是否符合规格说明，有没有歪曲规格说明，程序的修改是否足已修正软件中的问题，源程序代码有无逻辑错误，修改时有无修补失误，修改部分对其他部分有无不良影响(副作用)，等问题。

②计算机确认，在充分进行了以上确认的基础上，要用计算机对修改程序进行确认测试(确认测试顺序：先对修改部分进行测试，然后隔离修改部分，测试程序的未修改部分，最后再把它们集成起来进行测试，这种测试称为回归测试)。要准备标准的测试用例，充分利用软件工具帮助重新验证过程，在重新确认过程中，需邀请用户参加。

③维护后的验收。交付新软件之前，维护主管部门要检验：全部文档是否完备并已更新，所有测试用例和测试结果已经正确记载，记录软件配置所有副本的工作已经完成，维护工序和责任已确定。

无论采用验证确认如何进行，在验证修改内容时都需要注意以下问题：

①对于改变部分和未改变部分都要进行验证确认；

②重新确认应该邀请用户参加；

③重新验证和确认过程中发现的错误和错误类别，应该同从前的测试结果进行比较，估计被损害的程度；

④利用自动工具帮助重新确认过程。

9.1.5 系统的可维护性

系统维护的工作非常重要，也非常复杂，有效提高维护质量不但要靠系统维护人员在运行阶段的工作，更要依靠系统开发人员在分析设计等阶段提高系统的可维护性。所谓信息系统的可维护性是指维护人员理解、改正、改动或改进这个软件的难易程度。

1. 影响软件可维护性的因素

(1)可理解性。软件可理解性表现为读者理解软件的结构、功能、接口和内部处理过程的难易程度。模块化(模块结构良好，高内聚，松耦合)、详细的设计文档、结构化设计、程序内部的文档和良好的高级程序设计语言等，都对提高软件的可理解性有重要贡献。

(2)可测试性。诊断和测试的容易程度取决于软件容易理解的程度。良好的文档对诊断和测试是至关重要的，此外，软件结构、可用的测试工具和调试工具，以及以前设计的测试过程也都是非常重要的。维护人员应该能够得到在开发阶段用过的测试方案，以便进行回归测试。在设计阶段应该尽力把软件设计成容易测试和容易诊断的。对于程序模块来说，可以用程序复杂度来度量它的可测试性。模块的环形复杂度越大，可执行的路径就越多，因此，全面测试它的难度就越高。

(3)可修改性。软件修改的难易程度和本书第5章讲过的设计原理和启发规则直接有关。耦合、内聚、信息隐藏、局部化、控制域与作用域的关系等，都影响软件的可修改性。

(4)可移植性。软件可移植性指的是把程序从一种计算环境(硬件配置和操作系统)转移到另一种计算环境的难易程度。把与硬件、操作系统以及其他外围设备有关的程序代码集中放到特定的程序模块中，可以把因环境变化而必须修改的程序局限在少数程序模块中，从而降低修改的难度。

(5)可重用性。所谓重用是指同一事物不做修改或稍加改动就在不同环境中多次重复使用。

通常可重用的软件构件在开发时经过很严格的测试，可靠性比较高，且在每次重用过程中都会发现并清除一些错误，随着时间推移，这样的构件将变成实质上无错误的。因此，软件中使用的可重用构件越多，软件的可靠性越高，改正性维护需求越少。

很容易修改可重用的软件构件使之再次应用在新环境中，因此，软件中使用的可重用构件越多，适应性和完善性维护也就越容易。

2. 可维护性的定量研究

可维护性因素难以度量，但通过对维护活动中的一些可度量的属性的统计分析和研究，可以间接地对软件的可维护性做出估计，这些属性主要反映了"检错—纠错—验证"的维护周期。

与维护工作量有关的度量属性包括：问题识别时间、管理延迟时间、收集维护工具时间、分析问题时间、规范说明修改时间、主动校正和修改时间、局部测试时间、整体测试时间、维护复审时间、总的恢复时间。

3. 提高系统可维护性的方法

(1)建立系统质量目标和优先级。在系统开发过程中，要求全面实现可维护性指标是不现实的，可能需要付出极大的代价，因为其中有一些指标是相互依存的，如可理解性与可测试性、可修改性，但有些是相互抵触的，如效率和可理解性。可维护性各项指标的相对重要性随系统的应用领域和运行环境不同而有所差异。例如：对于通信系统的支持软件可能要求可靠性和效率；对于管理信息系统则可能强调可靠性和可修改性。实践证实，强调有效性的程序所包含的错误比强调简明性的程序所包含的错误高出10倍。所以应根据用户需求和运行环境规定系统可维护性的优先级。这对于提高系统整体质量，降低系统费用有极大影响。

(2)使用提高系统质量的技术和工具。在系统设计与实现过程中采用模块化设计、结构化程序设计、面向对象技术、基于构件的软件工程方法、使用配置管理工具是获得良好系统结构，提高系统可理解性，保证系统可靠性的基本要求。另外，高级程序设计语言比汇编语言更易于维护，而第四代语言比其他语言更容易维护。

(3)重视规范化文档的管理。文档是影响软件可维护性的决定因素，由于长期使用的大型软件系统在使用过程中必然会经受多次修改，所以文档比程序代码更重要。软件系统的文档可以分为用户文档和系统文档两类，总地说来，软件文档应该满足下述要求以提高系统的可维护性。

①必须描述如何使用这个系统，没有这种描述时即使是最简单的系统也无法使用。

②必须描述怎样安装和管理这个系统。

③必须描述系统需求和设计。

④必须描述系统的实现和测试，以便使系统成为可维护的。

(4)进行可维护性复审。可维护性是所有软件都应该具备的基本特点，必须在开发阶段保证软件具有可维护。在软件工程过程的每一个阶段都应该考虑并努力提高软件的可维护性，在每个阶段结束前的技术审查和管理复审中，应该着重对可维护性进行复审。

9.2 系统运行管理

对于一个组织来说，信息系统的运行管理是始终存在的。运行管理的目的是使系统在其生命周期内保持良好的可运行状态，保证其功能的发挥。信息系统运行管理的任务就是围绕这一目标展开的，一般可将这些任务分为 3 个方面的工作：日常运行管理、系统文档规范管理以及系统的安全与保密。

9.2.1 信息系统日常运行管理

信息系统的日常运行管理具体有系统运行记录、系统运行的日常维护及系统的适应性维护等工作。

1. 系统运行记录

从每天进入应用系统、功能选择与执行，到数据备份、存档、关机等，都要就系统软硬件及数据等的运作情况作记录。运行情况有正常、不正常与无法运行等，对于后两种情况，应将现象、发生时间和可能的原因作详细记录。这些记录会对分析与解决问题有重要的参考价值。由于这些工作比较繁琐，在实际上往往会流于形式，因此一般应在系统中设置自动记录功能。但是作为一种责任与制度，一些重要的运行情况及所遇到的问题，仍应作书面记录。应事先制订严格的规章制度来保证对系统运行情况作记录，具体工作由使用人员完成。无论是自动记录还是由人工记录，都应作为基本的系统文档作长期保管，以备系统维护时参考。

2. 系统运行的日常维护

日常维护是定时定内容、重复进行的有关数据与硬件的维护，以及对突发事件的处理等。在数据或信息方面，日常要维护的有备份、存档、整理及初始化等。在硬件方面，日常维护主要有各种设备的保养与安全管理、简易故障的诊断与排除、易耗品的更换与安装等，这些工作应由专人负责。

3. 系统的适应性维护

系统的适应性维护以系统运行情况记录与日常维护记录为基础，其内容如下。

(1)系统发展规划的继续研究与调整。

(2)系统缺陷的记录、分析与解决方案的设计。

(3)系统结构与功能的调整、更新与扩充。

(4)数据结构的调整与扩充。

(5)系统硬件的维修、更新与添置。

9.2.2 系统文档管理

文档是以书面形式记录人们的思维活动及其工作结果的文字资料。信息系统实际上由系统实体及相应的文档两大部分组成，系统开发要以文档描述为依据，系统实体运行与维护要用文档来支持。

系统文档不是事先一次性形成的，它是在系统开发、运行与维护过程中不断地按阶段逐步编写、修改、完善与积累而形成。如果没有规范的系统文档，信息系统的开发、运行与维护会处于混乱状态，严重影响系统的质量，甚至导致系统失败。当系统开发人员发生变动时，问题尤为突出。因此有专家认为：系统文档是信息系统的生命线，没有文档就没有信息系统。

文档管理是为有序、规范地开发与运行信息系统所必须做好的工作。目前我国对于信息系统的文档内容与要求基本上有了统一规定。主要分为技术文档、管理文档及记录文档等类型，当系统变化较大时，系统文档将以新的版本提出。

系统文档管理工作主要有：

(1)制订文档标准与规范；

(2)指导文档编写；

(3)收存、保管文档与办理借用手续等。

所有文档都要收集齐全、统一保管、专人负责、形成制度。

9.2.3 系统的安全保密

信息系统的各种软硬件是企业的重要资产。在系统运行过程中产生和积累的大量信息也是企业的重要资源，无论是系统软硬件的损坏或者是数据与信息的泄漏，都会给企业带来不可估量的损失，甚至危及企业的生存与发展。因此信息系统的安全与保密是一项极其重要的系统管理工作。

信息系统的安全与保密是两个不同的概念：信息系统的安全是为防止破坏系统软硬件及信息资源行为的发生所采取的措施；信息系统的保密是为了防止有意窃取信息资源行为的发生而采取的措施。

信息系统的安全性问题主要由以下几方面原因所造成。

(1)自然现象或意外原因引起的软硬件损坏与数据的丢失和破坏，例如电源出故障或计算机丢失等。

(2)操作失误导致的数据丢失和破坏。

(3)病毒侵扰导致的软件与数据的破坏。

(4)人为因素对系统软硬件及数据所造成的破坏，例如，某些员工心怀不满，恶意破坏数据。

因此，信息系统安全性的目标是：

(1)控制资产流失；

(2)保证数据的完整性和可靠性；

(3)提高信息系统应用效率。

9.3 信息管理部门

1. 信息管理部门的任务

与组织中的其他管理部门一样，信息管理部门有其特定的职责和任务。归纳起来，一般认为信息管理部门的主要责任是引入和配置信息技术、开发和组织信息资源、为所在组织提供信息服务、支持组织战略目标的实现，并通过承担以下任务来履行自己的职责：信息化建设规划的策略、制订与实施，信息资源的开发、组织和管理，信息化建设项目的组织、管理与实施，信息系统的管理与维护，信息人员的组织、培养和管理，向组织各阶层提供信息服务。

信息管理部门的任务从开始时的计算机单项简单应用到大规模的全面的系统性信息技术应用，有一个发展过程。在这个过程中信息管理部门从小到大地发展起来。早期的信息技术应用只是隶属于财务管理或技术管理等部门，后来出现了计算机中心、MIS部、信息系统研究部等信息管理机构，现在基本上一致地发展为信息管理部。

2. 信息管理部门的设置

目前我国组织内的信息管理部门，在结构、规模和人员组成上有较大的差别。在结构上主要有传统的层次结构和按项目划分的矩形结构两大类；在规模上有的比较庞大，分工较细，有的规模很小，身兼数职；人员的组成很广泛，大都是计算机专业背景的人才，近年来信息管理与信息系统专业的人才逐渐多起来。

根据工作内容和要求，对于企业来说，较完整的层次结构的信息管理部门大致如图 9.3 所示。

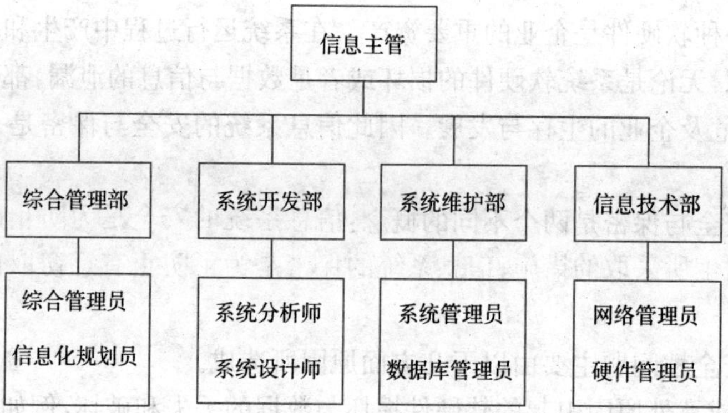

图 9.3 信息管理部门组织结构图

信息主管全面管理信息化建设，向组织的最高领导负责。综合管理部负责信息化综合性工作，包括信息化规划、信息化有关知识的培训及其管理、信息化各项工作的文档管理，以及信息管理部门的内部管理等。系统开发部承担各类信息系统的开发，负责系统开发的全过程工作，商品软件购置的洽谈和合作等。系统维护部接受并维护系统开发部移交的已进入运行状态的信息系统，也承担相关的数据维护工作。信息技术部则负责组织的计算机信息网络的建设和管理，包括各种软硬件的配置和维护等。

一些采用自主开发信息系统方式的大型企业，也有按项目搭建信息管理部门的。这时除系统维护工作设专门分支机构外，其余以具体的信息系统建设项目，如 ERP 或 CRM 的开发等分别设置项目部或项目小组。项目完成后将系统移交给系统维护部管理，然后转向其他项目或分解到其他项目部门。对于集团公司，信息管理部门是分级而设的，集团总部和各分支机构的信息部门搭配结构依公司组织体制和管理模式而定，高度集权的公司，总部负责统一的信息化建设和系统开发工作，信息管理部门较庞大，而分支机构的信息管理部门主要负责系统的运行和维护，构成上较简单。

信息管理部门的规模决定于不同组织的具体情况，一般情况下部门人员数约是组织总人数的 1%～3%。以自主开发信息系统为主的组织，信息人员比例和要求要高于购置商品软件的组织。当信息人员配置较少时，岗位设置较粗，一人分担若干岗位的工作。

3. 信息管理人员

企业的信息人员是一类特殊的专业人才，人数虽不多，但肩负的任务具有较大的不确定性和自主寻求解决方案的特点。当前，信息人员大都较年轻，具有较高学历，身怀专门技术或管理专长，上下级概念较淡薄。一般而言，信息人员的收入相对较高，看重的是成就感。因此信息人员的招聘、培养和管理等工作也有其特殊性。目前人才市场上高水平的复合型信息人才仍欠缺，人才流动现象比较突出。各类组织，尤其是国有企业，在吸引、稳定和管理信息人才，并发挥他们作用的问题上，不能按传统的观念看待，而应该从长远着想，与其他员工有一定的区别。

信息主管，又称首席信息官(chief information officer，CIO)，最早是在政府机构为强化信息资源管理工作而设立的一个职位，全面负责政府部门信息资源的开发、管理和利用。该成功做法很快被引入企业界，目前已为企业界普遍认识和接受。企业的信息管理职位也有一个发展过程。从开始的计算机中心主任到 MIS 主任，再到今天的 CIO，信息管理职位的演变反映了企业从纯计算机的应用到重点为信息资源开发利用的发展过程。

1980 年美国政府制定《文书工作削减法》，要求各部门都要设立 CIO 这一新职位，并委派副部长或部长助理级官员来担任此职，从较高层次上全面负责本部门信息资源的开发和利用，这就是最初的 CIO。1981 年，辛诺(W. H. Synnott)和戈拉伯(W. H. Grube)在《信息资源管理:80 年代的机会与挑战》一书中，首次给 CIO 以明确定义:“CIO 是负责制订公司信息政策、标准，并对全公司的信息资源进行管理控制的高级行政官员。”据 20 世纪 80 年代中期对美国 500 家最大企业抽样调查，有 40%的公司设立 CIO；目前，排名世界前 500 家大企业有 80%以上都实行 CIO 体制。CIO 的产生，标志着企业管理从传统的人、财、物 3 要素管理走向人、财、物、信息 4 要素管理，充分体现了信息资源在现代企业中的重要意义。

CIO 作为信息管理部门的总负责人，承担有关信息技术应用、信息资源开发和利用的领导工作，其主要任务是要通过信息技术和信息资源为组织增添新的竞争力，为组织在信息社会环境中的生存和发展开阔新的空间。正因为如此的关键使命，CIO 一般由副总裁兼任，向组织最高领导汇报工作和负责，其地位也高于其他部门的主管，它与总裁或首席执行官(CEO)、财务主管(CFO)一起，构成组织的“CEO－CFO－CIO”三驾马车。

CIO 要领导上面所描述的信息管理部门各分支，但其最主要的是负责关于信息化建设的战略性的和方向性的工作，如信息化规划、信息资源的配置、信息人才队伍的建设，以及参与组织高层的决策，尤其是组织变革方面的重大决策。其主要职能如下。

(1)参与高层管理决策。

(2)制订组织的信息政策和信息活动规划。

(3)管理组织的信息流程，规范组织信息管理的基础标准。

(4)负责组织的信息系统建设规划和宏观管理。

(5)为组织经营管理提供有效的信息技术支持。

(6)评估信息技术的投资回报问题。

(7)宣传、咨询和培训。

(8)信息沟通与组织协调。

CIO 艰巨的任务和高期望值，也对其提出了很高的素质要求。CIO 应该具备较高水平的组织能力和领导能力，较高的信息素养和一定的技术才能，具有商业头脑和谈判、沟通与解决冲突的技能。美国信息产业协会(IIA)在 20 世纪 70 年代为信息部门经理制订了职业标准要求，要求信息部门经理应具备以下素质。

(1)具有广博的多学科和交叉领域的职业技能，能运用信息科学的理论基础为各种层次的用户服务。

(2)具有一种或多种信息技术专长。

(3)具有经济方面的规划预算信息密集、资本密集、劳动密集产品的基本知识,以及在各种竞争性组织资源之间及内部进行权衡的能力。

由此表明,不懂计算机的不能成为 CIO,只懂计算机的人也不能担任 CIO,理想的 CIO 应是兼具经营管理与信息技术两种能力的复合型人才。

9.4 系统评价

信息系统投入使用一段时间以后,需要对系统进行全面的评价。根据使用者的反映和运行情况的记录,评价系统是否达到了设计要求,指出系统改进和扩充的方向。最后,系统评价的结果应写成系统评价报告。

9.4.1 系统评价的内容

系统评价的范围应根据系统的具体目标和环境而定,一般包括以下几个方面。

1. 系统运行的一般情况

这是从系统目标及用户接口方面考查系统,包括:

(1)系统功能是否达到设计要求;

(2)用户付出的资源(人力、物力、时间)是否控制在预定界限内,资源的利用率是否达到要求;

(3)用户对系统工作情况的满意程度(响应时间、操作方便性、灵活性等)如何。

2. 系统的使用效果

这是从系统提供的信息服务的有效性方面考查系统,主要从以下方面考查:

(1)用户对所提供的信息的满意程度(哪些有用,哪些无用,引用率);

(2)提供信息的及时性;

(3)提供信息的准确性、完整性。

3. 系统的性能

系统性能包括:

(1)计算机资源的利用情况(主机运行时间的有效部分的比例、数据传输与处理速度的匹配、外存是否够用、各类外设的利用率);

(2)系统可靠性(平均无故障时间、抵御误操作的能力、故障恢复时间);

(3)系统可扩充性。

4. 系统的经济效益

(1)系统费用(包括系统的开发费用和各种运行维护费用);

(2)系统收益(包括有形效益和无形效益,如库存资金的减少,成本的下降,生产率的提高,劳动费用的减少,管理费用的减少,对正确决策影响的估计,等等);

(3)投资效益分析。

9.4.2 系统评价方法

目前常用系统评价方法有以下 4 类。

1. 专家评估

由专家根据本人的知识和经验直接判断来进行评价。常用的方法有特尔斐法、评分法、表决法和检查表法等。

2. 技术经济评估

以价值的各种表现形式来计算系统的效益而达到评价的目的。如净现值法（NPV 法）、利润指数法（PI 法）、内部报酬率法（IRR 法）和索别尔曼法等。

3. 模型评估

用数学模型在计算机上仿真来进行评价，如可采用系统动力学模型、投入产出模型、计量经济模型和经济控制论模型等数学模型。

4. 系统分析

对系统各个方面进行定量和定性的分析来进行评估，如成本效益分析、决策分析、风险分析、灵敏度分析、可行性分析和可靠性分析等。

本章小结

系统维护是系统交付使用后的重要工作，目的是维护软件系统的“正常运作”。

系统维护的内容包括对程序、数据文件、代码和机器设备等的维护，系统维护的类型有更正性、完善性、适应性和预防性等几种，其中，一般完善性维护占的比重最大。

影响可维护性的因素包括：可理解性、可测试性、可修改性、可移植性、可重用性等。

运行管理的目的是使系统在其生命周期内保持良好的可运行状态，保证其功能的发挥。信息系统运行管理的任务就是围绕这一目标展开的，一般可将这些任务分为 3 个方面的工作：日常运行管理、系统文档规范管理以及系统的安全与保密。

CIO 作为信息管理部门的总负责人，承担有关信息技术应用、信息资源开发和利用的领导工作，其主要任务是通过信息技术和信息资源为组织增添新的竞争力，为组织在信息社会环境中的生存和发展开阔新的空间。

系统评价内容包括：运行状况、使用效果、性能、经济效益等，评价方法很多，常用的有专家评价、经济技术评价、模型评价等。

思考题

1. 试述系统维护的意义。
2. 系统维护包括哪些内容？分几种类型？
3. 系统维护包括哪些步骤？
4. 系统日常运行管理的内容有哪些？
5. CIO 的职责有哪些？
6. 系统评价的内容有哪些？

第三篇　项目管理

信息系统项目管理和其他的项目管理相比有相当的特殊性。首先，软件是纯知识产品，其开发进度和质量很难估计和度量，生产效率也难以预测和保证。其次，信息系统的复杂性也导致了开发过程中各种风险的难以预见和控制。比如，Windows 这样的操作系统有 1 500 万行以上的代码，同时有数千个程序员在进行开发，项目经理都有上百个。这样庞大的系统如果没有很好的管理，其软件质量是难以想象的。

信息系统项目管理涉及的内容很多，本篇介绍信息系统项目管理的主要部分，包括：计划与组织、进度管理、成本管理、风险管理、文档管理、软件配置管理。

第 10 章 信息系统项目管理

学习目标

- 理解项目的含义和特征
- 掌握信息系统项目管理基本概念
- 熟悉信息系统项目管理的基本步骤和流程
- 了解信息系统项目管理所涉及的各种原则、模型和方法。

本章重点

项目的概念和特征，信息系统项目管理的特点，信息系统项目的进度管理，风险管理，文档管理

"项目"普遍存在于人们的工作和生活中，并对人们的工作和生活产生重大影响。开发一款新软件、修建一座水电站、引进一种新产品、组织一次会议等工作任务都是项目。

美国项目管理协会(project management institute，PMI)认为项目是一种被承办的旨在创造某种独特产品或服务的临时性努力。一般来说，项目具有明确的目标和独特的性质：每一个项目都是唯一的、不可重复的，具有不确定性、资源成本的约束性、结果的不可逆转性等特点。

通俗的讲，项目是一个特殊的将被完成的有限任务，它是在一定时间内，满足一系列特定目标的多项相关工作的总称。项目的定义包含 3 层含义：第一，项目是一项有待完成的任务，且有特定的环境与要求；第二，在一定的组织机构内，利用有限资源(人力、物力、财力等)在规定的时间内完成任务；第三，任务要满足一定性能、质量、数量、技术指标等要求。这 3 层含义对应这项目的 3 重约束：时间、成本和质量。项目的目标就是满足项目相关者在时间、成本和质量上的不同要求。

项目管理，就是项目的管理者，在有限的资源约束下，运用系统的观点、方法和理论，对项目涉及的全部工作进行有效地管理，即从项目的投资决策开始到项目结束的全过程进行计划、组织、指挥、协调、控制和评价，以实现项目的目标。一般来说，列作项目管理的一般是指技术上比较复杂、工作量比较繁重、不确定性因素很多的任务或项目。而信息系统的建设和开发活

动是一项系统的工程，涉及各种资源的调控和多种因素的相互制约，所以需要应用项目管理的理论和方法来指导其建设。

10.1　信息系统项目管理概述

信息系统项目管理又称IT项目管理或软件项目管理，是为了使信息系统项目能够按照预定的成本、进度、质量顺利完成，而对人员（people）、产品（product）、过程（process）和项目（project）进行分析和管理的活动。

信息系统项目管理的根本目的是为了让信息系统项目尤其是大型项目的整个信息系统生命周期（从分析、设计、编码到测试、维护全过程）都能在管理者的控制之下，以预定成本按期、按质地完成信息系统交付用户使用。而研究信息系统项目管理是为了从已有的成功或失败的案例中总结出能够指导今后开发的通用原则、方法，同时避免前人的失误。

信息系统项目管理的提出是在20世纪70年代中期的美国，当时美国国防部专门研究了信息系统开发不能按时提交、预算超支和质量达不到用户要求的原因，结果发现70%的项目是因为管理不善引起的，而非技术原因。于是信息系统开发者开始逐渐重视起信息系统开发中的各项管理。到了20世纪90年代中期，信息系统研发项目管理不善的问题仍然存在。据美国软件工程实施现状的调查，信息系统研发的情况仍然很难预测，大约只有10%的项目能够在预定的费用和进度下交付。例如：1995年美国共取消了810亿美元的商业软件项目，其中，31%的项目未做完就被取消，53%的项目进度通常要延长50%的时间，只有9%的项目能够及时交付并且费用也控制在预算之内。

出现上述状况与信息系统开发项目自身的一些特点有着密不可分的关系。

（1）目标不确切，边界较模糊，质量要求更多地由项目团队定义。在信息系统开发的初期，客户往往只能提出一些初步的功能要求，而提不出确切的要求。由于客户不熟悉信息技术的各种性能指标，所以信息系统应达到的各种技术指标更多地由项目组来定义，由客户审查和确认。

（2）信息系统项目进行中，客户的需求会不断被激发并进一步明确，导致项目进度、费用等计划的更改。

（3）信息系统开发项目是智力密集型项目，受人力资源影响最大，项目组的结构、项目组成员的责任心和能力对项目的成功与否有决定性的影响。信息系统是纯知识产品，其开发进度和质量很难估计和度量，生产效率也难以预测和保证。

（4）信息系统系统的复杂性也导致了开发过程中各种风险的难以预见和控制。

考虑到信息系统开发项目自身的特点，软件项目管理不但需要，而且这种管理还涉及相当广泛的范围，一般信息系统项目管理的主要任务包括：软件项目计划与组织、软件项目成本管理、软件项目进度控制、软件质量管理、风险管理、软件配置管理、文档管理等。

10.2　信息系统项目计划与组织

做任何事情，小到安排一次会议，大到发射载人航天火箭，都得有个计划。要安排好人、财、物，制订出进度表。要用尽量少的资金、人力、物力去实现既定目标。对软件项目来说也是如此。首先要了解软件项目的目标、工期，根据现有的人、财、物的多少，合理地组织人、财、物，制订开发计划，控制开发成本，在实施计划的过程中根据情况的变化适时调整计划，才能保证软件项目获得成功。

在做软件的项目计划时，要了解项目的规模、难度与时间限制，也要了解当前有多少可用资源，例如：是否拥有足够的程序员？是否拥有符合需要的软硬件设施？是否拥有足够的流动资金？在对项目有了足够的了解后才能制订出可以实施的计划。除此之外，还需要建立合理的项目组织结构来保证计划的实施。

1. 深入了解项目基本情况

首先要了解项目的规模、难度与时间限制，才可以确定应该投入多少人力、物力去做这个项目。在可行性分析阶段就要考虑这个问题。但不幸的是，人们总是在项目遇到重重阻力之前对项目抱以盲目乐观的态度。在多个项目失败后才能积累起一定的经验，对项目的规模与难度的估计逐渐趋于准确。

估计项目的规模可以通过需求分析后确定的功能模块的数量，或者用例的数量进行粗略估计。确定项目范围的难度取决于是否开发过类似项目，系统分析与设计人员、开发人员的技术水平，需求是否合理，有没有足够的相关资料。

项目的时间限制有两类。第一类，项目的完成日期应客户的要求明确地写在合同中，需要调整人、财、物来保证项目如期交付，如果项目延期，开发方需要做出相应的赔偿。第二类是开发自己的软件产品，可以根据现有的人、财、物来确定项目的完成时间，表面上看对该项目的时间限制比较弱，但是项目拖延越久，开发成本就越高，同时也可能会丧失大好的商业机会。

2. 制订项目开发计划

在项目范围确定以后，需要制订项目开发计划。最迟在项目启动的前期，应该定义一套适合于具体项目的流程体系，这是项目成功的制度化保证。在项目的进展中积累经验，并不断地优化流程，使新项目使用最简化的优化流程。

俗话说："凡事预则立，不预则废"。项目计划阶段是很容易被忽视的阶段，任务书下达后，匆匆忙忙投入到项目中，往往为项目的挫折甚至失败埋下了伏笔。项目计划应该包括项目内容、时间进度、预算、所需要的各方面支持条件，项目风险预测等。

需要特别强调的是计划是个动态过程，一定要进行维护，否则计划就名存实亡了。对于不确定性很大的活动可以把计划制订得粗一点，然后随着项目的推移进行周期性的滚动细化，应用这种方法，可以有效地减少计划的维护量。总之，即使"计划赶不上变化"，也一定要做到"跟得上变化"。

3. 建立合理的项目组织结构

为了能够顺利地执行已制订的计划任务，需要建立相应的软件项目组织。

项目组织是为完成项目而建立的组织，一般也称为项目班子、项目管理班子、项目组等。一些大中型项目，如建筑施工项目的项目组织目前在我国叫项目经理部，由于项目管理工作量很大，因此，项目组织专门履行管理功能，具体的技术工作由他人或其他组织承担。而有些项目，例如软件开发项目或某些科学研究项目，由于管理工作量不大，没有必要单独设立履行管理职责的班子，因此，其具体技术性工作和管理职能均由项目组织成员承担。这样的项目组织负责人除了管理之外，也要承担具体的系统设计、程序编制或研究工作。

项目组织的具体职责、组织结构、人员构成和人数配备等会因项目性质、复杂程度、规模大小和持续时间长短等有所不同。

项目组织可以是另外一个组织的下属单位或机构，也可以是单独的一个组织。项目组织的一般职责是项目规划、组织、指挥、协调和控制。项目组织要对项目的范围、费用、时间、质量、采购、风险、人力资源和沟通等多方面进行管理。

目前常见的软件项目组织结构类型有：工作队式项目组织、部门控制式项目组织、项目型组织、矩阵式组织、直线职能式组织。

(1)工作队式的项目组织，由项目经理在企业内抽调职能部门的人员组成管理机构。项目管理班子成员在项目工作过程中，由项目经理领导，原单位领导只负责业务指导，不能干预其工作或调回人员。在项目结束后机构撤销，所有人员仍回原在部门。这种组织结构形式适用于大型项目，工期要求紧，要求多工种、多部门密切配合。优点是能发挥各方面专家的特长和作用，各专业人才集中办公，减少了扯皮和等待时间，办事效率高，解决问题快。缺点是各类人员来自不同部门，配合不熟悉。

(2)部门控制式组织的主要特征是：按职能原则建立项目组织，把项目委托给某一职能部门，由职能部门主管负责，在本单位选人组成项目组织。一般适用于小型的、专业性较强、不需涉及众多部门的项目。它的优点是人事关系容易协调，从接受任务到组织运转，启动时间短，人员职能专一，关系简单。主要缺点是不适应大项目的管理需要。

(3)项目型组织的主要特征是：企业中所有的人都按项目划分，几乎不再存在职能部门。在项目型组织里，每个项目就如同一个微型公司那样运作，完成每个项目目标所需的所有资源完全分配给这个项目，专门为这个项目服务，专职的项目经理对项目组拥有完全的项目权力和行政权力。项目型组织的设置能迅速有效地对项目目标和客户的需要做出反应。缺点是资源不能共享，成本高，项目组织之间缺乏信息交流。

(4)矩阵型组织的主要特征是：项目组织与职能部门同时存在，既发挥职能部门的纵向优势，又发挥项目组织的横向优势。项目经理对项目的结果负责，而职能经理则负责为项目的成功提供所需资源。矩阵型组织结构能够充分利用人力和物力资源，适用于同时承担多个项目的企业。矩阵型组织的缺点是双重领导，可能导致下属无所适从，在各项目之间、项目与职能部门之间容易发生矛盾。

(5)直线职能型组织是一种传统式的组织结构形式，我国目前传统企业常采用直线职能型组织进行项目工作。直线职能型组织是一种层次型的组织结构，按专业化的原则设置一系列职能部门，这种项目的组织是按照职能部门组成的，将项目按职能分为不同的子项目，如，当进行新产品开发项目时，项目前期论证作为“论证项目”由计划部门负责，产品设计工作作为“设计项目”由设计或技术部门完成，生产产品作为“生产项目”由生产部门完成，销售产品作为“销售项目”由销售部门完成。其优点与部门控制式组织结构相同，缺点是项目时间长，各部门协调困难。

在选择了合理的组织结构形式以后，需要考虑如何合理地配备组织的成员。在项目开发的各个阶段，项目组织所需要的人员数量和结构是不同的。如果把人员分为高级技术人员、初级技术人员、管理人员3类，通常在软件计划、需求分析阶段需要更多的管理人员和高级技术人员，随着开发进入总体设计、详细设计、编码阶段，管理人员和高级技术人员的需要量则大幅减少，同时这些阶段则要求越来越多的初级技术人员加入。随后，在单元测试、集成测试、确认测试阶段，对管理人员、高级技术人员的需要量又逐渐增加，初级技术人员的需要量逐渐减少。因此，根据实际需要来配备人员数量和结构可以减少人力资源的浪费，又能确保项目的进度和质量。

10.3 信息系统项目的进度管理

进度管理是软件项目管理中最重要的部分之一，进度管理的主要目标是：最短时间、最少成本、最小风险，即在给定的限制条件下，用最短的时间、最少的成本，以最小的风险完成项目管理。进度计划实施过程中目标明确，但是资源有限，不确定因素多，干扰因素多。这些因素有客观的、主观的，主客观条件的不断变化，计划也随着改变。因此，在项目实施过程中必须不断掌握计划的实施状况，并将实际情况与计划进行对比分析，必要时采取有效措施，使项目进度按预定的目标进行，确保目标的实现。因而进度管理必须是动态的、全过程的管理，其主要方法是规划、控制、协调。

在软件项目管理工作中，对软件项目的进度安排有时比对软件成本的估算要求更高。成本的增加可以通过提高产品定价或通过大批量销售得到补偿，而项目进度安排不当会引起顾客不满，影响市场销售。制订软件项目进度表有两种途径：其一是软件项目开发组织根据提供软件产品的最后期限从后往前安排时间；其二是软件项目开发组织根据项目和资源情况制订软件项目开发的初步计划和交付软件产品的日期。多数软件开发组织都希望按照第二种方式安排自己的工作进度，其主要工作内容包括如下内容。

10.3.1 活动定义

讨论项目进度管理的方法，首要的问题就是要确定哪些计划活动(任务)需要确定和记载计划活动需要完成的工作，这就是通常所说的活动的定义，或者叫做项目可交付成果。活动定义为估算、安排进度、执行及监控项目进度管理提供坚定的基础。在进行活动定义这个项目进度管理过程组中，我们将依据各个单位具体的资源情况和外部的环境等因素，通过分解技术和滚动式规划技术将项目工作组合进一步分解成更小的、更易管理的计划活动，为进一步明确工作内容提供翔实的资料，从而得到本过程管理组的输出——一份详尽的活动清单(或工作内容清单)，使计划管理任务更明确。

10.3.2 活动排序

在项目进度管理方法中，我们得到的一份详尽的计划活动清单后，第二步就是对已知的活动清单进行排序，活动排序的目的就是对已知的活动清单进行识别和记载计划活动之间的逻辑关系，可考虑适当的紧前、紧后、提前、滞后等逻辑关系，只有这样才能制订出符合实际的和可以实现的项目进度表，在逻辑关系的考虑和安排上要尽量采用项目管理软件，充分利用计算机进行工作，以提高工作效率和避免不必要的错误，在排序这个进度管理过程组中，我们主要依据上一个过程组的成果——活动清单，结合外部环境因素，利用任务逻辑排序技术、计算机辅助设计等技术，得到一份科学、合理的项目进度管理网路图。从而达到展示项目进度管理中各个计划活动和逻辑关系的一种图形和文件，为计划活动或任务资源估算奠定基础。

目前主要的进度管理图示包括甘特图、网络图、里程碑图和资源图等。这里主要介绍常用的甘特图和网络图。

1. 甘特图

甘特图(gantt chart)又叫横道图、条状图(bar chart)。它是以图示的方式通过活动列表和时间刻度形象地表示出任何特定项目的活动顺序与持续时间。甘特图直观地表明任务计划在什么时候进行，以及实际进展与计划要求的对比。甘特图的示例如图 10.1 所示。

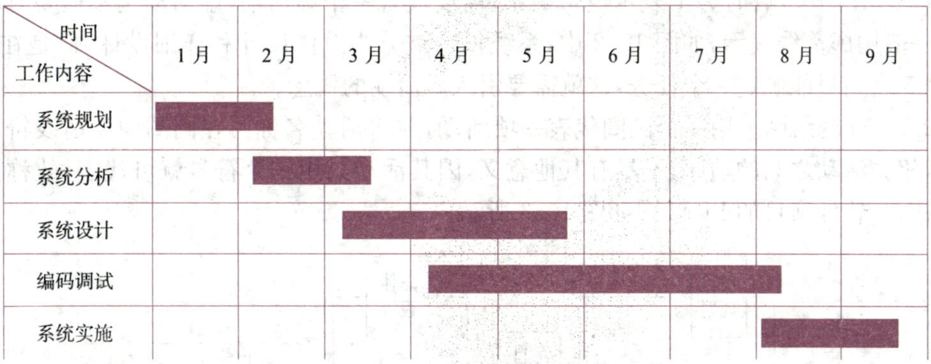

图 10.1　甘特图

甘特图是对简单项目进行计划与排序的一种常用工具。用于解决负荷和排序问题时较为直观，它能使管理者先为项目各项活动做好进度安排，然后再随着时间的推移，对比计划进度与实际进度，进行监控工作。调整注意力到最需要加快速度的地方，使整个项目按期完成。

利用甘特图可以很方便地进行项目计划和控制，其优点是图形化概要，通用技术，易于理解，有专业软件支持，无须担心复杂计算和分析。但是，甘特图事实上仅仅部分地反映了项目管理的 3 重约束中的时间要素，而不能明确表示各任务之间的依赖关系，也不能明显表示关键任务和关键路径；另外，尽管能够通过项目管理软件描绘出项目活动的内在关系，但是如果关系过多，纷繁芜杂的线图必将增加甘特图的阅读难度。

2. 网络图

网络图是用箭线和节点将某项工作的流程表示出来的图形，它展示项目中的各个活动以及活动之间的逻辑关系，表明项目任务将如何及以什么顺序进行。

网络图不仅能描绘任务分解情况及各项作业的开始时间和结束时间，而且能清楚地表示各个作业彼此之间的依赖关系。网络图中很容易识别出关键路径和关键任务。通常联合甘特图和网络图这两种工具来制订和管理计划，使它们能够互相取长补短。

根据绘图表达方法的不同，网络图分为双代号表示法(AMD)和单代号表示法(PDM)。

(1)ADM 网络图。用一个箭线表示一项活动，活动名称写在箭线上。箭尾表示活动的开始，箭头表示活动的结束，箭头和箭尾标上圆圈并编上号码，用前后两个圆圈中的编号来代表这些活动的名称。软件项目的 ADM 图如图 10.2 所示。

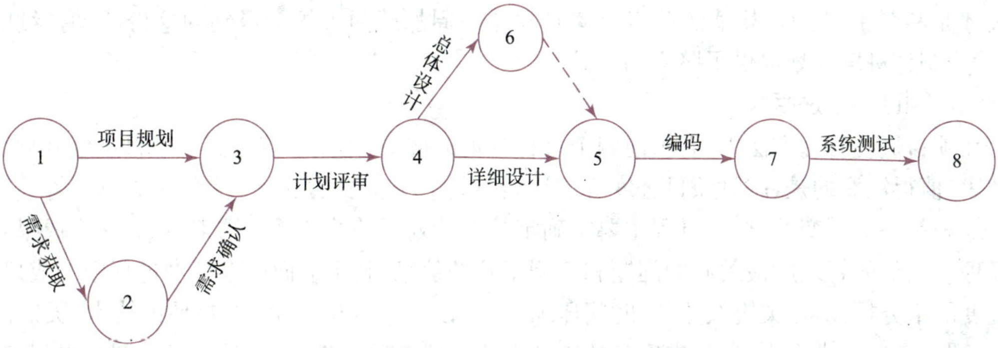

图 10.2　软件项目的 ADM 图

在 ADM 图中，有时为了表示逻辑关系，需要设置一个虚活动，虚活动是不需要时间和资源的，一般用虚箭线表示，如图 10.2 中，系统设计被分为总体设计和详细设计，但是在代号 4 和代号 5 之间只能确定一个任务，这就需要引入虚活动的概念。

(2)PDM 网络图。用一个圆圈代表一项活动，并将活动名称写在圆圈中。箭线符号仅用来表示相关活动之间的顺序，不具有其他意义，因其活动只用一个符号就可代表，故称为单代号网络图。软件项目的 PDM 图如图 10.3 所示。

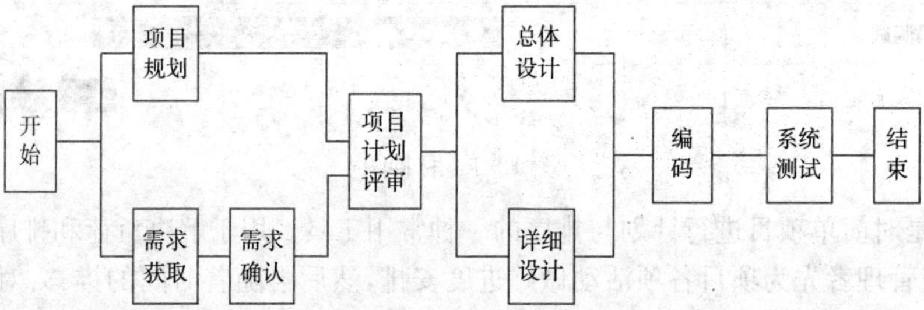

图 10.3　软件项目的 PDM 图

10.3.3　活动资源估算

在项目进度管理方法中，我们得到了各个任务清单和任务之间的逻辑关系，第三步就是要考虑任务资源估算，计划活动资源估算就是确定在实施项目活动时要使用何种资源，每一种使用的数量，以及何种资源什么时间投入到活动中，在向项目活动中分配和估算时，必要考虑到经济性，以既能满足要求、又经济为原则。在进行活动资源的估算时，将以上面的两个管理活动的成果，依据各个单位的资源情况和考虑外部资源的可利用情况进行综合的评估，利用专家判断(或类似项目的经验)、实现此活动的多方案论证、对计划活动的资源使用情况进行自下而上的估算和累加的技术，得出一份详尽的资源需求计划。

10.3.4　活动资源持续时间估算

在项目进度管理方法中，从以上管理过程得到了活动清单、活动排序、活动资源估算，第四步就是进行活动或任务的资源持续时间的估算，估算计划活动时间最主要的一个依据就是项目团队最熟悉具体计划活动的个人或集体，持续时间的估算是逐步细化和完善的，估算过程要充分考虑数据的正确性，原始数据的正确与否对活动计划估算准确性至关重要。

利用专家判断、类比估算、参数估算、后备分析等技术手段进行活动计划或任务的持续时间估算，得到计划活动的持续估算表，值得注意的是，此估算表必须是一个范围，这样的估算数据表才是科学的，比如:某某活动完成的时间是一周加减两天等。得到的这份活动持续时间表，就为制订进度计划提供了坚实的基础。

10.3.5　制订项目进度表

在项目进度管理方法中，有了前四个过程管理的成果，第五步就是制订项目进度计划管理进度表，值得注意的是，制订项目进度管理计划表是一个重复的过程，没有一个项目管理的进度计划表是一成不变的，这一过程主要来确定某个计划活动的开始和结束时间，这个成果是项目经理或其他的管理层最关心的问题和希望了解的信息，利用上面四个管理过程中的成果，运用进度网络分析技术、关键线路法、时间压缩法、假设情景分析技术、资源平衡技术、关键链技术，得到一个项目进度表，项目进度表的表现形式一般是项目进度网络图、横道图或里程碑图。此进度表，为项目进度控制提供了重要的依据，可以根据进度表，来判断哪个环节出现问题，然后对症下药。这里仅介绍通过关键路径法制订项目进度表。

关键路径法(critical path method,CPM)是一种网络分析技术,用来确定网络图当中每一条路线从起始到结束的路线,并从中找出工期最长的线路,也就是说整个项目工期是由最长的线路来决定的。关键路径法是时间管理中很实用的一种方法,其工作原理是:为每个最小任务单位计算工期,定义最早开始和结束日期,最迟开始和结束日期,按照活动的关系形成顺序的网络逻辑图,找出必须的最长的路径,即为关键路径。在关键路径法的活动上加载资源后,还能够对项目的资源需求和分配进行分析。

项目网络图示例如图10.4所示。

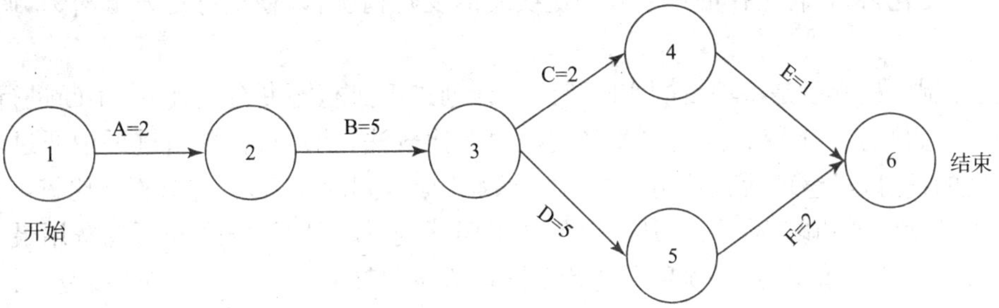

图10.4 项目网络图

对于一个项目而言,只有项目网络中最长的或耗时最多的活动完成之后,项目才能结束,这条最长的活动路线就叫关键路径,组成关键路径的活动称为关键活动。识别关键路径通常的做法如下。

(1)将项目中的各项活动视为有一个时间属性的结点,从项目起点到终点进行排列。

(2)用有方向的线段标出各结点的紧前活动和紧后活动的关系,使之成为一个有方向的网络图。

(3)用正推法和逆推法计算出各个活动的最早开始时间、最晚开始时间、最早完工时间和最迟完工时间,并计算出各个活动的时差。

(4)找出所有时差为零的活动所组成的路线,即为关键路径。

(5)识别出准关键路径,为网络优化提供约束条件。

在项目管理中,编制网络计划的基本思想就是在一个庞大的网络图中找出关键路径,并对各关键活动,优先安排资源,挖掘潜力,采取相应措施,尽量压缩需要的时间。而对非关键路径的各个活动,只要在不影响工程完工时间的条件下,抽出适当的人力、物力和财力等资源,用在关键路径上,以达到缩短工程工期、合理利用资源等目的。在执行计划过程中,可以明确工作重点,对各个关键活动加以有效控制和调度。

CPM在项目管理应用中的优点包括:它的出现为项目提供了重要的帮助,特别是为项目及其主要活动提供了图形化的显示,这些量化信息为识别潜在的项目延迟风险提供极其重要的依据。

其不足之处在于:首先,现实生活中的项目网络往往包括上千项活动,在制订网络图时,极其容易遗漏;其次,各个活动之间的优先关系未必十分明确,难以做图;最后是各个活动时间经常需要利用概率分布来估计时间点,有可能发生的偏差;最后,确定关键路径目标其实质是为了确保项目按照这一特定的顺序严格执行,从而不至于使整个项目停顿、拖延,如果管理团队对确实无法确定的工作,就应该在项目运作的计划中进行充分的分析和重新安排,此时网络计划显得无能为力。因此在项目中,CPM 也需要其他工具和方法同时辅助使用。

10.3.6 项目进度的控制

在项目进度管理的方法中,通过以上 5 个过程管理组,得到了项目进度表,最后的第六步就是项目进度管理中项目进度的控制。对项目进展状态的观测通常采用日常观测和定期观测方法。日常观测法是指随着项目的进展,不断观测记录每一项工作的实际开始时间、实际完成时间、实际进展时间、实际消耗的资源、目前状况等内容,以此作为进度控制的依据。定期观测是指每隔一定时间对项目进度计划执行情况进行一次较为全面的观测、检查,检查各工作之间逻辑关系的变化,检查各工作的进度和关键线路的变化情况,以便更好地发掘潜力,调整或优化资源。

进度控制的核心就是将项目的实际进度与计划进度进行不断分析比较,不断进行进度计划的更新。进度分析比较的方法主要采用横道图比较法,就是将在项目进展中通过观测、检查、搜集到的信息,经整理后直接用横道图并列标于原计划的横道线,进行直观比较,通过分析比较,分析进度偏差的影响,找出原因,以保证工期不变、保证质量安全和所耗费用最少,制订对策,指定专人负责落实,并对项目进度计划进行适当调整更新。调整更新主要是关键工作的调整、非关键工作的调整、改变某些工作的逻辑关系、重新编制计划、资源调整等。

10.4 信息系统项目的成本管理

项目成本管理(project cost management)是项目管理者为使项目成本控制在计划目标之内所作的预测、计划、控制、调整、核算、分析和考核等管理工作。项目成本管理就是要确保在批准的预算内完成项目,具体项目要依靠制订成本管理计划、成本估算、成本预算、成本控制 4 个过程来完成。成本管理计划过程决定完成项目各项活动需要哪些资源(人、设备、材料)以及每种资源的需要量,在决定资源需求时,评价备选方案和使用专家判断显得非常重要,资源计划过程的输出是一个资源需求清单。成本估算过程估计完成项目各活动所需每种资源成本的近似值,成本估算过程的主要输出是成本估算、辅助的细节和成本管理计划。成本预算是将项目的总成本按照项目的进度分摊到各个工作单元中,即将总的成本安排到各个任务中。成本控制过程包括过程控制项目预算的改变、监控成本执行、评审变更和向项目干系人通报与成本有关的变更。成本控制过程的主要输出是修正的成本估算、更新预算、纠正行动、完工估算和取得的教训。

10.4.1 项目成本估算

项目进度计划只是从时间的角度对项目进行了部署,成本估算则必须从费用的角度对项目进行规划。项目管理者要实行成本控制、风险规避,首先就要进行成本估算。通常理想的情况是,根据已经完成的某项任务所具有的历史标准来估算现行费用。但对于大多数应用项目来说,由于其要求不同、目标各异、情况复杂,想要把以前的活动与现实的情况对比起来衡量几乎是不可能的。因此,关于软件项目费用的信息,不管是根据历史标准数据,还是现时重做,都只能将其视为一种估算。

进行软件项目成本估算,首先应该划分涉及成本估算的各种要素,并确定各要素之间的联系以及相互的影响,以便应用合适的算法及有效的工具实施计算处理。软件的开发成本是以一次性开发过程所花费的代价来计算的。开发成本随着系统的类型、范围及功能的不同而有较大差异。从软件系统生命周期构成的两大阶段，即开发阶段和维护阶段来看，软件项目的成本可划分为开发生产成本和运行维护成本两大类。其中开发成本由软件开发费用、硬件配置费用和其他费用组成；运行维护成本则由培训费用、运行/维护费用、管理费用等费用构成。

1. 软件项目成本基本因素

软件项目的成本体现在软件产品上，包含了技术和管理两方面的支出。从技术的角度分析，在实际的软件开发过程中，可能影响软件成本模型计算结果的各种成本因素主要分为6类。

(1)系统规模类的成本因素。包括：程序指令的估算条数、交付的机器指令数、交付的源语言代码行数、新指令与旧指令的百分比、生成与编写指令的百分比、判定指令的数目、非判定指令的数目、信息存储和检索指令的百分比、交付代码的百分比及其他关于系统规模的因素。

(2)数据库类的成本因素。包括：数据库中记录数及数据量、存储过程数目、触发器数目及其他关于数据库的因素。

(3)系统复杂性类的成本因素。包括：整个复杂性的级别、接口的复杂性、系统的惟一性、系统开发难度、硬件-软件接口、程序的结构、文件报告和应用程序的数目、生存期人力总数、开发期人力总数、测试和验证期人力总数、生存期总时间、开发期总时间、作业类型及其他关于系统复杂性的因素。

(4)软件开发类的成本因素。包括：面向问题分析法、面向功能的软件开发方法、面向数据流的软件开发方法、面向数据结构方法、结构化开发方法、面向过程方法、面向对象方法、可视化开发方法及其他关于程序开发类的因素。

(5)编写文档类的成本因素。包括：文档类别、文档数量、文档发布及其他关于文档类的因素。

(6)环境与项目属性类的成本因素。包括：硬件配置状况、网络运行环境、专用设备购置、配套软件外购、相关技术资料价格、各种通信交流支出、不可预见成本及其他关于项目环境属性类的因素。

2. 影响软件项目成本估算的因素

从各方面的分析来看，涉及并影响软件成本的要素不仅繁多而且还比较复杂。这也预示着软件估算本身具有风险，完成这项工作不仅需要丰富的经验和有用的历史信息，而且要有足够的定量数据和作出定量度量的把握，所以在实施估算时需要十分的谨慎和周密。一般情况下，估算的精确程度还可能受到以下因素的影响。

(1)项目的复杂性。项目的复杂性增加了软件计划的不确定性。复杂性越高，估算的风险也就越高。复杂性是相对度量的，与项目参加人员的经验和能力有关。

(2)项目的规模。随着软件规模的扩大，软件相同元素之间的相互依赖、相互影响也迅速增加，使估算时进行问题分解变得更加困难。

(3)项目的结构化程度。这里的结构是指功能分解的简便性和处理信息的层次性，结构化程度提高，进行精确估算的能动性就提高，相应风险将会减少。

(4)历史信息的有效性。借鉴过去项目的历史数据进行综合性的软件度量，可以用来类比分析，所以其准确有效是估算的保证。

(5)其他。用户需求的不确定性、频繁地变更计划等都会给估算带来非常大的影响，这也是要加以注意的。

在实际工作中影响软件项目估算精度的因素是比较复杂的,管理者既要根据具体情况具体分析,还要实行必要的成本控制。只有详细地划分并有效地把握与成本相关的要素才能够使管理者做到心中有数、实施有据、协调有效、控制有力,使软件项目的成本估算处于合理可信的范围。

3. 软件项目成本估算模式

软件项目成本估算是对完成项目各项任务所需要的各种资源成本的近似估算,目的是估计项目的总成本和误差范围。在实际工作中通常采用下面 3 种项目成本估算模式。

(1)自上而下估算(经验估算法、类比估算法)。多在有类似项目已完成或根据总成本要求需要进行分解估算的情况下应用。此方法利用以前类似项目的实际成本或历史数据作为基本依据,通过经验判断得出项目整体成本和各个子任务的成本预算。此方法一般在项目的初期或信息不足时进行,需要具有较高的分析水平和实际经验。

(2)自下而上估算(分解估算法、周期估算法)。可借助工作任务分解结构法(work breakdown structure,WBS)将项目任务分解到最小单位工作包,对项目工作包进行详细的成本估算,然后通过各个成本汇总将结果累加起来得出项目总成本。换句话说,这种技术通常首先估计出各个独立工作的费用,然后再将其汇总,从下往上、从部分到全局估计出整个项目的总费用。另一种做法是将整个系统按生命周期分解为若干阶段并估算,然后汇总出总工作量和成本。由于该方法可使项目相关人员都参与项目的预算,考虑的综合因素较多,所以此方法比较准确。但代价是耗费的管理成本也会因涉及的人员较多而相应增加。另外,缺少各项子任务之间相互联系所需的工作量,也缺少许多与软件开发有关的系统级,即全局所需的工作量,所以,此法必须考虑系统集成时所需的工作量及其成本。

(3)参数模型估算。这是一种统计建模技术,如回归分析和学习曲线。将项目的特征参数作为预测项目费用数学模型的基本参数。此方法需要数据的积累,根据同类项目的管理状况和成本数据,建立模型,在遇到同类项目时可以直接套用。如果模型依赖于历史信息,且模型参数容易数量化,当模型应用仅与项目范围的大小相关时,则此套用一般是可靠的。进行项目成本估算处理可使用一种或多种技术,这些技术主要分为两大类:分解和经验建模。分解技术对项目按系统、子系统或者生命周期分解,分别估算出各个子系统或子任务的成本,然后再把这些成本汇总,估算出整个项目的成本。经验技术则根据以往经验导出的公式来预测工作量和时间。另外,也可使用自动工具辅助实现某一特定的经验模型,如项目管理软件及电子表格软件都可以辅助项目费用的估计。

10.4.2 项目成本预算

预算的核心目标就是为了保证整体项目的顺利完成。项目任务编排好了执行的先后关系并分配了资源后,项目中的每个任务的成本元素就可以确定了,成本预算过程必须将资源使用情况与组织目标的实现紧密联系起来,否则计划或控制过程就会失去其本来的意义。预算应该以实现最终项目目标为基础,否则,项目管理人员就会忽视最终目标,资金在工作完成之前就耗用殆尽。

1. 项目预算的步骤

(1)将项目成本估算分摊到项目工作分析结构中的各个工作包。

(2)进行每个工作包得预算分配,这才可能在任何时点准备地确定预算支出是多少。

(3)根据项目计划的具体说明,就可以对每一活动进行时间、资源和成本的估算。

2. 项目成本预算的制订方法

(1)自上而下的预算。自上而下的预算需要组织高级管理层的直接输入,实际上,这种方法需要确认高级管理层对成本管理的意见和经验。假设高级管理层具有过去项目的丰富经验,他们不仅能提供精确的反馈,还能为将来的项目风险进行正确的估算。

(2)自下而上的预算。自下而上的预算方法汇总工作分解结构中各项具体活动的成本,形成项目活动的直接成本和间接成本。这种预算方法的程序是先将各个工作包的成本相加,形成可交付任务,再将每个任务的预算加总,形成更高一级的工作项估算,这样把每个活动的总成本相加,最终完成整个项目的总体成本预算。

(3)基于活动的成本预算。首先,识别消耗资源的活动,将成本分配给这些活动;其次,识别与各个活动相关的成本驱动因素;第三,计算每单位成本驱动因素的成本率;最后,将成本率与成本驱动因素的单位数量相乘,把成本分配给各个项目。

成本预算与变更也相关,当发生变更的时候,需要同时变更成本预算。成本为资金需求提供信息。

10.4.3 项目成本控制

项目成本控制工作是一项综合管理工作。在项目实施过程中尽量使项目实际发生的成本控制在项目预算范围之内。项目成本控制涉及各种能够引起项目成本变化因素的控制(事前控制)、项目实施过程的成本控制(事中控制)和项目实际成本变动的控制(事后控制)3个方面。

成本控制是落实成本计划的事实,保证成本计划在过程中得到全面、及时和正确的执行。需要进行成本核算,即根据完成项目实际发生的各种费用来计算,要动态地对项目的计划成本和实际成本、直接成本和间接成本进行比较和分析,找出偏差并进行相应的处理,最终高质量确保目标的实现。

10.5 信息系统项目的风险管理

10.5.1 项目风险和风险管理

IT项目的开发风险是指在软件开发过程中因可能出现的不确定因素而造成损失或者影响,如资金短缺、项目进度延误、人员变更以及预算和进度等方面的问题。

IT项目的开发风险管理就是为了将不确定因素出现的概率控制到最低,将不确定性所造成的损失减少到最低限度,是对IT项目开发过程中的风险识别、风险评估和风险应对等一系列的管理过程。

在IT软件项目管理中,应该任命一名风险管理者,该管理者的主要职责是在制订与评估规划时,从风险管理的角度对项目规划或计划进行审核并发表意见,不断寻找可能出现的任何意外情况,试着指出各个风险的管理策略及常用的管理方法,以随时应对出现的风险,风险管理者最好是由项目主管以外的人担任。

10.5.2 风险识别

风险识别就是企图采用系统化的方法,识别某特定项目已知的和可预测的风险。风险识别的常用方法是建立“风险条目检查表”,利用一组提问来帮助项目风险管理者了解在项目和技术方面有哪些风险。此外，还有德尔菲法、头脑风暴法、情景分析法、问询法（座谈法、专家法）等。

在整个IT项目的开发和实施过程中，可能形成项目风险的因素有很多。如在项目启动阶段可能存在项目目标不明确、与用户沟通少导致项目范围不明确等；在系统设计阶段可能因为缺乏有经验的分析人员、设计人员导致设计的结果不能直接用于程序员的开发；在项目实施阶段可能因为开发环境没有准备好，程序员开发能力差，或者因为用户提出新的功能需求导致原有设计实效、开发费用超支；还有可能因为开发人员的流动导致项目延期，客户不满意等情况。

在具体的风险识别过程中，尤其应重点注意以下风险。

1. 需求风险

主要是指需求不确定性的风险，比如：由于系统使用者对系统将要实现的目标是模糊的、笼统的，而对于具体的需求不能准确描述；系统受使用者的个人习惯、知识背景影响较大，在系统范围和系统性能方面存在着很多不确定性因素；由于企业在发展过程中不断进行的业务流程调整等，会给系统带来较大的需求不确定性风险，甚至是陷于需求膨胀的状态，使系统难以满足使用者的需求，难以适应企业发展的需要。

2. 技术风险

软件技术飞速发展，各种新技术、新应用层出不穷。如果项目成员不具备或没有完全掌握项目所要求的技术，则需要重点关注该风险因素。重大的技术风险包括：软件结构体系存在问题，使完成的软件产品未能实现项目预定目标；项目实施过程中采用全新技术，但由于技术本身存在缺陷或对技术的掌握不够深入，造成开发出的产品性能及质量低劣。

3. 人力资源风险

IT项目的开发在不同的工程阶段，需要的人员不同，也需要团队成员之间的密切配合。在人力资源使用过程中，人员流失、人员不能适合IT项目的要求，都可造成人力资源上的风险。

4. 进度风险

软件项目工期估算是软件项目初期最困难的工作之一。很多情况下，软件用户对软件的需求是出于实际情况的压力，希望项目承担方尽快开发出软件来。在软件招标时，开发方为了尽可能争取到项目，对项目的进度承诺有时会超出实际能做到的项目进度，使项目在开始时就存在严重的时间问题。

5. 管理风险

IT项目的管理是一项具有风险性的工作，其管理风险主要表现在：工作缺乏计划性或是有计划而不能严格执行；管理工作的随意性、盲目性比较大；没有充分意识到风险管理的重要性，因而没有充分分析可能存在的风险和应该采取的风险应对策略；项目团队内部沟通不够，导致开发人员对系统设计的理解存在偏差等。

10.5.3 风险分析与评估

风险评估是对识别出来的风险做进一步分析，对风险发生的概率进行估计和评价，对项目风险后果的严重程度进行估计和评价，对项目风险影响范围进行分析与评价，以及对于项目风险发生时间进行估计和评价。风险评估用来衡量风险概率和风险对项目目标影响程度。

在风险评估过程中，可以采用多种操作方法，包括基于知识(knowledge－based)的分析方法、基于模型(model－based)的分析方法、定性(qualitative)分析和定量(quantitative)分析，无论何种方法，共同的目标都是找出组织信息资产面临的风险及其影响，以及目前安全水平与组织安全需求之间的差距。

上节中所涉及的风险对 IT 项目的影响都是非常大的，如果按定性的风险评估方法，其影响都是"高"级。

软件项目管理人员可以从影响风险的因素和风险发生后带来的损失两方面来度量风险。为了对各种风险进行估算，必须建立风险度量指标体系；必须指明各种风险带来的后果和损失；必须估算风险对软件项目及软件产品的影响；必须给出风险估算的定量结果。

在风险分析过程中，经常使用三元组[RI,LI,XI]描述风险。其中 RI 代表风险，LI 表示风险发生的概率，XI 是风险带来的影响，I ＝ 1,2,…L 是风险序号，表示软件项目共有 L 种风险。软件开发过程中，由于项目超支、进度拖延和软件性能下降都会导致软件项目的终止，因此多数软件项目的风险分析都需要给出成本、进度和性能三种典型的风险参考量。当软件项目的风险参考量达到或超过某一临界点时，软件项目将被迫终止。在软件开发过程中，成本、进度、性能是相互关联的。例如，项目投入成本的增长应与进度相匹配，当项目投入的成本与项目拖延的时间超过某一临界点时，项目也应该终止进行。通常风险估算过程可分为四步：①定义项目的风险参考量；②定义每种风险的三元组[RI，LI，XI]；③定义项目被迫终止的临界点；④预测几种风险组合对参考量的综合影响。

三元组[RI,LI,XI]是风险管理的基础。设高级职员流动给项目带来的风险为 RI。根据历史的经验或直观感觉，高级职员离开课题组的概率：LI ＝ 70%。这一事件的出现带来的影响 XI 是项目开发时间延长 15%，项目成本增加 20%。于是项目负责人可以采取下列风险管理措施：

(1)项目开始以前应控制产生风险的原因，在项目开工后应想方设法减轻风险影响。

(2)了解导致项目开发人员变动的原因，在项目开发期间应控制上述原因，尽量减少人员的流动。

(3)在工作方法和技术上应采取适当措施，防止因人员流动给工作带来损失。

(4)项目在开发过程中应及时公布并交流项目开发的信息。

(5)建立组织机构，确定文档标准，并及时生成文档。

(6)对工作进行集体复审，使多数人都能了解工作的细节，跟上工作进度。

(7)为关键技术准备后备人员。

为了降低高级职员流动给软件项目带来的风险，管理人员可以采取培养后备人才的措施。在软件开发过程中，尽量让更多的人参与总体设计和关键技术的攻关工作。实施这些措施需要一定的人力、时间和经费。管理人员应根据降低风险、减少损失的原则，客观地分析形势，做出正确的决策。

10.5.4　风险应对

风险分析和评估的目的在于建立处理风险的策略。而风险规避的最好方式是把风险控制在项目启动阶段，把损失降低到最小程度。基于以上对 IT 项目开发风险的识别与分析，可以采用以下措施来规避或降低风险。

1. 建立畅通的沟通渠道和沟通策略

需求的不确定性风险很大程度上是由沟通不畅引起的。因此，在需求调研阶段，要多和应用部门沟通，了解他们真正的需求，最好能将目标系统的模型向应用部门演示，并得到反馈意见，直到双方都达成共识。建立用户签字制度，签字的方法可以使用户在需求调研中保持积极负责的态度，认真对待每个需求分析项。形成双方认可的验收方案和验收标准，并做好变更控制和配置管理，尽量降低需求不确定性风险。对签字认可的需求纳入需求管理，对发生的需求变更，执行需求变更处理流程。在该过程中，分析人员需要对所有需求项目进行分类管理，按照其重要程度及发现变更后造成的影响范围大小，将不同的需求项分别设置不同的优先级，在需求分析工作中，重点要解决好优先级别更高的需求项的调研及确认工作。开发项目经理要定期将需求分析阶段的工作进展情况、存在的问题进行汇总，向项目双方的高层领导、项目管理委员会进行工作汇报，促使项目双方人员以积极协作的心态开展需求调研工作，减少变更，确定进度。

2. 选择合适的开发技术

预防技术风险的办法是选用项目所必需的技术。在技术应用之前，针对相关人员开展好技术培训工作。首先，做好各阶段的技术评审工作，通过集体智慧确保项目所采用技术的可行性及技术方案的正确性。其次，对新技术的使用要谨慎，要循序渐进，尽量采用成熟的技术方案完成软件开发工作。再次，在技术创新与技术风险之间进行平衡，并做好创新技术的研究和试验工作。需要对项目开发过程中使用的各种技术进行评估，在制订软件开发计划时必须考虑这些因素，并作出合理的权衡决策。

3. 采用快速原型和迭代模型进行开发

尽管前期会对应用部门进行需求调研和需求分析，但应用部门的需求往往会随着时间的推移、业务发展而有所变化，因此，技术部门要强调敏捷开发，缩短软件第一版本的上线周期，尽快给用户一个快速原型启发用户的需求，并持续为用户提供有价值的软件。同时，以迭代法取代传统的瀑布法开发过程，加强各阶段与用户的沟通，对各个功能逐步完善，可以降低各种不确定因素带来的实现风险，每个迭代过后，软件都向目标接近一步，即使目标发生改变，迭代模型也比其他筛选和建立目标的开发模型更便于转向新目标。

4. 配备高素质的项目管理人员

最好是具有丰富的项目管理经验，或是具备系统的项目管理知识的人员来担任项目经理，通过制订有效的项目管理计划，并认真执行落实，提高项目的可控性。同时，风险不是静止的、一成不变的，它会随着项目状况的变化而变化，因此，风险管理必须被作为一个日常的正式活动列入项目工作计划，成为项目管理人员的一个重要工作。

5. 建立一支协作高效的项目团队

项目组中不仅要有开发商、技术部门的参与，更要有应用部门的参与，形成一个合作的项目工作团队，共同理解企业的战略规划和业务发展，从整体全局的角度，提出有效的信息化需求，共同研讨项目进展中出现的问题，共同控制项目进度，共同为项目质量把关。

6. 加强人员培训

在用人之前先选对人，开展有针对性的培训，将合适的人安排到合适的岗位上，加强同类型人才的培养和储备。要降低项目的人力资源风险，就要保证参加项目的各类人员能够胜任项目中所承担的工作。因此，实施双方应对参与人员进行认真地评估。这种评估是两方面的，不仅是用户对开发方人员的评估，也包括开发方对参与项目的用户方成员的评估。同时，应保证项目人员对项目的投入程度。另外，项目经理要采取相应的措施维持开发队伍的稳定，将参与项目人员的业绩评估与项目实施的状况相联系，制订适当的奖惩措施。同时，项目经理也需要做好项目组人员变动的应对措施。开发人员的水平应该符合项目开发要求，要能够自始至终地参加软件开发工作，要能够集中全部精力投入软件开发工作，并且员工对自己的工作有正确的期望，要接受过必要的培训，要保证工作的连续性。尽可能将项目的核心工作分派给多人（而不要集中在个别人身上），加强同类型人才的培养和储备。

7. 重视进度管理

进度风险解决方案一般是分阶段交付产品，增加项目监控的频度和力度，多运用可行的办法保证工作质量，避免返工。在项目实施的时间进度管理上，需要充分考虑各种潜在因素，适当留有余地。任务分解要详细，便于考核。在执行过程中，应该强调项目按照进度执行的重要性，在考虑任何问题时，都要将保持进度作为先决条件。为系统测试安排足够的时间，能使项目进度在改变之初就被发现，这对及时调整项目进度至关重要。在计划制订时就要确定项目总进度目标与分进度目标。在项目进展的全过程中，进行计划进度与实际进度的比较，及时发现偏离，及时采取措施纠正或者预防，协调项目参与人员之间的进度关系。

8. 制订科学的风险管理计划

从风险管理的角度对项目规划或计划进行审核，建立“风险清单”，对每个可能存在风险的表现、范围、时间做出尽量准确的判断并对风险进行监控，提前做好应对准备。如针对需求风险，要制订相应的需求变更控制；针对技术锁定风险，要安排核心技术人员全程参与开发等。

总之，IT项目开发过程中面临的风险是多种多样的，风险的大小以及重点各不相同，项目管理人员应当充分考虑，认真分析，在考虑风险损失和合理的风险应对成本之后，选择采用合适的风险应对计划，避免因风险造成各方面的重大损失。

10.6 信息系统项目的文档管理

现代的生产活动都离不开文档、各种图纸和文字说明资料。由于信息系统开发的复杂性及其产品的特殊性，文档的重要性更为突出。

10.6.1 文档的作用与地位

信息系统开发的产品是软件，即程序加文档。程序是供计算机执行的指令，程序执行对与错，用户只有检查结果才知道，程序主要是供计算机“读”的。当然，打印出来的程序，人也可以读，但效率太低。读一份风格独特、注释不充分的程序，犹如读“天书”。没有规范的文档，程序不可能维护。可以说没有文档，就没有信息系统，文档是信息系统的生命线。信息系统开发是一个复杂的社会过程，它投资大，风险大，经历的时间长，参与的人员多。无论系统的分析、设计还是编写程序、系统调试，都是个体思维过程，必须用规范的文档记录开发过程，交流思想，统一认识。文档是项目组内各类人员之间及组内外各部门的通信手段，也是观察、控制、协调开发过程的依据。具体来说文档主要用于以下7种沟通。

（1）用户与系统分析人员进行沟通。这类沟通主要通过系统开发合同、可行性研究报告、总体规划报告、系统分析说明书等文档来进行。这些文档的最后文本体现双方的共识。

(2)系统开发人员与项目管理人员在项目开发期的沟通。这类文档主要有系统开发计划、系统开发月报及系统开发总结报告。这些文档明确了开发人员的具体目标,可用资源及约束,这也是考评的依据。

(3)前期开发人员与后期开发人员的沟通。这种沟通主要通过系统分析说明书、系统设计说明书等各个开发阶段的文档来进行。这些文档保证了各开发阶段的顺利衔接,降低人员流动带来的风险。

(4)测试人员与开发人员的沟通。测试人员根据系统分析说明书、系统开发合同、系统设计说明书、测试计划等文档进行测试,将测试结果写成系统测试报告。

(5)开发人员与用户在系统运行期间进行沟通。这主要通过用户手册和操作手册等文档进行。

(6)系统开发人员与系统维护人员的沟通。这主要通过系统分析说明书、系统设计说明书和系统总结报告等文档进行。

(7)用户与维护人员在系统运行维护期间的沟通。用户在系统运行期通过系统运行日志,记载系统运行情况,形成运行报告,提出修改建议,维护人员根据确认的修改建议和系统开发中的文档维护系统。

10.6.2 文档的类型和内容

按照服务目的的不同,文档可以分为开发文档、管理文档、用户文档3类。

1. 开发文档

属于技术指导性文档,为软件开发人员指明实施开发过程的技术等相关事宜。其中包括:可行性研究报告、项目开发计划、软件需求说明书、数据要求说明书、系统设计说明书、详细设计说明书等。

2. 管理文档

属于过程监控性文档。其中包括:项目开发计划、开发进度月报、测试计划、测试报告等。

3. 用户文档

属于产品应用性文档。是使软件产品能够正确使用、正常工作、正当维护的指导要领。其中包括:项目开发总结报告、用户手册、操作手册、维护修改建议等。国家标准《计算机软件开发文件编写指南》(GB 8567—88)是一份指导性文件。它建议在软件开发过程中编写14个文件。

(1)可行性研究报告——阐述该软件项目在技术、经济和社会各方面的可行性,评述为了合理地达到开发目标而可能选择的各种方案,着重说明并论证所选定的方案。

(2)项目开发计划——描述在开发过程中对各项工作的负责人员、开发进度、所需经费预算、所需软硬件条件等问题作出的安排,以便根据本计划开展并检查本项目的开发工作。

(3)开发进度月报——列出本月内进行的各项主要活动,并且说明本月内遇到的重要事件。

(4)软件需求说明书——详细的说明目标软件的功能、性能、用户界面及运行环境等。使用户和软件开发者对该软件的初始规定有一个共同的理解,奠定整个开发工作的基础。

(5)数据要求说明书——给出数据逻辑描述和数据采集的各项要求,分析、制订数据结构,为生成和维护系统的数据文件做好准备。

(6)数据库设计说明书——对概念结构设计、逻辑结构设计、物理结构设计、数据字典设计、安全保密设计作出说明，向准备从事此数据库的生成、测试、维护人员提供专门的指导。

(7)系统设计说明书——从总体上描述软件构架，给出目标系统的高层逻辑模型。

(8)详细设计说明书——着重描述每一个模块的实现算法、逻辑流程等。

(9)测试计划——针对组装测试和确认测试，为组织测试的活动制订计划。

(10)测试分析报告——说明测试计划的执行情况，对测试结果加以分析，并提出测试的结论性意见。

(11)操作手册——为操作人员提供软件各种运行情况的有关要点，特别是操作方法细节。

(12)用户手册——详细描述软件的功能、性能和用户界面，使用户知道如何使用该软件。

(13)模块开发卷宗——扼要描述诸模块的功能说明、设计说明和测试说明及复审的结论。

(14)项目开发总结报告——与项目实施计划对照，总结汇报实际执行的情况(资源、成本、人力的投入及进度、成果等)，对本项目作综合评价。

以上各种文档属于软件生命周期中应该产生和得到的阶段性成果，有着各自的时间顺序。其中，有的仅反映某一个阶段的工作，有的则需跨越多个阶段。

10.6.3 文档的编写与管理

1. 文档的编写

文档是信息系统的生命线，必须从这一高度来认识文档的编写工作，才有可能产生质量较好的文档。高质量的文档应具备以下一些特点。

(1)要有针对性。立足于读者，是编写文档的重要原则。编制文档，首先要分清读者对象，适应他们的需要。如管理文档主要是面向管理人员的，用户文档是面向用户的。这两类文档就不要过多地使用信息技术专业术语。

(2)文字准确，简单明了。行文要确切，没有二义性。前后内容协调一致，没有矛盾。

(3)完整统一。一份文档应当是完整的、独立的、自成体系的。为了便于阅读，同一项目的几个文档有些相同部分，这样的重复是必要的。

(4)可追溯性。同一项目各开发阶段之间提供的文档应当有可追溯的关系，必要时可以跟踪追查。例如，某项功能需求，应当在系统分析说明书、系统设计说明书、测试计划及用户手册中都有所体现。

(5)可检索性。文档的结构安排、装订都应考虑读者查阅的方便，使他们能以最快的速度找到所需的内容。

(6)文档的编写有一定的灵活性。根据具体软件开发项目的规模和复杂程度，决定编制的文档种类。

软件项目管理部门应该根据本单位承担的应用软件的专业领域和本单位的管理能力，制订一个对文档编制要求的实施规定，或根据任务的规模、复杂性、对该软件的开发过程及运行环境所需详细程度的判断，确定文档的详细程度。特别是在文档编制完成后，综合检查所有文档是否能够说明和解释清楚下列问题：

(1)哪些需求要被满足(what)？即回答“做什么？”；

(2)软件在什么环境中实现，所需信息从哪里来(where)？即回答“在何处？”；

(3)开发时间如何安排(when)？即回答“何时干？”；

(4)开发(或维护)工作打算由谁来做(who)？即回答“谁来干？”；

(5)需求应如何实现(how)? 即回答“怎样干?”;

(6)为什么要进行这些软件开发或维护修改工作(why)? 即回答“为何干?”。

2. 文档的管理和维护

文档相伴整个软件生存期,甚至作为最终成果之一。那么文档的管理与维护就成为不可或缺和不可松懈的工作。因为在项目的进程中,各类文件会不断地编制生成、适时修改或补充完善。为了保证软件产品的完整性、统一性,必须实施规范的信息系统文档管理。其管理内容包括以下几个方面。

(1)文档管理制度化。必须形成一整套的文档管理制度,包括文档的标准、修改文档和出版文档的条件、开发人员应承担的责任和任务。根据这一套完善的制度协调系统开发,评价开发成员的工作。

(2)文档标准化、规范化。在系统开发前先选择或制订文档标准。对已有参考格式和内容的文档,应按相应的规范撰写文档。对于没有参考格式和内容的文档,项目组内部制订相应的规范和格式。在统一标准下开发人员编制文档资料。

(3)维护文档的一致性。信息系统的开发建设是一个不断变化的动态过程,一旦涉及某个文档的修改,必须及时准确地修改与之相关联的文档,否则将引起系统开发工作的混乱。对于主文件的修改尤其要谨慎。修改前要估计可能带来的影响,并按照提议、评议、审核、批准和实施的步骤加以严格的控制。

(4)维持文档的可追踪性。由于信息系统开发的动态性,系统某种修改是否有效,要经过一段时间的检验,因此文档要分版本来实现,各版本的更新时机和要求要有相应的制度。

10.7 软件配置管理

软件配置,是软件产品在生存周期各个阶段中,所产生的文档、程序和数据的各个配置项的合理组合。

软件配置管理(software configuration management,SCM),是在项目开发中,标识、控制和管理软件变更的一种管理。配置管理的使用取决于项目规模、复杂性及风险水平。软件的规模越大,配置管理就显得越重要。

实施软件配置管理的目的是保证软件项目的产品在整个项目周期中的“完整性”。所谓完整性是指,工作产品要求有完整的变更历史记录,要求有正式的变更过程,而且还要求保证工作产品能和需求以及变更保持一致性。

软件配置项即软件配置管理的对象,这些对象如下。

(1)与合同、过程、计划和产品有关的文档和数据。

(2)源代码、目标代码和可执行代码。

(3)相关产品,包括软件工具、库内的可复用软件、外购软件及用户提供的软件。

基线是经正式评审批准的阶段性软件工作产品,是软件生存期中各开发阶段的一个特定点。基线的作用是使开发各阶段工作的划分更加明确化,使本来连续的工作在这些点上断开,以便于检查与肯定阶段性的成果。基线提供一个正式标准,随后的工作基于此标准,并且只有经过授权后才能变更这个标准。建立一个初始基线后,以后每次对其进行的变更都将记录为一个差值,直到建成下一个基线。里程碑只是一个阶段标记,基线与里程碑一般表现为一对一的关系。

例如需求阶段，当与用户对需求定义达成一致意见后，可以用双方书面签字确认的方式使得此阶段的需求定义文档成为下一阶段工作的标准。该需求定义文档与其他软件工作产品即为基线。如果双方在项目后续阶段需要更改需求定义，则必须双方达成一致才可进行更改。每一次更改都必须记录在案，直到下一基线形成。

配置管理员是项目组中负责配置管理工作的角色，该角色可以兼职。在某一开发阶段通过评审或某一质量检查点通过审核后，配置管理员负责统一添加或修改相关文档的最新有效版本以及审批人签字。

1. 配置标识

配置管理活动要进行配置项的标识。配置项实际上是逻辑的概念，不完全对应物理上的文件，因此为了便于管理，就要进行一定程度的划分，比如：可以把用来生成一个“组件”的几个代码文件设定为一个配置项，这样在进行变更时就需要同时对这些文件进行修改；有些工作产品，比如状态报告，相当稳定，不容易变化，同时对最终产品发布没有直接影响，就可以考虑不作为配置项进行管理。

要配置标识，首先必须明确项目生命周期内所要产生的文档、程序，然后确定文档、程序的名称和命名规则。总体原则是，保证配置管理工具检索便利，让项目组成员容易记住各工作对象的标识规则，同时要确保组织一级的标识规则的一致性。

可以将项目中的文档以如下方式进行命名：项目名称-文档类型名称-撰写或修改日期。例如，将 2003 年 9 月 22 日审定的需求说明书文件命名为 测评系统-需求说明书-20030922.doc。此外，对源程序的文件名称、模块名称、变量名称的命名，不同的企业有不同的规定，通常和该企业使用的程序设计语言、规则制定者的偏好等因素有关。

2. 建立系统受控配置库

受控配置库是指所有需要对其变更进行控制的配置项的集合。

在项目开发实施的整个过程中，根据配置管理的不同阶段可将受控配置库划分 11 个受控配置目录，只有配置管理员拥有增加和修改的权限，其他用户只有读取的权限。受控配置库的目录为：初始配置、启动、需求分析、设计、编码、测试、安装、总结、变更、项目管理、环境配置。

受控配置库的根目录中包含项目的配置文件清单，该文档包括本项目开发过程中应该提交的文档的清单，在实际开发过程中，根据实际情况，可以在清单中酌情修改、增加和删除需要提交的文档。其他目录用来保存各阶段的文档或与其他专项文档。

3. 版本管理

版本管理一般是使用工具来完成的，如 Rational ClearCase、Merant PVCS Version Manager、Microsoft Visual SourceSafe、CVS 等。使用这些工具时，容易被忽视的一点是制订所使用工具的版本规则。如果直接采用工具的内部版本号，会给产品发布带来一些困难。通常采用“X. Y. Z”方式进行版本标识，明确 X、Y 和 Z 各位数字递增的规则，然后结合工具标签（Label）功能，便可实现高效的版本管理。

版本管理应完成以下主要任务。

（1）建立项目。

（2）重构任何修订版的某一项或某一文件。

（3）利用加锁技术防止覆盖。

(4)当增加一个修订版时要求输入变更描述。

(5)提供比较任意两个修订版的使用工具。

(6)采用增量存储方式。

(7)提供对修订版历史和锁定状态的报告功能。

(8)提供归并功能。

(9)允许在任何时候重构任何版本。

(10)权限的设置。

(11)提供各种报告。

4. 变更控制

版本管理在没有进行变更控制的时候,每个不同版本记录了所有配置项的状态,如果不和变更控制进行配合,则变更的原因和变更的结果(配置项的某一版本)无法联系在一起,难以查找以前某个状态的版本。只有以变更为主线,将所有版本变为"有理由的",才能形成基线,真正发挥变更控制和版本管理的作用。

变更管理是项目管理的一个重点和难点,涉及的范围很广。实施高效的变更管理至少应该包括两个部分:定义合理的变更管理流程、采用自动化工具作为支持。在具体的实践中,应该对变更进行分类和分层,建立起处理不同变更的"变更控制委员会",既保证项目组成员有一定的自主权,又不会耽误高层经理对关键问题的把握。

5. 配置审核

配置审核是配置管理达到效果的重要手段,但是在一般配置管理执行时,往往忽略配置审核,造成在产品测试、产品发布时仍然出现混乱。

配置审核包括两方面的内容:配置管理活动审核和基线审核。

配置管理活动审核用于确保项目组成员的所有配置管理活动,遵循已批准的软件配置管理方针和规程,如检入(check in)/检出(check out)的频度、工作产品成熟度提升原则等。

实施基线审核,要保证作为基线的软件工作产品的完整性和一致性,并且满足其功能要求。表 10.1 列出了"基线审核"需要填写的内容。基线的完整性可从以下几个方面考虑:基线库是否包括所有计划纳入的配置项?基线库中配置项自身的内容是否完整(如,文档中所提到的参考或引用是否存在)?此外,对于源代码,要根据源代码清单检查所有源文件是否都已存在于基线库。同时,还要编译所有的源文件,检查是否可产生最终产品。一致性主要考查需求与设计以及设计与代码的一致关系,尤其在有变更发生时,要检查所有受影响的部分是否都做了相应的变更。审核发现的不符合项要进行记录,并跟踪直到解决。表 10.2 列出了审核跟踪过程需要记录的内容。

在实际操作过程中,一般认为审核是一种事后活动,很容易被忽视。但是"事后"也是有相对性的,在项目初期审核发现的问题,对项目后期工作总是有指导和参考价值的。

表 10.1 基线审核

配置项名称	标识	版本	一致性	完整性	说明
需求规格说明书	companyname-prj-doc-srs	1.0.0	yes	yes	……

表 10.2　审核跟踪

问题 id	问题概要描述	状态	责任人	说明

6. 配置状态报告

报告配置状态向项目所有成员提供基线内容和状态、基线变更信息(见表 10.3、表 10.4),这些也是实现资源共享的前提。此外,在项目生命周期中进行对配置项的变更数据统计分析,有利于评估项目风险,有效控制项目的执行。在变更请求被批准、基线版本发生变化及项目组提出任何需要时,可以采用 E-mail 等方式进行报告。

配置状态报告的内容包括:

- 发生了什么?
- 为什么要发生?
- 谁做的?
- 什么时候发生的?

表 10.3　基线状态一览表

配置项名称	配置项标识	状态	文件名	版本号	存放位置

表 10.4　变更请求一览表

变更请求 id	变更请求主题	状态	提交者	当前责任人

7. 发布管理

实施了规范的配置管理,发布就显得很从容了。但是必须要注意的是,发布的产品应该是从软件基线库中提取出来的。在软件发布给最终用户之前,要准备发布记录,为软件产品分配发布版本号,同时要对它进行发布评审并确认其得到批准。一般来说,高层经理、项目经理、软件质量保证人员和测试组都应该参加发布评审。

在项目启动的初期,将这些活动和策略有机组织起来,便形成一个配置管理计划。然后建立配置管理环境(如安装版本管理和变更管理工具、建立用户和权限分配等),并根据项目组成员的具体情况,实施必要的有效培训(确保项目组成员真正清楚配置管理方针和规程,并熟练使用配置管理的相关工具)。

本章小结

项目是一种被承办的旨在创造某种独特产品或服务的临时性努力。一般来说,项目具有明确的目标和独特性、不确定性、资源成本的约束性、结果的不可逆转性等特点。

信息系统项目管理又称IT项目管理或软件项目管理，是为了使信息系统项目能够按照预定的成本、进度、质量顺利完成，而对人员（people）、产品（product）、过程（process）和项目（project）进行分析和管理的活动。信息系统项目同传统建设项目相比具有交付成果无形化、资源消耗难以衡量和知识型人才集中等特点，所以信息系统项目管理更加特殊和复杂。

项目进度管理包括：活动定义、活动排序、资源估算、活动持续时间估算、制订进度表、进度控制等环节。

项目成本管理是项目管理者为使项目成本控制在计划目标之内所作的预测、计划、控制、调整、核算、分析和考核等管理工作。

在信息系统开发的各个环节都会产生质量问题，其中出现问题最多、影响最大的是系统分析阶段。

IT项目的开发风险管理就是为了将不确定因素出现的概率控制到最低，将不确定性所造成的损失减少到最低限度，是对IT项目开发过程中的风险识别、风险评估和风险应对等一系列的管理过程。

由于信息系统开发的复杂性及其产品的特殊性，文档的重要性更为突出。

软件配置管理是在项目开发中，标识、控制和管理软件变更的一种管理。配置管理的使用取决于项目规模、复杂性及风险水平。软件的规模越大，配置管理就显得越重要。

思考题

1. 什么是项目？项目特征有哪些？
2. 什么是项目管理？
3. 什么是信息系统项目管理？与其他项目相比有何特殊性？
4. 常用的项目进度计划方法有哪些？
5. 甘特图的优缺点有哪些？
6. 信息系统成本测算方法有哪些？
7. IT项目的主要风险包括哪些方面？
8. 试述文档在信息系统项目中的重要性。
9. 配置管理的主要活动有哪些？

第四篇　案　　例

在系统的整个开发过程中，系统分析和系统设计很关键，但又难度较大，特别是对初学者。通过案例，可较好理解、巩固和深化所学的知识，通过模仿可快速提高技能。

本篇共安排了两个案例，第 11 章采用结构化方法对库存管理系统进行了分析与设计，第 12 章采用面向对象方法，基于 UML 模型，对图书馆管理系统进行了分析与设计。

第 11 章　结构化分析与设计案例——库存管理系统

本章以一个简单的库存管理系统为例介绍结构化方法的核心内容，限于篇幅，此处仅对系统分析和系统设计阶段的主要工作加以介绍。

11.1　系统概述

11.1.1　系统背景

某公司是专营家电的中型企业，该公司经营 10 大类几十个品种的家电产品。管理工作主要是进货商品的入库管理和销售商品的出库管理及库存商品的保管管理。现有的管理工作主要依靠手工完成，工作量大，且效率不高。为了能更好地利用现代信息技术的成果，提高管理工作的效率和水平，以适应企业发展的需要，决定开发库存管理系统。

11.1.2　系统目标及要求

本课程的具体任务就是设计一个企业内部业务管理信息系统，利用现代计算机和数据库开发技术来代替人工处理，从而减轻企业各部门工作人员的劳动强度，提高工作质量和效率，提高信息资源的利用率和企业管理水平。

要求：

(1)采用 C/S 架构，开发工具先进、通用；

(2)系统文档规范、完整；

(2)系统功能符合要求，操作简便。

11.1.3　可行性分析

根据调查，商品入库的过程是当购入商品到货后，负责进货的人员首先填写入库单，然后经仓库管理人员对商品的质量及数量进行核查后方可入库，并更新商品入库流水账。如果是新产品，则还要在库存台账中建立新账页。商品出库管理过程是管理人员根据销售人员提供的商品出库单，经核查后付货，同时登记商品的销售流水账。按照要求，每天下班之前统计分析人员要根据商品购入流水账和商品销售流水账，累计汇总出各种商品当日的累计购入入库量、累计销售出库量和库存结余量等数据，并将这些数据填入库存台账。

原有的手工方式存在的问题如下。

(1)手工模式下的劳动强度高、效率低、错误多、处理速度慢，不适应企业发展的需要。

(2)在具体工作中,存在大量数据的保存、汇总、查询等工作,手工模式速度慢而且不利于数据的分析,已不适应现代管理模式。

本系统开发的目的,就是通过系统开发,实现库存管理工作计算机化,提高业务的处理速度和规范化程度,并对有关的工作进行继承和重组,进一步通过计算机网络系统实现整个企业管理信息化。该系统可以提高管理工作的质量和效率,主要表现在以下几个方面。

(1)实现库存管理的“动态”化,能及时地提供库存商品动态信息,配以库存报警功能,在库存过高或过低时,都给予提示。

(2)强大的统计分析功能,利用计算机工具以各种方式统计出销售等情况,以便于整体营销策略的调整。

(3)方便的查询功能,能快速实现对各种商品的入库、销售及库存情况的查询。

从技术上讲,现行的网络技术和计算机技术完全能完成本系统的功能要求。经济方面,该企业用于系统开发的预算基本可满足设备的投入和人力投入。就收益而言,系统投入使用后能加快资金的周转,提高资金的利用率,而且可以提高管理效率,减少人力资源的浪费。在社会可行性方面,系统的开发和使用与现行的管理制度没有冲突,而且现在员工通过培训可以很容易掌握和使用系统。

综上所述,该系统具备可开发的条件,项目可行,建议开始开发。

11.2　系统分析

11.2.1　组织结构分析

1. 组织结构

库存管理的组织结构图如图 11.1 所示。

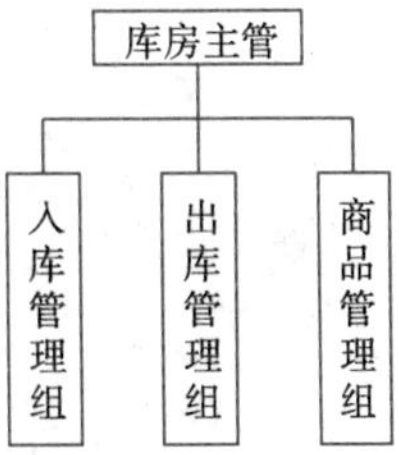

图 11.1　组织结构图

2. 管理职责

商品库存管理主要完成商品出入库管理和提供库存信息,如:库存清单、报表、统计信息等。向管理者提供决策支持信息。

入库管理组负责入库商品的检验、合格商品入库;出库管理组负责出库处理;商品管理组负责记账、库存报表分析等。

组织与业务关系如图 11.2 所示,图中符号含义见第 4 章相关内容。

业务 \ 联系程度 \ 组织	销售部	会计部	采购部	仓库	经理
销售活动	*		√	√	×
财务管理	√	*	√		×
采购活动		√	*	√	×
库存管理	√		√	*	×
行政监督管理				√	*

图 11.2　组织业务关系

3. 管理功能分析

商品库存管理的管理功能图，如图 11.3 所示

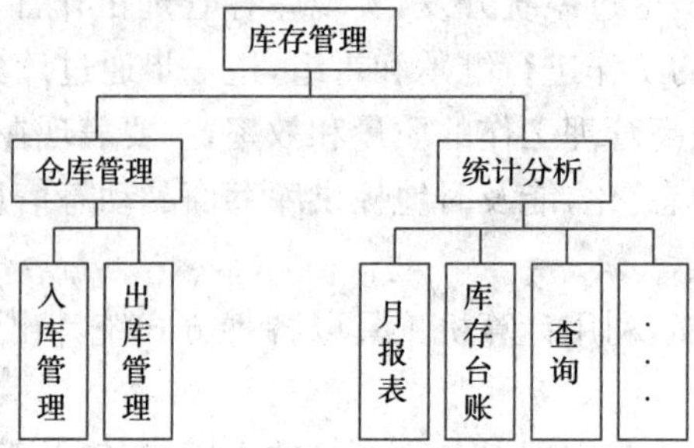

图 11.3　库存管理功能图

11.2.2　业务流程分析

库存管理的业务流程图，如图 11.4 所示。

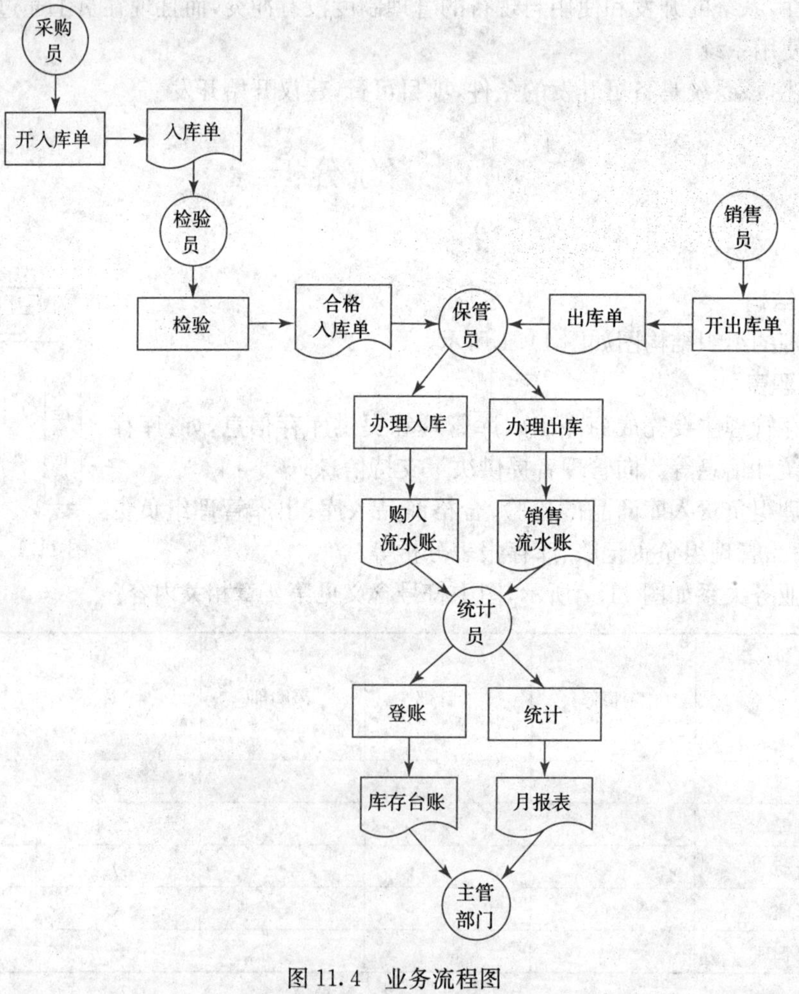

图 11.4　业务流程图

11.2.3　数据流程分析

建立各层数据流程图如下。

1. 顶层数据流程图

基本的输入为有关部门送来的商品入库单和销售出库单，输出为报表数据，顶层数据流程图如图 11.5 所示。

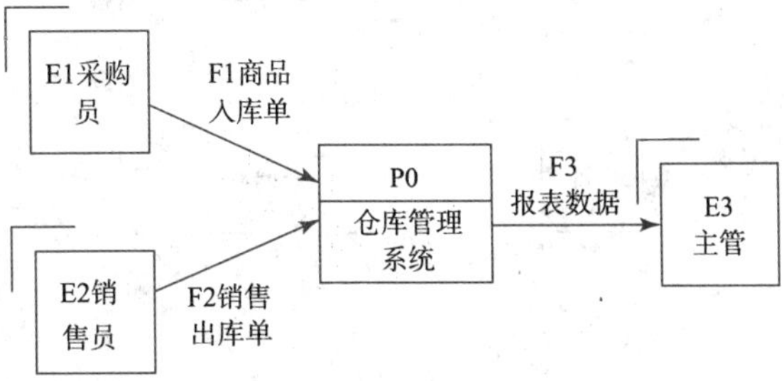

图 11.5　顶层数据流程图

2. 第一层数据流程图

根据分析，整个仓库管理系统可分为 3 部分：采购入库管理、销售出库管理及报表中心。第一层数据流程图如图 11.6 所示。

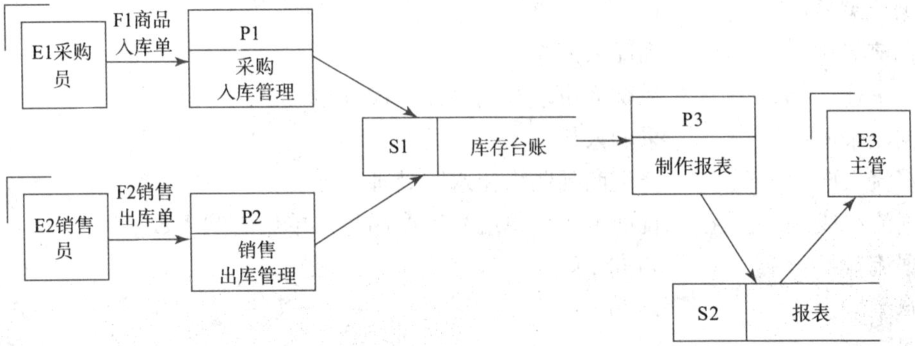

图 11.6　第一层数据流程图

3. 第二层数据流程图

分别对图 11.6 中 P1、P2 进行分解细化，如图 11.7 所示。采购入库管理可分为登记购入流水账、登记库存台账两个环节。销售出库管理可分为登记销售流水账、登记库存台账两个环节。

11.2.4　主要的数据字典

1. 数据项的定义

数据项编号：	I10
数据项名称：	库存量
别名：	实际库存量
概述：	某种商品的实际库存
类型：	数值型
长度：	4 位整数

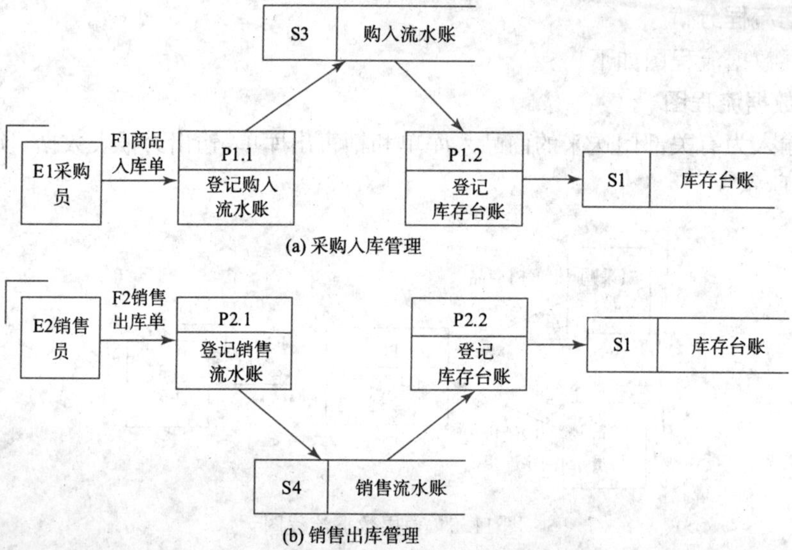

图 11.7　第二层数据流程图

取值范围：　0～9999

2. 数据流的定义

数据流编号：　F1
数据流名称：　商品入库单
简　　述：　采购人员填写的商品入库凭单
数据流来源：　采购人员
数据流去向：　登记商品购入流水账处理功能
数据流组成：　日期＋入库单编号＋商品号＋单位＋购入数量
数据流量：　30 份/天
高峰流量：　50 份/天
数据流编号：　F2
数据流名称：　销售出库单
简　　述：　销售人员填写的商品销售出库单
数据流来源：　销售人员
数据流去向：　登记商品销售流水账处理功能
数据流组成：　日期＋出库单编号＋商品号＋单位＋数量
数据流量：　500 份/天
高峰流量：　800 份/天

3. 数据存储的定义

数据存储编号：　S1
数据存储名称：　库存台账
简　　述：　记录商品的编号、名称单价与库存数量等信息
数据存储组成：　商品号＋商品名称＋购入单价＋销售单价＋库存数量
相关联的处理：　登记库存台账、制作报表

4. 处理逻辑的定义

处理逻辑编号：　P1.1
处理逻辑名称：　登记购入流水账
简　　述：　采购员根据入库单信息登记流水账
输入的数据流：　F1 商品入库单
处　　理：　读入商品入库单
读取商品入库单中的商品编号
打开购入流水账
按商品号查找入库单、商品编号、入库数量
如果存在，库存数量＝库存数量＋入库数量
否则，在流水账中添加一条新记录
将商品入库单上的商品编号、入库数量等写入购入流水账显示“入库完成!”信息，返回
输出的数据流：　如果入库单数据检验不合格，拒绝登记，并给出出错的原因和可能的改正方法；如果登记过程完成，除将数据写入购入流水账中，还要在屏幕上给出登记操作完成的提示。
处理频率：　30 份/天

5. 实体的定义

外部实体编号：　E1
外部实体名称：　采购人员
简　　述：　负责商品的购入、与库房的商品交接
外部实体组成：　编码＋姓名＋性别＋年龄＋所属部门
输出的数据流：　F1 商品入库单

11.3 系统设计

11.3.1 系统功能结构设计

根据需求分析，该库存管理系统可划分为入库管理、出库管理、统计查询、报表、系统维护 5 个子系统，最终得到系统经过改进的功能结构图，如图 11.8 所示。

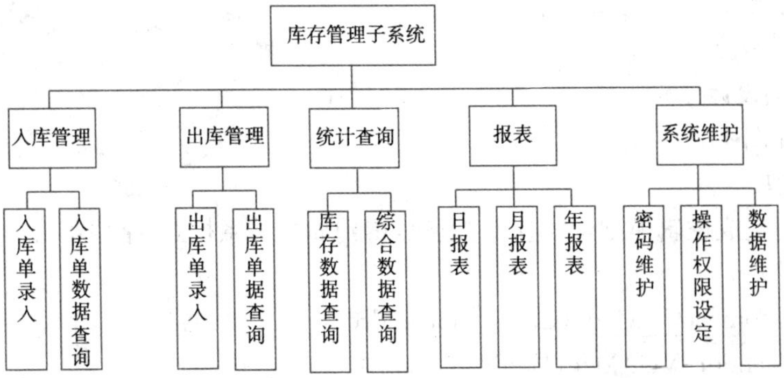

图 11.8　系统功能结构图

11.3.2 代码设计

本系统的编码设计依据唯一性、合理性、可扩充性和稳定性的原则，设计主要编码如下：

(1)员工工作证编码具体如下。

第一、二位(部门代码)：

XS——销售部；

SC——生产部；

CW——财务部；

XZ——行政部；

RS——人事部；

ZJ——质检部；

JS——技术部；

CG——采购部；

CK——仓库。

第三位(职称)：

0——总经理；

1——副总经理；

2——副总经理；

3——副经理；

4——班、组、仓库负责人；

5——一般员工。

第四、五位(编号)：表示员工在其所在部门中的序号，由于公司目前每个部门的员工数量非常有限，且预计在未来多年内都很难出现超过 100 员工的部门。因此只用两位来表示其序号。

如："CW206"表示财务部经理，同时他是财务部的第六号员工。如："CK401"表示仓库主管；"CK504"表示仓库普通员工，同时他是仓库的第 4 号员工。另外，对于总经理和副总经理不属于具体部门时，则工作证以"XH"开头。

(2)采用分组码对采购入库单进行编码。如：IBC－040316－06 表示 2004 年 3 月 16 日入库的第 6 份入库单。

(3)销售出库单编码与入库单编码类似。如：编码 OBC－040325－10 表示 2004 年 3 月 25 日出库，且为当日第 10 份出库单。

11.3.3 数据库设计

1. 概念结构设计

概念模型如图 11.9 所示。

2. 逻辑模型

由概念模型生成逻辑模型，并进行规范化，得到如下关系模式(字段下标实线的是主键，标波浪线的是外键)。

客户表：Customer(<u>CusCode</u>，CusName，Address，...)

供应商表：Vendor(<u>VenCode</u>，VenName，...)

商品表：Goods(<u>Gid</u>，Gname，...，WhCode)

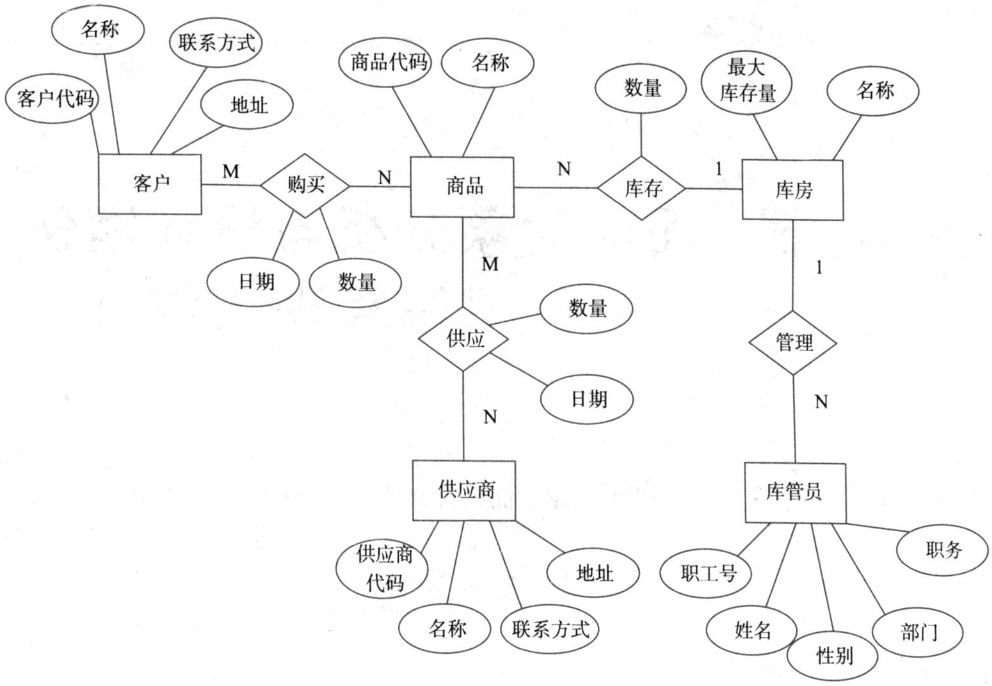

图 11.9　概念模型

库房表：Warehouse(WhCode,WhName,...,EmpCode.)
员工表：Employee(EmpCode,EmpName,...)
入库单主表：InStockMain(InBillCode,inDate,...,VenCode)
入库单明细：InStockDetail(id,InBillCode,Gid,Quantity,...)
出库单主表：OutStockMain(OutBillCode,inDate,...,CusCode)
出库单明细：OutStockDetail(id,OutBillCode,Gid,Quantity,...)
现存量表：NowStock(id,Gid,WhCode,Quantity,...)

本章小结

以上是电器商店库存管理子系统的需求分析和系统设计（概要设计和详细设计）工作。接着还要进行系统实施，即根据设计阶段的成果，编写计算机程序，并进行程序调试、系统分调、总调和新旧系统的切换。最后需要进行系统评价，提交系统评价文档和系统操作手册等文档。

第 12 章　面向对象分析与设计案例——图书馆管理系统

本章以图书馆图书管理系统为例，介绍了面向对象系统的分析与设计过程。

12.1　系统概述

图书馆管理系统的域描述如下。

在图书管理系统中，要为每个借阅者建立一个账户，并给借阅者发放借阅卡（借阅卡可以提供借阅卡号、借阅者名），账户中存储借阅者的个人信息、借阅信息以及预定信息。持有借阅卡的借阅者可以借阅书刊、返还书刊、查询书刊信息、预订书刊并取消预订，但这些操作都是通过图书管理员进行的，也即借阅者不直接与系统交互，而是图书管理员充当借阅者的代理与系统交互。在借阅书刊时，需要输入所借阅的书刊名、书刊的 ISBN/ISSN 号，然后输入借阅者的图书卡号和借阅者名，完成后提交所填表格，系统验证借阅者是否有效（在系统中存在账户），若有效，借阅请求被接受，系统查询数据库系统，看借阅者所借阅的书刊是否存在，若存在，则借阅者可借出书刊，建立并在系统中存储借阅记录。借阅者还书后，删除关于所还书刊的借阅记录。如果借阅者所借的书刊已被借出，借阅者还可预订该书刊，一旦借阅者预定的书刊可以获得，就将书刊直接寄给预定人（为了简化系统，预定书刊可获得时就不通知借阅者了）。另外，为了简化系统，也不考虑书刊的最长借阅期限，假设借阅者可以无限期地保存所借阅的书刊。

对上述图书管理系统的域描述进行分析，可以获得如下功能性需求。

(1)借阅者持有借阅卡（借阅者名和借阅卡号）。

(2)图书管理员作为借阅者的代理借书。

(3)图书管理员作为借阅者的代理预订书刊。

(4)图书管理员作为借阅者的代理取消预订。

(5)图书管理员作为借阅者的代理还书。

(6)图书管理员可以创建新的借阅者账户。

(7)图书管理员可以修改借阅者的账户信息。

(8)图书管理员可以删除已存在的借阅者账户。

(9)图书管理员可以添加新书刊种类（书目）。

(10)图书管理员可以修改书刊种类信息。

(11)图书管理员可以删除系统中的书刊种类。

(12)图书管理员可以在系统中添加图书信息。

(13)图书管理员可以编辑图书信息。

(14)图书管理员可以删除图书信息。

(15)借阅者可自主查询图书信息。

(16)借阅者可自主查询借阅信息。

12.2　需求分析

采用用例驱动的分析方法分析需求的主要任务是识别出系统中的参与者和用例，并建立用例模型。

在本系统中，需要区分“书刊种类”和“书刊”两个概念，“书刊种类”会出现在书刊目录中，在一个图书馆中，同一种书刊可能有多本，即有多个物理拷贝。在本系统中，书刊种类信息和书刊信息是一致的，只是不同的物理拷贝具有不同的指定索引号。为了便于描述，本章用“书目”来代表书刊种类(对应 Title)，用“图书”来代表每种书刊的具体的物理拷贝(对应 Book)。也就是说，对于每种书刊，图书馆中都可能存有多个物理书刊。

12.2.1　识别参与者

通过对系统需求的分析，可以确定系统中有两个参与者：BorrowerActor(借阅者，为了与后面的类 Borrower 相区分，将参与者命名为 BorrowerActor)、Librarian(图书管理员)。

参与者的描述如下。

(1)BorrowerActor。

描述：借阅者可以预定、取消预定、查询图书信息、查询借阅信息。

示例：持有借阅卡的任何人或组织。

(2)Librarian。

描述：图书管理员维护系统，可以创建、修改、删除借阅者的信息，可以添加、编辑、删除书刊信息，即维护目录，还可以添加、编辑、删除物理书刊信息。

示例：图书管理员。

12.2.2　识别用例

前面已经识别出了参与者，通过对需求的进一步分析，可以确定系统中有如下用例存在。

(1)Borrow Book(借书)：本用例提供了借阅物理书刊的功能。

(2)Return Book(还书)：本用例提供了返还物理书刊的功能。

(3)Reserve Title(预定书刊)：预定书刊时一般针对种类(书目)，而非某个物理拷贝，本用例提供了预定书刊的功能。

(4)Cancel Reservation(取消预定)：本用例提供了取消预定的功能。

(5)Maintain Borrower Info(维护借阅者信息)：本用例提供了创建、修改以及取消借阅者账户的功能。

(6)Maintain Title Info(维护书目信息)：本用例提供了添加、修改以及删除书目信息的功能。

(7)Maintain Book Info(维护图书信息)：本用例提供了添加、修改以及删除物理书刊信息的功能。

(8)Search Title info(查询图书信息):本用例提供查询书目信息功能。

(9)Search Borrow info(查询图书信息):本用例提供查询借阅情况功能。

(10)Log In(登录):本用例描述了用户如何登录进入软件系统。

在识别出参与者和用例后,要想建立用例图,还需要识别出它们之间的关系。

Reserve Title(预定书刊)、Cancel Reservation(取消预定)、Search Title info(查询图书信息)、Search Borrow info(查询借阅信息)这些动作是由 BorrowerActor 执行的;

Borrow Book(借阅图书)、Return Book(返还图书)这些操作是由 Librarian 与系统进行交互完成的;用例"Maintain Borrower Info"(维护借阅者信息)、"Maintain Title Info"(维护书目信息)、"Maintain Book Info"(维护物理图书信息)也是与参与者"Librarian"交互;参与者"Librarian"也会直接使用"Search Title info"(查询图书信息)、"Search Borrow info"(查询借阅信息)这些功能。

为了系统的安全性,系统还需要提供进行身份验证的功能,以确保只有具有权限的"Librarian"和"BorrowerActor"才可以使用系统的功能,所以"Librarian"和"BorrowerActor"必须与用例"登录"交互。

系统的用例图如图 12.1 所示。

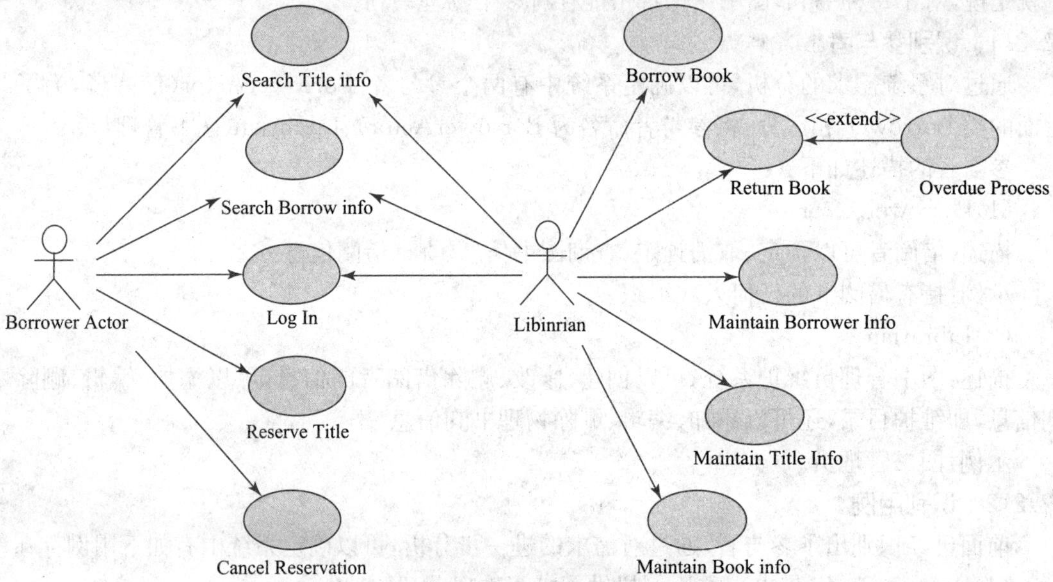

图 12.1　系统用例图

12.2.3　用例的事件流描述

用例还可以用事件流来描述,用例的事件流是对完成用例行为所需的事件的描述。事件流描述了系统应该作什么,而不是描述系统应该怎样做,也就是说,事件流描述是用自然语言描述的,而不是用实现语言描述的。另外,对比较复杂的时间流也可绘制活动图以便更直观的理解。

通常,事件流文档的建立主要在细化阶段进行。开始,只是对执行用例的常规流(即,用例提供了什么功能)所需步骤的简单描述。随着分析的进行,通过添入更多的详细信息,步骤不断细化。最后,将例外流添加到用例的事件流描述中。

限于篇幅,这里只描述几个主要用例的事件流。

1. 借阅图书(Borrow Book)

(1)前置条件(Pre-Conditions):在这个用例开始前,Librarian 必须登录到系统中。

(2)基流(Basic Flow):当借阅者从图书馆借阅物理书刊时,用例启动。如果 Librarian 选择“借书”,则执行分支流 S—1:借阅物理书刊;如果所借的物理书刊是经过预定的,则执行分支流 S—2:通过预订借阅物理书刊。

S—1:借阅物理书刊。

①提供书刊种类、借阅者信息。

②检索书刊种类(Title)(E—1)。

③确定所借阅的物理书刊是否可以获得(E—2),也即物理书刊是否都已借出。

④检索借阅者(E—3)。

⑤图书馆将物理书刊借给借阅者。

⑥创建借阅记录。

⑦存储借阅记录。

S—2:通过预订借阅物理书刊。

①提供书刊种类、借阅者信息。

②检索书刊种类(Title)(E—1)。

③检索借阅者(E—3)。

④确定该种类书刊的物理拷贝是否可以获得(E—2)。

⑤将物理书刊发给借阅者。

⑥创建借阅记录。

⑦存储借阅记录。

⑧删除预订记录。

(3)扩展点(备选事件流,Alternative Flow)。

①E—1:该种书刊不存在,系统显示提示信息,用例终止。

②E—2:物理书刊都已借出,系统显示提示信息,用例终止。

③E—3:系统中不存在该借阅者,系统显示提示信息,用例终止。

(4)后置条件(Post-Conditions):如果这个用例成功,在系统中建立并存储借阅记录,如果必要还要删除预订记录。否则,系统的状态没有变化。

2. 返还图书(Return Book)

(1)前置条件(Pre-Conditions):在这个用例开始前,Librarian 必须登录到系统中。

(2)扩充点(Extension Points):没有。

(3)事件流:当借阅者返还所借的物理书刊时,用例启动。

①提供所还图书信息。

②检索图书(E—1)。

③查询图书的借阅记录(E—2)。

④删除借阅记录。

(4)扩展点(备选事件流,Alternative Flow)。

①E—1:物理书刊不存在,系统显示提示信息,用例终止。

②E—2:若超期提示,调用“超期罚款”用例。

(5)后置条件(Post-Conditions):如果这个用例成功,系统修改借阅记录,更新图书状态和可借数量,否则,系统的状态没有变化。

3. 维护借阅者信息(Maintain Borrower Info)

(1)前置条件(Pre-Conditions):在这个用例开始前,Librarian 必须登录到系统中。

(2)事件流:

(3)基本事件流(Basic Flow):当 Librarian 想维护借阅者信息时,用例启动,系统要求 Librarian 选择所想执行的活动(添加借阅者、删除借阅者、或修改借阅者)。

①如果所选的活动是“添加借阅者”,则执行分支流 S—1:添加借阅者。

②如果所选的活动是“删除借阅者”,则执行分支流 S—2:删除借阅者。

③如果所选的活动是“修改借阅者”,则执行分支流 S—3:修改借阅者。

S—1:添加借阅者。

①提供借阅者的信息,如姓名、地址、邮政编码和身份证号码等。

②系统存储借阅者信息(E—1)。

S—2:删除借阅者。

①提供借阅者的信息。

②查询借阅者(E—2)。

③查询借阅者的借阅记录(E—3)。

④从系统中删除借阅者的信息,以及借阅者的预定记录。

S—3:更改借阅者。

①提供借阅者的信息。

②查询并显示借阅者的信息(E—2),修改相应的信息。

③更新系统中借阅者的信息。

(4)备选流(Alternative Flow)。

①E—1:若借阅者已存在,系统显示提示信息,用例终止。

②E—2:若查询不到借阅者,系统显示提示信息,用例终止。

③E—3:若存在借阅记录,系统显示提示信息,用例终止。

(5)后置条件(Post-Conditions):如果这个用例成功,系统添加、修改或删除借阅者信息。否则,系统的状态没有变化。

12.3 静态结构模型

进一步分析系统需求,发现类以及类之间的关系,确定它们的静态结构和动态行为,是面向对象分析的基本任务。系统的静态结构模型主要用类图和对象图描述。

12.3.1 定义系统对象

系统需求已经定义过了,现在可以根据系统需求识别出系统中存在的对象。系统对象的识别可以通过寻找系统域描述和需求描述中的名词来进行。从前述的系统需求描述中可以找到的名词有借阅者(Borrower)、图书(Book)、书目(Title)、借阅记录(Loan)和预定记录(Reservation),这些都是对象图中的候选对象。判断是否应该为这些候选对象创建类的方法是:是否有与该对象相关的身份和行为？如果答案是肯定的，那么候选对象应该是一个存在于模型中的对象。

抽象出系统中的类后，需要确定这些对象的属性和行为。可以根据前述的系统需求分析、用例图、用例的事件流描述和描述脚本的交互作用图，来确定并细化系统中的类、类的操作和属性。下面对系统中的类、类的属性及操作逐一进行描述（未标注返回值类型的方法使用默认返回类型 void）。

1. 类 Borrower

类 Borrower 描述了物理借阅者（可以是人，也可以是公司或另一个图书馆）的信息。借阅者的信息包括姓名、地址、邮政区号、身份证号码和电话号码。这个类与参与者 BorrowerActor 是不同的，参与者 BorrowerActor 代表了系统外的物理借阅者，而类 Borrower 则代表了系统中存储的物理借阅者的信息，也就是说代表了物理借阅者在系统中的账户。

类 Borrower 的所有对象都是持久的（persistent），因为类 Borrower 继承了类 Persistent 并实现了读写操作。

（1）私有属性（private attributes）。

name：String，账户主人的名字。

address：String，账户主人的地址。

zipCode：String，账户主人的邮政区号。之所以将该属性从地址属性中独立出来，是因为可以通过邮政区号确定借阅者所在的地区。

borrowerID：String，账户主人的身份证号。

teleNumber：String，账户主人的电话号码。定义成 String 类型，因为在写电话号码时可能含有“＋”等符号。

loans：OID[]，借阅记录。

reservations：OID[]，预定记录。

（2）公共操作（Public Operations）：newBorrower（name：String，address：String，zipCod：String，id：String，telNum：String），以借阅者名字、地址等信息为参数创建 Borrower 对象。

findBorrower（id：String）：OID，返回指定 ID 号的 Borrower 对象的 OID。

getBorrower（oid：OID）：Borrower，返回指定 OID 的 Borrower 对象。

addLoan（loan：OID），添加借阅记录。

getNumLoans（）：Integer，返回借阅记录的数目。

getLoan（index：Integer）：Loan，返回指定数组索引号的 Loan 对象。

delLoan（loan：OID），删除借阅记录。

addReservation（rsv：OID），添加预定记录。

getNumRsvs（）：Integer，返回预定记录的数目。

getReservation（index：Integer）：Reservation，返回指定数组索引号的 Reservation 对象。

delReservation（rsv：OID），删除 Borrower 的指定预定记录。

write（out：DBFile），将 Borrower 对象的属性写入数据库文件中。

read（in：DBFile），从数据库文件中读出 Borrower 对象的属性。

另外，还有设置和获取对象属性值的一系列方法：setName（name：String）、setAddress（adr：String）、setZipCode（zc：String）、setID（idn：String）、setTele（tele：String）、getName（）：

String、getAddress():String、getZipCode():String、getId():String、getTele():String。

2. 类 Title

类 Title 描述了书刊的种类信息。对于每种书刊(Title 对象),图书馆通常拥有多个物理拷贝(Book 对象)。类 Title 封装了书刊名、作者、ISBN/ISSN 号等信息。类 Title 可以没有预定记录或有多个预定记录(Reservation 对象)。

类 Title 继承了类 Persistent 并实现了读写操作,所以类 Title 的所有对象都是持久的。

(1)私有属性(Private Attributes)。

name:String,书名。

author:String,书的作者。

isbsn:String,书的 ISBN/ISSN 号码。

type:Integer,书刊的类型,例如是图书、期刊,还是其他类型。

book:OID[ ]。

reservation:OID[ ]。

(2)公共操作(Public Operations)。

newTitle(name:String,author:String,isbsn:String,type:Integer),创建 Title 对象。

findTitle(isbsn:String):OID,返回指定 ISBN/ISSN 的 Title 对象的 OID。若数据库中不存在该对象,返回值为 null。

getAvaliableBook():OID,返回查询过程中所碰到的第一个可借阅的 Book 对象的 OID。

getTitle(oid:OID):Title,返回 Title 对象。

getBook():OID[],返回该种书刊物理拷贝的对象标识符 OID。

getNumRsvs():Integer,返回预定记录的数目。

getReservation(index:Integer):Reservation,返回该种书刊的指定数组索引号的 Reservation 对象。

addReservation(rsv:OID),添加预定记录。

delReservation(rsv:OID),删除指定的预订记录。

addBook(book:OID),添加物理书刊。

getNumBooks():Integer,返回物理书刊的数目。

getBook(index:Integer):Book,返回指定数组索引号的物理书刊。

removeBook(index:Integer),删除指定数组索引号的物理书刊。

write(out:DBFile),将 Title 对象的属性写入数据库文件中。

read(in:DBFile),从数据库文件中读出 Title 对象的属性。

另外,还有设置和获取对象属性值的一系列方法:setName(name:String)、setAuthor(author:String)、setISBSN(isbsn:String)、setType(type:Integer)、getName():String、getAuthor():String、getISBSN():String、getType():Integer。

3. 类 Book

类 Book 代表可以借阅的物理书刊。类 Book 的对象有两个状态:“已借出”或“未借出”。类 Book 的对象总是与一个 Title 对象对应,该 Title 对象定义了 Book 对象(即书名、作者和 ISBN/ISSN 号)。之所以区分类 Book 和类 Title,因为借阅者预定书刊时只是预定某种书刊而不是这种书刊的特定物理拷贝,图书馆对同一种书刊通常保存几本物理拷贝(每本拷贝都可以被一个借阅者借出）。每个物理书刊都有一个独一无二的 id 号，这个 id 号被标记在书上，用来唯一地标识图书馆中的物理书刊。同一种类的不同物理书刊拷贝可通过 id 来区分。

类 Book 继承了类 Persistent 并实现了读写操作，所以类 Book 的所有对象都是持久的。

（1）私有属性（Private Attributes）。

id：Integer。

title：OID。

loan：OID。

（2）公共操作（Public Operations）。

newBook (title：OID，id：Interger)，创建 Book 对象。

findBook(id：Integer)：OID，返回指定 id 的 Book 对象的 OID。

hasLoan ()：Boolean，判断物理书刊是否被借出。

getLoan ()：Loan，返回物理书刊的借阅记录。

setLoan (loan：OID)，设置物理书刊的借阅状态，若参数为 null，则将物理书刊设置为未借阅状态。

setID(id：Integer)，设置物理书刊的 id 号。

getTitle()：Title，返回物理书刊的 Title 对象。

getTitleName()：String，返回物理书刊名。

getID()：Integer，返回物理书刊的 id 号。

write(out：DBFile)，将 Book 对象的属性写入数据库文件中。

read(in：DBFile)，从数据库文件中读出 Book 对象的属性。

4. 类 Loan

类 Loan 描述了借阅者从图书馆借阅物理书刊的借阅记录。一个 Loan 对象对应一个借阅者（Borrower 对象）和一个物理书刊（Book 对象）。Loan 对象的存在表示借阅者（Borrower 对象）借阅了借阅记录（Loan 对象）中记录的物理书刊（Book 对象）。当物理书刊（Book 对象）被还回时，要删除借阅记录（Loan 对象）。

类 Loan 继承了类 Persistent 并实现了读写操作，所以类 Loan 的所有对象都是持久的。

（1）私有属性（Private Attributes）。

book：OID。

borrower：OID。

date：Date，借阅物理书刊的日期。

（2）公共操作（Public Operations）。

newLoan (book：OID，borrower：OID，date：Date)，创建 Loan 对象。

getBorrower()：Borrower，返回借阅者对象。

getBook()：Book，返回物理书刊对象。

getDate()：Date，返回借阅物理书刊的日期。

write(out：DBFile)，将 Loan 对象的属性写入数据库文件中。

read(in：DBFile)，从数据库文件中读出 Loan 对象的属性。

5. 类 Reservation

如果某种书刊（Title 对象）的物理拷贝（Book 对象）都已借出，借阅者就可以预定该种书刊(Title 对象),当该种书刊的某个物理拷贝(Book 对象)被还回时,预定该种书刊(Title 对象)的借阅者可以优先借阅该物理拷贝(Book 对象)。一种书刊(Title 对象)可以被不同的借阅者(Borrower 对象)预定。当预定生效时,系统要保存预定记录。类 Reservation 就是描述预定记录的类。当预定的借阅者获得书刊物理拷贝时(Book 对象),预定记录(Reservation 对象)要被删除。

类 Reservation 继承了类 Persistent 并实现了读写操作,所以类 Reservation 的所有对象都是持久的。

(1)私有属性(Private Attributes)。

title:OID。

borrower:OID。

date:Date。

预定书刊的日期。

(2)公共操作(Public Operations)。

newReservation (title:OID,borrower:OID,date:Date),创建 Reservation 对象。

findRsv(title:OID,borrower:OID):OID,查询数据库,返回满足条件的 Reservation 对象的 OID。

getTitle():Title,返回预订的书刊种类。

getBorrower():Borrower,返回预订书刊的借阅者。

getDate():Date,返回预定书刊的日期。

write(out:DBFile),将 Reservation 对象的属性写入数据库文件中。

read(in:DBFile),从数据库文件中读出 Reservation 对象的属性。

6. 类 Persistent

类 Persistent 支持对象的持久存储。类 Persistent 具有将对象写入数据库文件的方法"read()"和从数据库文件中读出对象的方法"write()",类 Persistent 还提供了通过 OID 检索对象,获得持久对象的 OID,以及存储、删除、更新对象的方法。

类 Persistent 的子类继承了类 Persistent 的方法,并实现了自己的"read()"和"write()"方法,覆盖了父类 Persistent 的"read()"和"write()"方法,从而实现了将特定子类对象的属性写入数据库文件或从数据库文件中读出特定子类对象的属性。

(1)私有属性(Private Attributes)。

oid:OID。

(2)公共操作(Public Operations)。

newPersistent(),创建 Persistent 对象。

getObject(oid:OID) :Persistent,返回指定 OID 的持久对象。

getOID():OID,返回持久对象的 OID。

store(),将持久对象(类 Persistent 或其子类的对象)存储到数据库文件中。

delete(),从数据库文件中删除持久对象(类 Persistent 或其子类的对象)。

update(),更新数据库文件中的持久对象(类 Persistent 或其子类的对象)。

write(out:DBFile),将持久对象的属性写入数据库文件中。

read(in:DBFile),从数据库文件中读出持久对象的属性。

7. 类 OID

类 OID 实现了对象 ID,类 OID 的对象可用来引用系统中的持久对象,使得从数据库文件中引用和检索对象变得容易。对象 ID 由所引用的类的类名和一个独一无二的 idNumber 号组成。通过将 OID 传递给类 Persistent 的方法 getObject(),可以从数据库文件中读出对象,并将对象返回给调用者。

(1)私有属性(Private Attributes)。

className:String。

idNumber:Integer。

(2)公共操作(Public Operations)。

newOID(className:String,idNumber:Integer),创建 OID 对象。

getClassName():String,返回对象的类名。

getIdNumber():Integer,返回组成对象 ID 的独一无二的 idNumber 号。

equalTo(obj:Object) :Boolean,比较两个对象是否相等,如果两个对象具有相同的类名、idNumber 也相同,则两个对象相等。

write(out:DBFile),将 OID 对象的属性写入数据库文件中。

read(in:DBFile),从数据库文件中读出 OID 对象的属性。

注意:在定义类、类的方法和属性时,建立动态模型的时序图是很有帮助的,类图和时序图的建立是相辅相成的,因为时序图中出现的消息基本上都会成为类中的方法,因此在设计阶段绘制系统的时序图时,要尽量使用类的已识别出的方法来描述消息,若出现无法用类的已识别出的方法来描述的消息,就要考虑该消息是否是类的一个待识别的方法,若是,就要将这个方法及时添加到类的操作列表中,并用这个新方法来描述消息。

12.3.2　定义用户界面类

用户与系统需要进行交互,一个用户友好的系统通常都采用直观的图形可视化界面,因此需要定义系统的用户界面类。通过对系统的不断分析和细化,可识别出界面类、类的操作和属性。

界面类主要有:类 MainWindow(主界面)、类 BorrowDialog(借书界面)、类 ReturnDialog(还书界面)、类 BorrowerDialog(借阅者维护界面)、类 TitleDialog(书目维护界面)、类 FindT-Dialog(查找书目界面)、类 RsvDialog(预定界面),具体细节请读者自己思考。

12.3.3　建立类图

识别出了系统中的类后,还要识别出类间的关系,然后就可以建立类图了。

窗口 MessageWindow 和对话框 BorrowerDialog、FindBwrDialog、FindTDialog、TitleDialog、BorrowDialog、RsvDialog、ReturnDialog 是主窗口 MainWindow 的一部分,如果 MainWindow 被破坏,窗口 MessageWindow 和对话框 BorrowerDialog、FindBwrDialog、FindTDialog、TitleDialog、BorrowDialog、RsvDialog、ReturnDialog 也会随之破坏。因此类 MessageWindow、BorrowerDialog 、FindBwrDialog 、FindTDialog 、TitleDialog 、BorrowDialog 、RsvDialog 、ReturnDialog 与类 MainWindow 之间存在组合关系。

类 LoginDialog 与类 MainWindow 之间存在"一对一"的关联关系。类 FindBwrDialog 与类 BorrowerDialog 之间也是"一对一"的关联关系。类 FindTDialog 与类 TitleDialog 之间的关系也是"一对一"的关联关系。

用户界面类的类图如图 12.2 所示。

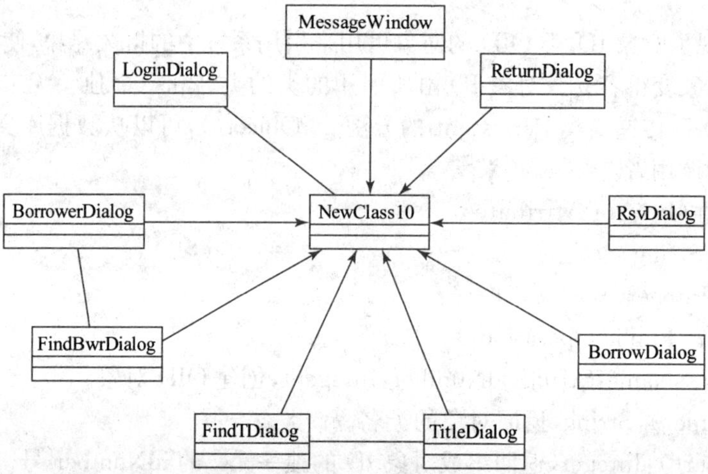

图 12.2　用户界面类的类图

图 12.3 所示类图描述了包 Library 中的实体类之间的关系。

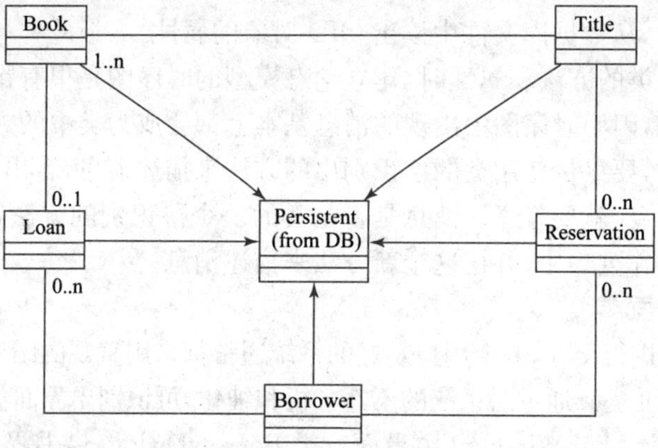

图 12.3　实体类的类图

类 Book、类 Title、类 Reservation、类 Borrower、类 Loan 都是永久类，它们都是包 DB 中的类——类 Persistent 的子类。类 Book、类 Title、类 Reservation、类 Borrower、类 Loan 和类 Persistent 之间存在类属关系。类 Title 与类 Book 之间存在"一对多"的关联关系，每个 Title 对象至少有一个 Book 对象，每个 Book 对象只对应于一个 Title 对象。类 Title 与类 Reservation 之间存在"一对多"的关联关系，每个 Title 对象没有或可有多个 Reservation（预定），每个 Reservation（预定）只能预定一个 Title。类 Borrower 与类 Reservation 之间存在"一对多"的关联关系，每个 Borrower 对象可以没有或可有多个 Reservation（预定），每个 Reservation（预定）只能由一个 Borrower 预定。类 Borrower 与类 Loan 之间存在"一对多"的关联关系，每个 Borrower 对象可以没有或可有多个 Loan（借阅），每个 Loan（借阅）只能由一个 Borrower 借阅。类 Loan 与类 Book 之间也存在关联关系，每个 Loan 只能借阅一个 Book，每个 Book 也至多能对应一个 Loan 对象（因为每个 Book 在一个时间段内至多只能被一个人借阅，因此至多只能对应一个借阅记录）。

12.4　动态行为模型

系统的动态行为模型由交互作用图(时序图和协作图)、状态图、活动图描述。本章用时序图描述了用例的主要场景，用状态图描述了对象的动态行为。

12.4.1　建立交互作用图

1. 借书

“借书”的过程如下。

图书管理员选择菜单项“借阅”，弹出对话框，图书管理员输入书刊和借阅者的信息，提交，系统查询数据库，确定该种书刊是否存在，若存在(不存在，则显示提示信息，图书管理员重新输入书刊信息或终止借书操作)，确定是否有可借阅的物理图书，若有(没有，则显示提示信息，图书管理员重新输入其他书刊信息或终止借书操作)，确定借阅者是否有效，若有效(无效，则显示提示信息，图书管理员重新输入借阅者信息或终止借书操作)，创建并存储借阅记录，并将借阅记录添加到物理书刊和借阅者信息中，更新物理书刊和借阅者信息。

“借书”的时序图如图 12.4 所示。

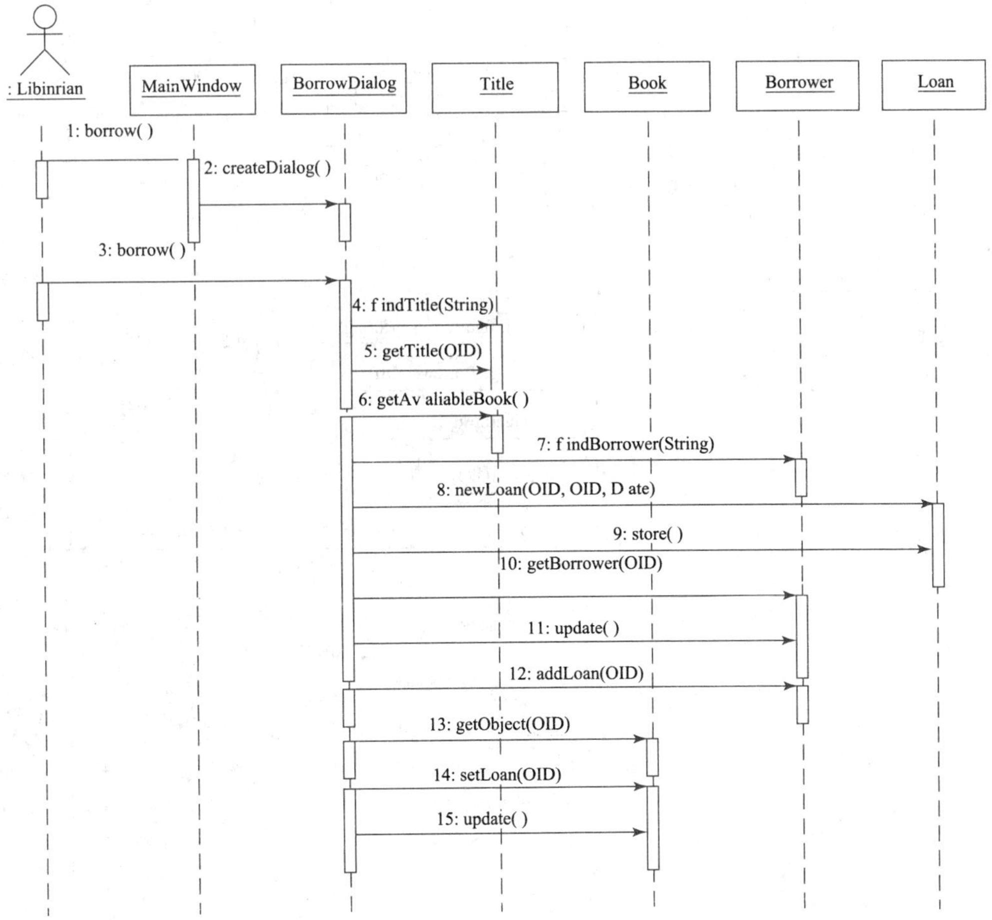

图 12.4　“借书”的时序图

图书管理员选择菜单项“借阅”，类 MainWindow 的方法 borrow()被调用，然后通过调用类 BorrowDialog 的方法 createDialog()创建对话框，图书管理员填写所借书刊的书名、ISBN/ISSN 号和借阅者的姓名、ID 号，提交信息，类 BorrowDialog 的方法 borrow()被调用，发送消息 findTitle()给类 Title，查询数据库，返回指定 ISBN/ISSN 号的 Title 对象的 OID，然后调用方法 getTitle()返回与 OID 对应的 Title 对象。发送消息 getAvaliableBook()给类 Title，返回未借出的 Book 对象的 OID；发送消息 findBorrower()给类 Borrower，查询数据库，返回指定 ID 的 Borrower 对象的 OID；发送消息 newLoan()给类 Loan，创建 Loan 对象，并调用类 Loan 的方法 store()将 Loan 对象存储到数据库中；发送消息 getBorrower()给类 Borrower，返回对应指定 OID 的 Borrower 对象，调用类 Borrower 的方法 addLoan()将借阅记录添加到借阅者信息中，然后调用类 Borrower 的方法 update()更新数据库中的 Borrower 对象；发送消息 getObject()给类 Book，返回对应指定 OID 的 Book 对象，调用方法 setLoan()设置物理书刊的借阅记录，然后调用类 Book 的方法 update()更新数据库中的 Book 对象。

2. 预订图书

“预订图书”的时序图如图 12.5 所示。

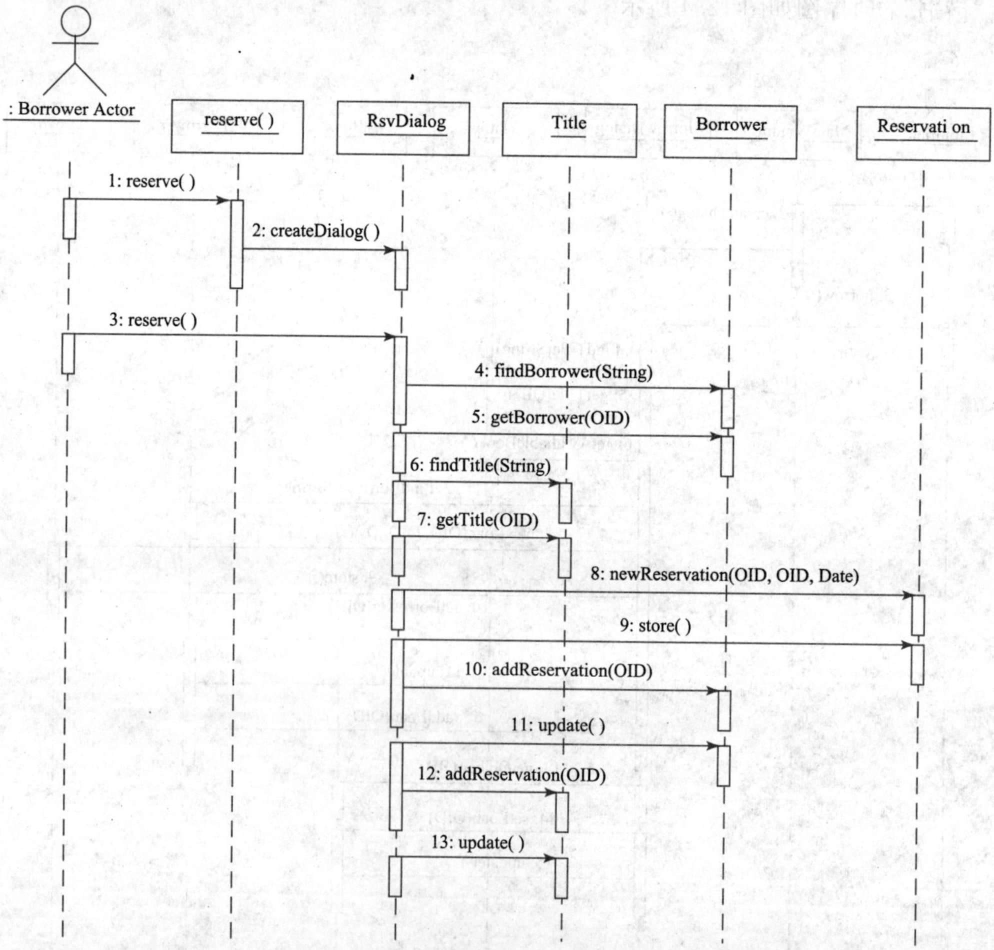

图 12.5 “预定图书”的时序图

借阅者选择菜单项“预订图书”，类 MainWindow 的方法 reserve()被调用，然后通过调用类 RsvDialog 的方法 createDialog()创建对话框。

借阅者输入要预订的书刊名、ISBN/ISSN 号和借阅者的姓名、ID 号，提交信息，类 RsvDialog 的方法 reserve()被调用，发送消息 findBorrower()给类 Borrower 查询指定 ID 的借阅者，返回满足条件的 Borrower 对象的 OID，接着调用方法 getBorrower()返回对应 OID 的 Borrower 对象。

发送消息 findTitle()给类 Title 查询指定 ISBN/ISSN 号的书刊种类，返回满足条件的 Title 对象的 OID，调用方法 getTitle()返回对应 OID 的 Title 对象。

然后发送消息 newReservation()给类 Reservation，创建 Reservation 对象，调用类 Reservation 的方法 store()将预定记录存储到数据库中。

发送消息 addReservation()给类 Borrower，将预订记录添加到借阅者信息中，然后调用类 Borrower 的方法 update()更新数据库中的 Borrower 对象。

最后发送消息 addReservation()给类 Title，将预定记录添加到书刊种类信息中，然后调用类 Title 的方法 update()更新数据库中的 Title 对象。

3. 登录

“登录”的时序图如图 12.6 所示，图书管理员运行系统，类 LoginDialog 的方法 createDialog()被调用，创建对话框。图书管理员输入用户名和密码，提交，类 LoginDialog 的方法 validate()被调用，验证用户名和密码是否正确，如若正确，发送消息 createWindow()给类 MainWindow，启动系统，显示系统主界面。

12.4.2 建立状态图

图 12.7 是对象 Book 的状态图，对象 Book 有两个状态：“Loaned”（借出）状态和“Unloaned”（未借出）状态。对象 Book 开始处于“Unloaned”状态，当事件“borrow()”（借书）发生

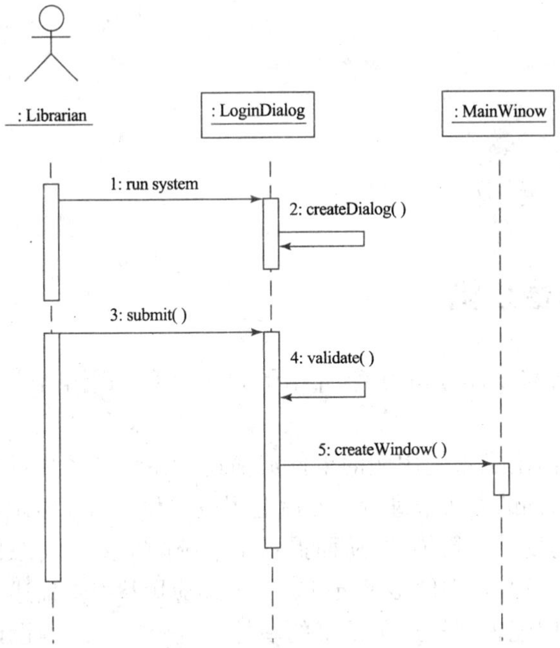

图 12.6 “登录”的时序图

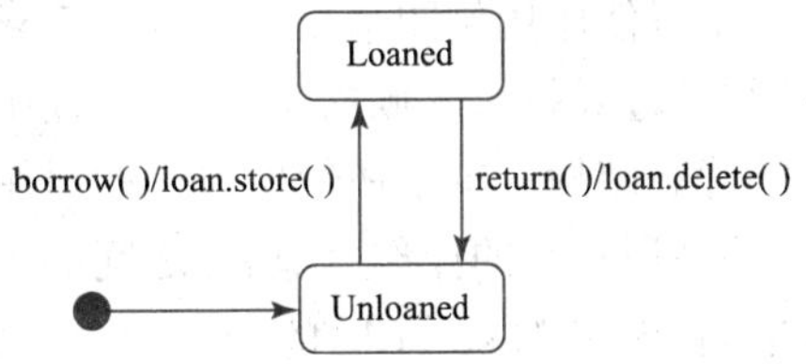

图 12.7 Book 对象的状态图

时，对象跃迁到“Loaned”状态，同时执行动作 loan. store()将借阅记录存储到数据库中。如果对象处于“Loaned”状态，事件“return()”(还书)发生，对象 Book 返回状态“unloaned”，同时执行动作 loan. delete()从数据库中删除借阅记录。

12.5 物理模型

本系统是一个基于校园网和数据库的应用系统。配置图如图 12.8 所示，有 4 个节点：“Library Server”(图书管理系统服务器)、“DB Server”(数据库服务器)、“PC”(图书管理系统客户端 PC)、“Printer”(打印机)。

“Library Server”为借阅者提供了借阅、预订、返还书刊的服务，为图书管理员提供了维护借阅者账户、书刊种类、物理书刊信息的服务。“DB Server”保存系统中的所有持久数据，它是一个旧系统，因此原型为＜＜legacy＞＞，“DB Server”与“Library Server”通过图书馆局域网连接。图书管理员通过“PC”借阅、预订、返还书刊，并维护借阅者账户、书刊种类、物理书刊信息，“PC”也通过校园局域网与“Library Server”连接。“Printer”用来打印借阅、预订等信息，它与“Library Server”也是通过校园局域网连接。

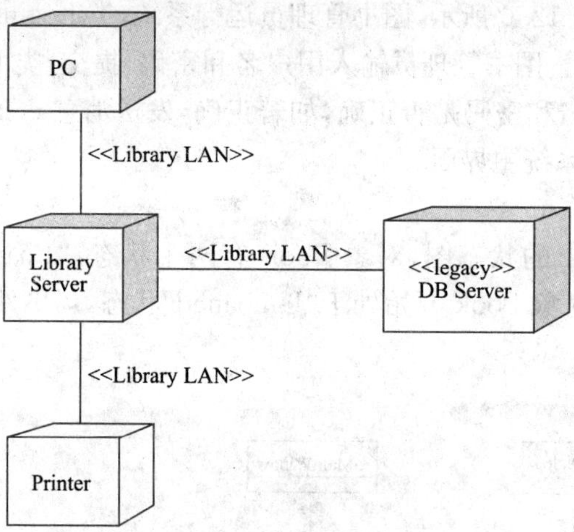

图 12.8　系统的配置图

本章小结

本章以“图书管理系统”的面向对象分析与设计过程为例，介绍了如何用 UML 语言为系统建模。

本章使用用例图来描述系统的需求，并给出了系统用例的事件流描述。在识别系统对象时，则通过寻找系统域描述、需求描述中的名词的方法来进行。然后应用包图和类图来描述系统的静态结构。本章还使用时序图对用例的场景进行描述，从而揭示了系统的主要的动态行为，并为识别类的操作、识别类之间的关系以及细化类做出了贡献。另外还应用状态图描述了对象 Book 和对象 Title 的动态行为。最后用配置图描述了系统的硬件配置。本系统的设计采用面向对象数据库模型。

附录A 信息系统分析与设计课程设计任务书

一、目的

通过课程设计，使学生掌握信息系统开发的基本方法和技术，掌握信息系统的开发过程和各阶段的文档编写，加深对信息系统开发的基本理论、技术和方法的理解，提高学生系统开发的技能，培养学生的团队合作精神。

二、任务及要求

根据选定的背景，完成一个信息系统的分析与设计及实施所涉及的主要功能。根据所选背景的大小、复杂程度以及估计的工作量，可以独立完成，也可分组完成。

1. 每组人数不超过4人。

2. 根据题目，决定系统的模块划分及其功能，若分组完成，则组中每位同学应独立承担一部分工作，明确划分小组成员分工。

3. 程序设计推荐使用C#、ASP.NET、Java、JSP、PHP编程语言等；数据库SQL Server2005/2008，Oracle。

4. 最后提交系统的源代码并撰写开发报告，小组开发需提交一份总报告并附分工情况。

5. 系统分析与设计可采用结构化方法和面向对象方法，推荐采用面向对象方法。

6. 报告的内容应分为系统分析、系统设计、系统实施中要求的基本内容，以及开发的总结。

三、考核

1. 考核包括过程考核和内容考核两部分，过程考核考查工作态度、出勤、沟通合作等情况，内容考核主要是报告和软件。

2. 由老师和学生组成考核小组，对提交的软件检查，并给出课程设计成绩。

3. 在适当的时候，选择若干个人或小组在全班范围交流。

四、参考选题

1. 高校教材征订管理系统	6. 汽车租赁公司汽车租赁管理系统	11. 超市POS管理信息系统
2. 宾馆客房管理系统	7. 民航机票预定管理系统	12. 高校团委工作支持系统
3. 物业管理系统	8. 学生公寓管理系统开发	13. 专业实验室管理系统
4. 医院药品管理系统	9. 高校学生档案管理系统	14. 机动车辆管理系统
5. 医院门诊管理系统	10. 企业人事管理系统	15. 驾校业务管理系统

参 考 文 献

[1] 汪应洛. 系统工程理论、方法与应用[M]. 2 版. 北京：高等教育出版社，1998.
[2] 周德群. 系统工程概论[M]. 2 版. 北京：科学出版社，2007.
[3] 刘永. 信息系统分析与设计[M]. 2 版. 北京：科学出版社，2008.
[4] 耿骞. 信息系统分析与设计[M]. 北京：高等教育出版社，2001.
[5] 毛基业. 管理信息系统：基础、应用和方法[M]. 北京：清华大学出版社，2011.
[6] 邝孔武，王晓敏. 信息系统分析与设计[M]. 3 版. 北京：清华大学出版社，2006.
[7] DENNIS，WIXOM. 信息系统分析与设计[M]. 3 版. 北京：人民邮电出版社，2009.
[8] SATZINGER，JACKSON. 系统分析与设计[M]. 3 版. 北京：电子工业出版社，2006.
[9] 周苏，王文. 软件工程学教程[M]. 2 版. 北京：科学出版社，2004.
[10] 陈佳. 信息系统开发方法教程[M]. 2 版. 北京：清华大学出版社，2005.
[11] 周丽娟，王华. 新编软件工程实用教程[M]. 北京：电子工业出版社，2008.
[12] 徐天宇. 电子商务信息系统分析与设计[M]. 北京：高等教育出版社，2009.
[13] 杨选辉. 信息系统分析与设计[M]. 北京：清华大学出版社，2007.
[14] 徐天宇. 电子商务系统规划与设计[M]. 北京：清华大学出版社，2005.
[15] SHNEIDERMAN. 用户界面设计：有效的人机交互策略[M]. 3 版：北京：电子工业出版社，2004.
[16] 王晖，郭燕慧. 面向对象分析设计与测试[M]. 北京：科学出版社，2004.
[17] BOOCH，RUMBAUGH，JACOBSON. UML 用户指南[M]. 2 版. 北京：人民邮电出版社，2006.
[18] 唐晓波. IT 项目管理[M]. 北京：科学出版社，2008.
[19] 柳纯录. 信息系统项目管理师教程[M]. 2 版. 北京：清华大学出版社，2008.
[20] 李蕴，于承新. 管理信息系统[M]. 武汉：武汉理工大学出版社，2006.
[21] 冀振燕. UML 系统分析设计与应用案例[M]. 北京：人民邮电出版社，2003.
[22] 陈炜. 面向对象测试的研究与应用[J]. 信息技术与标准化，2007.
[23] 卢新元，张金隆，陈涛. 企业信息化及风险管理实证分析与研究[J]. 科研管理，2006.